角田文衞の古代学 4

角田文衞自叙伝

公益財団法人 古代学協会編

序

古代学協会（現在の公益財団法人古代学協会）の創設者である角田文衞博士（一九一三〜二〇〇八）は、その九十五年の生涯の中でおびただしい研究業績を残した。その内容は、方法論的には考古学と文献史学を自在に操り、視野の点では日本、ヨーロッパ、アフリカ、オリエント、北方ユーラシアからアメリカ大陸までを睥睨し、さらには世界の始原時代前期（旧石器時代）から日本の奈良・平安時代やギリシア・ローマの古典文化までも範囲に収めるという広大さを誇るものであった。博士が遺した研究業績を眺める時、私たちは、巨峰が連なる壮大な山脈を仰ぎ見る時のような畏敬の念にとらわれるのである。

角田博士の数多くの研究論文は、『古代学序説』、『古代学の展開』、『王朝の映像』、『王朝の明暗』、『王朝史の軌跡』、『ヨーロッパ古代史論考』といった著書や、昭和五十九年から六十一年にかけて刊行された『角田文衞著作集』全七巻（京都、法蔵館）に収録されている。しかし、そういった多数の著書ですら、博士の全業績を網羅するには充分とはいえない。たとえば、前の『著作集』においては、日本古代史に重点が置かれ、ヨーロッパや北方ユーラシアについての研究論文は意図的に割愛されているのである。そこで私たちは、博士の業績を後世に伝えることを目指して、新たな著作集を編むことにしたのである。いわばこれは、角田博士の『第二著作集』または『続著作集』ということになろう。

今回の著作集の編集にあたって採った方針は次の通りである。まず、前の『著作集』を始めとする既刊の博士の著書に収録されている論文については、できるだけ再録することを避けることとした。ただし、博士の学問を語る上で特徴的であって、今回の著作集にも必須と考えた若干の論文については、例外的に収録している。第一・二両巻は博士が最も力を入れた研究領域である日本の平安時代史、特に人物史と後宮史を中心として構成した。第三巻は、博士の研究の原点ともいうべきヨーロッパ古代史関連の論文を集成し、博士の抱いていたヨーロッパ史、ひいては世界史の体系を窺えるように編成した。そして第四巻は、角田博士が晩年に口述筆記によって書かれたが未刊のままとなっていた『自叙伝』を中核として、博士の生涯を振り返ることができるようにした。

本書の編集は山田邦和同志社女子大学教授と吉川真司京都大学教授に委嘱し、また編集事務担当は山﨑千春氏にお願いした。両教授は角田博士の学問を最も良く知る研究者であり、また山﨑氏は生前の博士のもとで永年にわたって学術雑誌『古代文化』の編集にあたってこられた方で、いずれも本著作集の編集には最適任者であると思う。

本書をきっかけとして、角田博士の生涯と学問の再評価が進むことを期待したい。

平成二十九年十月一日

公益財団法人 古代学協会

理事長　大坪　孝雄

目次

序

第一部　角田文衞の生涯

第二部　理想の研究機関の構想

第三部　初期論文

第一部

角田文衛の生涯

自叙伝

一

私の生まれたのは、大正二年（一九一三）四月九日であった。私の家の裏には広い菜園があって、五加木《うこぎ》の木が境界として植えられていた。母の話によると四月八日の夕方女中を連れて菜園に赴き、五加木の若芽を摘んでいると、突然陣痛を覚え屋敷に戻り、翌朝六時頃、私を産んだと言うことであった。福島県伊達郡桑折《こおり》町字北町六二の大きな邸宅であった（第1図）。

そもそも父母が結婚したのは、それより七年前の明治三十九年（一九〇六）であって、その頃、父文平は旧制第二高等学校の生徒で角田家の養子であった。母ふみは、三代目角田林兵衛（種徳）の次女で、文平は生家の安斎家が豊かではなかったため、ふみの婿に迎えられ、高等学校の学費や、次いで東京帝国大学農科大学の学費も養家から出してもらったのであった。父は、第二高等学校の理科二に在籍し、工科大学への進

第1図　わが生家表門
福島県伊達郡桑折町字北町62番地、西よりみる（昭和33年頃、小林文次撮影）

学を希望していたが、養家の要請によって東京駒場の農科大学に入学した。その頃、農科大学の農学科は定員が多く、四十名を数えた。父は五番で卒業したため、主任教授から大学または有名な会社への就職を勧められた。しかし祖父林兵衛の命令によって、卒業後東京を引き上げ、桑折町に帰り、祖父の下で実家の用務の手伝いをさせられた。

祖父林兵衛（第2図）は、安政二年（一八五五）の生まれで、明治二十三年（一八九〇）より貴族院議員を務める地方の名士であった。そもそも角田家は、伊達郡湯の村の出身で、初代の角田林兵衛は桑折の八万字屋に番頭に来ていた。ところが、八万字屋の娘まつと相許す仲となり、手を携えて、独立生活を営んだ。伝えによると、初めは豆腐屋を営んだといい、妻のまつは針仕事が上手で、浴衣などを頼みに来るとお茶を飲ませている間に仕上げるという早業であったという。二人は勤勉にして逐次財を成し、やがて呉服商を営むようになり、それが成功して、桑折町で有数の物持ちとなった。今も家に伝わる二人の肖像画を見ると、初代の林兵衛は、刀を差している。つまり晩年には、財力によって苗字帯刀を許されたことがわかる。しかし二人の間には、子供が恵まれなかったので、弟を養子に迎えて商売を譲った。

二代目の林兵衛は非常に商才に長け、東京の四谷と仙台の大町に支店を設け、江戸から反物を購入し、付近の呉服屋にそれを卸売りした。江戸時代の末期には、相当な財を築いたようで、その財力を以って質屋を兼業した。諸藩はその頃、財政に苦しんでおり、特に白石藩や仙台藩は、桑折町の呉服屋の角田家にまで借財を要請した。明治維新となって、諸藩は返済に困り、鎧甲・刀剣やその他の重宝を角田家に引き取らせて、借財を決済した。二代目

第2図　祖父（母方）
角田林兵衛（種徳）
（安政2〜大正6年）

の角田林兵衛は、隣村の長岡村から妻を迎えた。この婦人は近隣で有名な美人であったが体が弱く、三代目の林兵衛を生んだ後、労咳に罹り早世した。

三代目の角田林兵衛、すなわち私の祖父は、帝国憲法の発布の翌年、貴族院議員に選ばれ、政治的にも活躍したが、一方では、東北鉄道株式会社の重役を務め、作家有島武郎の父の武氏とも親友であった。桑折町に桑折駅が設置される時、町民は機関車の吐く火花は危険であるとして、町から西の方に外れた土地に停車場の設置を求めた。また、相当資産のある家々に対し、東北鉄道株式会社の株が半ば強制的に割り当てられたが、人々は大いにそれを嫌った。そうした風潮の中、三代目角田林兵衛は、進んでそれらの株を買い取り、その故をもって大株主として、東北鉄道株式会社の重役となったのである。また林兵衛は、社会事業にも関心が深く、桑折町尋常高等小学校の移転建築に際しては、多大なる寄附をしたのみならず、桑折にある時は、しばしば学校に出掛けて建築を細部にわたるまで監督した。また、その頃、桑折から伏黒村に通ずる阿武隈川への鉄橋架設が郡会合で問題になった。当時の金で、八万円を大鉄橋のために寄附した。林兵衛はなかなか傑出した人物で、その略伝は『伊達郡史』・『桑折町誌』はもちろん、『福島県民百科』にも見られる。

※角田林兵衛（一八五五～一九一七）貴族院議員・実業家。幼名を林之助といい、桑折町の素封家《そほうか》角田家に生まれたが、仙台の呉服商に見習い奉公に出された。二十歳で家を継ぎ、三代目林兵衛を襲名。奉公中の修行を生かして実業界に才覚を発揮し、百七銀行・福島農工銀行を創立、福島商業銀行・福島羽二重会社を経営、明治三十一年（一八九八）には日本鉄道の理事となった。明治二十三年（一八九〇）多額納税者互選会で貴族院議員に当選、以後十四年間にわたって国政に協力。公共・救済事業には進んで私財を投じ、桑折警察署・伊達郡役所・小学校・幼稚園などの建設に多額を出資。年末にはひそかに貧家に米を届けるなど、慈愛深い人柄で、その功績をたたえて彼の雅号種徳にちなんだ種徳公園が、昭和十三年（一九

三八）町民により造られている。

ただ、林兵衛は相当の大酒豪で、それが原因で心臓を悪くし、大正六年（一九一七）の一月八日にこの世を去った。なお、日清・日露両戦役に貴族院議員として功績があったとして、明治天皇より勲四等を授章していた。現在、桑折町小学校の校庭には、角田林兵衛の遺徳を偲んで胸像が建てられ小さな公園を成している。これは、昭和十三年に建てられたものである。

ところで、林兵衛の妻はきんといい、二本松藩の本陣伊藤家の娘であった。父の惣兵衛は本陣の主でありながら、剣道が達者で藩の武士達に剣道を指南していた。きんは、非常に礼儀正しく、孫の我々は箸の上げ下ろしまで厳しく監督された。

林兵衛には、長女きく・次女ふみ・長男林之助の三人がいた。ところが林之助は、ジフテリアにかかり、八歳をもって若死した。それは、ジフテリアの予防注射が普及する少し前のことであった。長男を亡くしたことで、今や福島県第一の富豪となっていた角田家をどう維持するかが問題となった。きくに長岡村から養子が迎えられた。この人は、東京高等商業に在学していたが、恐らく肺結核の為に学業半ばにして没した。そこで親族会議の結果、その人の弟で東北学院を出た五六をきくの婿に迎えた。きくは、きを（喜雄子）・つや（艶子）・あい（愛子）の三人を生んだ後、四女のあや（綾子）を生んだが、産褥熱のために世を去り、またあやもわずか十カ月で亡くなってしまった。養子の五六は才能が優れず、三代目林兵衛は彼を除籍して長岡に帰してしまった。そのためふみの夫である文平が角田家の財産を管理することになった。学問好きの文平は、実業に携わることを非常に嫌ったし、また東京の恩師はさまざまなポストを用意して招いてくれた。文平は苦悩の結果すべてこれを辞退した。その理由は、すでに文衛・たみ（多美子）・文次の三人の子が生まれており、思い切ることができなかったようである。

しかし林兵衛が没した後、父文平は角田家の莫大な財政を預かり、それに集中せざるをえなくなった。無論独断で事を処理できる立場ではなく、重要な事柄はすべて未亡人きんの了解を得ねばならなかった。父はよく福島や東京・仙台に出張し、熱心に家政に従事した。しかしそれは自分の財産ではなく養家の財産であり、その点、働きがいがないと漏らしていた。父が成し遂げた事業の内、特筆されるのは山八銀行・日本油脂株式会社の設立であった。角田家には二十町歩以上の小作田畑があり、五、六十人の小作人が『山八会』を作っていた。私の記憶では角田家の使用人は約七十人いた。そのうち小作人の娘も行儀見習のかたちで何人も奉公していた。身贔屓する訳ではないが、角田家は小作人に対して懇切であって、奉公人の女性の嫁入りを世話したし、また中学などで優秀な成績を取った男性には学費を出して東京の大学に勉強に行かせた。七十人も奉公人がいると、風邪を引いたり下痢をしたりする人も出てくるので、医者の鈴木先生が毎日のように出入りしていた。父は山八銀行の本店を福島市に置き、支店を仙台市・桑折町・柳川町等に置いた。後にこの銀行は茨城銀行と合併し、現在常陽銀行になっている。日本油脂株式会社は、糸を紡いだ蚕を圧縮して油を作る会社で、それ自体はいいアイディアであったけれども、営業方面がうまく行かず、大正十三年（一九二四）頃に解散してしまった。

祖母のきんは楽隠居の身分であり、毎日広い菜園を散歩していた。但し、猛烈な蛇嫌いで蛇の姿を見ると真っ青になって逃げて来た。母親に取り残された四人の娘の内、きをは福島県の女学校を卒業し、つやとあいは仙台の県立第二高等女学校を卒業した。

二

私の父母は長い間子供に恵まれなかった。そこで七年目になって、母は東京の駿河台の浜田医院で手術を受けて子宮内膜症を治した。その功あって、大正元年（一九一二）七月には妊娠し、翌年の四月に出産予定となった。この報告に祖父は非常に喜び、男子が生まれることを祈願した。前述のとおり祖父は嫡男林之助を八歳で亡くしていた。のみならず、長女きくの生んだのは、四人とも女子であったから、私の母である次女ふみに男子の誕生を期待したのは無理もなかった。金に糸目をつけなかった祖父は、福島市から照内博士を招き、出産間近の母を診察してもらった。また、祖父は裏門から勝手口までの通路に全面筵を敷き、母の安産の妨げにならないよう心を配った。これも前に述べたが、大正二年（一九一三）四月八日、母は散歩をかねて裏の菜園に出掛け、その際軽い陣痛を覚えたのであった。何しろ初産のことでもあり、難産であったらしい。そのころは病院で出産することは皆無であり、老齢の女性が産婆を務めた。翌日誕生した私は、角田家としては待望の男子であり、一家の喜びは並々ではなかった。名前は父文平の文と祖父林兵衛の衛をとって文衛《ぶんえい》とされた（第3・4図）。

第3図　幼少の著者
（大正2年10月5日）

父の角田文平は非常に筆まめな性格であって、母が産婦人科に入院した時から私が五、六歳に至るまでの経過を丹念にノートに書き留めていた。特に、興味深いのは、掌の大きさを年ごとに象《かたど》っていることである（第5図）。私はそれ程、丈夫な子供ではなく、肺炎を起こし危険な目にあったこともある。

出生から物心のつくまでは無論正確には記憶していない。大正三年（一九一四）、私がまだ物心がつく以前のこと、桑折町と西隣の長岡村との間で阿武隈川の鉄橋架設をめぐって大紛争となった。長岡村の大衆は大挙して伊達郡役所に押し寄せ、長岡村の希望する地点に架橋するよう強請した。桑折町の温泉町にある金茂旅館に、郡会議員が集まり架橋問題を審議した日には、長岡村の人々は金茂旅館を取り囲み、激しい運動を繰り返した。桑折町警察署ではこの運動を鎮めることができず、県庁を経て仙台の警察学校に救援を依頼した。警察学校の警官二、三百名が急行列車で桑折駅に到着したときには、町民の喜びは非常に大きかった。この結果、長岡の人々は退散させられた。

その間、角田家では表門と裏門にそれぞれ小作人が警戒に当たった。祖父は前貴族院議員であり、桑折町の前町長でもあって、郡外に出ていたので家族の者は祖父の身を案じていたが、幸いに事なきを得た。架橋問題は福島県知事によりようやく沈静した。喧嘩両成敗ではないが、大きな鉄橋は桑折町側に建て、小さな鉄橋は長岡村側に建てるという折衷案であった。この大橋は今でも残っていて、現在の桑折大橋がそれである。この騒ぎの最中に私は

第４図　父母と共に
父：文平、母：ふみ（富美子）

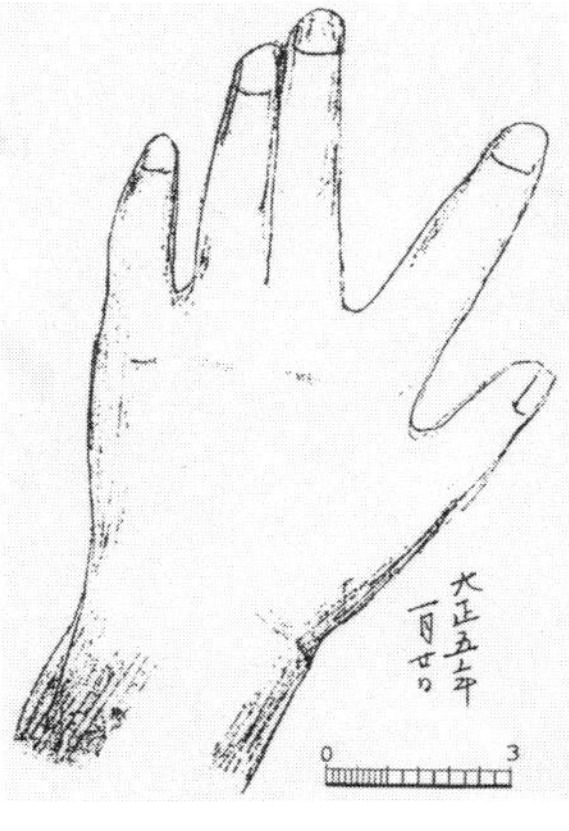

第５図　文平の描いた掌
（大正５年１月20日）

肺炎となり、父は小児科専門の内田守一博士に来診を請うた。やがて私は回復したのである。

私がぼんやりと記憶している最も古い思い出は、母が私に添い寝してきれいな声で子守歌を歌い聞かせてくれたことである。大正四年（一九一五）、場所は当時起居していた隠居家の六畳間の座敷であった。座敷の西側の床の間には行灯があり、にぶい光をぼうっと放っていた。私は大きな猫が油をなめに来るような気がして恐ろしかった。その頃、電灯はあったが、母屋の炉端や客間にあるだけで、私方のような豊かな家でも一カ所か二カ所しか電灯はついていなかったのである。

その次の記憶は、祖父に連れられて陣屋の別荘に行ったときのことである。大正五年（一九一六）のある日、私が隠居家の裏口で遊んでいると、たまたま脇を通りかかった祖父が、陣屋に行かないかと誘ってくれた。もちろん私は祖父に従って裏門を出て、陣屋に歩いて行った。陣屋というのは桑折町の代官が住んでいた屋敷の跡であった。信達平野を西から一望の下におさめる景勝要害の地であったが、祖父はこの広い土地を買い求め別荘とした。晩年の祖父は陣屋の別荘の造営に心を傾けていた。丘の東面には二階建ての家屋が建てられ、その二階からは阿武隈川、信達平野を眺めることができた。このような土地に別荘を構えることは、金持ちの最後の道楽であったのである。

玄関入り口に向かう通路には牡丹畑があり、その時には植木屋がさかんに手入れをしていた。北の入り口に接したところには平屋建ての家屋があり、別荘の番人が夫婦で住まいしていた。北の敷地の一部には小さな堀があった。堀の水は東に流れて別荘の東端で音をたてて落下していた。江戸時代には陣屋は小さな砦で、東の端は崖となっていた。窪地には小さな泉があった。また、西部には枝垂桜が多数植えられており、春の半ばには満開となり楽しませてくれた。別荘は祖父の在世中にほぼ完成し、家から十五分程も歩けば達することができる便利さもあり、私の幼少年時代の恰好の遊び場であった。

もうひとつ記憶に残るのは、大正六年（一九一七）の一月八日、雪がこんこんと降る日であったが、突然女中に背負われて母屋に行った。母屋に着くと、奥の座敷に向かった。それは六畳間と八畳間を一緒にした広い部屋で、西南のすみに祖父が横たわっていた。祖父は朝、厠に行って脳出血をしたようで、赤い顔をして座敷に戻り、そのまま倒れたのであった。私は祖父の危篤の顔を覚えていない。安政二年（一八五五）正月の生まれで、六十二歳であった。葬儀は盛大に営まれ、会葬者の列は桑折町北町から菩提寺の大安寺まで続いたそうである。

祖父の死後、親族会議が開かれ、最寄の親族のほか、仙台から藤崎呉服店の藤崎三郎助氏、東京からは川崎氏が集まり、角田家の将来について相談した。その結果、父文平は、角田家の支配人を委嘱され財政を管理した。また母は分家として本邸の向かい側、北町十一番地の土地を与えられることとなった。ここは約一千坪の広さがあり、桑折町の遊郭の跡であった。祖父がこれを購入し、花畑や果樹園、特に桃やさくらんぼ（桜桃）の樹木がいく本かあった。屋敷の一隅の古い井戸には、ある時若い女郎が身投げしたと伝えられていた。裏門を出ると、向こうには空き地があって、その東の五百坪ほどの池には鯉が飼われていた。池の水はあまりきれいではなく、泳ぎには適さなかった。私はここで時々たらい舟に乗ったが、その上には立派な藤棚があった。池からは土管を通じて南の蓮池に水が流れていた。私は純白の蓮の花が好きであった。夏の終わりには蓮の実を食べた。それは甘く淡白な味で、私は大好きであった。池の東が広大な菜園で、その東半分が果樹園であった。その頃の田舎には珍しい西洋梨が植えられていた。東京帝国大学農科出身の父がわざわざ植えたものである。大きなさくらんぼの木には、よく登ってたくさんの実を採って懐に入れ、樹上でそれを食べるのが好きであった。また野菜畑の中にある三本の通路を駆け回るのも好きだったが、ブヨが多く、これに刺されるのには閉口した。

本宅の北を通る県道は、柳川町に通じており、柳川新道と呼ばれていた。この道路の北側の一画も角田家の敷地

第６図　桑折醸芳尋常高等小学校正面
左は校長室、右は教員室（昭和14年頃）

で、三棟ほどの屋敷に建築用材が収められていた。三軒のうちの北の家には、桑折小学校の校長の岡山幸太郎氏が住まわれていた。家の前の庭には松葉牡丹が植えられていた。この八十五年ほど前に岡山校長宅の庭で見た松葉牡丹が強く印象に残っているため、私は今なお松葉牡丹が好きで、毎年庭に植えている。

角田邸裏門の前の道路を二キロメートルほど北に行くと、上屋敷と呼ばれる土地があり、その西半分の家屋には主治医の鈴木氏が住んでおり、医院にも使われていた。令息の隆夫さんは白石中学に通っていたが、大変な秀才で、仙台第二高等学校を経て、東北帝国大学法文学に入り、高文官試験に合格した。内閣官房に入り、戦後は議会法に関する論文を提出して、東北帝国大学から法学博士の学位を取得された。また、後には衆議院の事務総長に任じられた方である。京都の廬山寺にある紫式部の顕彰碑には、鈴木氏の名前が発起人の一人として刻まれている。上屋敷の東半分には、畑があり、弓場が作られていた。山八銀行の行員たちが、そこで稽古をしていたものである。

大正八年（一九一九）、私は幼稚園に入った。通園は長くは続かなかったが、ももちゃんという女の子に少々好意を持ったことを覚えている。翌年四月、桑折醸芳尋常高等小学校に入学した。醸芳小学校というのは、明治九年（一八七六）、明治天皇が行幸された際に供奉した木戸孝允が、寺子屋であった学校を、英才の出現を願って醸芳小学校と命名したもので、〝じょうほう〟と書かれた書が今も桑折町の小学校に保存されている（第６図）。

一年生の教室は墓場の西にあり、薄暗くて湿気が多かった。そのためというわけではないが、友達となじめず、よく登校を渋った。父はそれを大変苦にし、何度か私は蔵に入れられた。私は泣きもせず、方々の引出しから入れてある品物を取り出して遊んだ。まだ銃刀法のない時代で、五連発のピストルがあったり、壁には鉄砲が掛けられていた。

夏ごろになると、まじめに登校するようになった。一緒に遊んだ友達には藤良助君や近所に住む出入りの庭師の息子儀雄君ら数人いた。隠居家の東にはのぼりを建てる台石があり、五月にはこいのぼりがはためいた。その脇の平地には冬には水をまいてスケート場にした。下駄に金具を付けただけの素人作りのスケート下駄ですべった。台石の脇には火焚き部屋があり、使用人が使う寝所を備えていた。火焚き部屋は下男たちの休息所であった。冬にはそこですずめの照り焼きなどをして食べていた。あるとき火焚き部屋に行くと、『文衞様もどうですか』とすずめの照り焼きをすすめられた。このすずめは米蔵のお米を主として食べていたので、照り焼きにすることができたのである。味の方はまったく覚えていない。

火焚き部屋の東には物干し場があった。いつも女中たちの桃色の腰巻が幾枚も干してあって、今も目に浮かんでくる。隠居家の前には井戸が、その西隣には漬物部屋があった。女中たちはその前でたらいに水を張り洗濯をしていた。洗濯場の東には二軒の蔵があり、秋になると米俵を積んだ馬車が列を成した。番頭や下男たちは、米の品質を調べ、目方を量り、担いで米蔵に運び入れた。蔵には五百俵ほどの米俵がうず高く積んであった。米を収納するとき散乱する米粒をついばむために、多くのすずめが飛んで来た。そのときひそかに忍び寄って戸を閉め、逃げ回るすずめを箒で叩き落して捕まえ、焼き鳥にしたのである。精米所が物干し場の西に接してあり、電気臼が作動していた。さらにその西には炭蔵があって、多数の炭俵が積んであった。また大工小屋もあり、そこには女中の大野ひさえさんの父親の大工が毎日詰めて仕事をしていた。大工小屋と隠居家の間には二階建ての閑居があった。雨の日にはよくその一階で遊んだものである。

小学校では成績が割合に良く、一年から五年まで級長を務めた。ただ、桑折町の小学校では、たとえ成績が良くても良い中学校に入学することは望めなかった。そこで父母の意向で私は、大正十四年（一九二五）の八月に桑折の小学校を六年生で退学し、仙台市の片平丁尋常小学校に転校した。

前述したように母は角田家の次女で、父は支配人であった。角田家の財政を管理し、山八銀行・日本油脂株式会社を設立するなど忙しく働いていた。ただ、父は人をすぐ信用する弊害があった。時間はさかのぼるが、大正二年（一九一三）頃、父は北海道檜山郡に広大な土地を購入した。これなどは人の口車に乗せられて、すぐには利益を生まない雑木林を買ったのであって、当時で言うと二万円くらいの財産を無くした。また晩年には朝鮮半島北部の鉱区の権利を買い、その開発に多大な金額を費やした。学者や技師に向いている性格にもかかわらず、誤って実業界に入った関係から、儲けるような話には容易に相手を信用して乗る傾向があった。このため、角田家の財産を費したことは否めない。しかしその性格ゆえに、後年私の発掘調査の話を好意的に受け止め、その費用を快く出してくれたことも事実である。父の心には、自分の好む工学に進まず、不本意ながら農学を学び実業界に身を置いたことへの不満から、息子二人には好きな学問をさせようという気持ちが強かった。私もその恩にあずかったし、弟の文次も成城高等学校から東京帝国大学に進み、好きな建築史を専攻することができた。

さて、角田家の向かい側には国道に沿って大きな空き地があった。それは元の遊郭のあとで、遊郭が町の真ん中にある事は芳しくない、ということでいつのことか町の南端の新町に移った。遊郭には櫓があって、夕方になると、そこで若い者が太鼓を打ち、町の女好きの若い者の心をそそった。その跡地は向井屋敷（字北町十一番地）と言われ、専ら花園に使われていた。父母はこの土地に永住するつもりはなく、仙台市の土樋《つちどい》のある屋敷を希望して、これと交換してもらった。仙台市の目抜き通りの大町には角田家すなわち山八の呉服卸店を始め、塚本商店や藤崎呉服店などが軒を並べていた。塚本商店は今日のワコール株式会社であり、藤崎呉服店は現在の藤崎デパートである。土樋の家はそこから二、三キロメートル離れていたが、昔の武家屋敷であったらしい。その当時は瀧川亀太郎博士に貸してあった（瀧川亀太郎博士については、『古代文化』第三十七巻第十号参照）。大正の末、東京には東方文化研究所が設立され、『史記』の研究で著名な瀧川博士はその所長に招かれ東京に移った。その結果、ちょうど仙台市の土樋の一九七番地の土地が空いたため、父はこれを修理して一家をそこに移すことにした（第7図）。なお、大町の家の裏は良覚院町といい、南隣は土井晩翠氏の邸宅、北隣は阿部次郎教授の邸宅であった。阿部先生の長女の和子さんは、片平小学校の同学年であったが、才能に恵まれ、模擬試験などでは、常に一番二番を争う才女であった。それにピアノが非常に上手で、彼女はいつしか私の初恋の女性となった。片平丁小学校は今の仙台市の名門小学校であって、これまた名門の宮城県仙台第一中学校に多数入学していた。田舎から出てきた私には、入学試験を突破することは容易ではなく、大正十四年は受験勉強に明け暮れた。大正十五年（一九二六）の四月、幸いに、と言うより辛うじて仙台一中に入学することができた。当時は私営バスが通っていたが、学校まで四十分程は徒歩で行くのが常であった。しかも、編み上げ靴に巻脚絆ゲートル、制服制帽という姿で通うのであった。昭和二年（一九二七）の

第７図　仙台市・土樋の家
（昭和８年夏、右端に紫薇《サルスベリ》の樹が見える）

春早く、私の家族は良覚院丁の家から大修理のできた土樋の家に移った。ところが阿部次郎先生も同じ頃、土樋に屋敷を買われて移られた。そこで宮城県第一高等女学校に通う和子さんと私は、登校途中よく出会うことになった。

こうして私は、仙台一中の生徒となったが、その頃から歴史が大好きであった。そのきっかけは、小学校五年の時、父方の祖父・安斎竹次郎（諱は常清）先生が当時よく読まれた北垣恭次郎の『国史美談』に基づいて、熱を込めて日本史を講義されたことであった。仙台の家は、広さが約八百坪あり、広瀬川に臨んでおり、崖っぷちを降りるとボートに乗ることもでき、鮎を釣ることもできた。真向かいには、愛宕山がそびえ景勝地であった。家の近くには文林堂という古本屋があった。私は、しばしばこの本屋に通ったが、そこで箕作元八《みつくりげんぱち》博士（一八六二～一九一九）著『西洋史新話』六冊を手に入れ、学校の勉強を疎かにしながら、これを読み耽り、テーベの攻防やローマとカルタゴの激烈な戦争、あるいは、ジャンヌ・ダルクの雄々しい戦いなどを夢中になって読んだ。今も私の部屋にはハンニバルの肖像がおかれているが、ハンニバルが象の大群を連れてイタリアのロンバルディアに攻め込み、カンネーに於いて、ローマ軍八万を粉砕した話などを感激して読んだ。その箕作博士のリヴィウスの『ローマ史』に基づく歴史学には感激した。このようにして私は、西洋の古代史にも関心を抱くようになった。

中学三年の頃、母の言いつけで家の前庭の草むしりをやっている時に、図らずも石の鏃や土器の破片を拾うことがあった。県立図書館で調べると、それは石器時代の鏃であり、土器は今日で言えば亀ケ岡式土器の破片であった。このようにして石器時代の遺物にも興味を持つようになった。県立図書館では、しばしば一年下級の佐藤長君（後、京都大学名誉教授、チベット史の権威）と顔を合わせた。またその頃、伊達政宗が支倉六右衛門に託した書簡に興味を抱いて、『イダテムツノカミ』とローマ字で署名してあることを発見した。つまりダテというのは、江戸時代の後半期の訛りであって、正式にはイダテであり、勿論その名を取った郡も伊達（イダテ）郡であることを知って驚いた。伊達の読み方についての私の最初の論文（『伊達の読方の史的一考察』〔『城』第六号、成城高等学校文芸部、昭和六年〕、本書に再録）は、これから着想を得たものであった。その頃私は、考古学と古文書が大好きで、将来はその方面に進みたいと思っていた。前述したように、若い頃、祖父の角田林兵衛の命令で大学の工学部でなく農学部に進めさせられた父は、息子の私が考古学でも古文書学でも好きなことを勉強することを許してくれ、必要な経費も出してくれた。中学の四年以後は、夏休み・冬休みは勿論のこと、日曜・祭日には、リュックサックを背負って、仙台や福島の諸遺跡を探査した。また当時、軍事教練は、仙台一中近くの陸奥国分寺で行われたので、そこで瓦を拾い、仏教考古学にも興味を抱いた。私が後に『国分寺の研究』と題する巨冊を出す発端は、陸奥国分寺の遺跡に啓発されている。私が宮城県・福島県・岩手県・青森県で採集した縄文文化の遺物は、後になって名古屋大学に寄附した。

やはり中学三年の頃、私は池内儀八氏の『福島県通史』を読み、その図版に偽造された遺物の銘文がいくつも載せられていることを発見した。そこで、この本の推薦の辞を述べられた喜田貞吉先生に手紙を出し抗議を申し入れた。磊落な喜田先生は、一中学生の抗議文を寧ろ喜ばれ、東北大学の法文学部の国史研究室に遊びに来るように勧められた。その当時の東北大学は京都大学と並んで新しい歴史研究のメッカであった。喜田先生を中心に伊東信雄氏（後、東北大学名誉教授）・斎藤忠氏（後、東京大学教授・大正大学名誉教授）ばかりでなしに山内清男氏（後、成城大学教授）が縄文文化研究の指導者であった。私は、この方々の講義や議論を拝聴し、ますます歴史学に深入りするようになった。この会合には時々西洋史の大類伸《おおるいのぶる》先生も顔を出された。随時、開催された研究会では、激烈な論争が続き、それは刺激的であった。喜田先生はあれ程の大家でありながら、若い者と対等に議論されることがお好きであった。先生は、私を名前よりも『かわいい中学生』と呼んでおられた。先生は、私を旅行にまで連れ

第８図　恒例の家族写真（昭和４年１月１日）

て行ってくださり、遺跡を見学したり、地方の研究家を紹介されたりした。当時の仙台は縄文文化研究の発祥の地であって、山内清男先生は、貧乏生活を続けながら、大木遺跡等の諸遺跡を発掘調査されており、私もそれに参加させていただき発掘の方法を学んだ。山内先生はヨーロッパの考古学にも明るく、その辺の話をよく聞かせてくださった。

考古学や歴史の勉強に我を忘れていたために、中学校の成績は芳しくなかった。伊藤徳男氏（後、東北大学名誉教授）や武田豊氏（後、新日本製鉄株式会社社長）らも、私と同じく勉強はあまり好きではなく、成績も中くらいであった。年の割にませていた私は、歴史の授業では、担当の先生に鋭い質問を浴びせては困らせていた。当時の仙台一中は著名な進学校であって、毎年八十人程の卒業生が第二高等学校に進学した。浪人した卒業生を合わせると百人以上が進学したと思われる。その他、仙台の高等工業専門学校にも数十名入学し、進学校として東京の府立一中や神戸の県立一中と相並ぶ存在であった。ところが、私はその校風が嫌いで自分の好きな歴史の勉強に偏っていた。喜田貞吉先生から勧められて、京都帝国大学の濱田耕作先生に師事することを早くから決め込んでいた。東京や京都の帝国大学に入るには、高等学校（旧制）の卒業の資格が必要であった。ところが、理科や数学の苦手な私には受験に合格する自信はなかった。そこで、中学五年の初め、私は仙台一中を退学し、東京に出て受験のための予備校に入って、受験の準備をすると共に、上野の帝室博物館や大山柏侯爵の史前学研究所に通い、一年を過ごした。話は逸れるがこの頃から、国分寺の研究をするには、『続日本紀』以下の文献等と七堂伽藍の遺跡や瓦・遺物の研究、つまり古代文化の総合的な研究が必要であることを実感するようになった。また一方で、中学四年の頃、従兄弟の角田省一から勧められて耽読したH・G・ウェルズ『世界文化史大系』（*The Outline of History*）の壮大な構想に圧倒され、歴史は世界史的な視野で理解せねばならないことを痛感していた。

その頃、私は旧制の所謂ナンバー高等学校を敬遠しはじめた。そこで安易に仙台市にある第二高等学校を選ばず、もっとスマートな高等学校である成城高等学校を目指すことにした。一年間の受験勉強でどの高等学校にも入る自信ができたが、しかし敢えて成城高等学校を選び、入学試験を受けた。当時十三倍という高競争率であった成城高等学校は、生徒の個性を尊重視する点でよく知られていた。このようなことは言いにくいが、口頭試問の際『将来は何を勉強したいのか。』と聞かれて、『京都大学に入って、考古学を専攻します。』とはっきりと返答したことが、小原芳校長以下の好感を得たらしく、私は一番の成績で合格したのであった。

第９図　中学時代の級友相良隆正氏と共に（昭和４年）

昭和六年（一九三一）、私は成城高等学校の寮に入ってのびのびと勉強を始めた。しかも、寮には、優れた個性の先輩同輩がおり、互いに啓発するところが多大であった。また優れた教師にも恵まれた。たとえば、遠藤嘉基教授は『万葉集』や『源氏物語』について、興味のある学術的な講義をしてくれた。阿部六郎教授は阿部次郎さんの弟でもあり、私が初恋をした阿部和子さんの叔父さんでもあったが、若い者の面倒をよく見てくださった。成城の南側にお住まいで、私をはじめ何人かの生徒が絶えず出入りしていた。後に著名な音楽評論家となった吉田秀和氏、成城の教授になった今井富士雄氏や私などは、一週間に一度は教授の自宅を訪問し、とつとつと語る阿部教授の話に魅入られた。なかでもドストエフスキー、シストフ、ニーチェ等について、我々を大いに啓発してくださった。また、藤田健治教授は私たちが高等学校三年生の頃、カントの『純粋理性批判』を講読してくださった。これは非常に難しい哲学書であって、簡単に読めるものではないが、一年かかって毎週放課後、哲学好きの者を集めて、岩波文庫版をテキストにして講読してくださった。嘉門安雄（後、ブリジストン美術館長）・志田麓（後、お茶の水大学教授）・田島譲治（後、学習院大学教授）氏らで、教授を取り巻いて、何回か哲学書の講義を受けたこともある。私は、学問をやっていくには、方法論や概念規定に厳正でなければならないことを、この講義を通じて学び、私の学問的将来に大きく影響を受けたのであった。なお藤田教授は、昭和十年（一九三五）頃お茶の水大学に移られ、ついに学長を勤められたほどの哲学界の大物であった。明治三十七年（一九〇四）のお生まれで、東京帝国大学哲学科を卒業、平成五年（一九九三）十月十日に逝去された。

私は歴史が好きであったが、文学やその他にも興味があった。『源氏物語』に没入するようになったのは、成城高等学校三年の時、遠藤嘉基教授から『源氏物語』の講読をしていただいたからであった。高等学校の講義では『須磨』の帖まで、いわゆる須磨がえりで終わったけれども、後に与謝野晶子の現代語訳を愛読し、京都がむやみに恋しく思えた。また、柳田国男・武者小路実篤・中村与一・三宅康子といった方々の家も成城にあり、私はよく遊びに行った。今にして思うと、北原白秋等の当時の著名人は、高等学校の生徒が遊びに行っても、別に迷惑がらずに懇切に対応してくださった。

第10図　南薩摩遺跡（福島県桑折町半田）の試掘（昭和6年12月26日）

私は、引き続き大山柏先生の史前学研究所で大山博士や河野勇氏の指導を受け、また東京帝国大学の人類学教室にもよく尋ねて行き、八幡一郎副手（後、東京国立博物館考古課長、東京教育大学教授）の指導を受けた。また、夏休みなどは主に東北地方の貝塚や縄文時代の遺跡を発掘調査した（第10図）。中でも、青森県の榎林遺跡の発掘調査などは好成績をおさめた。また三陸海岸の諸遺跡のなかでも大洞貝塚遺跡、是川遺跡などを調査して歩いた。農家や粗末な宿屋に夜を過ごしつつ、無性に津波が怖かったことを覚えている。

私は文芸にも関心があったので、まずいながらも小説を書いたりした。また、成城高等学校の文芸部の雑誌『城』の編集長として年四回も発行し、人々を驚かせた。

ちょうどその頃、角田本家では祖父林兵衛の長女・きくの三女あいが養子を迎え家督を継ぐことになったので、これを機会に父文平は仙台での仕事を辞め、一家あげて東京に移ることとなった。そこで吉祥寺に近い三鷹村の牟礼に土地を求めて新たな住宅を建てた。私は、昭和七（一九三二）、八年には、従兄弟の成城の家に世話になっていたが、父が三鷹村に新居を構えたのを機にそこに移った。住所は東京都南多摩郡三鷹村大字牟礼四九〇、井の頭公園に接しており、閑静ではあるが、不便であった（第11図）。

昭和六年の夏、私は初めて京都に赴き、憧れの京都帝国大学考古学教室を訪ねて、濱田耕作（青陵）先生にお目

第 11 図　三鷹村（現在：吉祥寺市三鷹）牟礼の家
昭和 8〜14 年までの家。のち武者小路実篤先生の邸宅となる。この家の左 100 m ほどの処に玉川上水が流れている。

にかかった。その時私は、イースター島の考古学について濱田先生に質問し、先生が苦笑されたことを覚えている。先生は、今は考古学の勉強は程々にし、語学をしっかり勉強しておくようにと、意気に逸る私をたしなめられた。しかし先生は、広い立場から考古学を志している私が京都を目指してくることを心待ちにされていた、と当時助手であった能勢丑三氏に語られたそうである。昭和九年（一九三四）のはじめ、米川正夫先生を訪ねたところ、先生は『成城を卒業してどこへ行くのですか。』と尋ねられた。私が『考古学を目指しています。』と答えると、『文学のほうじゃないんですか。』と驚かれた。いよいよ卒業が迫り、当然のこと京都帝国大学へ入学願書を提出した。それまで京都帝国大学の文学部史学科はたまに試験があっても、ほとんど無試験が多かった。ところが昭和九年に限り、志願者が多く、入学試験があるとの通知にびっくりした。もはや試験は迫っており、にわか勉強もできず、運を天に任せた。その年、東京帝国大学の文学部の方は、国史・東洋史・西洋史ともに入学試験がなく、驚いたことに京都帝国大学の史学科のみ試験があったのである。三月末、幸いにも試験に合格した。たまたま四国に旅行中であった濱田先生から喜びの葉書をいただいたことは、今なお忘れがたい思い出である。

こうして私は念願の京都帝国大学で学ぶこととなったが、私としてはまさに律令制における大学寮の学生になった気持ちであった。考古学の勉強のために京都に移ったのではあるが、一方では京都ではなく平安の京に居を移したつもりであった。私は高倉通の竹屋に頼んで香籠を作ってもらい、衣類に香を焚きこめて松原通（平安京の五条大路）の辺りを漂い、『源氏物語』のヒロインである夕顔のような女性がいないかと、頻りに歩きまわったような次第である。私の源氏好きは、前に述べた高等学校の時代と違って本格化するようになり、本命の考古学研究の余暇をもってではあるが、『源氏物語』を愛読すると共に、紫式部の伝記の研究に打ち込むようになったのであった。

三

昭和九年（一九三四）大学に合格し、京都に来ると私は北白川伊織町の河田信夫氏の持ち家に下宿するようになった。そこには二人程の京大生が下宿しており、食事を共にした。その頃の北白川はまだ未開地で、北には広々と田畑が広がっていた。ただ向こうには、朝鮮人の集落があり、たまには朝鮮女性の取っ組み合いの喧嘩が望見された。私の親友の平山敏治郎君（後述）は浄土寺真如堂の方に下宿を見つけた。その近くには、論文を出すことを嫌ってわざと留年した井上靖君（後、作家）なども下宿していた。京都帝国大学では史学科の学生は六十名程であったが、一回生の間は、国史、東洋史、考古学、西洋史と分かれず、講義も概説的なものを主として取った。ただし、私は濱田先生の特別の厚意で考古学研究室に机を与えられ、そこで自由に研究ができたので、同学年の学生達には羨まれた。

たくさんの講義を受けたが、濱田先生の講義はもとより、羽田亨先生、西田直二郎先生、原随園先生の講義にも興味を持ち、役立つことが多かった。夏休みが来ると、東北の方に足を運び、八甲田山の麓の亀ケ岡等の諸遺跡を回った。秋には南山城の蟹満寺を訪ね、仏教考古学に関心を抱き出した。

第 12 図　奈良市若草山に遊ぶ　帝大入学記念
左：平山敏治郎氏　右：嘉門安雄氏
（昭和 9 年 6 月 10 日）

忘れがたいのは、昭和九年の九月二十一日、大規模な室戸台風に襲われ、私の部屋は散々に荒らされた。しかし、不思議なことに、壁ひとつ隔てた西隣の部屋は大丈夫であった。窓ガラスの破片が柱に突き刺さり、瓦が木の葉のように飛ぶのを見て、自然の威力に驚嘆した。

それから間もなく、濱田先生からお声があり、視野を広くするために朝鮮旅行に付いて来ないかと言われた。勿論、望むところで、九月の下旬から十月の下旬にかけて、濱田教授、梅原末治助教授、東伏見邦英伯爵、小場恒吉教授との五人で、下関から釜山に渡り、百済の遺跡を見学した。ちょうど藤田亮策先生が京城大学に教授としておられ、案内してくださった。また、新婚間もない有光教一先生（後、京都大学名誉教授）のお宅を訪ねたりした。その後、一行は楽浪の発掘中の古墳に至り、初めて中国漢代の古墳の構造を実見することができた。翌日はドルメンを見学し、また高句麗の壁画古墳を見た。そのとき壁画の観察よりも小場先生の説明ばかりをノートし、濱田先生からたしなめられた。濱田先生は、飛行機で慶州に飛ぶことを頻りに勧められ、私はその言葉に従って、京城から慶州まで飛行機を利用した。出土品は博物館で見るばかりであったが、慶州は初めてであったので、やはり仏国寺や巨大な石仏には感銘した。

大学二年の夏休みには発掘はやめて、専らギリシア語の習得に励んだ。というのは、京都帝国大学にはその方面の大家の田中秀央先生がおられ、その講義に出たけれどもあまりに内容が淡々として、どうしても眠気を催して、本気で覚えることができなかった。その結果、古典語の就学は、一週に一回の講義ではなしに毎日何時間か熱中することであると悟った。そこで昭和十年（一九三五）の夏は、専らギリシア語の習得に励んだ次第である。そのころ、前年の秋たまたま石川県から引き上げてこられた三森定男氏（後、北海学園大学名誉教授・平安博物館名誉教授）と知り合い親交を結び、昼夜を問わず議論を交わした。三森氏は立命館大学専門部国漢科に学んでおられたが、元来は、考古学が好きな方で、主に京都帝国大学の考古学教室に通われ、西日本の縄文文化の研究に打ち込んでおられた。当時の京大では、縄文土器を専攻する学生はおらず、その点、三森氏は特異な存在であった（第13図）。

第13図　奈良県の唐古・鍵遺跡（磯城郡田原本町唐古・鍵）の発掘に参加して（三森定男氏と共に、昭和12年2月）

昭和十年（一九三五）の秋、私は蟹満寺の東の山手にある光明山寺の遺跡を少しばかり発掘した（第14図）。そのとき応援に来てくれたのは、先輩格の三森氏や京大史学科の学友平山敏治郎、藤岡謙二郎、澄田正一等の諸君であった。小春日和のある日のこと、東京で森本六爾氏が東京考古学会を設立し、雑誌『考古学』を刊行していることが話題にのぼり、誰からともなく、

第14図　光明山寺址の試掘
左：角田、右：平山敏治郎氏（共に京大生）
（昭和10年11月11日）

我々も考古学研究会を作り雑誌を出そうと発案され、大いに盛り上がった。しかし、学生たちのことで雑誌を出す資金がなかった。そのためそれは重苦しい懸案として残った。

　ある時、三森氏と私は、濱田先生に研究室の若い者たちが雑誌を出したいと思い詰めている旨、申し上げた。すると先生は『若い者には雑誌が必要だ。』と語られ、賛意を表された。濱田先生の言葉に力づいた私たちは、しばしば会合して、学会や雑誌の名称について論議した。その結果、学会の名前は考古学研究会、雑誌は『考古学論叢』とし、季刊で出すことを決定した。

　その頃、三森氏は左京区下鴨の蓼倉町に住んでおられた。父君は石川県の大聖寺で羽振りのよい内科医院を開業されていた。父君は長男の定男氏らが雑誌を出したいという願望のあることを知って、その費用を寄附しようと言われた。この報知を聞き、我々の雑誌刊行の意欲はより強まった。そこで三森氏を主幹とし、先輩格の長広敏雄、禰津正志、中村清兄氏らも誘って考古学研究会が発足したのは、その年の十月か十一月のことであった。

　当時考古学の雑誌といえば、東京の『考古学雑誌』と、前記の『考古学』の二種類しかなく、我々が新しく旗揚げしたというニュースは学界に快く受け止められた。『考古学論叢』の創刊号は三森、中村、長広、祢津および私が論文を執筆、集まった原稿を三森氏が整理して、十二月頃印刷所に入れ、翌十一年（一九三六）二月に刊行された。早速一部を濱田先生に奉呈するとともに、関係方面に寄贈し、併せて会員を募集した。濱田先生は雑誌を大いに喜ばれ、その後も順調に刊行するよう激励してくださった。なお、『考古学論叢』という題箋は濱田先生が墨書され、門出の祝いとされたものである。先生は、依頼して出された画仙紙に太い筆を振るって独特の文字を書かれ、我々を驚かせたのであった。

その頃は、考古学の名称は一部の人にしか知られず、研究調査も低調であった。しかし全国には考古学の愛好者も少なからずいて、『考古学』と相並んで『考古学論叢』が発刊されたことは、当時の考古学界に清新な学風を引き起こし、また若い研究者の粒よりの論文や報告が掲載され、大いに注目を集めるところとなった。

同年四月、濱田先生は三森さんと私と小林行雄氏（後、京都大学名誉教授）の三人を連れて、香川県の小蔦島《こった》の押型文土器の発掘に行かれた。発掘は縄文土器を主にやっていた私にまかせられ、ご自分はステッキをつきながら、島のかしこを探索して歩いておられた。夜は小蔦島にある町営の宿舎に泊まった。小蔦島の押型文土器の報告は、三森定男氏が『考古学論叢』の第四号に発表された。私は濱田先生の御一行と別れ、土佐の国分寺跡を見学し、高知から九州の宮崎に向かった。途中台風に遭い、死ぬ思いをした。宮崎では、妻町に宿泊し、西都原古墳群を見学、ついで大隅・薩摩の国分寺跡などを見学して長い旅路を終えたのであった。学生の間、私は末永雅雄氏（後、橿原考古学研究所所長）と親交を結び、その指導の下に西大寺の陶棺墓の発掘をしたり、梅原助教授の指導の下に、近畿地方の著名な古墳の実測に従事した。梅原助教授は、同志社中学出身で、胸部疾患を患っていたが、捨て身になって若い頃から考古学を研究し、内藤虎次郎博士や富岡謙蔵教授の引きで高く評価され、考古学研究室の助教授にまで推挙されたのであったが、独学の学者によくあるように見識が狭く、人が優秀な論文を発表すると直ちにそれを批判する性格であった。のみならず正規の学生、すなわち正式の教育を受け、語学のできる学生を敵視する弊風があった。私は正にその正規の学生であり、濱田先生より特に目をかけられたので、同助教授の私に対する風当たりは非常に強かった。これは、拙稿の『梅原末治博士』(『考古学京都学派』〔雄山閣出版、一九九四年、一九九七年増補版〕所収)に遠慮なく書いているところである。

昭和九年(一九三四)九月の台風で私の部屋は大変荒れたので、私は初冬に下鴨松木町の藤井さん方へ転居した。ここは、三森さんの家の至近距離にあり、また清水三男氏の家も近く、その点では好都合であった。

昭和十二年(一九三七)の二月頃、濱田先生は図らずも日伊交換教授に選ばれ、これを承諾された。その際博士は、門弟の角田をイタリア留学に伴うことを条件とされた。『東京朝日新聞』十二年二月六日号にはその記事が載っている。当時海外に留学することは学者の夢であって、私はかくも早く、すなわち卒業と同時に留学できることを非常に有り難く思った。

これから見ると濱田先生は、随分私に目をかけられたようである。ついでながら、濱田先生の嗜好を述べると、貴族風であること、美青年であること、上品であること、日本の考古学に打ち込んでいると共に語学もでき、西洋の古代文化に関心の深いことである。口幅ったいことながら、私はそれらの条件にどうやら適合したようであった。そのためか昭和十一年四月になると濱田先生は今年からギリシア考古学のゼミをやると宣言された。それまで考古学専攻の卒業生は数人いたが、濱田先生はゼミをされたことはなく、レポートの提出で済まされていた。ギリシア考古学についてゼミをやると言われたのには、些か驚いた。しかし先生は、私がギリシア語も一応でき、ギリシア考古学をかじっているからこそ、そういうゼミを自らしようとされたらしい。濱田先生とのゼミは私一人であった。というより先生のテーブル近くの椅子に私を腰掛けさせて、一時から始め、時には四時まで熱心にゼミをされた。というより

第15図　京大文学部史学科学生　卒業を前にした送別会（昭和12年2月）
後列左より：和田俊二、平山敏治郎、某君、瀬尾慶一、中江 建、川野政三、大谷栄之助、岡本道三郎、角田文衞、高山保則、鴇田忠正
中列：永田 蕃、深谷芳太郎、宮崎克己、塚本主税、松山国義、某氏
前列：白浜大次、亀井伸明、鈴木光次、小沢吉見、詫 又男、天野義静、藤谷俊雄

私を厳しく指導された。ギリシア語の特定の言葉が出てくると、その変化はどうかとまで質問されるので、私は毎週へとへとに疲れた。私が『考古学論叢』（第四輯、昭和十二年〔一九三七〕）に発表した『ヴァフィオ盃に就いて』などは、先生とのゼミの結果生まれたものである。

しかし私は、日本の縄文文化の研究を忘れた訳ではなく、夏休みには宮城県や岩手県で発掘調査をした。それと共に、三森定男氏と共に『考古学論叢』の刊行にも力を入れていた。私の卒業論文の題名は『ギリシア世界の成立について』であり、ギリシアの世界に足を踏み入れたことのない私は、そのためにギリシア考古学に関する図書や論文をいくつとなく読破した。今日からみれば稚拙な論文ではあるが、とにかく一応これをまとめて十二月二十日に提出した。濱田先生は、この論題で卒業論文を提出することを喜んでおられた。

四

前にも触れたように、私は阿部和子さんを初恋の人とし、長年この恋を続けた。京都帝国大学にいる頃、阿部六郎先生は、令兄の阿部次郎博士を通じて、阿部和子さんと私との結婚を考えてくださった。しかし時すでに遅く、和子さんは共産党に走り、刑罰すら受けており、私とは世界観がまるで違うことを知っていたので、阿部六郎先生の御厚意を有り難く辞退した。私は結婚をする意志は充分に持っていたが、実母の健康状態からして何よりも健康な女性を希望していた。そうした女性はいくらでもいたが、恋愛関係に至ることはなかった。昭和十二年（一九三七）の二月頃、父親の方から縁談があった。それは私の従兄弟の須鎌つや子の斡旋によるもので、相手は陸軍大将岸本綾夫の次女文子（結婚後、有智子を通称とする）であった。父親の岸本綾夫は陸軍将校であると同時に、東京大学出身の学者でもあった。岸本家は岡山出身で家柄もよかった。文子は昭和十一年に東京千代田区の三輪田高等女学校を卒業し、補修科在学中であった。私の母とつや子は、連れだって三輪田高等女学校に行き、宮田校長がそれとなく呼んで対話する岸本文子を観察してきた。校長の話では、文子は極めて健康、聡明で、成績も学校第一とのことであった。私は、特別の恋人はいなかったし、母の病弱を憂えていたので、この縁談に前向きになった。二月二十一日、私も彼女も両親に付き添われて軍人会館（現在の九段会館）でお見合いをした。私は文子が健康そうな女性であったので、最初からこの縁談に乗り気であったが、文子の方は私がにやけた男性に見え、気が進まなかったらしい。しかし翌日両親と共に三鷹の拙宅を訪れ、応接間で面会した際、絣の着物を着た私を気に入って、結婚を承諾したようである。結婚は決まったものの、結納が交わされない前は二人で会ったり、交際することは許されず、結納が済んだ後に僅かに鎌倉の海岸を散歩した程度であった。その後も一度二人で街に出たが、私が学問のことを話し、古本屋や丸善の洋書部を回ったりしたため、彼女は内心閉口していたようだった。

昭和十二年の三月末、私は京都帝国大学大講堂で行われた卒業式に参列した。その一方で新居を探していたが、幸いに左京区鹿ケ谷の寺ノ前町に恰好な二階建ての貸家があったので、それを新居に予定して東京に戻った。四月四日濱田耕作先生御夫妻を頼まれ仲人として、軍人会館で式を挙げた（第16図）。式には阿部信行大将（のち総理大臣）、大山柏公爵、堀切善次郎氏以下の名士が列席し、盛大なものであった。濱田先生御夫妻は熱海に新婚旅行に行く我々夫婦を東京駅のホームまで見送ってくださった。四月十三日、私たちは女中を連れて鹿ケ谷の家に入った。それは疏水に近い家であったが、あたかも桜が満開であったことを記憶している。京都では、都ホテルにおいて京都関係の結婚披露を行ったが、濱田先生御夫妻や遠藤嘉基先生、須田国太郎画伯、考古学教室関係の諸氏が多数出席してくださった。

第 16 図　結婚記念　東京九段軍人会館（現九段会館）にて（昭和12年4月4日）

ところで、その年私は徴兵検査を受けた。成人に達した後も、私は京都帝国大学に在学していたため徴兵猶予を申請して、それまで徴兵検査を受けずにいたのであった。検査の場所は東京府多摩郡三鷹村の三鷹小学校の校舎で、結果は第一乙種合格であった。それは現役兵として入営することはなかったが、事変が起きて兵員が不足する場合は、ただちに召集される兵種であった。忘れもしないその年の七月、盧溝橋事件が起こった。戦雲が兆し、私は前途に何となく不安を覚えた。ただそれは兵役を忌避したのではなく、もっと研究を続けたいという欲望からであった。四月一日付けで、私は京都帝国大学文学部の副手（有給）を命じられ、机も研究室の片隅に与えられた。かくして私の研究生活が開始された。濱田先生は毎日四時頃になると、『お茶を飲みましょう。』とおっしゃって、研究室入り口の部屋の大きなテーブルに皆を集め、歓談された。これには学科の新村出《しんむらいずる》・羽田亨《はねだとおる》・小牧実繁《こまきさねしげ》教授等が常連として参加されたし、また外部からは、毎日新聞社京都支社記者の岩井武俊氏等の来客もあり、大変賑やかであった。岩井氏はこれを『カッフェ・アケオロジー』と呼んでいた。私は末輩なので地下の小遣い室からお茶を運ぶのが常であったが、濱田先生が『角田君、悪く思うなよ。僕も若い頃はお茶運びをやったんだよ。』と言われた。濱田先生はほとんど和服で、冬にはインバネスを着て登学されていた。

　大きな変化は濱田先生が図らずも京都帝国大学総長に選挙されたことである。先生は交換教授としてイタリアに行くことを条件にして、総長を引き受けられた。当然のことながら、濱田先生は本部の総長室に移り、研究室は梅原助教授が主宰することとなった。私は幸い兵役を免れたので、前途を案じながらも研究に邁進していた。そのころ三森定男氏と協議して、国分寺の総合的研究を編集しようと企画した。これは時宜を得た企画であって、方々に執筆を依頼した結果、全国七十余りの国分寺についての論文や報告が寄せられ、昭和十二年（一九三七）から十三年にかけて、私がもっぱら編集に当たった。また写真撮影のために因幡、伯耆、出雲、石見さらに備前、備中、安芸や筑前、筑後、肥後、薩摩、大隅、日向等々の国分寺の遺跡を歴訪した。その費用は、父親が出してくれたので、経済的に困ることはなかったが、留守が多く新妻には寂しい思いをさせた。私自身は山城の国分寺の調査に熱中した。無論古瓦の実測、文字瓦の研究なども疎かにしなかったが、国分寺の研究はいわゆる考古学と文献学との双方を相まってせねばならないことを益々痛感した。伯耆の国分尼寺は所在不明であったが、『類聚三代格』に見える古記録から、国分僧寺の近隣にあることを発見した。それまで、国分寺に関しては、辻善之助氏の研究が最も権威あるものとされていた。しかし私は実地研究の結果、国分僧寺と尼寺は割合に近く所在していたことをつきとめ、実地研究を疎かにしていた辻博士の説を論破した。

その頃住んでいた所は、鹿ケ谷寺ノ前町の借家で、東の窓からは大文字山が間近く眺められた。今日と違って、当時の学者は時間的に余裕があり多忙でなかった。また考古学研究室の副手と言えば、世間ではかなり高く評価してくれた。したがって、『国分寺の研究』に寄稿を依頼した、例えば佐々木信綱・喜田貞吉・太田亮その他大家の先生方は快く承諾された。また寄稿を依頼した諸先生は暇があった上に、郷土史家として光栄なことと思っておられたせいか、割合に早く原稿を寄せてくださった。なにしろ七十人にも及ぶ寄稿者であるため、私は考古学研究室に詰めながらも、昼夜を問わず原稿整理などに没頭せねばならなかった。私にとって好都合であったのは、京都帝国大学にある影写本によって、薩摩国分寺文書をまとめ、これを『国分寺の研究』に入れることができたことであった。前にも述べたように、古文書の研究は中学時代から好きであったので、この薩摩国分寺文書の編集は楽しかった。読めない字も多かったが、大学院学生の赤松俊秀氏（後、京都大学名誉教授）が教授してくれたので非常に助かった。

こうして集まった原稿を校閲しているとき、すなわち昭和十三年（一九三八）の一月に、私にも召集令状が来て、東京の麻布歩兵隊三連隊に入営せよとのことであった。いずれはイタリアに赴くことになっていたので、召集には心残りがあった。家内の父・岸本綾夫は、私の研究者としての使命を大いに案じ、わざわざ連隊本部に出向いて、徴兵は忌避するわけではないが、もう少し延期してくれるよう頼んでくれた。なぜなら私は日伊交換留学生に内定しており、濱田耕作先生のお供をしてイタリアに留学することになっていた。それは私の研究者としての生涯には大変重要なことだったからである。一月十三日と記憶するが、入営するとその場で即日帰郷を命じられ、そのまま家に帰ることができた。家内の父は陸軍大将であったため、このような破格の願いが通ったようである。当時の写真を見ると、私は太り気味で散切り頭であった。入営の際、長髪は認められていなかったのである。

『国分寺の研究』に集積した原稿は、四六倍判、上下二巻で約二千頁にも及んだ。このためこれを出版するには多額の資金が必要となった。私は有斐閣や岩波書店に出版を依頼したが、双方とも書物の内容の重要性は理解したものの、高価なため出版された際どれだけ販売できるかに危惧を抱き、出版を辞退してきた。資金に乏しい考古学研究会としては困惑し、多数の寄稿者に申し訳ない事態になることを懼れた。こうした苦衷を知った私の父・文平は、考古学研究会に約一万円を寄附し、研究会独自で出版するよう取り計らってくれ、私は胸を撫で下ろすことができた。一万円とは、当時としては大変な金額で、ちょうどその時分私の実家は、東京の吉祥寺付近三鷹村に二百坪の土地を購入し、和洋折衷の家屋を建てたが、その費用は一万二千円ほどであった。

角田文平の寄附金によって、『国分寺の研究』は京都の内外印刷株式会社で印刷され、昭和十三年八月に刊行された。また、校正にあたっては、家内が寝食を忘れるくらいに手がけてくれたのであった。

その頃、大きな珍事があった。病理学者で濱田先生と個人的にも学問的（古人骨の研究）にも極めて親しい教授が、神護寺が所蔵する神護寺経の調査に赴き、毎回その若干を無断で持ち出されたことである。大学教授が貴重な文化財を盗み出したというので新聞に大きく取り上げられ、京都帝国大学総長の濱田先生は大きなショックを受けられた。

だいたい濱田先生は、神経質な面もあって、寝付きの悪い方であったため、催眠剤を連用されており、腎臓に障害を起こされていた。濱田先生の健康は、稀有の事件により悪化し、京都帝国大学附属病院に入院されてもはかばかしくなく快方に向かわれなかった。そんな中、先生は私が『国分寺の研究』に熱中することを喜ばれていた。私は時々京都帝国大学附属病院に先生を訪ね、『国分寺の研究』の進捗状況を先生に報告したり、またその序文をいただいたりした。昭和十三年の七月に入って、濱田先生は閑静な京都帝国大学総長官舎に病床を移されたが、病のほうは悪化する一方であった。七月二十四日、私は主治医から呼ばれ、先生の脇に横になって輸血した。先生と私は血液型が同じであったが、先生は輸血によって却って苦しまれたようである。こうして七月二十五日、濱田先生は遂に逝去された。まだ五十七歳の若さであった。一カ月後に出版された『国分寺の研究』をお目にかけることができなかったことが残念でならない。思えば、この序文が先生の絶筆であった。帝国大学の総長がその在職中に逝去するのはきわめて異例のことであった。七月二十九日、濱田総長の告別式は京都帝国大学葬として盛大に営まれたのである。

学問的に非常な打撃を受けたのは私であった。それから四、五年した後、三森定男氏などが中心になって濱田先生の未亡人琴寿さんを慰安する集まりを持った。その時私の家の応接室に来られた濱田琴寿さんは、『濱田は角田さんを大変あてにし、自分の後継者にしたいと思っていたのですよ。』と語られた。それはすでに当時としては虚しいお言葉であったが、濱田先生の御恩は強く私の脳裏に残された。

濱田先生亡き後、考古学研究室は梅原末治助教授が中心となった。梅原氏は業績は多かったが、教授には昇進せず、西洋史の原随園教授が考古学講座を代表した。あらかじめ予想されたことであったが、梅原助教授は考古学研究会の三森氏や私に陰に陽に当たるようになった。研究室の助手の小林行雄氏は東京考古学会の森本六爾氏の門弟で、梅原助教授のもとで製図に励んでいたが、助教授に対しては当たり障りなく仕え、理由もなく人を叱責する助教授には沈黙を続けて弁解ひとつしなかった。反応がないため梅原氏のほうが叱責を止めてしまうのが常であった。

小林氏は一方、考古学研究会や私に対しては冷淡な態度をとっていた。三森氏と私は梅原助教授の仕打ちを嘆いて、羽田教授を訪ねて実情を訴えたこともあった。しかしその羽田教授も、濱田総長の後任として京都帝国大学の総長に選ばれ文学部を去り、梅原助教授をたしなめることもできなくなった。執拗な梅原氏のいじめに私は何度か大学をやめようと思ったが、そのつど家内に励まされて思い直したのであった。

三森氏とその友人の白川静氏は、昭和十四年頃、立命館大学専門学部国漢学科を卒業された。三森氏について言えば、父君が医師を廃業したため、三森氏の生活の援助ができなくなった。三森氏はその頃、適当な就職先がなく、濱田先生の令弟のお世話で鐘淵紡績株式会社の女子寮に夜間教えに出掛けていたが、報酬は僅かであった。そのため生活は貧しく、『考古学論叢』の印刷製本の費用もなかなか調達できなかった。それを見かねた私は、父に依頼して若干の経費を考古学研究会に寄附してもらったこともある。昭和十二年から十三年にかけて、『考古学論叢』は不規則ではあるが、第八輯から第十一輯まで発行された。内容は相変わらず優れていた。ところが三森氏は、経営の才能に乏しいけれども、発表の意欲は旺盛で、同人たちに諮ることなく第十二輯と十三輯を自分の執筆する西日本の縄文文化の特集号に当てることを独断で決めてしまった。しかし、三森氏は川崎市の嘱託に採用されて京都を離れることになったこともあって、なかなか論文を執筆することができず、『考古学論叢』の発行は停滞した。こうした事態に困惑した同人たちの意向で、第十二、十三輯は未刊とし、一挙に第十四輯を出して、かろうじて面目を保った。ちなみに三森氏の第十二・十三輯掲載予定の稿は後に同氏『日本原始文化』となって刊行された。

この頃、戦争は苛烈となり、印刷紙も容易に配給されず、若き考古学者たちも次々と軍務に招集されていった。こうした状況の中、東京考古学会のほうも、森本氏の逝去後、大阪鉄工所（後の日立造船）の坪井良平氏が後を引き受けたものの、報告や論文が少しばかり集まっても資金が続かず、低迷していた。その後、坪井氏に代わって編集に当たった杉原荘介氏や藤森栄一氏も東京考古学会を維持しようと努めたが、その杉原氏も軍務に招集され、雑誌『考古学』の発行も心身不随意に陥ったのであった。東京考古学会と考古学研究会、および中部考古学会の合併の気運はこのような状況の中で起こったのである。ただ、私自身はその頃イタリアに留学していたため、この間の詳しい事情は見聞していない。

ところで、私は国分寺の研究をしていたが、いわゆる歴史考古学を専攻する気持ちからではなく古代学研究のための作業例の一つとして考えていた。若い頃から手がけた縄文文化の研究は捨てがたく、昭和十三年には青森県上北郡の榎林貝塚を発掘し、当時としては設定されていなかった榎林式の土器の存在を発表した。昭和十四年に至って私は、三森定男氏、松田一政氏などの協力を得て、茨城県東栗山貝塚遺跡においてかなり規模の大きい発掘を試みた。宿舎は街道筋の商人宿であったが、食物の不味いことには閉口した。出土した遺物は膨大な量に上ったため、京都鹿ケ谷の自宅の庭先に小さな小屋を作って運び入れ、ここで土器の整理に励んだ。とは言え大学の勤務もあるため、毎日は整理に励むことはできなかった。しかし出土遺物は縄文文化中期の優れた遺物であったため、四、五月頃はその整理に熱中していた。

五

昭和十四年（一九三九）に至って、考古学研究会は『国分寺の研究』のあとを継ぐ出版物を企画し、京都市の富豪、伊藤庄兵衛氏の優れた掛仏のコレクションの集成を計画した。この計画はある程度進行したが、これを熱心に研究する人を欠いていた上、戦局が段々悪化し、また資金の問題もあって、途中で放棄された。

前述したように同年の春には、私は茨城県の東栗山遺跡群を調査し、それがすむと秋田県に飛び、角間崎遺跡の

第17図　考古学研究会主催　ヨーロッパ留学の壮行会（昭和14年6月20日、四条通の万養軒にて）
前列左より：佐々木利三、三森定男、角田、濱田琴寿夫人、森　暢
後列左より：中川一男、松田一政、毛利久、大築邦雄、藤岡謙二郎

試掘を行った。この二カ所の遺跡はともに考古学研究会の名で発掘したものであった。

五月に京都の家に戻ると、羽田亨京都帝国大学総長から日伊交換留学生に決定した旨を知らされた。当時にあっては二十代の若い学者が留学を命じられることは稀なことであった。これは濱田先生の遺志を継いで、羽田総長が外務省や国際学友会を説得してくださったおかげらしい。諸般の事情から出発は七月となった。準備は多忙を極めた。第一に、私は南禅寺寺前町に空き地を購入し、そこに小屋を建てて家具や書籍を収蔵した。第二に東栗山遺跡群出土の多量の縄文土器を水洗いし、写真や拓本をとり、報告書を仕上げた。大学のほうは、さして重要な業務に携わっていなかったので、ヨーロッパに留学する命令を容易に受けることができた。研究室の残務は副手の藤岡謙二郎君に委ねた。

七月の上旬には京都の借家を引き払い上京した。なかなか暑い夏であったが、東京では外務省や国際学友会に挨拶回りをした。その頃私の実家では、三鷹が寂しいというので、下北沢に転居していた。三鷹の家は後に武者小路実篤氏が購入し、随筆集を書かれた場所である。井の頭公園のごく近くで森林も多く、また二百メートル程行くと玉川上水が流れており、閑静な土地であったが、買い物には不自由で、母親はこれを苦痛にしていた。そのため、もっと都心に近い下北沢の家を希望して移ったのである。しかし、母親の健康状態は思わしくなく、喘息性の心臓を患っており、家の離れを病室としていた。

七月十九日、私は病床にある母親に別れを告げ、大勢の友人や親族に見送られて東京を出発したのであるが、それが母親との最後の対面であった。

京都では、京都ホテルに宿泊し、羽田亨総長や史学科の諸先生に挨拶をした。夜には考古学研究会の壮行会が催され、濱田先生の琴寿夫人や須田国太郎画伯、遠藤嘉基先生や三森定男氏、その他多数のかたがたが留学を祝ってくださった。

そして七月二十日、京都駅を発ち、神戸港に向かった。京都駅のホームには、梅原末治教授、長広敏雄氏や後輩の藤岡謙二郎君が見送ってくれた。神戸港で停泊中の鹿島丸に乗り組み、三時頃に出港、留学の途に上った。この鹿島丸は貨客船で、速力は十一ノット。当時としても極めて旧式の船であった（第18図）。この船には神戸港で二十人ほどの軍人が乗り込んできたが、寺内寿一《ひさいち》、大角岑生《みねお》両大将以下、

第18図　鹿島丸にて（昭和14年8月頃）
前列左より：石原馨弐（海軍造船及造兵監督書記）、角田
後列右端：工藤民治郎（海軍技手）

陸海軍の幹部の姿が見られた。彼らは重大任務をもってドイツに向かうとのことであった。今思うと、彼らは陸・海軍を代表して日独伊三国同盟の締結を目的として、ヒットラーと協定するために渡航したようである。家内の父・岸本綾夫と寺内大将とは同じ陸軍士官学校第十一期の仲であったため、若僧の私はしばしば寺内大将と話し合う機会があった。鹿島丸は門司港に寄った後、上海、シンガポール、サイゴン、ペナンを経由し、西に進んだ。船艇が遅いのとそれぞれの休泊地で貨物を降ろしたり載せたりするので、意外に時間を取った。しかし、それだけに各停泊地で様々に見物をする幸運にも恵まれた。ペナンを出ると、コロンボまではインド洋を横切るわけであるが、あいにくの季節風で船が激しく揺れ、これには些か閉口した。しかし、私はできるだけ甲板の椅子に座り、海原を眺めつつ、毎日のように『古代』とは何かということに思い悩んでいた。また、私は長い渡海の間『イタリア語四週間』等によって、イタリア語学習にも努めた。スエズ運河の航行は、両側から熱風が吹き寄せてくるので、夜も寝室で寝られない程暑かった。何人かの乗客は、船がスエズ運河を通っている間、エジプト見物に行ったようであるが、私は他日を期して赴かないでいた。ポートサイドに着くと、気候はがらりと涼しくなり、イタリアも間近なので旅の疲れも忘れたくらいであった。八月二十九日には、海から突きだしたストロンボリ火山の周りを回って見学させてくれた。そして八月三十日の夜、船はナポリ湾に入り、ナポリ港に近づいた。すると遠くの方に火を吹き上げているヴェスヴィオ火山が臨まれ、イタリアに到着したという実感を覚えた。私は白い浴衣に袴姿の寺内大将と並んで、デッキからこのすばらしい光景を眺めていた。翌三十一日は、下船と同時に車を馳せてポンペイに到り、この世界的に最も著名な遺跡を見学し、非常な感激を覚えた。私は日本で若干の村落遺跡などを発掘したが、このような整然とした都市遺跡、舗装や水道の整った遺跡は、驚嘆の限りであった。ただ、ポンペイが台所の脇に便所を作っていることだけが、納得のいかないものであった。翌九月一日、ナポリから列車でローマに向かったが、連れは同じく交換学生の田代歓一氏（九州帝国大学医学部講師）であり、大倉商事の犬丸幹雄氏が万事案内してくれた。ローマでは大使館へ挨拶した後、学生寮に部屋を与えられた。昭和十四年のこの頃、日本大使館には大使がおらず、参事官、一等書記官、三等書記官、その他書記生がいたが、文化方面に関心の深い方がいなかった。

ローマ大学に接続した学生寮は、二流のホテル並の立派な建物であったが、私も同行の田代氏もそこでの生活に馴染まず、数日後そこを出た。私はマリゲリータ女王通りをはさんで大使館と真向かいの建物の一階に下宿することとした。その頃日本では、母親が昭和十五年（一九四〇）の一月十六日に没したこと、同じ年の二月十二日に長女玖賀子が生まれたことを電報で知り、いろいろと心乱された。母親の死には男泣きに泣いて悲嘆した。

六

誰でもそうであるらしいが、故国を離れて海外に居住すると、居住地の風土や人情に馴染まず、軽いホームシックに悩まされるものである。そのようなことはともかく、私は男性及び女性の家庭教師を頼み、ひたすらイタリア語の勉強をした。

ところで私の住んでいた下宿の部屋は、二部屋が連続しており、それ自体は立派であったが、風通しが悪く、日光もほとんど入らない陰気な部屋であった。また、その下宿デ・チェーザレ家は、家族が多いのでトイレが塞がっていることが多く、食事も非常に粗末であった。中でも私の下宿生活を苦しめた最大の原因は、毎晩押し寄せる床ダニの襲撃であった。電気を消すとどこからともなく、多数の床ダニが押し寄せ、足首を中心に血を吸うのである。これには悲鳴を上げた。当時ローマには南という医者が留学していたので診てもらったところ、『これは病気ではない。陰気な部屋に住む床ダニのせいである。』と言ったのである。

昭和十五年の五月、私はいよいよ決心して、大使館に近くであるという点以外は都合が悪かった、マルゲリータ女王通りの下宿を引き払い、ジョゼッペ・ヴァーシー通りにあるコミネッティ夫人のヴィラに転居した。これは三階建ての赤レンガのヴィラで、実に見事な建物であった。庭も広くとってあった。コミネッティ夫人は、公共事業省の局長を務めたコミネッティ氏の未亡人で、当時四十歳余、至れり尽くせりの親切な方であった。二階には陸軍技師の佐藤辰也氏が住み、私は一階のバス付きの部屋を与えられた。滑らかな坂道にあった庭園は、四季折々に草花が咲き乱れ、午後には南に遠くアルバーノの山も望まれた。食事も格段の相違で、未亡人は採算など考えておられないようであった。食堂での食事が済むと隣の応接室に居を移して皆で歓談し、夜の更けるのを覚えなかった程である。

当時の留学生は明治以来そうであったように、信念をもって自分の専門とする学問の一流の知識を会得して帰省することが当然視されていた。明治・大正期に留学した学生のリストを見るだけでもそれは理解できる。恩師の濱田先生も主としてイギリスに留学し、必死でヨーロッパ考古学を学び、またエジプトにおいては発掘の方法を習得された。そしてそれまで、どちらかと言えば非科学的な日本の考古学界に新機軸をもたらされたのであった。これは当時留学した誰彼の研究者についても言えることである。私も昭和十五年になると、ますます本気になって考古学の方法論の研究に取り組もうという気持ちになった。まずその第一は、ギリシア考古学の現地について勉強することであって、早速ギリシア本土は勿論ペロポネソス半島も列車や馬車などを利用して歩き回った。アテネのパルテノンの見事な壮麗さ、エレクテオンの女神像など心惹かれるものが多かった。特にアクロポリスの丘の端に作られた建物には、パルテノン以前のヘカトンペドンの遺跡から出土したアルカイックな彫刻の古拙的なものが多数陳列してあり、心惹かれた。ついでペロポネソス半島に足を延ばした私は、ミケーネ、ティリュンス、アシネ等の諸遺跡を回り、ついにスパルタの町に到着し、そこで宿泊した。私は念願のヴァフィオ墳丘墓を見学したいと思い、スパルタの南に車を馳せた。しかしほとんどの住民はその位置すらも知らなかった。幸いに親切な巡査がいて案内してくれ、ヴァフィオ墳丘墓の現場に到着したが、埋め戻しもしないで掘ったまま放置してあるのには些か驚いた。その辺一帯はオリーブの林でV字形の谷間には、ユーロタス川の流れが臨まれた。ついでトリポリスから列車に乗り、オリンピアの遺跡に向かったが、ちょうど競技場＝スタディオンの発掘中で、発掘主任のクンツェ教授としばらく話ができたのは幸せであった（第19図）。また日本にいる頃、夢にも見たヘラ神殿の遺存する柱をこの目で確かめることができた。このヘラ神殿からギリシアのオリジナル作品とされるヘルメス像（プラックシテレス原作のヘルメス像）が出土したことはあまりにも有名である。その後、テーベ、デルフォイを見て回り、ケーロネアの古戦場を見学し、オルコメノスの遺跡（第20図）や著名なエピダウロス劇場を見学して、アテネに戻った。ギリシア旅行で印象的だったのは、夕方公園を散歩中、パルテノンをうっとり眺めていると、近くのカフェから日本の歌が聞こえてきたことで、それは『征旅の唄』という軍歌であった。

第19図　オリンピア遺跡にて
エミール・クンツェ博士（発掘主任）と共に（昭和15年4月17日）

昭和十五年（一九四〇）の春になるとイ

第20図　ギリシア・オルコメノスの穹窿墳の副室の前で（昭和15年4月21日）

タリアでの生活も半年以上となり、外国の生活にも慣れてきたし、言葉もどうやら余り不自由しなくなってきた。しかし、まだまだ旅行慣れがしないので、ローマ郊外のスビヤコエ、セビト、フォーロ・ロマーノ、パラティーノの丘、クゥオーヴァディスの門等を見学した。ヴァチカンの国立博物館、ラテラーノの博物館などは頻繁に訪れたものである。また、フィレンツェ、ボローニャ、シエーナなども訪れた。ボローニャ大学のドゥカーチ教授と話が合い、彼はボローニャへ研究に来ないかと言ってくれた。ローマでは、エトルスキ学の専門家でローマ大学の非常勤講師を勤めるマッシモ・パロッティーノ教授と親交を結んだ。パロッティーノ氏はローマのサルディーニャ街にあるドイツ国立考古学研究所に私を紹介してくれた。この研究所は、考古学書だけでも百万冊を越える蔵書を持っていた。そんな考古学の世界で第一とされる研究所を紹介してくださったことは、ありがたいことであった。私は午前中に研究所へ行ったが、午後は四時頃まで休館するのには閉口した。露天商を始め、店も皆そのような調子で、薬局以外は四時まで休んでしまい、不便この上なかった。しかし研究所はヨーロッパの古典考古学に関する宝の山であり、夢中でそれを読んだり、複写させてもらったりした。ちなみにこの研究所は、その後五階建てになり、ますます研究所として偉容を誇っていた。その研究所の所長として著名なパウル・ツァンカー氏が平成十三年（二〇〇一）の春三月十八日に来日し、日本の古文化の視察をされたことは銘記されるべきであろう。

七

コミネッティ夫人のヴィラに移ってからは生活が安定したので、私は東ヨーロッパや北ヨーロッパへの研修旅行に出掛けた。残念なのは、フランスとイギリスはドイツと交戦中であり、その方面に赴くことのできないことであった。まず私はドイツを通ってスウェーデン、フィンランドに旅行し、またオーストリア、ハンガリー、ルーマニア、ブルガリア、トルコ方面に旅行した。ブルガリアのソフィアにある日本大使館には、ポーランドから避難した梅田良忠氏（後、関西学院大学教授・古代学協会初代理事長）がおられ、同氏とは話が合い親交を結んだ。また、トルコのイスタンブールでは、ラトビアから避難して来た新関欽哉氏としばしば歓談した。新関氏は当時書記官補として外務省におられたが、後にはソビエト大使に出世された方である。トルコに赴いた大きな理由のひとつは、トロイアの遺跡を見学することであった。軍事的に重要な地域であるため、その方面への旅行許可は、栗山大使などが助力してくださったにもかかわらず得ることができなかった。その代わりアンカラを訪ね、発掘中のローマ時代の遺跡をつぶさに見学することができた。スウェーデンでは、いろいろな考古学者の世話になったし、またモンテリウスの『考古学研究法』（原文ドイツ語）を求めることができたのは嬉しかった。イタリアに帰る途中、ドイツの通過ビザがなかなか下りず、スウェーデンに一カ月ほど留まらざるを得なかった。その間、私は有名な東亜博物館を訪ね、著名なアンデルソン博士やカールグレン教授に接することができた。また、そこでは特に中国の彩文土器を詳しく観察した。スウェーデンのストックホルムから船でフィンランドにも渡った。ヘルシンキでは国立博物館を見学したのみならず、長年憧れていたタルルグレン教授と親しくお会いし、ご自宅で食事をいただく程歓待された。

帝政ロシアは想像以上に考古学的研究が盛んな国であった。しかし十月革命の後は、マルクスの歴史理論が先行し、研究の水準は著しく低下していた。革命以前の膨大な数の調査がありながら、多くは未報告の状態であった。フィンランドのタルルグレン教授はこれを概嘆し、自ら『古代北方ユーラシア』という年刊の研究誌を編纂し、古代ユーラシアの未だ知られざる文化に大きな光明を与えた。日本では早くからタルルグレン教授の仕事は評価されていたし、私も同教授に憧れていた。ヘルシンキ大学の考古学の教授であり、ヘルシンキ博物館長でもあったタルルグレン教授は、温厚でもの柔らかな方で、古代ユーラシア考古学についての話を惜しみなく私に与えてくださった。自宅の書斎の壁には考古学者の数十枚にわたる肖像写真が飾られており、私にとって、これらの学者の業績は垂涎の的であった。

この旅行を通じて痛感したことは、日本の学界が東ヨーロッパや中央アジアの歴史にほとんど関心がないことであった。ソビエトの領域は広大であるけれども、かなり多数の遺跡が発掘されており、その研究は東ヨーロッパの古代文化の研究なしにはできぬことである。私はロシア考古学の研究をせねばならぬと痛感したが、ソビエトでは考古学の本を求めることは極めて困難なことであった。そこで私は、ソフィア（ブルガリア）、イスタンブール（トルコ）などの書店をめぐり、ロシア考古学のかなりの文献を得ることができた。しかし私自身ロシア語が読めず、この方面での勉強をせねばならぬと思った。

昭和十五年（一九四〇）の十一月頃、ロシア語ができる助手を必要としている旨を『メッサ・ジェーロ』紙に広告したところ、好都合な女性が申し込んでくれた。その名は、エレーナ・ウペニエックスというラトビアの女性で

第 21 図　コミネッティ家の玄関の前で
角田、エレーナ・ウペニエックス（後列）、コミネッティ夫人（前列）、箭内正五郎（昭和 16 年 3 月 11 日）

あった。年齢は、私より二つ程上であった。彼女はロシアのペテルブルグに生まれ育ち、そこで教育を受けた人であった。高校卒業後はラトビアで父君が社長をつとめる生命保険社に勤務していた。昭和十五年にソビエト軍がラトビアに侵入して、これを領土に加えた時、ちょうど夏の頃であったが、彼女は親友のリリィ・グレップとイタリアへ見学旅行に来ており、故国に帰ることができなくなった。やむをえずロシア語を生かして、細々と下宿生活をせざるをえない時であった。彼女はスタイルもよく、なかなかの美人であるばかりでなく、非常に聡明で、ロシア語、ラトビア語はもちろん、英語、ドイツ語も自由であった。そこで私はコミネッティ夫人の了解を得て、ヴィラのサロンに彼女の席を設け、午前中はロシア語を教えてもらい、午後は彼女にロシアの重要な考古学書の英訳を依頼した。このことによって、私の研究の視野が非常に広まったと言ってよいのである（第21図）。

八

私のヨーロッパ留学の目的の一つは、自分自身の独自な学問を作り上げることであった。私は既に日本において、日本の考古学は当然のこと、ヨーロッパの考古学についてのかなりの基礎知識は持っていた。それに加えてヨーロッパの考古学界に接し、また遺物を見学したため、私自身の考古学が次第に形成されてきた。当時は『古代学』とは言わず『考古学』と称していた。しかし私は、一方では日本の歴史や国文学の研究を試み、一方では各地で発掘調査をしていた関係から、文献的史料と遺物遺跡の資料とを総合して研究せねばならないという考えは初めからあったのである。昭和十五年（一九四〇）には、終日考古学あるいは文献学の総合について考慮を重ねていたが、十月頃になると、だいたい自分の学問（古代学）の骨格ができてきた。当時の覚え書きを見ると、新しい学問を作る情熱とそれが次第に体を成して行く過程が記されている。この覚え書きには、濱田先生の学問とやや異なっていくことに苦しみを覚えているが、学問は感情にかかわらず先に進まねばならぬ以上、仕方のないことだと思う。

戦争は次第に苛烈となり、食料も段々不足がちになってきた。私は東ヨーロッパに行くごとに多数の石鹸を購入し、手や身体を清潔に保った。ローマでは、暖房も時間制となり、寒いのが苦手な私は、机に向かうことすら容易ではなかった。私は相変わらずドイツ考古学研究所やヴァチカンの図書館に行き、ロシア語の文献は助手のエレーナに翻訳してもらっていた。私はギリシア・ローマの古典考古学にも強い関心を抱いており、ポンペイには数日単位で何度も行き、マイウーリ教授、デッラ・コルテ所長の指導を受けた。私は生来、本が好きであったので、考古学に関連する書籍は金にいとめをつけず購入し、不足すれば朝日新聞ローマ支局から遠慮なしに金銭を借用した。先述したように、私は博物館や考古学上の遺跡ばかりではなく、フィレンツェ、ヴェネツィア、シェーナ、ナポリ等々一通りの名所は見学した。ただ残念なのは、戦時中のため写真の撮影が制約されていたことである。無論、遺物の写真は許可されれば自由に撮れたが、遺跡の方は無頓着に撮影をすると、スパイ行為に見られるおそれがあった。

第22図　ローマのオスティア駅において松岡洋右《ようすけ》外務大臣を迎えた（昭和16年3月31日）。その右は、イタリアのチアノ外相。角田（左端）の右隣は、清水三郎治氏。

昭和十六年（一九四一）の夏頃、私はコミネッティ夫人の家を出て、九月二十一日通りのマンションに移った。それはコミネッティ夫人の家より徒歩十分程の場所にあり、正餐は相変わらずコミネッティ夫人の家でとった。コミネッティ夫人は快活明朗な人で、大変日本贔屓の人であった。ただ、ヴィラの私の部屋は一部屋であったので次第に増える本を置く場所がなくなり、かつエレーナ・ウペニエックスやその友人のリリィ・グレップが私の仕事を助けに来るには狭すぎたためであった。

言うまでもなく、南イタリア、特にナポリ湾の風景は絶佳であり、噴煙を吐くヴェスヴィオの山も見事であった。ポンペイの遺跡を縦横に歩き回りながら、日本もこの遺跡を発掘できないかしらと夢のようなことを考えていた。

日本は明治以来、盛んにヨーロッパの文化を摂取し、富国強兵の術をあげた。特に軍事や経済面では、著しく発達が見られた。二十世紀の初め、日本がロシアと交戦し、南満州に進出してきたロシア軍を破り、さらに遠路日本に遠征したバルティック艦隊を対馬沖で全滅させたことは世界中に驚嘆を招き、非常に話題となった。しかし文化面においては、日本の西洋文化の摂取は甚だ幼稚であり、稚拙であった。西洋文化の根本は、ギリシア・ローマの古典文化とキリスト教文化と言える。キリスト教に関しては、ミッション・スクールもいくつか作られ、それなりに西洋文化の一面が伝えられた。しかし学芸に関しては、さほど熱心ではなく、特に文科系の諸学の研究はなおざりにされていた。先にドイツ考古学研究所の話をしたが、現在ローマには、およそ十六カ国がそれぞれ歴史学の研究所を設け、ヨーロッパ古典文化の摂取に励んでいる。特に、歴史学（文学も含む）に関して、ドイツ、イギリス、フランス、アメリカ、スウェーデン等は広大な研究所を設立し、研究員の養成と研究に努めてきたし、今なおその通りである。ローマ程ではないが、アテネにもイギリス、フランス、ドイツ、イタリア、アメリカ等の研究所があり、研究と学者の養成に努めている。また、革命後は廃止されたが、帝政ロシアもイスタンブール（コンスタンティーノポリス）にやはり研究機関を置き、ビザンティオン文化の研究に励んでいたのである。ところが日本に関しては、海外に一カ所と言えども研究所を持っていなかった。唯一の研究所は本城先生が所長をしていた上海の自然科学研究所だけであるが、これは義和団事件の賠償金を利用したものであり、つまり日本は研究成果を横取りすることを考え、考古学を根本から究明していく学者を育てようとはしなかった。したがって、私が留学した頃も研究所はもちろんなく、学芸に通暁した外交官も一人もいなかった。結局、留学生は野放しの形で、適当に勉強してこいという漠然とした命令だけであって、研究所への便宜をはかったり、学界の専門家に紹介してくれるような外交官は一人としていなかった。良い悪いは別として、我々留学生は自らの力と多大な時間を無駄にして、研究ルートを探さねばならなかった。いわゆる考古学やヨーロッパ史の研究が極めて低調なのは、このような国家精神が災いとするところである。

九

昭和十六年（一九四一）になると、ようやく私もローマの町には慣れてきて、著名でない寺院や名所を探り歩いた。特にローマの下町が気に入ってそこで食事をするのが楽しみであった。ヴァチカンの図書館には、さすがにソビエトの考古学的書物が多かったので、しばしばそこに通って関係図書を読んだりしたが、一方ではドイツの考古学研究所にも週に二度くらい行っては関係図書を披見した。また、日曜などには郊外の諸遺跡を探訪した。特にセバスティアノのカタコンベ、シチリアのメファッラなどを見学した。南の水道橋もしばしば眺めに行った。時々、大倉商事ビルの番人の娘であった某女と共に、ローマ郊外にある麦畑の多い野原などに散歩に行って旅愁を眺めた。また秘書のエレーナやその友人のリリィとは日曜にはほとんど仕事がなかったので、映画を見物したり、知らない寺院などを見学した。食事を共にしたが、リリィは特に酒に強く、酔うと靴を両手に持って歩道の上で踊るのには若干閉口した。また日本人では箭内《やない》正五郎氏や、その関係で堀切善兵衛氏（駐伊大使）などとも親しくした。

ローマ近郊のオスティア遺跡の見学は勿論であるが、ポンペイ、エルコラーノの遺跡にもしばしば訪れた。中でもポンペイに関しては、先にも触れた発掘主任のデッラ・コルテ博士が広いポンペイ遺跡を隅々まで案内してくれた。ローマの冬はさほど寒くはないが、暖房が時間制であったので、寒さを避けるためベッドに入ったままよく本を読んだ。ローマのコロッセオの近くにヘルダーという書店があった。私は外出ごとによくここを訪れて本を購入した。この年に入ると、二年間の留学生活もほとんど終わりに近づいてきた。しかし便船がないため、日本へ帰ることもできなかったし、また南ロシアにはドイツ軍が進入し、激しい戦闘が行われており、陸上の帰路は不可能に見えた。私はトルコやブルガリアが好きで何度か訪れたが、たまたまソフィアの日本公使館の山路章氏から中央アジアを通ってシベリアに出るルートが可能ではないかと教えられた。そこで、ソフィア公使館を通じてソビエト当局にビザの申請をしたが、ほとんど絶望的な思いであった。ところが、翌昭和十七年（一九四二）の四月頃、ソフィアの公使館から電話があり、まったく奇跡的にソビエトの通過ビザが下りたことを知らされた。私は、その旨をブダペスト在住でハンガリーとの交換学生の徳永康元氏（後、東京外国語大学教授）やローマにいた内務書記官の桜井三郎氏（後、熊本県知事）に告げ、おそらく最後の機会であるから一緒に帰国しようと約束しあった。この噂を聞いて、ウィーンにいた九州帝国大学医学部教授の遠城寺宗徳氏（後、九州大学学長）も一行に加わりたいと希望し、共にこの不安な道程を突破することとなった。

昭和十七年（一九四二）の五月四日の夜十時、桜井氏と私はローマの停車場より帰途についた。久しぶりに故国に帰る喜びもあったが、エレーナが泣いて別れを惜しんでくれたので、こちらも悲しかった。

ウィーンで一泊、ブダペストで遠城寺氏、徳永氏が加わって、四人の旅行者が結束して日本に向かうこととなった（第23図）。ソフィアからイスタンブールまでの間は、一部バス連絡をしながら列車でイスタンブールに着いたが、途中トルコの宿の粗末さと山羊の料理には些か閉口した。アンカラでは栗原大使に挨拶した。大使には以前イスタンブール旅行をした時、ヘレニズム時代の大理石製の浮彫りの保管を依頼したことがあった。アンカラからは列車の軌道の幅が同一ではなく、その都度列車を乗り換えなければならないのは苦痛であった。こうしてトルコを出てさらにレーニナカンに入り、チフリスに到着したが、驚いたのは父が胃潰瘍のため五月二十二日に逝去したことを電報で知らされたことであった。母といい、父といい、私は両親の葬儀に列することができなかったのである。

列車はザ・カフカスの山を見ながら進み、石油で有名なバクーに着いた。この頃から後、到着するまでの行程は別に書いてあるので、ここでは繰り返さない（『欧州の四季』三明社、一九五〇年、雄山閣、二〇〇二年再版）。た

第23図　ソフィア・日本公使館での送別会（昭和17年5月9日）
前列左より：道 正久、徳永康元、泉 顕蔵、角田文衞、梅田良忠、小沼文彦
後列左より：重光 晶（官補）、田上茂蔵、桜井三郎、遠城寺宗徳、染宮彦市、首長源四郎
ソ連の査証をとるのに尽力された公使・山路章《あきら》氏は、都合で出席されなかった。

だ、まっ赤な太陽が草原にのぼり、彼方に沈んで行く平坦であくまで広いイリ草原の眺めはすばらしいものであった。ノボシビルスクでシベリア鉄道に乗り替え、やがて満州に入りハルピンに到着して、六月八日、四人の旅行団は解散した。

私は一行から離れ、旅順に向かい、二百三高地の激戦の跡を眺めつつ、旅順博物館に島田貞彦氏（京都帝国大学講師の時、関東庁博物館主事として赴任。後、旅順博物館館長）を訪ねた。これは、同氏との最後の面会であった。島田さんの短い伝記は『考古学京都学派』（前述）に収められている。

その後旅順から大連に向かい、大連から船に乗り神戸に着いたのは六月二十日であった。京都に立ち寄って、京都ホテルに泊まり、大学その他に帰国の挨拶をした。

私が漸く東京へ帰郷したのは、昭和十七年（一九四二）七月下旬のことであった。家内や弟等に迎えられて、世田谷区下北沢の家に帰った。しかし両親はすでに亡く、母に代わって継母のユキと妻の有智子（本名文子）、長男の敦寛のいる自宅であった（第24図）。長女玖賀子は初めての対面だったが、非常に親しんでくれたのは嬉しかった。もっとも帰郷を喜んでくれる母や父がいないことは、寂しいかぎりであった。東京では大山柏公爵以下の関係者に挨拶をした。私は下北沢の家に逗留して、五月に父親が亡くなった後の残務の整理に当たった。この家は私の留守中、父が三鷹の家を処分して購入したものであった。昭和五年頃に建てられ、寡婦暮らしをしていた山脇さんから購入したのである。無論、私の気持ちは京都で暮らすことにあり、下北沢の家は売却する方針であった。時々京都に行き、京都ホテルに泊まって家を探した。ついに左京区下鴨中川原町九番地にあった現在の家を候補に残した。この家は新築からは程遠

第24図　東京、下北沢の家の玄関前にて（昭和17年12月）
左より：弟文次、妻有智子、長女玖賀子、角田、長男 敦寛、従姉角田きを、継母ユキ

く、また変に洋風であるのが、私の好みに合わなかった。けれども当時のことで家や土地の値段は割合安く、これを気に入るように改築することにした。その頃は戦時中のため、建築容積に厳しい制限があり、三百坪以上の家は建築許可がおりなかったのである。新しく購入した家は敷地が五百坪、建物は約二百坪あった。

東京での雑務を果たし、私共家族が京都に移ったのは昭和十七年十二月下旬のことであった。家具や絨毯がとても多かったので、家内や義母は引越しの際は大変であった。

下鴨の家からは比叡山の四明岳がよく見え、なかなか好ましい家であった。北側には疏水が流れており、夏にはたくさんの蛍が群れを成した。しかし、疏水を通って庭に青大将等が入ってくるのには些か困った。

家の修理工事を大林組の大林芳郎社長に依頼した。彼は弟の小林文次と東京帝国大学工学部建築学科の同窓で、その関係から私も知り合っていた。まだ組に残っていた機材を用いて家を修理してもらった。特に庭などは妙に西洋風であったので、これを日本風に改めた。改装の進み具合によって私達家族は、家の中であちらこちらに居住を変えなければならなかった。

私は帰国後も引き続いて京都帝国大学文学部考古学研究室に勤務したが、まったくの無給であった。夏休みその他の休暇には、考古学の発掘調査に励み、特に縄文文化の研究に関心があった。

昭和十九年（一九四四）になると、戦争はますます苛烈となり、日本軍は各地で苦戦するようになっていた。そんな中、日々私を悩ませたのは、いつ軍隊に召集されるかわからないという不安であった。私は日本の男性として、戦争があれば勇んで出陣して国を守り、女・子どもを保護するべきであるとは思っていたが、突然軍隊に召集されることは、できるだけ避けたかった。

前にも述べたが、私の研究上の目的は古代学の方法論を確立することであった。そのためにも自宅ではこれに関連する英独露などの考古学書を読んでいた。日本の古代史も疎かにはできないので、未完成に終わっていた『国史拾遺』を完成するために、奈良時代・平安時代初期の文献も読んでいた。毎週土曜日の夜分には国史の平山敏治郎君と会い、『類聚三代格』についての研究を進めた。また一方ではローマから持ち帰った研究資料の整理にも打ち込んでいた。戦争中であるため、野外調査の機会に乏しかったが、昭和十八年（一九四三）には岡山県の高島の製塩遺跡に行き、梅原末治教授・小林行雄助手の三人で発掘調査を行った。また昭和十九年の正月には、梅原教授の助手として熊本県の古墳の清掃調査を行ったり、或いは鹿児島県桜島の武遺跡を発掘したりした。当時は発掘といっても規模が小さく、今日から言えば試掘のようなものであった。

研究に打ち込みたい、それだけに軍への召集を恐れていた。したがって、昭和十七年から十九年にかけての毎日はいつもこの不安で暗い思いがあった。その運命の召集令状が届いたのは、新たな書斎に落ち着いて間もない十九年の七月十九日のことであった。本籍が東京だったため、千葉県我孫子の陸軍部隊に二十一日中に結集せよという内容であった。それは家の改築が終了した三日程後のことであった。軍部の命令は絶対的なもので、召集された者は否応なしに指定の日に部隊に集結しなければならなかった。妻子を残し、二、三日の準備で、招集地の千葉県東葛飾郡富施村根戸高野台（現在、柏市）の留守近衛第二師団歩兵第二補充隊に入営することとなった。元々軍隊への召集は覚悟していたが、研究上の課題を抱えていたため、その点では非常に心残りがした。

十一

昭和十九年の七月に千葉県の連隊に召集された私は、軍服・帯剣を支給され、二、三日後、どこに向かうなどは一切知らされず、我孫子駅から列車に乗せられ、東海道線を移動し、下関に向かった。翌日朝早く京都駅に暫く停車した折には、残していく妻子のことを思い穏やかではなかった。それは家族などにも知らされない隠密の行動であった。下関から軍用船に乗って朝鮮半島に渡り、釜山からは軍用列車で東北に向かい、羅南を通って満州国の東部に入り東満州の虎頭駅まで走り続けた。そして私は関東軍第四国境守備隊第一区隊（通称第三九五部隊）の第四中隊に配属された。この国境守備隊は、普通の連隊とは組織を異にしていた。第一部隊の隊長は秋草俊少将、歩兵第一部隊（第三九五部隊）の部隊長は出村耐造大佐、第四中隊長は佐藤友次中尉であった。兵舎は虎頭山の傍らにあり、すぐ北にはソ連国境があった。

虎頭では高さ三百メートル程の丘状の山の中をくり抜いて、四階建ての要塞としていた。兵舎はその脇にあり、戦時ともなれば、この要塞にこもって敵襲を防ぐ方針で、国境の守備地点となっていた。虎頭山とウスリー江の間には大砲がいくつか据えられていたが、特に口径四十センチの巨砲は注目すべきものであった。これを管理する砲兵部隊が近くにあった。初年兵として第一期の猛烈な訓練を受けた。真冬なのに毎朝半裸体で駆け足をさせられた。ただ五、六分もするとほかほかしてきたが、体が頑健でない私にはなかなかの苦痛であった。また無性に空腹を覚え閉口した。

訓練が済んだ後は、それぞれの任務につけられたが、私は国境守備に回され、守備隊の小さな兵舎に寝泊まりをすることになった。軍曹を隊長として十人程の兵隊が国境守備にあたった。兵舎はウスリー江の崖の上に建てられていた。国境守備の兵隊の勤務は厳しい限りであった。私はこの第一線の守備を三カ月ほどやらされた。ウスリー江に沿って細長い道があり、それが国境線であった。そこに櫓が一基あり、まず朝食が済むと、川畔にたてられた砲体鏡を覗きながら、一時間は対岸のソ連のシベリア鉄道を通過する軍用車を観察した。河の北岸にはイマンという町があり、シベリア鉄道は頻繁に動いていた。それが済むと、兵舎の望楼の前に立哨して警戒にあたった。夜は銃を片手に国境をなす小道を往復して、不審な者が国境を越えないように警戒した。特に吹雪の夜など零下二十度の寒さである。そこを夜間歩哨に立つことは大変な苦痛で、身を守るのが精一杯で本当の監視などできるものではなかった。幸いにして私は経験することはなかったが、暗闇の中で人影を見つけた時には、三回声をかけても相手が答えなければ、誰でも問答無用でそれを撃たねばならなかった。また、夜間には敵の急襲を知らせるためのレーダーが張り巡らされており、常に非常事態に備えて直ちに駆けつけられる体勢をとる必要があった。そこで両脇の弾倉を腹の上にずらし、長い軍靴を履いたままの状態で寝るしかなかった。昼は昼で軍服を着たまま仮寝した。昼夜の当番は交替であったが、疲労で寝入ってしまうことが確実であるから、重い鉄砲（三八式歩兵銃）を地に突くことは許されず、手に持つか肩に担ぐしかなかった。時々ドラム缶にお湯を沸かして、形ばかりの入浴をするのだが、その水も我々初年兵がウスリー江岸に下り、凍結した川面にあけられた丸い穴から汲み、二人で天秤棒で水桶を担いで兵舎までに運んだのである。溢れた水は瞬時に凍って、つるつる滑り、坂道を登って辿り着く頃には、水の量は半分ほどしか残っていなかった。国境沿いの最前線二百メートル内外に設けられたトーチカ（ロシア語で『点』の意味）の一つに入って、約三カ月寝起きした。

第一線の勤務を終えて兵舎に戻った後の中隊に課された任務は、もっぱら、戦車の侵入を妨げるための塹壕掘りであった。塹壕は戦車壕と呼ばれ、戦車がそこを通れないような壕である。壕の深さは約五メートルあり、スコップで掘った土を投げ捨てるのは大変な労力であった。

前にも述べたように、元々私は頑健な身体ではないので、一月頃疲労で倒れてしまった。そのため、部隊の近くにある陸軍病院に回され、二週間ほどそこで治療と看護を受けた。赤十字の看護婦はいずれも二十前後の若い娘達であった。兵隊に対しては非常にやさしく、気が利いていた。しかし、後にソ連軍が進入した時、この若い看護婦達は、虎頭の要塞に入り、ソ連が放射した毒ガスによって最期を遂げた。これは私の生涯における最も哀しい思い出のひとつであった。この看護婦さん達が親切でよい方たちばかりであっただけに、この悲しみは消えないのである。

その頃、私は第四国境守備隊司令部から出頭を命ぜられた。三九五部隊の下士官に付き添われて、司令部まで足を運んだ。司令官の秋草俊少将が面接するとのことであった。緊張して司令官室に入ると、少将は私にロシア語で話しかけてきた。イタリアでは助手のエレーナとロシア語で話していたけれども、二年ほど間があき、あまつさえ日々の訓練に疲労していたので、秋草少将の突然の問いに、しどろもどろにしかお答えできなかった。それで、少将との面談は落第した。私を関東軍の情報部員として採用する意図であったようである。この不合格こそが、私にとっては明暗を分けたものであったことは、後に近衛文隆中尉がシベリアに抑留された際、摂関家筆頭という家柄ともかかわって執拗なスパイ容疑をかけられ、十年の禁固刑を科せられ、その果てに獄死したことからも明白であろう。

十二

昭和二十年（一九四五）の三月頃になると関東軍の大編成替えが行われた。戦車・大砲・航空機等の軍主力は南方に移動した。虎頭の守備隊は縮小され、歩兵の僅かな兵力が最前線に配備された。戦車・飛行機などは東満州東部にはほとんど残されず、甚だ心細い状態であった。私の部隊は牡丹江に移動し、他の歩兵部隊と結合して第二六五連隊に編入された。隊長は出村大佐で、私が学者であることを理解して、事務室の勤務にしてくださった。そこでは特に、連隊歌の歌詞を作ったことが思い出として残っている。その頃私は伍長の資格を与えられ、後には軍曹の資格を与えられた。

その頃、幹部候補生の試験があった。毎日の厳しさから見て、下士官或いは将校の勤務が楽であるので、私は将校・下士官になるために幹部候補生の試験を受けた。試験は極めて易しく悠々と突破でき、私は甲種幹部候補生に合格した（第25図）。この時歩兵選抜された甲種幹部候補生約二十名は別の部隊に移され、そこで下士官または将校となるべき訓練を受けた。野外で訓練を受ける際、所々に巨大な要塞砲が設置されていることに目をみはった。訓練は初年兵の場合よりきつく、朝から晩まで訓練であった。幹部候補生の教官は温厚な少尉であり、助手もまた話のわかる伍長であった。毎朝六時に起床すると営庭に出て、半身は裸になり、約三十分雪の積もる山野を駆け足した。零下十度から二十度の寒さであったが、やはり十分ほど走り続けると寒さは苦にならなくなった。それが済むと銃剣術の訓練が三十分程続いたが、実際の戦闘にどれ程役立つものか疑問を持たざるをえなかった。

第25図　甲種幹部候補生の頃（伍長待遇）（昭和20年3月頃）
牡丹江市　歩兵265連隊

七月、私は牡丹江にある関東軍管轄の歩兵予備士官学校に甲種幹部候補生（第十三期生）として移った。関東軍の諸部隊から幹部候補生が集められ、私もその一人として入隊し、第三中隊の所属となった。当時私は軍曹の待遇であったが、ほかの候補生もみな同様であった。

それ以前の話になるが、三九五部隊の第四中隊の初年兵であった頃は、よく古年兵に殴られた。特に私と慶応大学を出た小西弘という幹部候補生の二人は目の敵にされた。一年でも早く入った兵には無抵抗を余儀なくされ、古兵の掃除・洗濯・繕い物・食器洗い・靴磨きなどは全てしなければならないのが慣例であった。そうしたことは初年兵にとって茶飯事であったのである。

予備士官学校は将校を養成する学校であるだけに、さすがに訓練は毎日非常に厳しいものであった。満州の夏は酷熱そのものであって、訓練に耐えることは容易ではなかった。特に防毒面を被り、銃を持ち完全武装して、丘の上の仮想敵に対して突撃する設定での傾斜道を登る訓練は、体力のすべてを消耗した。

当時、日本とソ連との間には不可侵条約が締結されており、関東軍も日本の参謀もソ連は絶対にこの条約を破らない、満州を攻略しないと信じ切っていた。かつては七十万人程いた関東軍も主力は南方に移され、残りの十万人足らずが、広い満州の前線にばらまかれていた。無論、野砲や野戦の銃砲もほとんどなく、飛行機も数えるばかりであった。

八月九日の深夜、私は不寝番をしていると、士官学校の本部から非常呼集がかかった。皆を叩き起こし、営庭に並んだ。そこで学校長の小松大佐から、本日早朝ソ連軍が条約を破って突然国境を突破し満州領に侵入し戦闘が始まったので、全員武装するようにという訓示があった。

ソビエト軍は陸軍が大層強く、ましてその頃には戦車隊を装備していた。満州とソ連の間のノモンハンで小規模な戦闘があり、そこで日本軍は惨敗していた。私たちが守備していた満州国の東部国境はやすやすと突破された。いずれ戦闘が始まって出動しなければならないが、明日の夕方までに身辺の整理をしておくこと、それから食糧を持参することを言い渡された。軍曹は普通サーベルを提げるが、私は本当の軍曹ではないので、鉄砲と帯剣のみであった。そのうち、関東軍からの命令で、予備士官学校は歩兵連隊に編成替えとなった。

十日は身辺の整理、銃の手入れ等、出動の準備を整えた。そのうち第一・第三中隊の兵士（幹部候補生）は、雄々しくもソ連軍と決戦するために前線である北方へ出動し、第二・第四中隊は後方の南の陣地に下れと命令が下った。私は第二中隊であったために命拾いした。まさにこれが運命の分かれ道であった。

十日の夜、第一・第三中隊は忙しく校門を出て、石頭の駅から列車に乗って牡丹江に向かった。彼等はそこでソ連の機動隊と決戦し、ほとんど全滅した。私たちが明治三八式歩兵銃で一度に五発ずつ詰めて発射するのに対し、敵方はマンドリン銃という一度に七十発を撃てる圧倒的な殺傷力を誇る自動小銃であったのだから、勝ち目のあるはずもなかった。第一・第三中隊が出動した後に、私の所属する第二・第四中隊は兵舎に火を付けて後、国道を南方へ向かって退いた。行軍中は時々小休止があったけれども、ほとんどは休みなしに南へ急いだ。翌日、東京城に到着した。そこで大休止かと思ったが、二時間ほど休息した後に、再び行軍を続けた。そのとき路上には日本の難民（開拓団の女性や子供たち）が多数いて、これもまた南方に向かっていた。女性は頭を丸刈りにし、顔には鍋墨を塗っていた。そして口々に『兵隊さん、頼みますよ。』と声を掛けてきた。しかし私たちは悲壮な気持ちで聞くしかなかった。途中、橋が工兵隊によって爆破され、また軍の倉庫と思われる大きな木造の建物が敵に渡さないよう紅蓮の炎を放って噴いているのを見るのは悲しかった。

ある地点で命令があり、各人が蛸壺を掘り、これに隠れて迫り来る敵の戦車に爆薬を持って体当たりするように言われた。我々に渡されたのは、二十キログラムほどの野戦銃砲の弾丸ひとつであった。相手は歩兵に援護された三十トンの重戦車である。爆弾を抱いて敵に向かっても、重くてよろよろして、戦車砲で射殺されるのは明らかであった。私は自分の掘った蛸壷の縁に腰を降ろし、あれこれとこれまでのことを考えた。イタリア留学時代の研究成果を発表できずに死ぬのは誠に遺憾であると思ったし、研究方針が決まっているだけに命が惜しいというよりもただただ残念であった。また、京都に残した家族のことも案じられた。そして、一、二本残ったタバコを吸ってこの世の見納めとした。ところがどういう訳か、敵の戦車群はこちらに来襲せず、方向を変えて別の方に突進した。それで私は戦車に突撃する悲運を免れた。もし、方向を変えなかったら、私たちはすべて玉砕ということになり、命を失っていただろう。このことは私の生涯にとってこれまた運の良さであった。

我々は撤退して近くの東京城に休息し、睡眠を取る余裕もなくまた南方に撤退した。考古学を学んだ私は、東京城の遺跡くらいは見ておきたいと思ったが、無論それは叶わないことであった。東京城からしばらく下がっていくと、ソ連の戦闘機から爆弾が投下され、また機関砲を以って攻撃された。私の隣の候補生は頭を打ち抜かれ、即死した。一個の爆弾が掘った容積は、直径十メートルくらいに及んだ。そこにいた人々はほとんど戦死したのであった。叶わぬことながら、小銃で敵の飛行機を射撃したが、どうにもならぬことであった。

部隊はさらに撤退を続け鏡泊湖に向かった。この頃には、体力がすっかり消耗し、道路脇の木陰で休養した。数時間後、騒がしい物音に目を覚ますと、ソ連の大型戦車が轟音をたてて通って行くのが見えた。戦闘はやっていないから、戦車の天窓が開かれ、隊長らは前半身を乗り出していた。私と小西という幹部候補生は全く驚愕し、部隊に取り残された事に気付いた。そのうち敵の戦車も通り過ぎたので、戦車の行進の合間を縫って、二人は道路を横切り、東北に見える美しい草原に飛び込んだ。しかしそれは草原ではなしに、二十センチ程の水のたまった湿地帯であった。水草のほかに、背丈ほどの葦やヨシが茂っており、そこを通るのは容易ではなかった。葦の刈り株を踏みつけながら進むのだが、時々間違って膝までどぶんと水に浸かることもあった。湿原はきりなく続いて疲労困憊し、夕方には草の根株に腰を下ろして休んだ。そこで一緒に来ていたはずの小西候補生を声の出せる限りに呼んだが、応答はなく、お互いにはぐれてしまった。翌朝も私は単独で東と思われる方向に向かって、草を掻き分けて歩いた。昼ごろになると、遥か向こう側に少し高い丘が見え、そこを目当てに力の限り歩いた。夕方近くやっと丘に辿り着いた。そこでしばし睡眠をとり、日が暮れた後に目を覚まし、飯盒に半分ほど入っていた米を炊いて飯を食べた。火を焚くと敵から見られるのではないかと思って、非常に怖かった。のみならず真夜中には狼らしい鳴き声が聞こえ、ぞっとした。やむを得ず、私は丘の草むらに横たわって朝を迎えた。

翌朝、丘を越えると、湖岸に到達することができた。岸辺を探し回って適当な丸太を見つけた。丘からはこの湖を隔てて日本家屋らしきものが見えたから、そこに渡ろうと決心したのである。船がないので丸太に跨り、枯れ枝を櫂としてゆっくりと対岸の日本家屋のほうに向かって漕いだ。後からわかったことだが、それは鏡泊湖という細長い湖の南端に当たり、水勢は弱く、かなり澱んだ感じであった。丸太の船は遅々として進んだ。その頃私はかすかな物音を何度か耳にしたが、それが何の音かその時は詮索する方法もなかった。後に、そこは牡丹江の滝口に近いところで、かすかな音は滝の落下する音であったことがわかった。私がもしもう少し下流のほうから渡ったならば、おそらく滝に流され、落下し、命を失ったのであろうと思う。随分、危険なことであった。夕方近く、やっと向こう岸に着き、日本家屋に入った。中を見ると、それは日本人の使っていた観光用の旅館であることが想像された。しかし家具が押し倒されていて、散々に略奪された後だった。掛けてあった額なども落ちており、その額の中にはこの家の主人夫婦と思われる記念写真があった。私は何とも言えない思いで、心を痛めた。炊事場に行くと、米や味噌の蓄えがあり、その点ではほっとして、十分に空腹を満たすことができた。その無人の家屋で一晩を過ごした。翌日の朝、外に出て用をたしていると、突然数人の満州人に襲われた。私は銃を取り上げられ、軍服を奪われ、満服を着せられたが、彼等には特に殺意はなかったようだ。

暫くすると少年を連れた日本人の女性がやってきた。それは開拓団の逃避の最中に群から落伍した親子であった。

色々と身の上話を聞いた。夕方になると食材を使って、ご飯を作ってくれ、ゆっくりと食事をすることができた。その夫人と私は、今後どうして南部の都会へ帰ろうかと相談をしていた。ある日、自動操縦銃を持った二人のソ連兵がやってきて、ニヤニヤしながら夫人をどこかに連れて行った。泣き叫ぶ子供の声は哀れそのものであった。暫くして、その夫人は家に戻ってきたが、衣服等は乱れており、驚く程不機嫌で、翌日まで私に口を聞かなかった。銃を持った兵と戦うには、相当の覚悟が必要であった。それだけに私にはどうすることもできなかった。

その夫人と少年は、その後夜になると姿を消した。私は時が時であり、性的には全く無関心であったので、彼女に何かしようなど一切思ってもみなかった。それだけにその夫人の警戒心に不愉快さを覚えた。二日程その家に泊まった後の夜、できるだけの食糧を携えて、その夫人と子供と私の三人は湖岸に繋いであったボートに乗って鏡泊湖を渡った。ボートを漕いだのは私であったが、こういう時は疲れることなく漕ぐことができた。夜になればボートから降りて、近くの繁みの中で休憩を取り、暗然たる気持ちで湖を眺めていた。翌朝、数人の日本兵がやって来た。これまた、行軍の最中に落伍した兵隊であった。そのうちの長は伍長であった。伍長は非武装の私に拳銃を与えてくれた。皆で協議した結果、軍曹の私が指揮を執ることになり、私は七、八人の仲間を引き連れて、鏡泊湖の辺に沿って南下した。一番困ったのは雨であって、林や潅木の土地で湿っている上に、雨の日は上からは滴が落ち、下は濡れているので、休息を取るのが非常に困難であった。途中、満州人の家があると、頭を下げて米などを貰い空腹を満たした。夜は焚き火をし、皆で暖を取り、衣類を乾かし、焚き火を中心に車座の形に寝て夜を明かした。疎林の中を歩き続けた。疎林の途切れたところにトウモロコシの畑があり、そこに入ると野生の熊がいたのには驚いた。ソ連兵ならば手を挙げて降伏するか、或いはピストルで撃つが、猛獣と戦うのは意味がないからと迷っていると、熊の方もくるっと向きを変えて姿を消したのでほっとした。二日程森林の中を歩いたが、少年は母親について泣きもせずもくもくと我々に従った。行軍を続けるうちに、鏡泊湖の湖岸に達することができた。その内ヤンマーディーゼルエンジンをつけた船を修理している工兵隊に遭い、彼らから日本が降伏した旨を聞いた。しかしそれは噂であって、本当に信じることはできかねたが、一方何とも言えない驚きと無念さとを覚えた。ヤンマー船で半日程、湖を下ると日本の部隊に遭うことができた。それは驚くべきことに自分が落伍した歩兵二六五連隊の歩兵中隊であって、連隊長の出村大佐もおられた。この時、出村大佐から八月十五日の日本の敗戦の状況を手短に聞かされた。また、連隊長より直ちに武器を放棄せよと命令されたので、私は近くに設定された臨時の武器蔵に行って、そこに小銃や拳銃を捨てて武装を解除した。連隊長は私がロシア語をできることを知っておられたので、通訳を命じられた。そして私の階級を一階級進めてくださった。ソ連の将校と交渉するのに、下級兵隊の身分では具合が悪かったためである。私も久しぶりのロシア語で、向こうの会話もうまくは理解できなかったが、それも数日すると慣れて勘が戻った。翌日旧連隊はソ連軍の命令で、東京城郊外の野原に集合し、完全に武装を解いたことをこの身で見せた。次の日、部隊は徒歩で東京城に向かった。途中何人かの日本兵の遺体を見た。たまに軍馬の遺骸もあったが、その死臭は百メートル四方まで鼻を突くものであった。やがて牡丹江に着くと、なんと先日まで我々が居住していた二六五連隊の旧兵舎が抑留者の収容所とされていた。衛門には一個隊ほどのソ連兵が衛兵として、脱走しないように見張っていた。

その頃私の胸中にあった思いは、幹部候補生隊の第一・第三・第五等諸部隊の運命であった。そのうちの何人かは元二六五連隊に収容され、彼らから私は幹部候補生連隊とソ連軍との壮絶な戦闘の様子を聞かされた。大部分の兵士は敵の戦車に蹂躙されて戦死した。中には敵の戦車に乗り込んで奪還し、戦闘を続けて戦死した勇敢な候補生もいた。また、その中に『岸壁の母』の老婆として知られた端野いせさんの息子端野新二候補生もいた。彼も猪俣大隊に所属し、華々しく戦死した一人であった。いせさんが息子を出迎えようと、絶えず舞鶴の波止場で待ち受けたことは有名であるが、彼女の必死の願いとは裏腹に、息子の新二候補生はすでにこの世の人ではなかったのである。

我々一同の念願は、早く日本に戻りたいということであった。牡丹江からウラジオストックに行く鉄道は、無傷で存在したが、私たちは一日も早くこの列車に乗り、ソ連の港湾に出て帰国したいと念願していた。いつ列車に乗せてくれるかと、通訳の私は何回も厭わずにソ連の将校に聞いたが、できるだけ早く列車を都合すると言うだけで、具体的なことはわからなかった。そのうちソ連の将校たちは『ダモエ（帰郷）』と言い、我々は善意に解釈して日本にすぐ帰れるものと思った。

その兵舎には十日間から二週間いた。その間、私は臨時曹長の資格を与えられて通訳をした。イタリアで学んだロシア語がこんな時に役に立つのは哀しいことである。我々は幾度か使役に使われた。ある日私はソ連の命令で抑留者の一隊を連れて、牡丹江より数キロ南に離れた低平な丘に行き、そこで戦場掃除に従事した。その決戦の場には至る所に蛸壺があり、中には無残にも多くの候補生の遺体が入っていた。軍服は破れ、頭骨は剥き出しで、戦後すでに二十日以上が経っていて顔も定かに判らなかった。やりきれない思いがした。遺骸を一カ所に集めるにつけても、私たちは皇国のために一命を捧げた人々に合掌して冥福を祈るほかは、何もできなかった。軍服の中には軍隊手帳があったが、それを持ち帰ることなどは許されなかった。

十月の半ば、いよいよ日本に帰ることとなり、我々は喜んで列車に乗り、牡丹江を出た。やがて、多少ともその辺の地理を知っている私は、列車が東のウラジオストック方面ではなく、北方に向かっていることがわかった。それから列車は西のほうへ方向を変えて進み、ウラジオストックとは反対の方向に向かっていることを確信した私は、慌てて連隊長にその旨を報告した。つまりソ連軍は国に帰すと嘘をついて日本人をシベリア方面に拉致したのである。列車は間もなくシベリアの端に着いた。私にはどの辺を走っているのかがわかった。一同悲しみ驚いたが、何もほどこす手立てはなかった。列車は大型の貨車であって、進行方向に向かって上下二段に分かれており、一両の中央に小便のための大きなドラム缶が据えられていた。大便のためには列車が止まるのを待つしかなかった。強制労働がお手の物であったソ連では、このような劣悪な列車で囚人等を運んで、強制的に無料で働かせるのが常であった。ある時列車が林草地帯で臨時に停車した。それは近くに墓穴を掘り、栄養失調などで命を落とした日本兵を埋葬するためであった。

さすがにシベリアだけあって、この年（一九四五年）十月半ばに僅かながら降雪があった。我々は一体どこに行くのかも知らされていなかった。シベリア鉄道の列車は、やがてバイカル湖のほとりを通り、タイシェット駅に到着した。虜囚はそこから北に伸びるバイカルアムール鉄道（バウム鉄道）の建設に従事するよう、北方の収容所に分散させられた。これはやがてはウラジオストックまで続く鉄道であるが、スターリンの命令で国際条約に反して日本の捕虜を建設に用い、それが一段落するまで日本に帰さないこととなった。

鉄道の起点のタイシェットからの距離によって、収容所には名前が付けられていた。たとえば百十キロ離れた収容所は『百十キロ』と言った。私等が収容されたのは二十キロ位のところにある小高い丘に設けられた収容所であった。周りには木柵が二重に張られ、各々の柱の間は鉄条網で結ばれていた。収容所の四隅には櫓があって、ソ連兵が銃を持って四六時中見張って、逃亡を警戒していた。柵を潜り抜けようとすれば、櫓から射撃されるのであった。柵には所々強い照明器具が備え付けられ、厳重に夜間の逃亡を予防していた。

私共の収容されたタイシェット地区第二収容所、通称『十九キロ』収容所は元々は強制労働の刑罰を受けた人の宿舎として営まれた木造の平屋建ての建物群であった。入り口にはソ連兵が衛兵として見張っていた。毎食与えられる食べ物は、ソ連軍が満州の日本軍の糧秣庫から分捕って運んだコーリャンが主であった。食べ物の粗末でまずいこと、まるで家畜並みであって、多くの日本人は戦闘後捕虜となった者が多いので、栄養失調に陥り命を落とす兵士が多数いた。抑留者のうち何人かが選ばれて炊事をしたが、その人たちだけは食物に不足しないので栄養失調を免れた。私の部下の伍長は、秋田の出身で高等農林学校を出た知識人であったが、空腹というよりも栄養失調のために全く理性を失い、他人が食べているものに手を出した。これは惨めであった。この人は栄養失調が原因でころりと命を絶った。

私の収容所（ラーゲル）の一舎屋には、各舎屋から運ばれた兵隊の遺骸が集積されていた。遺骸は全部裸体にされていたが、それは軍服あるいは襦袢の数がその場で決められていたからである。また、収容所には日本の軍医もいたが、医薬品が乏しく、歯科用の麻酔剤もなかった。そのため歯痛でも起こせば大変なことであった。下腹に力を入れた瞬間に歯を抜くのが精々であった。

捕虜生活は三年程続いたが、最初の内は食料面が最悪であったのと戦闘の疲れから、多数の日本兵が命を失った。私は通訳として働いていたが、最も辛かったのはソ連の命令で近くの野原に四角の大きく深い穴を掘り、そこに遺骸を運んで放り投げたことである。これは日本人として見るに耐えないことであった。捕虜になった日本兵は六十万人と言われるが、沿海州から中央アジアにわたる各地のラーゲルに収容され、強制労働を強いられたのである。捕虜は毎日朝早く衛門の前に五人行列で整列させられた。作業は八時から十七時までとなっていたが、我々は全員腕時計をむしり取られており、時間は鐘を鳴らして知らされたのであった。私の属した収容所は、赤松の巨木を切り倒して、鉄道の枕木や建築材料、燃料などを作る一方で、石灰岩を採った。根本の直径一メートルもの赤松を、大きなのこぎりで切り、地上に倒れる時の傲然たる音は壮烈であった。その赤松をいくつもの丸太の薪にして、それを何カ所にも組んで燃やし、凍土を柔らかくした。十月ともなればシベリアの土地は凍りつき、その上で火を燃やさなければ凍土を掘ることが不可能であったのである。そしてそこで石灰岩をとることが重要な仕事であった。その目的は、バイカル湖の北を迂回して遥かにアムール川流域に達するバイカルアムール鉄道、すなわち第二シベリア鉄道を作ることであった。

私の場合、部隊長は飯島中尉であって、私は副官を兼ねた通訳であった。そこでは一人一日働くべき労働量＝ノルマが決められていたが、このノルマを絶対に果たせとソ連の首長や作業監督・将校から叱られるのは私であった。部隊長はロシア語がわからず、ただ聞いていればいいのである。

十三

ここで捕虜の日常生活について少し述べると、時々ソ連兵による一斉検査があって、持ち物が調べられた。昭和二十一年（一九四六）の五月頃、突然大掛かりな一斉検査があり、私たちの本部の床下から米やコーリャンの蓄積が発見された。これは当番の渋谷上等兵が、我々中隊長や通訳のために特に工面して隠していたものである。ソ連当局はこれを逃亡の用意であると見做し、私と飯島中尉は懲罰大隊に送られることとなった。かくして八月頃、私と飯島中尉はソ連兵に付き添われ、百十一キロ程にある懲罰大隊に連行された。と言って、私は別に特別なことをされる訳でなく、通訳として働くこととなり、向こうの衛生将校の指図によって、毎朝健康検査に立ち会うのが私の仕事となった。その場合、全員裸体で検査を受けるのであるが、毎日それを眺めて皆の衰えた体格に慨嘆した。

同年十一月頃から、私は第十一収容所の医務室の通訳となった。百十一キロ収容所の軍医は馬場博という少尉で、その人と私は非常に親しくなった。夜を徹して話し合うこともしばしばであった。そのうち『万葉集』や『源氏物語』を講義してほしいとの要望があって、馬場少尉以下、数人の希望者を募って、夜な夜な講義を行った。私は二百首くらい『万葉集』を諳んじていたので、それを紙に書いてテキストにした。『源氏物語』のほうは、幸いにも私はボロボロになった岩波文庫の第一冊を持っていた。どうやって手に入れたかは忘れてしまったが、それをテキストにして講義したものである。これがせめてもの虜囚生活の慰めであった。宿舎には電灯がなく、夜間は灯油を燃やして灯火としていた。

捕虜のうちでも重病となると、ソ連の陸軍病院に送られた。どのような治療が行われたかは不明であるが、多数の病兵が命を失ったことは確かである。

昭和二十二年（一九四七）頃になると、食糧は相変わらず雑穀やコーリャンではあるものの、幾分改良された。しかしスープは惨めであった。と言うのも、屠殺所ではロシア人の囚人が牛や豚の腸を洗って塩漬けにしたが、ノルマがあるためとかく腸内の掃除は粗末となっていたので、完全には糞尿が取れていなかった。それでスープを作るのであるから、食べられたものではなかったのである。腸自体も堅くて歯が立たないものばかりであった。このような食事と、ノルマで追い立てられる労働のため、逃亡した兵隊もいたが、シベリアではそれは無益であって、いずれも捕らえられて裁判にかけられ、三年、五年の刑を科せられるのが普通であった。

シベリアでは冬に山火事が多かった。日本では想像できないほどの山火事で、何十キロにわたって密林が焼けるのである。私は捕虜の仲間とともに火消しに動員されたこともあった。しかし、山火事は樹木の下の潅木や樹木の枝を焼くだけで、さほど恐ろしいものではなかった。

凄まじいのは小便所であった。これは無論野外にあり、名ばかりの屋根があった。冬には小便は凍り固まり、それを鶴嘴《つるはし》で砕きに行くのが当番の仕事であった。その場合、飛び散る粉が外套に付き、屋内に入るとそれが溶けて妙な匂いが漂うのであった。何しろイルクーツクのあたりで、零下三十五度くらいになるので、時々鼻の先が凍傷になるし、またズボンのボタンをよく閉めておかないととんでもないことになるのである。ここほど、春が待ち遠しい所はなかった。

捕虜の宿舎は二段ベッドであって、板の間に毛布一枚を敷いたばかりの粗末極まるものであったが、屋内でペチカを焚くので、凍死するようなことはなかった。ナスやキュウリ、唐辛子などはよく成長した。気候がそれ程寒くとも、日照時間が長いので、よく成長するのであった。早い食事が済むと、名ばかりの弁当を持って五列に並んで門を出たのであったが、ソ連の兵隊は五人単位に人数を数えることしかできないようであった。現場では、ソ連の監督者がノルマの達成を厳しく追及した。前にも述べたように、東シベリアの捕虜の大きな目標は、バイカル湖のタイシェットからウラジオストックに通じる第二のシベリア鉄道を建設することであって、このために怪我をしたり、死亡したりした兵隊が少なくなかった。パンはすべて黒パンであるが、日本に帰って後、烏麦の黒パンを食べると腹持ちがよく、黒パンが恋しく思われたのは不思議なことであった。

このような収容所は中央アジアから樺太にかけて何百カ所もあり、その収容人数は全体で六十万人くらいと聞いていた。初めの間、勇気ある日本の兵士は収容所から脱走を試みた。しかし、収容所は非常に厳重に日夜監視されていたし、またシベリアの広大さと食料を得るのには非常に困難であったから、そのことを理解しない兵隊は逃亡してもほとんど不成功に終わって、懲罰の対象にされた。ただし捕虜を鞭で殴ったり、手で叩いたりすることはほとんどなかった。

またこの頃、抑留者を洗脳する動きが活発となり、捕虜専門の『日本新聞』と称するものが発行され、時々配られた。しかし読み物としてはほとんど役に立たなかった。この新聞は、ソ連に籠絡された捕虜がイルクーツクで編集したものであった。編集長は東シベリアに関する限りは岡本という虜囚が専らその任に当たった。これがなかなか文筆に巧みであって、主筆の役をつとめた。彼は大阪市立大学商学部の講師らしく、彼の監督の下に数人の同士を連れ、方々の収容所を順番に廻って、旧日本軍の誇張された悪行を暴き、また共産主義社会が如何にこの世の天国のような理想的な社会であるかを説いて歩いた。多くの兵隊は彼の言葉に洗脳され、すっかり共産主義者になった者も少なくなかった。

一方、収容所にも日本人らしい思想の揺るぎない人達もいた。私を含め、この人達は壁新聞等において、保守反動として見せしめに叩かれた。また、朝の集会に呼び出され、多くの囚人の前で批判された。と言っても、特別に食糧が減らされるという訳でもなかった。第一、誰一人として記事を信用するものはいなかった。

しかし、一番私を苦しめ閉口したのが、収容所にやって来たソ連の政治将校から突然呼び出され、衛兵に付き添われてタイシェットに行き、その地にある陸軍政治部の本部に軟禁され、三日にわたって、何故ロシア語を勉強したか、どのようなスパイ行動をしたかと、しつこく査問されたことである。その間、一応食糧を与えてもらったが、夜は床に毛布を敷いて手荷物を枕にして休んだ。尋問する将校は拳銃を取り出して机の上に置き、私を威嚇した。勿論、その場で殺されるとは思っていなかったが、相当な度胸を据えていないと大変なことになるとは覚悟した。質問への答えに少しでも齟齬することがあると、その点を何度もしつこく問い質された。それらにはすべてロシア語で答えた。

私にはスパイであった経験はまるでなく、ソ連の調査も得ることがなかったらしく、私は釈放された。はっきり言って、日本の軍隊は知識人をスパイに使うほど愚かではなく、そのようなことには無関心で野暮であり、学問を尊重してくれていたのであった。私は百十一キロ収容所にいる頃から、とにかくスパイの嫌疑をかけられた。それは、留学生とは名ばかりで、実際は外国の軍事情勢をスパイすることが目的ではなかったかという疑いであった。これはまったく実のない憶測であって、無論私は純粋な留学生であって、スパイをなどしたことがない。ローマでは大使館付きの日本の将校達と親しくしたが、スパイをすることなど思いもよらなかった。私は何度も呼び出され政治将校の査問を受けたが、隠す必要は何もない程スパイなどしなかった。何故ロシア語ができるのかということを特に何度も聞かれたが、それは地下に眠る古代遊牧民の様相を研究をするための他、何ものでもなかった。

私は釈放されてからまた、八十キロメートル以内の別の収容所に移された。そこでも、私は保守反動として攻撃され、同じような質問が繰り返された。今度は政治将校ではなくKGBの将校が直接取り調べたのであった。前と同じく拳銃を机の上に置いて威嚇するような調べ方であった。しかし、やったことのないスパイのことなど、いくら聞かれても答えはひとつであった。夜は取調室に二枚の毛布が支給され、そこで休んだ。食事は兵隊が持参してくれたし、便所に行きたいときは合図するとその兵隊が連れて行ってくれた。懲罰を受けることはなかった。ただ一度、私がスパイの覚えがないと頑固に言うものだから、二日ほど土牢に入れられた。土牢とは、土の穴を掘って、地下にコンクリートで居住地を作り、樽を置いて便所としたものである。冬は暖房があるので凍え死にすることはなかったが、電灯がないので夜は真っ暗であった。ちなみに、その移されたラーゲルの日本人捕虜の隊長は遠藤大尉であったが、私共有志の者は時々集まって、帰還後の日本の再建をどうしようかと相談し合い、各人の在り方を語ったものである。

いくら調べられても私はスパイなどしていなかったから、結局はイルクーツク付近の収容所に転入された。言うにも恐ろしいKGBの取調べを終えたのであるが、ロシア語で調べられたので、これには神経を使った。同じことを何度か聞かれて、前に述べたことと違えばそこを突破口にして突っ込んでくるのが、彼等のやり方であった。しかし、将校にも話のわかる者もいて、学者としての私を尊重してくれ、調べも穏やかであった。ただ職務上の必要から、私に日本に帰国した後のスパイを要請してきた。二、三日考えた後、これを引き受けることにした。断れば帰国できなくなる恐れがあるので、やむを得なかったのである。彼は私にセルゲイという仮名を与え、日本に帰った後、ソ連のスパイが『セルゲイさん』と呼びかけたならば、その時はスパイの件で話し合ってくださいと言った。翌日彼は私を連れて、イルクーツク市内を見物させてくれた。私は本屋に入って、『ソビエト百科小事典』などを買い求めたが、大規模な書店にもかかわらず、役に立つような本がないのには大変あきれた。

昼食後、彼は私をイルクーツク大学に連れて行き、図書室に入れてくれた。そこでも私は、収蔵されている本があまりに貧困なのに驚いた。幸いに文学部のアリエンボスキイ講師に会った。彼はシベリアのストーンエイジ時代の研究が専門だと言い、私に『シベリア文化のあけぼの』という本を寄贈してくれた。簡単な案内書ではあるが、シベリアの文化の概要を知るには良い書籍であった。私が会いたいと希望していたレニングラードのアクラードニコフ教授は時々イルクーツクに来るとのことであった。

また、東シベリア考古学の開拓者であるイルクーツク大学のペトリ教授の消息を尋ねたりしたが、一九三八年頃突然逮捕されて行方不明である、ということ以上は聞けなかった。さらに突っ込むと、彼らは手の指を井桁のように重ね、話すことをやめた。手の指を重ねることは鉄格子の象徴であって、これ以上話すことは危険であるという印であった。

イルクーツクは捕虜の本部の置かれた所であり、さすがに情報は早く、昭和二十三年（一九四八）の初め頃から日本の捕虜達がナホトカ港から日本に帰されることが判明した。ただこの頃は保守反動に対して非常に厳しく、我々から見ると全く保守反動ではなく、日本人として当たり前の考えの人が、帰れる直前に帰国を停止される悲劇も幾度かあったのである。

我々は昭和二十三年の七月に帰国の許しが出て、いよいよ日本船に乗ることが決まった。イルクーツクから乗車して、沿海州のナホトカ港に連れて行かれた。ナホトカ港に到着してそのまま、日本から迎えに来た明優丸（第26図）の傍らで全員が整列し、人員点検を受けたが、そこで呼び戻されて帰国を止められた人も何人かあった。そのため、乗船し出港のドラが鳴った時は、全く虎口を脱したという気持ちであった。私は乗船後、船医を訪ね、持参したソ連の考古学関係の書物を京都の拙宅に送って欲しいと依頼し、快諾を得た。というのも、昭和十九年から二十年の日本では、ソ連の書物は禁止されており、パンフレットであっても港で没収された。私の脳裏にはこれらの書物を没収されては研究上差支えがあるという思いがあったのである。しかし帰国後わかったことであるが、それは全くの杞憂で、終戦後の日本では没収を恐れるようなことは無用であって、戦勝国のソ連の書物は堂々と販売されていた。

第 26 図　ナホトカより引揚の時に乗船した明優丸の模型の前で（平成 10 年 3 月 21 日）。舞鶴引揚記念館にて（明優丸：6,666 t、全長 129 m）

翌日、舞鶴に入港し簡単な身体検査を受け、帰国の手続きをした。検疫は非常に厳しかった。舞鶴で一夜を過ごし、その後各々に日本円が与えられた。私はそのお金で京都行きの切符を求め、家内に電報を打ち、帰国の日時を知らせた。そして舞鶴から列車で京都駅に到着、それは実に三年ぶりの帰国であった。

十四

京都駅では、家内が米軍将校の夫人とともに、私を迎えに来てくれていた。家内から口早に、京都の家が進駐軍に接収されていることを知らされた。その夫人は、私が捕虜として破れた服を着ているものと想像していたらしいが、私の姿を見て『ベリー グッド ルック！』と言ってくれたのは非常にうれしかった。

そして実際家に帰ってみると、両親はすでに逝去しており、家族は門の脇の門番小屋に住んでいた。ただ、家内は接収された母屋からマネージャーを委嘱され、当面の生活には差支えがなかった。

京都の進駐軍の司令部は、四条烏丸の丸紅商店の八階建てのビルにあった。私が心痛したのは、下鴨署を通じて三回程進駐軍に呼び出されたことである。日本人二世が日本語で尋問するのであるが、これまたソ連でスパイを言い含められたのではないかと大いに詰問された。しかしそのようなことは絶えて無かったと弁明し、それで通すことができた。最後には嘘発見器にかけられて尋問されたが、それは私が大阪市立大学に採用された後も一度あった。その頃私は上京の際に、弟の妻の父で元陸軍の小林軍次少将を訪ねて、ソ連よりスパイを依頼されたことを打ち明け、どう処理したらよいかと相談した。小林元少将は『向こうから連絡があるまで届ける必要はない。黙って待っていたらよい。』と言ってくれた。その後結局、私が『セルゲイさんですか。』と呼び掛けられることはなかった。スパイ問題は以上によって無事終わって落着した。

京都の接収された住宅では、家内が応接間を確保しており、私の机と本が置いてあった。そこを研究室として、私はエトルスキ（エトルリヤ人の文化。ギリシア文化→ローマ文化の基礎）のことを勉強し、またパロッティーノのエトルスキ学の翻訳を試みたりしていた。私自身の身分について言うと、昭和二十三年（一九四八）の三月をもって、京都帝国大学文学部副手は廃嘱となり、帝国大学大学院学生の身分は温存された。翌年三月、私は大学院を退学した。しかし研究の必要から、文学部の考古学教室には時々出入りしていた。

昭和二十三年の十月、同志社大学文学部の園教授が来訪され、非常勤講師として同大に来てくれないかと言われた。大学卒業後、留学を経て十二年間私は教鞭をとったことはなかったが、これは甚だしい喜びであって即座に承諾した。題目は『考古学概論』ということであった。十二月より同志社大学で講義を始めた。小川光暘（後、同志社大学教授）、安井良三（後、大阪市立美術館主査）君などが学生にいた。張り切っていた私は、受講生を連れて山城国分寺方面に見学旅行をしたこともあった。その際私は学生時代に調査した高麗寺を案内することを忘れなかった。

昭和二十四年（一九四九）の春、先輩の長広敏雄氏より大谷大学文学部講師として考古学の講義を依頼された。そこでは堅田修君（後、大谷大学教授）以下の優秀な学生が何人かいた。この頃、私は遠い留学時代を思い起こし、『欧州の四季』一巻を書き上げた。これは当時三明社の編集長だった小牧実繁先生の勧めで、ヨーロッパ留学時代の随想をとりまとめたものである。小牧先生は京都大学の教授であったが、戦後公職追放にあい、大阪の三明社に勤めておられたのであった。明治から昭和の初めにかけて、留学生が留学の成果や随想を書いて本に出すのが流行した。濱田耕作先生の『百済観音』、『ギリシア紀行』などがその例である。私の『欧州の四季』は、それらの書籍に比べ内容は貧弱であるが、興味深く読んでくださった方もいた。最近ではあるが、平成十四年（二〇〇二）に雄山閣から再版された。いまさらこのような本を出すのは恥ずかしい限りではあったが、坂詰秀一博士（立正大学学長）に勧められ、一方では留学の記念とするために、再版を承諾したのであった。

二十四年の春には、大阪市立大学法文学部の山根徳太郎教授より、同大学にきてはどうかという誘いがあった。

山根教授は京都大学文学部国史学の出身で、早くから大阪高等商業学校の教授の任にあった。時々京大の考古学教室に現れ、皆と団欒されており、また濱田先生を慕っていた。したがって私とも知り合いであり、良き先輩でもあった。大阪高等商業学校は、昭和十六年（一九四一）四月に大阪商科大学として再編成され、また二十四年に市立の総合大学として再発足していた。山根教授は長い教鞭生活の結果、教授に昇任されていた。以前に日本放送協会の大阪支局の敷地に古い瓦が出土したことを記憶されており、これが難波宮の遺跡であるとして、発掘調査を希望されていた。その山根教授からの委嘱で、大阪市教員に任じられ、文学部の史学科を担当してほしいとの申し出であった。私は留学の成果として新しい歴史学を作り上げることを夢想していたので、山根教授の申し出は誠に喜ばしく、即座に赴任を承諾した。そして、考古学とともに西洋古代史の講義を受け持った。

その頃、大阪市立大学の法文学部では、『人文研究』という雑誌を出し始めた。私はこれに『西洋史における西ヨーロッパ主義』という題目で英文の論文を掲載した。私は大いに意気込んで、大阪市立大学法文学部の発展に努力した。地理学の村松教授のすすめで、滋賀県東浅井郡雲雀山遺跡の古墳の発掘を頼まれ、藤原光輝君を助手としてこの発掘を始めた（第27図）。なかなか内容の豊かな古墳であった。藤原君はまだ大阪市立大学の学生であり、住まいは左京区の田中であった。父君が仕出し屋を営み、濱田家に出入りしていた。私は濱田先生の未亡人に藤原君の指導を依頼された。藤原君は奈良の末永雅雄氏の元で発掘の経験を積んでおり、雲雀山古墳の発掘には主任として大いに貢献してくれた。また、私は福井県二上遺跡の発掘にも励んだ。私はイタリアへの留学の成果として、古代の文献史学と考古学を統合して、古代学を体系化することを望んでいた。大学での安定した地位を獲得したので、古代学の体系化を図ろうと大いに努めたのであった。そして後に『古代学序説』（山川出版社、昭和二十九年初版、昭和四十七年再版）として学界に発表することができたのである。

第 27 図　蓮光寺（滋賀県東浅井郡湯田村）の前で雲雀山古墳発掘調査の時（昭和 27 年 4 月）
前列左より：富村伝、直木孝次郎、角田
後列：藤原光輝、梅田良忠、安井良三、小西晴美

当時、大阪市立大学法文学部は建設の途中で人材はまだ揃っていなかった。昭和二十六年（一九五一）に私は、旧制高等学校以来親しかった平山敏治郎氏を日本史担当の教官として推薦した。平山氏は私の親友であり、民俗学と国史学を総合した研究をなしており、その点で大変ユニークな学者であるので推薦した次第である。結果、平山氏は京都市立商業高等学校の教師から、大阪市立大学の講師として採用された。私は平山氏を助教授として採用するように努めたが、平山氏に業績が乏しいのと、一般に高等学校教師を大学に採用する場合、助教授は無理で講師として採用することが通例であったため、教授会はこの人事を決定したのであった。長年旧制中学校の教師を勤めていた平山氏は、やむを得ず講師の職を承諾したが、私が助教授で、自分が講師であることに不満であるようだった。昭和二十八年（一九五三）、文学部教授会の決定によって、平山氏と私が教授に昇

任することの伺いを文部省にたてた。文部省は平山氏の昇任を認めず、私の教授職のみ認めた。当時の大学では、教授の任命は文部省の承認を得なければならなかったのである。文部省の大学人事委員会歴史学部会の坂本太郎博士は、平山氏の却下について、業績が乏しい以上やむを得ないと語られた。一方私は、昭和二十四年から二十八年にかけて業績を着々と挙げていたのであった。しかし平山氏は、同学年であった私だけ教授に昇進し、自分が否認されたことに非常に不満を覚えたようである。

ところで当時の大阪市立大学には、左傾の学生が少なからずいた。赴任した早々に驚いたのは、廊下に面したある教室の入り口に、『日本共産党大阪支部大阪市立大学細胞』と明記した表札が掲げられていたことであった。学長の常藤恭博士は思想的には穏当の立場をとっていたが、極端な自由主義者で、これらの看板をはずそうとはしなかった。教官にも共産党に好意を寄せる者が少なくなかった。まして学生には左翼思想の者が多かった。

昭和二十七年（一九五二）頃、山根徳太郎教授を中心に入試問題を作成したが、その中に『ドッジ案を如何に思うか。』という問題が提案されていた。私も原助教授（西洋史）も、入学試験問題として不適当であると大いに反対したが、山根教授は頑として自分の提案を主張し、学長もこれを容認した。このことがいつのまにか学生に漏れ、大反対が起こった。協議の結果、山根案は廃案となったが、この問題が新聞社にも漏れ、騒ぎは一段と大きくなった。山根氏はその責任を取って、研究室に出席しなくなった。私は研究室を代表して、朝日新聞社その他を訪ね、この問題を不問にしてほしいと依頼したが、特に朝日新聞社は『我々に筆を折れと言われるのですか。』と、承諾してくれなかった。そこで、私は朝日新聞社の創設者の一人である上野精一氏にこのことを訴えたが、記事に関しては上野氏も全く無力であった。結果、この問題は各新聞に取り上げられた。山根氏は教授の任にありながら、教授会には出席しなくなったので、この撤回問題の責任は私もかぶるようになった。

あたかもその頃、シベリアで『日本新聞』を主宰した岡本博之氏が日本に戻り、大阪市立大学の助教授となり、一部の左翼学生を扇動した。シベリアにあった頃、私は左翼に同調しなかったので、岡本氏は私を保守反動の張本人であると学生に宣伝し、壁新聞にも何度か書かれた。保守反動など私の感知しないところであり、不愉快ではあったが、あえて反発もしなかった。左翼の学生は私を標的にして、ことあるごとにいやがらせをした。

当時、学部長は西原氏であった。西原氏は元京城帝国大学の教授で民法の権威者であり、温厚で広い視野を持つ学者であった。その西原学部長と山根教授の依頼で私は東洋史学者の村上嘉実氏を助教授に迎え入れようとした。これを教授会に掛けると、否決された。村上氏は右翼でも何でもなかったが、満州にいた頃、現地の中学校の教諭として満州国に貢献したというのである。こうした左翼陣営からの攻撃はしばしば見られたが、私は反発もせず、もっぱら講義と研究に励んでいた。その研究成果が前述の『古代学序説』である。

昭和二十八年（一九五三）のこと、私は大谷大学の三品彰英教授を国史の教授に迎えようと計画した。三品教授は右翼思想の方ではないが、長く舞鶴の海軍機関学校の教官をしており、その点でまた左翼勢力ににらまれた。採用は教授会で可決されたが、その喜びも束の間、左翼学生の猛烈な反対が起こり、同調する教授も多く、前の決議を否決するに至った。私の面目は丸つぶれであった。私は夜分三品邸を訪れ、丁重にお詫びして事情を説明した。三品氏はそれから一、二年後同志社大学に呼ばれたが、これには同大学文学部文化史学専攻の石田一良教授の尽力によるところが多かった。私は学部を混乱させたという責任を押し付けられ、教授会への出席を止められた。教授会に出席することは教授の権限であって、教授会が出席停止にすることは許せないことである。しかし私は大阪市立大学への熱意を失っており、弁護士に相談して出席停止を甘んじて受けることにした。一方でまた、学部における講義も二コマほどに制約された。ある意味これは、私の密かに喜びとするところであった。すなわち、古代学協会（後述）が実施する大分県丹生遺跡の調査のため、長時間休講することができたし、また東京その他への出張も学部長に届けることなくできたからである。ただ、大学での私の講義に興味を抱いてくれ、慕ってくれる学生も少なからずいた。その中でも、エジプト学の富村伝氏などは優秀であった。古代遊牧民族史では大西郁男氏、ロシア史では清水睦夫氏等がいた。私は大学で若い研究者の養成につとめた。上記の三人は研究者として次第に成長し、力をつけた。

少し遡るが、昭和二十六年（一九五一）、私は古代学協会を設立した。元来大学の史学科を新しい方法論を持って構成しようと考えていたが、それが到底不可能であることがわかり、民間学会として自分の思う『古代学』の機関誌を発行したのである。古代学協会は取り敢えず大阪市立美術館の一室に事務所を置き、藤原光輝君が事務を担当した。

この年の十月、大阪市立美術館には、私の提唱に賛成する学者が十人程度集まって、『古代学』第一巻第一号の編集を成し遂げた。古代学協会はこの日をもって創立されたと言ってもよいのである。しかし新しい学会や雑誌の通例として、忽ち財政的に行き詰まった。創刊号は、私がイタリアから持ち帰った青銅製のヴィーナス像を望月信成館長に処分していただき、その費用を作ったが、第二号、第三号以下は、アカデミックで見事な雑誌であるという評判だけは耳に入ったが、財政面は些か乏しく、これを乗り切るには苦慮した。私はこの『古代学』を育てることに力を注ぎ、教授会にも出ない大阪市立大学の史学科の発展には、ほとんど無頓着であった。ただ事務的に講義するだけにとどまっていた。

古代の研究は、文献にのみ偏ってもいけないし、考古学にのみ寄りかかっても不都合であるので、両方の資料を使い古代学として発展すべきであるという基本より出発したわけであるが、学界はなかなか厳しく簡単には受け入れてくれなかった。しかし雑誌『古代学』は徐々に評価を得、若い古代学者の登竜門として、少しずつ読者を増やしていった。

後年の昭和四十二年（一九六七）三月、私は大阪市立大学文学部部長を訪ねて辞表を提出した。その理由は、昭和三十二年（一九五七）一月に財団法人化していた古代学協会が、四十二年に縁あって旧日本銀行京都支店の土地建物を譲り受け、研究博物館として平安博物館を開設することとなり、その館長に就任することが決定したためであった。大学側は、形式的には留任を勧めたが、無論それは私の是とするところではなかった。平安博物館館長の職は決まっており、古代学協会の運営がますます厳しい時代となったので、これ以上大阪市立大学に席を置くことは不可能であった。幸いにこの申し出は認められ、私は大いに安堵し、受け取った退職金で自宅に書庫を建設した。

十五

昭和二十七年（一九五二）、私の手元には古代学概論の概要を記載したノートがかなり貯まっていた。私はこれらのノートを整理して、一冊の本とすることに力を注いだ。以前から考えていたことではあるが、いざまとめるとなるとなかなか一筋縄ではいかず、特に社会経済史の書物を読むのに苦労した。幸いに京都大学の農学部の研究室には、この分野の書籍がかなり豊富に揃っていたので、小牧実繁教授の令弟の御配慮で、農学部の研究室や自宅にて耽読した。昭和二十八年頃には、古代学の概要を記した原稿がほぼでき上がり、江上波夫教授が山川出版社を紹介してくださったので、昭和二十九年には『古代学序説』を刊行することができた。これは私の大学院時代からの構想でヨーロッパ留学中にほぼ形を成した著作であった。本書は、考古学という学問の存在、或いはその根幹を成していた三時代法など、これまでの考古学の基本を否定している。しかし学界一般ではこの破壊的な著作は殆ど問

第28図　日本考古学協会第14回総会（昭和29年10月30日）
京都大学人文科学研究所の前で
1列目左より：水野清一、八幡一郎、大場磐雄、1人おいて、後藤守一、藤田亮策、梅原末治、江上波夫、杉原荘介
2列目：山内清男、伊東信雄、尾崎左喜雄、2人おいて、藤岡謙二郎、榧本亀治郎、釣田正哉、小林行雄
3列目：角田、杉　勇、長広敏雄、末永雅雄、1人おいて、澄田正一、酒詰仲男
4列目：左より2人おいて岡田芳三郎、岡崎 敬

題にされず、江上波夫・関野雄教授など、ごく少数の学者がその革新的な内容を理解してくれたに過ぎなかった。

北方ユーラシアの考古学は、日本の学界ではほとんど関心がなかったが、江上波夫・駒井和愛編の『東洋考古学』、梅原末治教授の『古代北方系文物の研究』などによって触発されていた。妙な話ではあるが、私はイタリア留学中に北方ユーラシアの考古学の重要性を痛感し、このためロシア語を勉強し、関係の文献を探し求め、模索することがあった。ロシア語を耽読することについての力がまだ薄弱だったので、せっかく文献を集めても宝の持ち腐れの感があったが、幸い助手のエレーナ・ウペニエックスやリリィ・グレップが判読を助けてくれ、その点で

第 29 図　廬山寺にて　町田智元師と共に
（昭和 41 年 1 月 9 日）

割合に早くロシアの考古学に通ずることができた。昭和二十九年（一九五四）に刊行した『古代北方文化の研究』はロシア考古学に関する研究の成果であるが、これは『古代学序説』をまとめるのにも役立つことが多かった。

前にも触れたように、日本の平安文化に関する関心は旧制高等学校の二年頃に兆したのであるが、ヨーロッパ留学から帰った昭和十七年（一九四二）頃からこの方面にも力を注ぐようになった。懸命に読んだのは『続日本紀』と『栄華物語』である。平安朝の歴史や文化についても研究をするところがあった。中でも紫式部については、大いに研究成果をあげることができ、彼女の本名、邸宅、墓地などを明らかにした。また紫式部が父親と共に都を発って越前の武生にまで至った行路を往復したりした。のみならず自分の実践的な性格から、昭和四十年（一九六五）には古代学協会の力を借りて、寺町通の廬山寺に彼女の邸宅跡を示す顕彰碑を建てた。庭園の設計は大阪の坂口建築研究所で、杉苔と桔梗と玉砂利、そして京都御所からいただいた橘のみで構成することとした。昭和四十年十一月二十八日廬山寺に於いて、顕彰碑の除幕式が盛大に開催された。彼女の邸宅跡に顕彰碑が建って以降、ここを訪ねる観光客も次第に増えている（第29図）。

紫式部についての研究は、その後も数を増したため、昭和四十一年（一九六六）には『紫式部とその時代』と題する本を刊行した。また、古代学協会内部には紫女文庫を設けた。その頃私は三森定男氏と合作（学生時代に下宿していた北白川伊織町にちなみ、筆名を『白川伊織』とした）で作詞し、芝祐久氏の作曲、指揮のもと、プロアルテ室内管弦楽団演奏、東京混声合唱団による『紫女讃歌』（ソノシート）を作ってもらった。後に平安博物館を開館した時、この『紫女讃歌』を同博物館の歌と定め、数年の間毎日開館時にはこれを流したことであった。

紫式部に対する憧れと尊敬はその後も続き、北山のなにがし寺、夕顔の住まいの想定地その他、私は平安時代の多くの遺跡を研究し、且つ明るみに出すことにつとめた。その他の平安京の重要邸宅についても、大和銀行京都支店（現在、ルイ・ヴィトン）、大丸百貨店京都店、京都駅八条口等々、何カ所かに顕彰碑や銘板を設けたし、紫野斎院の位置も明らかにした。

十六

昭和三十年（一九五五）頃、文部省は割合に簡単に新大学の設立を認めた。また当時日本には歴史学を重視する大学がほとんどなかったので、私は歴史学専門の大学を設立しようと試みた。大阪財界もこれに協力してくださった。大阪商工会議所会頭の杉道助氏はこの計画には余り乗り気ではなかった。というのは、古代学協会の運営に邁進すべき角田が、大学の設立という大きな仕事に手を出すことはあまり得策ではないと考えたらしい。

その頃、京都府下の長岡競馬場が廃止され、一万数千坪の土地の処分が問題とされるようになっていた。私はこれを大学の敷地とするため、ぜひ購入しようと考慮した。この土地は京都府所有の土地と長岡の地元の一般人所有地とが混在し、所有権が複雑なものであった。まず私は、当時の京都商工会議所会頭（中野種一郎氏）を説得し、長岡の所有者達に歴史専門大学の必要性を語り続け、この土地を購入する計画をたてた。ただし、その資金が特別にあった訳ではなく、その趣旨に大いに賛同してくれた地元の森井氏らなどの出資金を元に購入しようとしたのである。それと共に一方で、私は湯沢三千男氏（前内務大臣）を会長にいただき、大学設立の機関として〝勧学院大学〟の設立発起人会を設立し、建設事業を進行しようとした。しかし京都府知事の蜷川虎三氏は、歴史学を中心とする大学とはいかにも右翼の団体ではないかと思ったらしく、土地を譲ろうとはしなかった。

昭和三十四年（一九五九）三月、東京丸の内の日本工業倶楽部において、勧学院大学の設立発起人会総会が行われた。湯沢一郎会長を中心に大学組織や募金の方向について協議された。私は大阪市立大学に勤務する傍ら勧学院大学の設立に務めたが、肝心の京都府が土地の譲渡を承知しないため、この計画は行き詰まらざるを得なかった。それでも私はあきらめきれず、土地を元の所有者に返却し、他方、埼玉県にある飛行場跡を勧学院大学の敷地にしようと考えた。この土地の買収も進行しかけたが、埼玉県という土地が京都より離れていたので、私はこれに専心することができず、せっかく前向きに計画が進みながら結局それ以上推進することは不可能となり、土地を譲ってくれた旧所有者に迷惑をかけてしまった。歴史学専門の大学をどうしてもつくりたいという信念のもとにたてたこの計画に対して、八幡一郎氏を始め、多数の歴史家の賛同を見たが、結局のところ古代学協会の経営に専念せざるをえなくなったために大学を設ける時間的余裕がなくなり、二兎を追おうとしたこのある種の無謀とも言える計画は挫折した。この一連の夢は、私の生涯に於ける大失敗となったが、これによって生じた財界との関係は、後に古代学協会が実施した全国募金に大いに役立ったことは確かである。

十七

古代学協会は昭和三十二年（一九五七）一月、財団法人の認可を得、文部省の科学研究費を受けることもできるようになった。すでに昭和五年（一九三〇）頃、西田直二郎博士は淳和院（西院）跡の発掘をされていた。昭和三十二年、十一月早速着手したのは平安時代の勧学院（藤原摂関家の教育施設）跡の発掘調査であった。宮殿跡の発掘に修練を積んでいなかったため、今日から見るとこの調査は失敗とも言えるものであったが、平安京の発掘に初めて学術的調査の鍬を入れた点では評価されるべきであった。粗雑な発掘調査であったが、古代学者としての私は文献と遺跡・遺物等から平安京跡の調査をすべきだと痛感していた。そのため失敗に終わったとは言え、文部省の助成金を得て、発掘調査を開始したのであった。

第30図　大極殿跡発掘調査（昭和34年10月）
山内氏宅内発掘、左より安井良三氏、西田直二郎博士

同三十四年（一九五九）の十月に実施した千本丸太町の内野児童公園の発掘等では莫大な古瓦が出土し、平安時代の瓦の編年に役立った（児童公園には大極殿之碑が建てられている）（第30図～31図）。また翌三十五年には、大極殿跡周辺や内裏跡の調査に大変な成果をあげた。昭和三十六年（一九六一）、国道第九号線の舗装工事があったが、古代学協会はこれを好機として、弟の小林文次（日本大学工学部建築学科教授）に羅城門跡の発掘調査を依頼した。しかし、羅城門想定地は非常に撹乱されており、羅城門その他の遺跡を掘り出すことはできなかった。遺物・遺跡・文献のみならず総合的に平安京、あるいは平安時代を調査研究する試みは、引き続き行った（例えば『桓武朝の諸問題』、『延喜天暦時代の研究』の刊行）。このようにして、古代学協会は、遺跡・文献の双方からの研究を多角的にすすめたのである。

第31図　平安宮大極殿跡発掘の現場で（昭和34年秋）
次女・千春と共に

　昭和四十五年（一九七〇）、東京堂出版は『平安時代史事典』の編纂を協会に依頼した。協会はこれを承諾し、三、四年に亙ってこれに携わっていたけれども、東京堂の予定する事典はあまりにも規模が小さかったので、私は角川書店に交渉し、同事典の編纂を円満に東京堂から角川書店に移すことに成功した。平安時代の採用項目だけでも三万余あり、執筆者も千人を超えるので、遅々として進まなかった。この事典の特色は、ドイツのパウリとウィッソーヴァの編による『古典古代百科事典』を参考にしたものであり、多項目であること、各項目に参考文献を必ず記入したこと、平安時代の女性を数多く採用したことなどである。また、氏の名と家の名を厳密に区別するなど、非常にアカデミックな詳しい事典であることを目的とした。従って、編纂に手間取り、二十年を費やしても未完成の状態であった。感謝するのは角川書店がこの長く延びた編纂期間に対して一応の催促はしても、必要な人件費を削らなかったことである。さすがに平成年間に入ると事典も形を整えてきた上に、たまたま平成六年（一九九四）が平安建都千二百年にあたったため、ぜひこの年に刊行しようと編集員を激励し、遂にこの年の八月に『平安時代史事典』（本巻二冊、別巻一冊）を完成することができた。吉川弘文館の『国史大辞典』のような浩瀚な辞典もあるが、『平安時代史事典』はその詳細さにおいては『国史大辞典』を凌駕しているのである。無論『国史大辞典』は日本史全般に亙ることであり比較はできないが、平安時代に限れば『平安時代史事典』は非常に詳細なものである。

第32図　大分県丹生遺跡群の発掘調査の指揮（昭和37年10月）
第7地区A地点、担当は小林知生教授

昭和三十七年（一九六二）の春、大分県丹生遺跡で旧石器が発見された。その中には旧石器時代の前期に属すると思われる注目すべき石器が混じっていたため、私は大いに興奮し、古代学協会の大事業として発掘調査を開始した（第32図）。調査は同年の秋頃から全国から多数の研究者を招いて班を組み実施された。私はまず募金に力を入れ、発掘に際しては発掘の諸地点を激励して回った。しかし期待した前期旧石器を新たに発見することはできなかった。丹生遺跡の大規模な調査は三十七年から四十二年まで行われた。最初に発見された前期旧石器については、学界でも未だに評価が一様ではなく、私の苦悶も一様ではない。

一方、古代学協会の機関雑誌『古代学』（季刊）は、二十年にわたって刊行され、極めて高尚であったが、この間研究費や印刷費がままならず、苦労の種であった。それにもかかわらず、昭和三十二年（一九五七）八月からは月刊誌『古代文化』の発行も開始した。

十八

昭和四十一年（一九六六）、古代学協会京都事務所の東隣の家が空き家となった。そこはこれまで洋服を修繕する職人が住んでいたが、その一家が伏見の方に引っ越したため空き家となったのである。古代学協会はこの空き家を日立製作所の御支援を得て購入することができた。

その年古代学協会は、中京区の電電公社や明治生命ビルの発掘調査に従事していた。その際、図らずも東に二百メートル程離れた日本銀行京都支店が空き家になっていることを発見した。私は熟慮の末、明治三十九年建設のこの建物は文化遺産として保存されるべきものと考え、これを古代学協会に払い下げてもらおうと計画した。そこは平安時代で言えば三条高倉の土地で、平家追討を計画した以仁王（後白河天皇皇子）の御所の跡であり、その妹で斎院卜定以前の式子内親王が居住していた御所の跡でもあって、藤原定家なども姉がそこに勤めていた関係もあって時々この屋敷を訪ねていたところである。この三条高倉の宮は治承四年（一一八〇）五月、以仁王を逮捕しようとした検非違使と、それを迎え撃った者たちが一戦を交えた、即ち、源平の戦い（私は『治承・寿永の乱』として捉えている〈『私の歴史学』（『京の朝晴れ』角川書店、昭和五十八年所収）参照〉）の発端を成した所として記憶される。後々に京都文化博物館が設立される時の発掘調査で、東門に連なる塀の外側の溝が発見され、その跡は新博物館の歩道に刻されたが、これはその邸跡を示す歴史的な溝の跡なのである。日本銀行は道路事情などによって由緒ある京都支店を閉ざして、その頃すでに河原町二条に新店舗を造営していた。三条高倉の日本銀行の土地は、明治の初め政府が尼門跡の曇華院から譲り受けたもので、面積は約千八百坪であった。土地の南半分は京都支店の店舗三層レンガ造であり、北側には二面のテニスコートと広々とした車庫があり、東北隅には茶室が設けられ、また西側の南寄りに銀杏の大木がそびえ立っていた。

この土地を古代学協会に払い下げてもらおうという考えには、明治生命保険会社の高木金次社長（当時）、高島屋の飯田慶三会長（当時）等が賛成してくれた。あたかもその時の日本銀行総裁は民間出身の宇佐美洵氏で、高木社長や飯田会長と慶應義塾大学で同期であった。その関係から、古代学協会への払い下げ要求を承諾してくれるよう両氏は頼んでくださった。紆余曲折はあったが、最初の希望であった無償払い下げは却下され、その結果、全国募金による購入が決定した。日本銀行は住友信託銀行京都支店に頼み、この土地の評価を定めたが、それは当時の価格で二億九千八百万円ほどに評価された。貧困な古代学協会に膨大な価格の土地・店舗を売り渡すことは、日本銀行にとって大変な冒険であったはずである。それを可能にしたのは、一つには私の熱意であり、また京都の真ん中にこのような研究機関を設けることの意義を買われたためである。一方で宇佐美総裁に対する高木・飯田氏らの説得によるものでもあった。

その後の手続きは非常に複雑であった。この取引の窓口となったのは、当時の支店長横山氏で、私はしばしば支店を訪れて支店長と協議を重ねた。何しろ相手は財務的規模も矯小で歴史も浅い学会であるため、日本銀行の京都支店は古代学協会を見くびっており、それが交渉の都度先方の態度に現れ難航した。しかし客観的に見れば日本銀行側の態度は寧ろ当然であり、古代学協会こそ金もないのにおこがましい希望に燃えているように映ったことであろう。国有地に準ずる建物の譲渡であるから、各種の書類は数多く請求され、納得の行くまで訂正を要求された。この件について雄々しくも交渉に当たったのは、当時理事であった吉岡清一氏（第33図）であった。同氏は、住友信託銀行本店（大阪）の総務部長に助けられ、専ら書類作りと交渉に当たった。こうして、難しい日本銀行も我々の書類を承認してくれることになった。

第33図　ブラザーミシン建設用地発掘現場にて（昭和38年9月14日）
京都市中京区聚楽廻東町10（千本通丸太町下ル）
左より：伊都子、文衛、つぶら、吉岡清一理事、有智子

その当時の古代学協会の財産は下鴨上川原町三十六番地の土地約六十坪程であって、北大路に面しているとは言え、日本銀行の土地建物を購入するには、まったく届かない財政状態であった。しかし私は、たとえいかに困難であっても、穏健中正な歴史学研究は絶対に必要であり、平安博物館をしてそのような歴史学研究のセンターにしたいという希望に燃えていた。のみならず高木理事（明治生命）もこの貧弱な学会のために、支払い保証をしようと約束された。宇佐美総裁の意向もあって、日本生命、明治生命、住友銀行、大和銀行、住友信託銀行、三和銀行なども支払い保証を内諾してくれた。普通では考えられない財政状態であるけれども、各銀行は日本銀行の意図がどの辺にあるかを察し、融資と支払い保証に応じてくれたと思う。かくして、京都支店の土地建物の譲渡問題は徐々に進み、昭和四十二年（一九六七）四月十八日、日本銀行京都支店長室において、保証銀行支店長代理臨席のもと、古代学協会望月信成理事長と日銀支店長との間に書類が交わされ、たとえ未支払いの土地であっても、この広大な敷地は忽ち古代学協会のものとなった。それに先立って大阪市立博物館において開かれた理事会では、望月理事長などは非常に危惧して、この莫大な土地代金をどうして集めるかの不安を述べたてて、会議が中断したこともあった。しかし、私は目的が妥当であれば、たとえ苦労であっても募金

は責任を持って成し遂げると主張し、理事長たちは不安ながらも私の意向を認めた。私は身を呈して募金に当たれば成功は勝ちうると密かに念じていた。この点、『為せば成る、為さねば成らぬ何事も、成らぬは人の為さぬなりけり。』というのが私の信念であった。一方、私は別にずるい訳ではないが、もはやこの取引や募金を取り消すならば、宇佐美総裁らの面目を失することとなり、その関係からも表面的に必ず募金に協力してくれると信じていた。

言うまでもなく、不動産の取引には、莫大な取引税が課される。この日本銀行の土地約二千坪の場合も、土地・建物を登記するために約八百万円の印紙税が必要であった。ところが、現金八百万円は勿論、預金もないので、古代学協会はこの取引は不可能であると諦めかけた。そこでやむを得ず京都事務所（北大路橋東詰）の土地を六百万円で売却したが、なおまだ不足であった。そこに福井県武生市出身のある人物が現れ、将来旧日本銀行の空き地をモータープールに使うことを条件に不足分の融資を申し出られたので、先述の四月十八日に取引ができたのであった。その当時京都市内では、その日の内に八百万円の印紙を整えることはできない状態であった。某氏は弁舌が巧みで、いかにも国家事業に準ずる協会の事業を理解し、援助する素振りを示し、印紙税

第 34 図　平安博物館開館前年、同館 2 階の回廊において（昭和 42 年 10 月）

の代金を援助してくれたのである。事業の中心を成す私は、某氏の爽やかな弁舌に乗せられたには違いないが、同氏にこの土地を借用して金儲けをしたいという底意があったにせよ、しかしこれに乗せられなければ取引ができない状況であった。

一旦、日本銀行の土地・建物を購入した限りは、まず指定の期日に五分の一の土地代金を支払わなければならなかった。日本銀行京都支店の土地建物を古代学協会が持したのは慶事であるが、五年賦で日本銀行に払う義務が重くのし掛かった。第一に全国募金であって、第二は研究博物館として研究体制を作り、また博物館としての展示品を集める必要があった。募金は一応、五億円程を目標にしたが、企業から寄附金を得るためには、国による免税の許可がなければならなかった。つまり会社は収益金の内から寄附金を出し、国はそれを損金とみなし諸税金をかけないのである。これなくしては寄附は不可能なのであり、この許可を大蔵省が一切掌握していた。寄附金を集め、あるいは展示の準備をするためにそれに必要な人材を集めねばならず、これには人件費が必ず伴った。将来どうなるかわからない民間の小規模な博物館に優秀な人材を集めることはその当時でも困難なことであった。こうして古代学協会は、事業を進める上で募金のための免税許可を得ること、人材を集めること、また展示品を購入することにつとめた訳であるが、これには多額の費用が必要であった。この際、大いに奮闘してくれたのは、西井芳子氏であった。西井氏は昭和三十三年（一九五八）京都女子大学の史学科を卒業と同時に、研究補助員として採用されたのであったが、少人数であったことから、事務全般も担当していた。その四年後に、文献学で同志社大学出身の朧谷寿氏を採用したが、日本銀行との話が決定した昭和四十二年（一九六七）はさらにその五年後のことであった（第35図）。いったん踏み出した事業であるため後にはひけず、文献学では大石良材、黒板伸夫氏、考古学関係で片岡肇、伊藤玄三、磯崎正彦、中谷雅治、渡辺誠氏等が協会の研究員として博物館開館の準備にあたった。

博物館開館のためには、やはり優れた実物資料を収集することに重点がおかれた。私は、迫ってくるこのような業務を見越し、三月三十一日に大阪市立大学を依願退職し、専らこの方針に基づいて事を進めた。当時の一般の博物館では、今日とは違って展示品に模型を使うことは全く考えられていなかった。しかし私は、旧日本銀行京都支店の一階正面の広い営業室に、清涼殿実物大四分の一面積の大型模型を作り、『枕草子』第二十段の記述によって、天皇の御座を置いてその場面を再現し、博物館の目玉とした。感謝に堪えないのは、大林組が博物館の一部を改装し、また館の中心をなす中央ホールに清涼殿の実物の部分模型を作って、その返済を急がれなかったこと、並びに高島屋の飯田慶三会長が見事な陳列ケースの製作を請け負われ、その代金の支払いを急がれなかったことである。

第35図　大原野神社に参詣（昭和43年2月17日）
角田の隣より朧谷寿、西井芳子の両氏

理事会の決議で、満一年も経たない昭和四十三年（一九六八）五月十一日に平安博物館開館が決定した。何もない日本銀行の旧店舗内に一年という短い期間で博物館を開館することは、様々な点で不可能に近かった。しかし、安く譲ってくれた日本銀行に対する面目の点でも、また募金をする都合の点でも、一年以内に開館することは絶対に必要とされた。日本銀行への支払いの金額は三億円弱であったが、この資金を獲得するには、大蔵省の指定寄附金の認可による免税許可が必要であった。この手続きは京都府教育委員会を通じて大蔵省へ提出されたが、何しろ官僚の仕事なので、慎重且つ流れが遅く、決定には日にちを要した。私は度々大蔵省に足を運び、促進方を依頼した。指定寄附金が『官報』に公示されたのは、昭和四十二年十二月二十六日のことであった。当時、協会には資金がなく、職員にボーナスを払うにも、日本銀行から口添えをしてもらい、京都銀行から借りて支払ったほどであった。そのため免税許可が下りたときには、やっとボーナスが払えると安堵した次第である。

第36図　平安博物館開館記念（昭和43年5月11日）
左：高杉晋一会長、右：福山敏男博士（評議員）

当方の切実な願いによって、大蔵省は指定寄附金許可を決定し、それを待ちに待っていた古代学協会は、この免税許可を得て、財界に対して早速募金を開始した。株式会社日立製作所は、同年十二月、金一千万円寄附の承諾書を古代学協会宛に送付され、寄附者の筆頭となってくれ、これに続いて関西電力株式会社が金一千二百万円の寄附を決定してくれた。東京では千代田区の千代田ホテルが私の常宿となり、専ら京都と東京、並びに京都と大阪の間を頻繁に往復し、有力会社の社長や重役等と面談し、寄附を依頼した。その頃、古代学協会は高杉晋一氏（当時、三菱電機相談役、海外経済協力基金総裁）を会長に迎えた（第36図）。三菱系の大御所である高杉氏が会長に就任したこともあって、三菱系の多数の会社が募金に応じてくださった。日本銀行の土地建物を購入す

第37図　平安博物館開館式
清涼殿上、左より：角田、三笠宮御夫妻。裏千家宗匠より献茶を受ける

るという名目があったため、募金は案外スムーズに進み、昭和四十四年（一九六九）の四月には、日本銀行への第一回の支払い分（約六千万円）を楽々と支払うことができた。しかしこれは、初めの二、三年度のことであって、段々募金の成果が下火になってきたのは、蓋し当然のことであった。私は学者としての研究に励みながら、土地代金の募金やこうした用務のために甚だしく苦労を重ねた。

平安博物館と名付けた新博物館の設立準備は次第に進み、昭和四十三年五月十一日、三笠宮、同妃殿下台臨のもとに平安博物館の開館式が盛大に挙行された（第37図）。そしてこの翌年の三月、平安博物館の建物は国の重要文化財に指定されたのである。研究事業の方も徐々に進み、『古代文化』の刊行は勿論、『平安博物館研究紀要』も発刊され、協会は新博物館として着々と成果をあげたが、その指導者は当然のことながら私であった。

十九

昭和四十二年（一九六七）、私は平安博物館の展示品となる物を求めて努力した。中でも、『源氏物語』の白眉とされる大島本（青表紙本、国指定重要文化財）は所有者の小汀利得氏より購入したが、資金は味の素株式会社からいただいた。当時味の素の社長の鈴木恭二氏が学芸に理解が深かったこともあるが、専務の鈴木隆夫氏が私の幼友達であったことにもよる。鈴木氏は桑折町の角田家出入りの医者、鈴木医師の子息であり、前述したように東北帝国大学を卒業した後、内閣官房に入り憲法に詳しく、憲法の研究で法学博士を得た人であった。最後は衆議院事務総長・国会図書館長になり、頼まれて味の素の専務に移った。会社は大きくてもまだ内部は整っていなかった同社の組織を整えた人物である。その鈴木氏が私の兄事する先輩であったことは、大島本の獲得に極めて好都合であったのである。『源氏物語』（大島本）の他、古代学協会が発掘した瓦やその他の遺物、私個人が収集した縄文時代の石器も展示された。展示品の充実はその後も図られ、フランス（旧石器）、スウェーデン（新石器）、デンマーク（中石器）、パキスタン（礫器）の寄贈品も加わり、また折々遺物類を購入して展示品の充実を図った。中でも特筆されるのは早世した女流画家三橋節子さんと佐々木和子さんに依頼して描いてもらった天徳内裏歌合の復元図である。

もう一つ特記されるのは昭和四十四年十月二十六日、八幡一郎氏（日本考古学協会委員長）の依頼によって、平安博物館において昭和四十四年度日本考古学協会の大会を開いたことである。その頃は、学生運動の最も盛んな時期であり、大会を開催する大学が皆無であったことによる。大会当日、予想通り三十～四十人の日本考古学協会解体を主張する学生が、学会粉砕を叫んで博物館に侵入したのであった。この事件は、考古学史上、平安博物館事件として後世にまで名を残すこととなった。

昭和五十六年（一九八一）、私は平安博物館長並びに財団法人古代学協会理事長代理として、エジプトのアコリス遺跡の発掘調査を実施するようになった。昭和四十六年以来、何度か海外に出張し、海外調査を念頭においていたが、たまたまエジプト学者の鈴木まどか講師が、カイロの考古学博物館に親しい館員がいるため、まずエジプトの調査をしてはどうかと勧めてくれた。古代学協会は古代文化の研究を全世界にわたって試みる建前があるので、私は理事会に諮り連続的発掘調査をする承認を受けた。鈴木まどか講師がエジプトの考古庁と折衝し、調査について快諾を得たため、協会はこれまで未調査の遺跡を調査しようと考えた。エジプトは物価が安いため、発掘調査費を日本でそうたくさん集める必要はなかった。エジプトの調査において特に着目したのは、中エジプトにおけるローマ時代のアコリス遺跡で、この発掘調査に着手することとした（第39図）。調査員は鈴木まどか講師、川西宏幸講師の二人であった。川西氏（後、筑波大学教授）はこれ以後エジプトの研究に没頭するようになった。元々川西氏は、京都大学出身で考古学を専攻し、大和時代の研究を専門としていた。しかし現地で調査をしている間に古代エジプトの虜になってしまった。のみならず、最初は非常勤の嘱託として同行した辻村純代氏（後、国士舘大学講師）が川西氏に協力するようになり、昭和六十年に鈴木まどか講師（後、倉敷芸術科学大学教授）が退職した後は、専ら

第39図　エジプト　アコリス遺跡にて（昭和62年10月6日）
後列、左から：マクラム（Macram、遺跡の番人）、千喜良淳（隊員）、川西宏幸（隊長）、伊丹早苗（ボランティア）、辻村純代（隊員）、角田、モハマッド（Mohmad、運転士）
前列：ハイリ（Hairī、遺跡の番人）

二人（川西・辻村）が中心となってエジプトの調査を続けた。

現地には平安博物館友の会（当時の会長は桂祐三氏）有志からの寄附によって『ドムス平安』と名付けた宿泊所を建設することができた。コブラもいるしまたサソリもいたが、幸いにも数年間の調査を通じて誰一人咬まれたりしなかった。日本の調査団は、当初はナイル川中流の町のホテルに宿泊したり、現地の村長の家を借用したりしていたが、後に前述のように平安博物館友の会が小さな宿舎を提供してくれたおかげで、電灯もつくようになり発掘は容易となった。

アコリス遺跡は昔の石切場であり、東西に通じる重要交差点でもあり、交通至便の都市遺跡であった。またローマ時代にはローマ帝国の第二十三軍団が駐屯し、ローマ時代において軍事上の重要な拠点であった。遺物・遺跡に関しては、各様のものが多数発見された。その中でも特に重要な発見物はネロ神殿の下底から葬送船が見つかったことである。エジプト人の信仰では、逝去するということはあの世に行って生活することであり、且つ何年かすると生まれ変わるのであって、この死者の霊は船に乗って霊界より蘇り、あの世とこの世を行きすると信じられていた。今日の知見では我々がアコリスで発掘した葬送船は、最も大きく整った作品と見られているのである。私は何度か現地に赴いて指揮をとった。

しかしエジプトのアコリス遺跡は広大な遺跡であるため、発掘には百年も必要である事は明白であった。財政的にも学問上の理由からも長くは続けられなくなった。誠に残念なことではあったが、平成四年（一九九二）に一応発掘を終了し、後は報告書の作成に励んだのであった。

平安博物館は研究博物館として、大いに活躍し内外に亙って業績をあげたのみならず、研究報告も幾冊か刊行した。『桓武朝の諸問題』、『摂関時代史の研究』等々の研究報告は高く評価され、忽ち品切れとなった。このようにして様々な報告書が日本古代史に関して刊行されたのみならず、古代学協会で研究した若い研究員は、しばしば他の大学の助教授ないし教授に迎えられ、私はこの割愛を古代学の普及の一環として喜んでいた。また私は平安博物館において日・月曜を除いて毎日開講する『古代学講座』を企画し、私自身も毎週土曜日の午前中、研究員を集めて『古代学』を講じた。その際、出される質問がかなり厳しいため研究員たちは辟易していたようである。しかし他の研究機関に転じた時には、私の講義が非常に役立ったと述懐した人も少なくなかった。古代学の普及といえば逸することができないのは、各地に古代学協会の支部ができたことである。初めに東京支部・札幌支部が置かれ、ついに八カ所に支部ができた。そしてその内の有力な研究者を幹事として、古代学の研究の普及に努めたのである。札幌支部の三森定男教授や東京支部の小林文次教授等は、早くから支部活動をして功績を残した。最後に北陸支部が形成されたが、その発展には、石川県知事・谷本正憲氏の後援があった。知事は古代学協会北陸支部のために県より研究費を支出して助けてくださった。

昭和四十三年（一九六八）以来、私は大いに募金に従事したけれども、本務とする研究を怠ったわけではなかった。無論募金並びに賛助会員の募集は研究と直接関係はなく、その時間を研究に注げばさらに研究を深めることができたと思うが、古代学協会を発展させるためにはやむを得なかったし、そのためには寝食を忘れて勤め、数冊の著書も出版することができた。ただ家事を顧みる暇はなく、その点家内に苦労をかけた。

二十

先にも述べたように古代学協会は財団法人認可の後、文献並びに遺物・遺跡に基づいて平安京の研究に邁進した。文献に関しては、特に平安京ならそこに住んだ人々の調査に力を注ぎ、平安時代の公家が残した日記を精読した。

平安京の考古学的調査でもっと大事なことは、条坊制の研究はさることながら朝堂院の中心である大極殿の跡を突き止めることであった。

一方、協会の機関誌である『古代学』は季刊で、横組み・脚注式であるため印刷代が高くつき、財政上の負担となった。また内部の研究員の執筆が少なくなったので、残念ではあったが休刊することとし、かたや月刊誌として発行していた『古代文化』を充実することとした。『古代学』の休刊は遺憾なことであったが、爾来『古代文化』をもって協会の正式な機関雑誌とした。

会長の高杉晋一氏は中国の古典に詳しくて古代学協会の研究事業には甚だ理解が深かった。会長は年ごとに三、四回京都の古代学協会に来られ、史跡や発掘現場を視察された。会長はホテルフジタがお気に入りで、いつも東側の部屋に宿泊された。また会長は財界の三筆の一人と言われ、稀に見る能書家であった。そして自らを〝石老〟と称されていた。しかしこの頃、会長は片方の肺に極めて小さな癌が生じている事が発見され、東京赤坂の虎ノ門病院に入院して早期治療に努められたが、病勢は次第に強まるばかりであった。昭和五十三年（一九七八）五月二十四日、古代学協会を応援してこられた偉大な財界人である高杉晋一氏の辞職は、甚だ惜しむべき事であった。そこで私は何人かの理事に相談し、次期会長を選んだ。財政的にも困難な古代学協会の会長について、財界人の承諾を得る事は容易でなかった。漸く日本興業銀行副頭取の正宗猪早夫氏の意向によって、同年五月の理事会に於いて、会長に関西電力の芦原義重氏を戴く事を決定した。芦原会長を中心とする理事会は、主として東京日比谷の富国生命ビルの関西電力東京支社や関西電力本社に於いて催された。芦原氏の補佐は内藤専務がこれにあたったが、内藤氏は芦原氏の秘書出身であり、芦原氏には甚だ忠実であったが、それだけに古代学協会の財政難については専務理事の私や上野正夫常務理事などに極めて厳しかった。芦原氏は財界関係の理事に協会への寄附金を要請し、古代学協会の借財をそれによって返済する等、協会の財政の建て直しに努められた。

その頃、京都府では蜷川知事が引退し、変わって林田悠紀夫氏が新たな知事として当選した。大きな借財を背負っていた古代学協会はその存続が危ぶまれていた。私は芦原会長と協議し、平安博物館の建物と敷地を京都府に寄附し、平安博物館の設立目標を受け継いだ府立博物館を京都府が営む事を発案した。芦原会長も有力な理事の色部義明氏もこれには賛成し、関西電力と京都府との関係を下地として、芦原会長が主として京都府と交渉することになった。今にして思えば、芦原会長の大きな功績は、古代学協会の財政を立て直すと同時に、古代学協会の海外調査を承認し、これに財政的な援助をされた事であった。京都府との折衝は遅々として進まなかったが、一方で私は海外調査のための募金をし、研究員を養成するなど、暗い影にめげず古代学協会の研究事業の発展に努めた。

ようやく京都府が、古代学協会の土地建物の寄附を受け入れ、新博物館を経営するために、財団法人京都文化財団という新しい組織を作ることとなり、これが実行されたのは昭和六十一年（一九八六）四月のことであった。古代学協会は同時に蔵書も寄附し、それまでに発掘した遺物は京都府の管理に移した。しかし『源氏物語』（大島本、重文指定）以下の貴重な典籍や古文書は大切な研究資料として保留した。重要文化財の『源氏物語』や『扶桑略記』巻第二十などの古典籍や古文書も寄附されるものと期待していた京都府文化芸術室はこれには失望したらしいが、新しい博物館構想が研究博物館ではない事を次第に察知した古代学協会は、このような貴重な物すべてを京都府に寄附する事は到底できなかったのである。

京都府の新しい博物館構想は容易に進まず、ある意味で奇妙な方向へと計画は進んで行った。しかし古代学協会は毅然として、学術的法人としての姿勢を崩すことはなかった。昭和六十一年四月一日、京都府知事林田悠紀夫氏と芦原会長、小川鍛理事長、角田専務理事の立ち会いのもと、京都府庁において平安博物館の正式の寄附が決定された。

重要なもう一つの出来事は、平安博物館の研究員と事務員が府の第三セクターとなる新しい博物館に移籍することであった。しかし、母体である古代学協会は存続することに決定していたので、私と西井芳子秘書室長の新しい博物館での席は予定されなかった。また古代学協会の切実な希望にもかかわらず、平安博物館という名称の継承は実行されず、京都府京都文化博物館という新しい名称が付けられた。この経営母体である京都文化財団の理事として、古代学協会の小川理事長と専務理事の私が就任することになった。さらに不都合な点として、京都府の要請により古代学協会は、京都文化博物館に移籍した研究員や事務員の人件費を二年にわたって負担せざるを得なかったことがあげられる。京都府は、平安博物館の北側の敷地を約九億円で購入し、内六億円をもって古代学協会の負債を帳消しにしたのであった。古代学協会に残った財産は三億円に過ぎず、その再建は容易ではなくなった。芦原会長も小川理事長も古代学協会が負債を返済し、三億円の財産を得た事に満足して、古代学協会の再編には無頓着であった。

昭和六十一年（一九八六）の春、古代学協会は新たに発足した京都文化財団と共に、二条城の北にあった木造二階建ての旧看護婦養成所に移り、古代学協会が京都府に寄附した旧日本銀行京都支店の建物（重文指定）の北部空地には新博物館の建設工事が進められた。古代学協会は仮事務所である二条事務所に約二年間移り、新博物館の建設と、別館となる予定の旧平安博物館の建物の改装工事を待つこととなった。昭和六十三年、旧平安博物館の建物と新しい博物館とが合体した新たな京都文化博物館は竣工した。古代学協会は、二条事務所から新博物館の別館となった旧平安博物館の建物の二階と地階の一部に戻り、京都文化博物館と提携して研究事業を続けるという美名のもとに困難な再発足を余儀なくされたのであった。

小川氏は勿論のこと私も、新博物館の母体である京都文化財団の理事ではあっても、その運営や新博物館の事業にはほとんど関与させられなかった。また新博物館は、古代学協会の研究員・事務員を移籍させることによって、積極的に研究事業も進める約束であった。ところが、現実にはトータルメディアという会社が展示を担当し、研究員は関与できなかった。また発掘調査も行政調査に限られた。このような事情で古代学協会は組織は縮小したものの、新文化博物館と共同で研究事業を進めることは不可能であるということが次第にわかって来た。そこで、古代学協会は昭和六十三年（一九八八）九月、新たに『古代学研究所』を設置し、これを通じて研究を進めると共に、研究事業に必要な最小限度の人材を再び採用せざるをえなくなった。結局、私が中心となり西井秘書室長の助けを借りながら、新たな研究所を整備し、古代学協会の再建をはかることとなった次第である。

二十一

私はイタリア共和国ナポリの南に位置するポンペイ遺跡の発掘を長年希望していたが、ポンペイ当局の許可を得る事は大変困難であると予想された。昭和六十二年（一九八七）、私はポンペイ遺跡に向かい、ナポリ大学名誉教授のスタッチオ教授に会い、ポンペイ遺跡の調査について希望を述べた。その紹介のもとに、私は昭和六十三年、ポンペイ遺跡の考古監督局局長のコンテチェッロ博士を訪ね、ポンペイ遺跡の発掘の希望を述べた。コンテチェッロ博士は快く我々の申し入れを承諾した。当初、局長はある邸宅の跡が発掘途中で止めているので、これを調査してはどうかと、勧めてくれた（第40図）。これは私にとっては望外な喜びであって、帰国するとポンペイの発掘について財政的・学術的な準備を始めた。まず同志社大学の浅香正教授に協力を依頼し、その門下の坂井聡大学院学生を古代学研究所助手に採用し、浅香・坂井両氏を中心とするポンペイ研究委員会を協会内に設けた。そして第四

第40図　ポンペイ遺跡『イフジェニアの家』（第3地区第4島 d. c.）の前で（昭和63年10月28日）

研究室を設置し、専らポンペイの調査に当たる事とした。平成元年（一九八九）の秋、古代学協会はまずポンペイ遺跡の地上調査を開始した。これは、コンテチェッロ博士の意向にも拘わらず、我々の発掘調査の申請書がイタリアの文化財省によって否決されたためであった。日本のイタリア文化会館に照会したところ、館長のチェルリ博士が古代学協会についてあまりよい返事を出さなかったので、イタリア当局は許可を取り下げたことが判明した。当協会はこれにめげず、実績を重ねることによって評価されるであろうと考え、調査団は浅香教授・川西教授・辻村講師・坂井助手を主として編成し、平成四年の秋まで地上調査を実施した。この間、古代学協会はポンペイ論集（*Opuscula Pompeiana*）を刊行し、地上調査の成果を中心として、これに発表する事とした。一方、昭和五十七年（一九八二）から継続実施していたエジプトの調査は川西教授らによって継続されていたが、アコリスの調査はこの時をもって終結し、ポンペイ遺跡の調査研究に主力を置くこととした。古代学協会の第二次ポンペイ調査は、平成二年も同メンバーで実施された。一方、川西研究員は、日本にいる期間の大部分は京都府相楽郡精華町の遺跡において大規模な発掘調査をしており、非常な成果をあげて報告書の作成に没頭していた。また川西・辻村両研究員は長期にわたるアコリス遺跡発掘の継続を強く希望するとともに、エジプト考古学に熱中していた。しかしながら、古代学協会としては同時に両遺跡の調査はできないので、エジプト・アコリス遺跡の調査を断念せざるを得なかった。

平成五年（一九九三）に至ってようやく、ポンペイ遺跡の本格的な発掘調査の許可が下り、浅香・坂井研究員が中心となり、他の機関から若手の研究員達を迎えて継続することとなった。調査はポンペイ遺跡の東北部カプア門の推定地を中心に行われ、毎年、文部省や財界の協力のもとに進められた。ポンペイで起居する場所は、最初は簡易ホテル、後に賃貸家屋を利用したが、少なからず不自由をきたした。平成七年（一九九五）になって、幸いに四階建ての建物が売りに出されていることを探知し、その建物の状態の調査を鹿島建設株式会社に依頼した。当時同社代表名誉会長石川六郎氏の配慮によって、鹿島のロンドン支店から技師二人が派遣され現地調査をした結果、研究所として充分に使えるというので、早速私は企業の支援を得て資金調達をし、同年三月、現地に赴きその購入を果たした。新しい研究所の名前は西方古典文化研究所（Istituto giapponese per gl studi classici）とし、所長は私が兼任した。新しい研究所は、半地下階に整理室、一階は研究室、二・三階は研究員の宿泊所にあてられた。三階から眺めるナポリ湾の景色は見事であって、ヴェスヴィオ山も間近に望まれた。ポンペイの遺跡には歩いて十五分程、市街地までは十分弱の間近であり、日常生活に極めて便利な場所となった。

発掘調査が進むにつれて大量の遺物、特に陶器が得られたが、その整理はこの研究所がなければ不可能であった。つまり出土遺物は考古監督局の倉庫に保管されるのが原則で、夜間や休日に調査、研究することは極めて困難であった。研究所の設置はこの不便さを解消したばかりでなく、イタリア当局に古代学協会のポンペイ遺跡の調査に対する本格的な姿勢を理解してもらうために極めて有効であった。この研究所の設置後、大阪のダイキン工業は建物の冷暖房の施設を寄附され、調査は益々便利さを加えた。

このポンペイ遺跡の発掘調査の目的は、およそ二百年前からその存在が推定されていたカプア門を明らかにしようとするものであったが、結果としては門の遺跡は検出されず、望楼であったことが判明した。

私は毎年実施したこのポンペイ遺跡の発掘調査を視察する機会を利用して、イタリア半島のみならず、シチリア・チュニジアまで足を延ばし、ギリシア・ドイツ等の遺跡見学をすることができた。これは西洋古典文化の識見を豊かにしたが、さらに三回に亙るトルコ西海岸、南海岸地帯の諸遺跡の見学は重要であった。

私は学生時代以来、エーゲ海のミノス文化や古典文化に憧れを特っていた。サルディーニャ島での諸遺跡の見学、クレタ島におけるクノッソスのミノス王宮殿遺跡の見学（留学中には渡島が不可能であった）、シチリア島でのアグリジェントの神殿（複数）の見学に身を入れることができた。

平成七年（一九九五）には、アグリジェント市からの招きによって西井常務理事・坂井研究員らと共に同市に赴き、国際学会で講演を果たした。多くの人が列席し、盛大な歓迎会が行われた。シチリア島には遺跡が多いが、中でも濱田先生から教わったセリヌンテの石切現場遺跡の見学には感激した。また、セリヌンテで近年発掘されたアルマアタの遺跡なども興味深かった。シラクーサは古代哲学史の上で有名であるが、ここの大規模な劇場や、あるいはアテナイの捕虜を収容した巨大な洞窟の遺跡など、興味がつきなかった。また煙をはくエトナ火山を間近に眺めた。この辺りには火山脈が通っているが、昭和十四年（一九三九）、南イタリアのカラブリアからシチリア島に渡る折、海中に屹立するストロンボリ火山を眺めた事も思い出された。さらに感激的であったのは、イタリア半島最南端のタラントゥムの遺跡を訪ねた時のことであった。後にローマ海軍の一大根拠港になったタラントゥムは、それ以前にはドリス人の植民地で、ローマに対抗する強力な国家であった。タラントゥムの西方にはエレア（ヴァリア）の遺跡があり、それはプトレマイオスの名によって著名であった。ミノス文化については、クレタ島の名が有名であるが、ミロス島のアフロディテ、俗にミロのヴィーナス等の出土地に赴いたりしたのも忘れられぬ思い出である。小アジアの海岸（トルコの西海岸）では、ミレトス、フォーカイア、さらに北に遡ってトロイアの遺跡などを見学した。私はクニドス発見のデメーテル像が好きであって、この像の実物を後に大英博物館で目撃する事ができた時の感激はひとしおであったが、平成十二年（二〇〇〇）六月、私は西井常務と家内、岡京子さんの四人でトルコのボドルム港から十六トン程の小舟に乗って、クニドスに向かった。天気は快晴であったが意外にも波が高く、一瞬の大波のために、家内は衣服もろともずぶ濡れとなったことがあった。その時私は、オデッセウスがエーゲ海で遭難した神話を思い出し、エーゲ海は風がない状態でも、トルコ北部の天候次第で大荒れ同様の波が立つことを教えられた。漸く辿り着いたクニドス島では、背後の山の中腹まで歩き、デメーテル像が発見された神祠の跡を見学することができた。

周知のように、ギリシアの古典文化は、ミレトスを中心とする、まずイオニアにおいて創成されたものであるが、前にも別な論文で考証した通り、ミレトスは古典文化の形成の中心地であった。ミレトスには二度訪れたが、この訪問は長年にわたる私の夢であった。

また、簡単に考えていたが、トルコ西海岸のギリシア都市フォーカイアは山の斜面という地形の関係でなかなか登るのに苦労の多いものであった。一方、エフェソス遺跡は広範囲にわたって遺構が立体的に残っている事が驚異的であった。

二十二

小アジアで育成された古典文化がギリシア本土をはじめギリシア世界に伝播した事や、また小アジアを通って東方諸国に伝えられた事は今更言うまでもない。ここで一つ言っておきたいのは、ある文化の現在の中心地が、古くからの中心であったごとく考えるのは大きな間違いである。ギリシア史に例を取れば、なるほどアテネを中心とするギリシア古典文化はすばらしかったが、紀元前七世紀・六世紀に遡って、アテネを中心としてギリシア史を考えてはならない。世界史的に重要なギリシアの古典文化は、アナトリアの西海岸地帯において育成されたものであり、優れたギリシア文化は主としてアドリア海方面からの伝播によって創成されたものである。

東京を中心とする関東地方・京浜地方は現在日本文化の中心であるが、それ故に奈良・平安時代の歴史を関東中心に構想してはならないのである。私が幾度も書いているように、近代の西洋史学は西ヨーロッパを中心に構成され、中世ローマ帝国（ビザンティオン帝国）の果たした役割を軽視している。こうした西ヨーロッパ主義は、現在の繁栄そのままを古代まで遡らして考えてしまいがちであり、これは大きな弊害となるのである。

現在のいわゆる考古学あるいは西洋史学が、極めて偏向し世界史的視野に欠けている事は幾度となく私の指摘したところである。まず第一に、歴史は西洋中心に構成され、しかも旧石器時代や鉄器時代の歴史がほとんど省略されている。H・G・ウェルズの『世界文化史大系』以来、この弊害は徐々に是正されて来たが、今なお考古学と文献学は別であるといった偏見が付きまとっているのである。人間が地上に現れて以来の経過はすべて歴史であり、そこに文献学とか考古学とかの区別はないのであって、研究の材料によって歴史を分けるなどということはもってのほかである。古代について最も称されている時代区分が、トムセンの提唱した論では三時代区分法であるが、これなどは技術史に基づく一方的な時代区分であって、もはや使用に耐えないものである。歴史を文献の有無によって先史時代と歴史時代に分ける時代区分の場合は、今日では沙汰の限りである。

私は時代区分については若い時から思慮を重ね考え、『古代学序説』に研究成果を述べたのである。私の時代区分は、歴史を三つの大きな時代に区分し、各時代をさらに三時期に区分していく三分法である。これには哲学的な背景や基礎もある。また柔軟性もある。歴史は変化していく物であるから、我々は現代の視点に立って歴史を三分するのであって、一旦三分した内容をいつまでも固執する事は許されない。詳しくは『古代学序説』に述べているので、重複して述べる事はしない。

日本史について言えば、これは先史・原始或いは縄文・弥生・古墳時代、奈良・平安時代、上代・中古・中世・近世・近代に分けるなどとは、これまた噴飯ものである。ヨーロッパや日本の学者は、ヨーロッパの中世を西ヨーロッパ中心に設定して、大きな誤りを犯しているし、日本の学者もヨーロッパ史にならって中世の内容を規定しているのは、これまた情けない事である。宇多・醍醐天皇以後を中世としたり、本来同じ意味の述語である近世と近代を区別している如くも歴史学者の無反省を示している。日本では一つの時代をよく研究する人の名前を取って〇〇史学のように言うが、本来なら極めて広い見地に立ち、独自の歴史理論を展開した歴史学者について言える事である。一昔前は、大塚久雄氏の研究に対して『大塚史学』の名がよく言われたが、そこには何らかの方法論的な基軸がなく、マルクスやエンゲルスの理論を以って共同体の解説をした有様に過ぎないのである。

私の時代区分は、徹底した三時期法であって、現在の視点に立ち歴史を古代・中世・近代に三分し、それぞれの時代をさらに、前期・中期・後期に分かつ方法である。どのような内容を各時代・各期に与えるかは、先進文化の内容を詳しく分析した後に、それぞれの文化圏の内容を検討して定めるのである。この様な観点に立つならば、日本の中世は、大体桃山時代から始まり、江戸時代の末葉をもって限られるであろう。鎌倉・室町時代などは、中世的な要素と古代的な要素が入り混じった『混成古代』であって、一言で言うならば、まだまだ古代に低迷している文化である。

私は小学校の頃から日本の歴史が好きであった。中学生の頃から西洋古代史に心惹かれ、論文などを書いたけれども、本来は日本の古代史を得意としているのである。日本人はギリシア人やローマ人と異なって何世紀もかかって古代文化を築き上げた国民ではない。東海の果てにある日本列島には、大陸の優れた文化が徐々に浸透して来たのであった。古代の古典文化にせよ中世文化にせよ、早く生み出したわけでも採用した訳でもなかった。それは日本の文化の程度が低いという意味ではなく、その進度が緩慢であるという意味である。緩慢でありながら東西文化の長所をいち早く取り入れるのは日本人の特色であるけれども、最近では外来文化を心やすく且つ拙く取り入れるような状態に陥っている。

二十三

私は元来壮健な身体ではない。二、三歳の頃肺炎で死にかけたことがあるし、また中学一年の時には悪性の風邪（肺炎か）で東北大学医学部附属病院（山川章太郎博士）に助けていただいた。五十七歳の時には、その四、五年前から悪化していた十二指腸潰瘍の手術を受けたし、平成元年（一九八九）には腹部大動脈瘤の除去手術を東京医科歯科大学病院で受けた。さらに平成十四年（二〇〇二）の初めには心不全を病み、京都の武田病院で心臓弁膜症の手術を受け、幸いに生き延びることができた。根が強壮な家内に比べ、私は繊弱であるけれども不思議なくらい常々は丈夫であって、現在では九十歳を越えるに至った。しかし九十歳の段階に入ると、頓に体力が衰え、大部な外国語の本を読むことや原稿を書くことも次第に困難になってきた。寿命に定めがある限りこれはやむを得ないことと諦めている。しかし、顧みると旧制高等学校の同窓生の多くがほとんど人生行路の途中で倒れ、同窓会を催しても四、五人しか出席者がないことを思えば、健康であることに感謝してよいのであろう。

前にも述べたが、旧日本銀行京都支店の建物（重文指定）は京都府に寄附した。これを利用した京都文化博物館は我々の希望するような性格のものではなかったが、しかし指定寄附によって、古代学協会は光熱費等の維持管理費の負担を除いて現在なお二階の一部と地下を無料で使用できているのは、喜ばしいと言わねばならない。

現在私は非常な幸福感を味わっている。まず、私の生活は豊かではないが財政的に安定しているし、仕事のほうは大勢の方々が温かく援助してくださっている。中でも西井さんは、昭和三十三年（一九五八）に大学を卒業して以来今日に至るまで私の側近であって、懸命に仕事を助けてくださっている。私は時々困難な発想をして周囲の者に心配をかけているが、西井さんを始め古代学協会の方々は、私の発想を実現するために、何かと補佐してくれている。

第 41 図　古代学協会会長、理事長就任披露宴にて（平成 2 年 6 月 16 日）京都全日空ホテルにおいて（左：色部義明氏）

協会は創立五十年以上を経過し、事業・研究の上で様々な困難に際会した。特に昭和四十二年（一九六七）の平安博物館設立の頃は、駐車場の経営を巡ってひどい困難に陥った。しかし古代学協会を支持する皆さんの協力によって、これも無事切り抜けることができた。ついでに附記しておくが、この駐車場の使用を巡って某氏との間に起こった紛争は、どちらがいい悪いという問題ではなく、ただこれの解決に十年を要し、駐車場の収入を平安博物館の運営に充てる構想をもっていただけに、経済的に非常な損失をきたし頭を悩ますことが多かったことである。今思うと、初代理事長の望月信成氏、会長の高杉晋一氏、大和銀行の峯村英薫氏、協和銀行の色部義明氏（いずれも現在はりそな銀行）等々は平安博物館が困難に陥る度に進んで協力し、私を励ま

第 42 図　新宿御苑における観桜会に招かれて有智子と共に

してくださった（第41図）。何度も述べたように平安博物館は、創立二十年を経た昭和六十一年（一九八六）に、将来維持していくことが困難な見通しとなったため、京都府との提携に踏み切った。けれども古代学協会自体、今日にいたってもなお健全に事業を続けられているのは、財界の方々の支援のお陰であり、またそれに答えるように様々な研究を進めてくれた研究員諸氏の努力の賜物にほかならない。事務関係の人材にも恵まれており、協会の事務は模範的に良好に進められ、嘗て不祥事を起こしたような人は一人もいなかった。財界から過分の援助を受け、また賛助会員として多数の方々の協力を得ることができた。この間、人件費で苦労はしたものの、一度の遅滞もなく今日を迎えることができた。加えて、毎日個々の人々が笑顔をもって接することができたことは、非常な幸せであったと言わねばならない。会長職は高杉晋一氏のあと、芦原氏が継がれ、その没後は色部氏、そのあと野村証券の鈴木政志氏が跡を継がれたが、それぞれの方々が古代学協会の役割をよく理解して協力を惜しまれなかったのは、またこの上ない幸せであった。

協会を設立して半世紀以上になり、一生の事業として今日の盛運を迎えたことは何よりの幸せであり、優秀な後継者に跡を譲って、協会の発展を願っている今日である。

〈平成十七年（二〇〇六）三月了〉

角田文衛　年譜

祖父母と父母

祖　父　三代目角田林兵衛、諱は種徳。貴族院議員、勲四等。二代目林兵衛の子に生まれ、大正六年一月八日、六十三歳にて没す。

祖　母　角田きん。福島県二本松市の本陣の伊藤惣兵衛（明治十年十月五日、五十五歳にて没す）の娘で、母をユキ（明治三十一年四月二十一日、七十五歳にて没す）と言い、昭和三年四月六日、七十一歳で逝去した。

外祖父　福島市の名家・安斎氏十二代にして、竹次郎と称し、諱は常清と言った。昭和十年十月三十日、七十八歳にて没した。

外祖母　安斎なか。福島市の旧家・薮内氏の出で、昭和十九年四月二十八日、八十九歳にて没した。

父　角田文平。安斎竹次郎の長男として明治十五年五月十二日、福島市にて出生。福島師範学校附属小学校を終えたる後、親戚の薮内時計店に勤務。ついで志を立てて東京に上り、商工中学校（現在、日本大学附属高校）に入学し、これを卒業す。ついで仙台市の第二高等学校第二部（理工科）に入学し、業を終えて東京帝国大学農科大学農学科に入学し、明治四十二年七月十日、これを卒業した。在学中、即ち明治三十八年十二月、三代目角田林兵衛の養子となり、次女ふみと結婚した。

明治四十年十二月、林兵衛の長女きくは産褥熱のため没し、婿養子の五六は、才能が優れず実家に戻された。このため文平は、卒業後、学究生活に入る望みを断念して桑折《こおり》町の養家に戻り、家業に従事することとなった。大正六年一月、林兵衛が脳出血にて急死した後は、ますます養家を離れることが出来なくなり、きくの娘の喜雄子の後見人として家業を守り、その期間は前後二十年に及んだ。

林兵衛の没後に開かれた親族会議において分家の議が定められ、北町十一番地の屋敷と現金とが財産として与えられた。

母

角田富美子。三代目林兵衛の次女として明治十七年七月十八日に出生。生れ月に因んでふみと命名されたが、平生は富美子と称していた。桑折小学校高等科を卒業の後に上京し、東京府立第一女学校に入ったが、第四学年の時、軽く胸を患って退学した。その後は桑折町にあったが、文平と結婚後は、東京、根岸の別邸にあり、そこより駒場の農科大学に通学する文平と一緒に暮していた。明治四十二年八月以後は、桑折町に戻った。

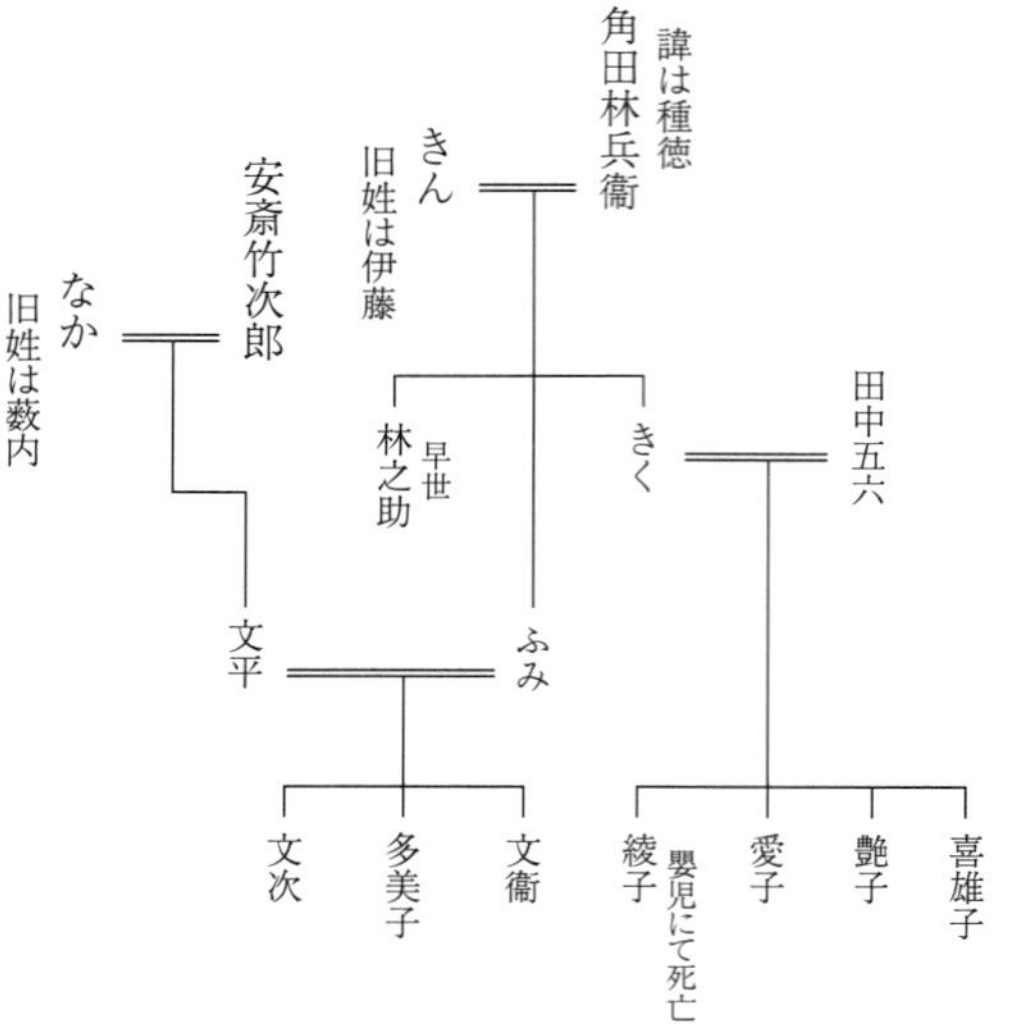

懐妊の次第
明治四十四年（一九一一）

父母は、明治三十八年十二月に結婚してから永く子に恵まれなかった。その原因は専ら母の虚弱な体質にあった。明治四十四年の初め、母は婦人科的疾患と痔疾にいたく悩まされた。よって同年三月三日、治療のため上京し、十八日、神田駿河台の浜田病院に赴き、院長辻氏の診断の結果、子宮内膜症で手術を要すると言われ、即日入院し、二十日に手術を受けた。手術の結果は頗る良好であったが、二十九日、同病院でなした痔の手術の方は失敗であった。よって五月十九日、浜田病院より京橋の林病院に移り、二十二日に痔の再手術を受け、六月十五日に退院した。七月十六日、桑折に戻り、七月十八日より九月二十八日まで赤川温泉及び飯坂温泉で養生したが、痔の方は完治するには至らなかった。なお、十月一日において母の体重は、脱衣にて九貫四六五匁であった。

明治四十五年・大正元年（一九一二）

明治四十五年一月から四月にかけて母の健康は勝れなかった。祖父の命によって母は六月二十日に上京し、医師の診断、治療を受けることとなった。方々の有名な医師に診て貰っても、体の不調の原因は不明であった。その後、順天堂病院に行き、吾妻博士の診断を受けたところ、妊娠の旨告げられ、父母は勿論、祖父母などの驚愕欣喜は筆舌に尽くし難いものがあった。その時母は、しばし呆然としていたと言う。これより母は東京にて大いに摂生に努め、また適度の運動をしていたが、十二月十七日東京邸を引き上げ、桑折に帰った。

大正二年（一九一三）〔当歳〕

帰宅後は、福島市の照内病院長照内淳良氏と産婆藤田里子氏の定期的回診を願い、大いに摂生に努めていた。四月八日はよい天気であったので、母は女中をつれて運動がてらに裏に出てウコギの新芽を摘んだと言う。同日午後八時半に至って母は産気づいたので、早速照内氏と藤田女史に連絡し、二人は早速桑折へ来られた。

祖父母は、先年、長女きく（伯母）を産褥熱で喪っているので、この度の出産に関しては非常な気のつかいようであった。従って出産には照内氏と桑折町の医師鈴木氏がつき添うと言うものものしさであった。

4月9日　母は前夜八時三十分頃から陣痛を始めたが、産道が固いのと胎児が意外に大きいため、中々の難産であった。九日午前六時に至り、照内医師は遂に鉗子を用いて胎児を出した。母の産後の肥立ちは頗る順調であり、また生児も極めて健全であった。

15日　祖父は自ら撰名書を執筆し、自分と父の名をとって文衛と命名した。よって父は、直ちに出生届を提出した。

初め母乳は充分であったが、次第に減少した。一方、生児は成長するため、滋養糖を加味した牛乳を併用するに至った。

体　重　表

年月日	生後	体重
大正2年4月15日	七箇日	八八二匁
大正2年8月6日	一二〇日目	一貫六四五匁
大正2年9月2日	一七七日目	二貫〇〇六匁
大正2年12月3日	二六九日目	二貫二五〇匁
大正4年9月22日		三貫二五四匁

6月9日　桑折町の諏訪神社（郷社）に初のお宮詣でをした。

9月18日　始めて乳母車に乗りて外出、分家二軒に連れて行かれた。

10月5日　父母に伴われて福島市に至り、始めて外祖母、伯父（安斎庄松）その他に見参した。その際、田村写真館にて紀念撮影をした。

大正三年（一九一四）〔一歳〕

1月21日　この日より下痢と咳を始め、一週間を経てもなおらず、夜分は安眠出来ずに苦しむ。二月九日より高熱を出すに至る。方々の医師の診断を受けたが病名は判明しなかった。

2月13日　父は遂に仙台市より小児科専門の内田守一博士の来診を乞い、診察の結果、軽度の肺炎であることが判明した。この十三日は、阿武隈川の鉄橋問題を議決すべき郡会の初日に当たり、町内の物情騒然たるものがあった。

「二月十四日　郡会ハ議案調査ノタメ今日ハ休会。

二月十五日　今日ハ保原、長岡軍数千人、議員ヲ擁護シツ、当町ニ乗込ム。午後一時半頃ヨリ金茂旅館前ニ於テ大騒乱ヲ起シ、町内大騒ギトナル。

二月十六日　大騒動トナリ、何時危険身ニ迫ルヤ計リ知ルベカラズ。由テ父上モ身ヲ匿サレヌ。予其他病人、付添者ハ新屋敷ニ、転居ス。予モ文衛モ異状ナシ。」（以上、父の手記より原文のまま抜き出す。）

18日　新屋敷から本宅に戻った。

26日　病状はかばかしからず、仙台より内田博士の来診を請う。胸部に異状認められず、傷の関係の熱であろうとの診断であった。

3月下旬　この度の病気は、殆ど二カ月かかって平癒した。そのため生育が遅れたが、その後次第に恢復に向った。

8月　この頃に至って大いに匍匐《ほふく》を始めた。

9月2日　子守に連れられて大安寺に遊びに行き、西に向って始めて立った。

　10日　始めて二、三歩歩いた。この頃、幾分言葉を話し始めた。

10月　この頃、頗る健康。従って危険多く、眼が離せなくなった。但し、夜中に夜泣きし、母を困らせたと言う。

12月29日　時に身長二尺六寸五分。

大正四年（一九一五）〔二歳〕

1〜3月　寒さきびしきため、とかく風邪気味で過ごした。言葉は大いに話すようになった。

5月　この頃から野外の遊びに励むようになった。

6月22日　腸を悪くして発熱、七月初旬に至ってほぼ快癒した。

7月10日　父母に連れられ、女中二人と共に原釜海水浴場に赴いた。海水浴の愉しみは無類であったと言う。この結果、皮膚も強くなり、大いに健康となった。七月三十日、帰宅した。

8月20日　この時、身長二尺八寸。

9月　この月の初めから断乳した。

　21日　身長二尺八寸五分。九月二十二日、体重三貫二五四匁。

大正五年（一九一六）〔三歳〕

1月18日　昨年より引きつづき健康であったが、この日より風邪のため発熱した。しかし二十五日頃には平癒した。

2月6日　朝より高熱を出し、時々痙攣を起し、家中大騒ぎとなる。但し二月中旬に至って恢復した。

3月7日　六時五十分、妹　多美、誕生す（辰年のたと、富美とをとって命名されたものである）。三月十三日、多美の出生届が父の名で提出された。

8〜9月　この頃、後頭部に腫物簇生して悩んだ。

是年　この頃、祖父は陣屋に設けた別荘の作庭に熱中していた。隠居の前に遊んでいた時、祖父に誘われ、一緒に陣屋に連れて行かれたことが、自分の記憶に残る最初の思い出である。

大正六年（一九一七）〔四歳〕

1月8日　祖父は、厠に行って脳溢血を起こし、人事不省に陥った。雪の頻りに降る日であった。誰かに連れられて横臥する祖父の病床を訪ねた（但し、その時、祖父は息を引き取っていたのかも知れない）。

祖父の葬儀は未曾有の盛大なものであったと言うが、何にも覚えていない。大安寺の角田家墓地に葬られた。

4月　父・文平、病に臥し、危篤に陥る。藤崎三郎助氏、東京より酸素吸入器一式を送られ、これによって助かるを得た。

大正七年（一九一八）〔五歳〕

4月14日　後に妻となる岸本文子、東京市牛込区余丁町八五にて誕生。岸本綾夫（後、陸軍大将）の次女。

19日　弟文次、やはり本宅の隠居屋において誕生。やや早産であったため、体は羸弱《るいじゃく》であった。

大正八年（一九一九）〔六歳〕

4月　桑折幼稚園に入園したが、家を離れるのが悲しく、間もなく退園した。

冬　大正八年の十二月か、大正九年の一月頃か不明であるが、麻疹を患い、新屋敷に移って療養した。この頃、すでに仮名文字を書き、またローマ字を覚えていた。

大正九年（一九二〇）〔七歳〕

4月1日　桑折醸芳尋常高等小学校第一学年に入学した。担任は、佐川敏夫先生（但し、夏頃、他校へ転任された）。家恋しさに学校へ行くのを厭がり、両親や周囲の人々を困らせた。佐川先生の後に受持ちとなったのは、大野ハマ先生。

大正十年（一九二一）〔八歳〕

5月　母に連れられ、始めて上京した。*根岸の別邸に泊る。白木屋（日本橋、東急百貨店）で迷子になった記憶がある。始めてアイスクリームを食べ、そのおいしさに驚いた。

＊根岸邸は、東京市下谷区上根岸町一一九番地にあった。その後、この邸は俳優・守田勘弥氏（十三世）に貸し、同氏は昭和七年ここで没したようである。

大正十二年（一九二三）〔十歳〕

9月1日　午頃大地震があった。間もなく東京の大震災の報知があった。流言蜚語が飛び、福島県の田舎町ですら物情騒然たるものがあった。

是年　親戚の角田辰雄より写真の現像、焼付の方法を教わる。父にねだって小型写真機『ベスト』を買って貰う。隠居の押入を暗室とした。

大正十三年（一九二四）〔十一歳〕

7月下旬　下旬から八月初めにかけて艶子、愛子の従姉らと松島湾の桂島ホテルに逗留し、海水浴をなした。

8月19日　両親、妹、弟らと桑折をたち、仙台市良覚院丁の別宅に移る。即ち大町の店舗の裏に当たる。東隣には土井晩翠氏、西隣には阿部次郎氏が住まわれ、絶好の環境であった。阿部先生令嬢和子さんのひくピアノに感動していた。

9月1日　片平丁尋常小学校第五学年に編入された。妹は第三学年に。担任の目黒武雄先生（のち改姓して太斎）の国史の授業に刺戟され、ますます歴史が好きになった。一方では講談本を耽読した。この冬、現代語抄訳の『源氏物語』を読んだが、少しも面白くなかった。片平丁小学校の一級下には、真島行雄君がいた。

大正十四年（一九二五）〔十二歳〕

1月1日　家族一同、桑折にて新年を迎えた。

5日　母、妹、弟と四人で仙台市に戻った。

4月1日　弟・文次、片平丁尋常小学校に入学。四月四日に入学式あり。父母共に出席。

大正十五年・昭和元年（一九二六）〔十三歳〕

3月31日　仙台市立片平丁尋常小学校を卒業した。

4月1日　宮城県仙台第一中学校に入学した。阿部和子さんは、宮城県第一高等女学校に入学した。

19日　この日熱を出す。容易ならぬ病状となり、東北帝国大学医学部附属病院山川内科＊に入院した。

一箇月以上入院療養のち退院したが、一学期は養生のためもあって学校を休んだ。病名は肺炎であったらしい。

＊東北大学医学部内科学第二講座担当の教授・医学博士・山川章太郎（一八八四～一九四一）。山川家は毎年原釜に海水浴に来ており、角田家と同宿であった。その頃幼児であった民夫君はのちに、東京大学名誉教授（医学部生化学科）。

7～8月　母と家庭教師*、女中と共に宮城県の青根温泉の青嶺閣に行き、静養しながら勉強の遅れを取り戻すことに努めた。

＊家庭教師は、二高生徒の升田義夫氏。同氏は、事情で学校が遅れ、昭和十二年三月、京大の英文科を卒業した。事情と言うのは、住職であった長兄が入寂したので、僧侶となるために京大を休学し、昭和十年頃、復学されたことを指す。北海道勇払《ゆうふつ》郡鵡川《むかわ》町大原町二丁目二四の法城寺の住職をされていたが、昭和五十四年六月八日に逝去された（胃ガンのため）。出生は、明治三十八年十二月十八日。

角田『升田義夫氏を偲ぶ』（『京の夕映え』所収）。

10月7日　修学旅行として（一年生全部）亘理郡荒浜村に行く。阿武隈川河口にて地曳網で多数の鮭を獲るのを見学。

昭和二年（一九二七）〔十四歳〕

4月　良覚院丁の宅より一家をあげて土樋一九七番地の新邸（広瀬川河畔）に移る。

7月29日　父に伴われて金華山に行き、同神社に参拝した。

夏　休暇を利用して徒歩にて仙台市を出、桑折に向かう。槻木と白石に二泊した。

また父と共に上京。一誠堂書店で『国史大辞典』その他を求める。始めて帝室博物館を見学。この旅行の帰り、父に連れられて日光に行き、東照宮に参拝。

昭和三年（一九二八）〔十五歳〕

4月1日　妹多美子、宮城女学校に入学。

6日　祖母きん、桑折の本宅において没した。享年七十一歳。葬儀に参列した。

夏　佐藤泉明氏に連れられ半田村南畑において石器を採集。

10月24日　修学旅行（三年生のみ）として始めて平泉に歩を印した。

12月17日　株式会社福島貯蓄銀行は、預金の取付が続いたため、遂に休業を発表するに至った。

昭和四年（一九二九）〔十六歳〕

2月11日　『学友会雑誌』第五十九号発行。これに『伊達の読方の史的一考察』を掲載した。

5月25日　弁論部主催春季討論大会あり。論題は、『源平両氏はいずれが優れるや』。一応討論がすんだのち、『平氏』と言っても、桓武平氏のほか、仁明平氏等々があり、『源氏』と言っても、清和源氏のほか、嵯峨源氏等々があり、こうした論題は正確さを欠くと批判した。

夏　上京して神田の講習会に通い、受験の講習を受ける。塚本哲三氏の国語の講義が印象的であった。従兄・角田省一の下宿に世話になり、教養の上で色々と感化を受ける。

10月11日　修学旅行として原ノ町、助川方面に向かう（四年生のみ）。初日は、原ノ町の無線電信所を見学する。自由時間に桜井遺跡を採訪した。常磐線で助川（茨城県）に行き、宿泊。翌十二日、日立鉱山の工場（後の日立製作所の日立工場）を見学し、夕刻、仙台に戻る。

是年　一中の弓道部選手として大いに努む。選手の長は、武田豊氏（後、新日鉄社長）。その他、選手に弓田正夫、武者木などの同級生あり。

昭和五年（一九三〇）〔十七歳〕

2月15日　『学友会雑誌』第六十号、刊行。これに『旅行の一瞥』と題する一文を載せた。

4月1日　苦心惨憺して父が努力した整理が効を奏し、福島貯蓄銀行は、大蔵省の承認を得てこの日より開店した。

4月中旬　仙台第一中学校第五学年を退学して上京。予備校に通いながら受験勉強に努めた。この頃、従兄姉の角田省一夫妻の世話になることが多かった。

当時の下宿は、東京市本郷区森川町四七の羽州館（部屋は十六番室）。夏に帰省したほかは十二月中旬までここにおり、この時引き払って仙台に帰る。

9月初旬 一学期には、アテネ・フランセの予備校、二学期には研数学館（水道橋）に通う。

上京し、羽州館の下宿に宿泊し、研数学館に受験勉強のために通う。

11月 この頃、『受験と学生』に掲載の餌取秀樹氏（第四回文甲）の文をよみ、成城高校の自由な校風を知り、同校を受験することと決意した。

昭和六年（一九三一）〔十八歳〕

1月 年があらたまってからは上京せず、専ら土樋の家にあって受験勉強に励む。

3月 父と共に上京、新宿に宿をとり、成城高校文科の入試をうけ、一番にて合格。

4月1日 成城高等学校文科乙類に入学。理甲の浜口毅六（のち嘉納と改姓）君と共に聖寮に入る（嘉納君は、後、菊正宗社長）。寮母は、田上シヅさん（与謝野寛氏の妹）。

6月20日 『城』第六号に『伊達の読方の史的考察』を発表（五月二十九日脱稿）。

7月12日 十二日夜、東京駅を夜行列車にて発ち、十三日午前六時四十八分、京都駅着、夜、矢野仁一先生の家（田中飛鳥井町）に泊めていただき、平安神宮、南禅寺、八坂神社を訪ねる。旅行の主目的は、京都帝国大学考古学教室に濱田耕作先生をお訪ねすることであった。

13日 矢野先生の御紹介で京大考古学教室を訪ねる。濱田先生は留守。島田貞彦助手が相手をされ、『人類学雑誌』の古いバックナンバーをみせていただく。偶然来室の清野謙次先生にお会いし、紹介していただく。

14日 大原の寂光院に詣で、比叡山に登る。

15日 金閣寺、嵐山方面へ行く。

16日 始めて奈良を見物する。

17日 考古学教室を訪ねた。午後二時、濱田先生は和服姿で教室に見え、始めてお目にかかった。

18日 東京に戻った。

28日 本日より八月二十一日までの期間、伊達、信夫両郡に亙って石器時代の遺跡を踏査した。

8月17日 伊達崎村伊達崎字薬師前五十番地の土地を掘る。末期の信夫の浦の状態を調べるため。立会の菅野勝美氏は、伊達崎小学校々長に在職していた。

27日　軽井沢到着。角田林兵衛の別荘に泊る。和嘉子、徳郎、敦子などがいた。九月初め上京。

9月　聖寮を出、九月より成城南の旧角田林兵衛邸に移る（現在、世田谷区成城二丁目三十二番地）。

11月　神奈川県の折本貝塚の発掘に参加。

24日　カナダの作家スティーブン・リーコック作の『No. 56』の邦訳を終える。

12月26日　本日より二十九日まで、桑折町の南薩摩遺跡（当時は、伊達郡南半田字南薩摩）を発掘調査した。

昭和七年（一九三二）〔十九歳〕

2月29日　『城』第七号に翻訳『No. 56』を載せる。また同号にアルフレッド・ドゥ・ミュッセの詩の翻訳を掲載。この頃、アルツイバーシェフの作品（和訳文）を耽読した。

3月　この頃、『近代の反フェミズムについて』なるリポートを相良徳三教授*に提出した（教授は、美術史の担当。三月五日午前一時十七分、犬声をききながら擱筆とあり）。

*相良徳三教授は、昭和五十一年八月二十一日没。八十一歳。

下旬　桑折町の南薩摩遺跡の第二回発掘を行った。

4月　聖寮を出、砧村成城に角田林兵衛が構えた新邸に寄寓する（角田徳郎君、成城小学校一年に入学）。

7月4日　『城』第八号にボーリス・ピリニャーク作『手についた土』の翻訳（英語からの重訳）を掲載する（五月二十八日に訳了したもの）。

8月中旬　前記の南薩摩遺跡の第三回発掘を行った（E地点）。その頃、おはるさん（笠原ハル）と親しく話す。八月十七〜十八日発掘地の撮影など。

10月15日　『城』第九号に『タンタルスの踊』を発表。

昭和八年（一九三三）〔二十歳〕

2月25日　『城』第十一号に『荊棘』を発表。

4月　新学年早々、小原校長の退任、三沢校長の就任をめぐって成城学園に騒動もち上がる。四〜五月を通じて静観していたが、六月に至って反小原派の側に立っていささか活躍した。

5月　成城地歴研究会の費用で神奈川県の谷戸貝塚を発掘。

5月21日　喜田貞吉博士の青森県榎村遺跡A地点の試掘を見学する。

30日　『城』第十二号に『退屈な悲劇』を発表。

是春　上京中の田中五六氏（きを、つや、あいの父）、成城にて脳出血のため倒れ、成城邸二階の私の部屋の隣室にて病臥。このごたごたを避けるため、父の親友の利光《としみつ》学一氏（小田急副社長、のち社長。昭和三十六年七月没、七十七歳）の邸宅（狛江市岩戸二丁目一五—二二）に寄寓し、母堂の世話になる（学一氏夫人は以前に逝去）。夏休みまで二〜三箇月世話になり、九月に成城邸に戻った。

6月12日　上京した父と共に北多摩郡三鷹村牟礼玉川水道跨四九〇番地の土地（二八九坪）を見に行き、父はこの日、井之頭田園土地株式会社よりこれを買い受けた。そして早速家屋の建築を始め、九月に至ってほぼ竣工した。

7月10日　『城』第十三号に『近代に於ける女性憎悪の潮流』を発表。

8月　福島県伊達郡小綱木村の小日平遺跡を発掘調査した。

9月1日　文次は、新宿の府立第六中学校の編入試験に合格し、この日より通学した。この頃、多美子は、四谷の藤崎三郎助氏方に寄寓していた。

10月24日　文芸部委員として米川正夫氏を成城高校に請じ、ツルゲーネフについての講演会と座談会を催す。

25日　『城』第十四号（十一月三十日発行）を『ツルゲーネフ記念号』として発行。

母はこの日、仙台市を出発して上京し、三鷹村の新居に移った。自分と弟とは、成城町の角田林兵衛方から新居に移った。自分は、開通後間もない帝都電鉄（現在、京王電鉄の井頭線）を利用し、小田急に乗り換えて成城高校に通学した。家族一同の仙台市土樋一九七番地から新住所への転籍は、昭和九年一月二十九日に行われた。

11月26日　濱田博士御夫妻に随伴して石舞台古墳の清掃を見学。そこで始めて末永雅雄氏に会った。

12月14日　成城高校文芸部委員として小林秀雄氏を成城に請じ、講演会を催した。

昭和九年（一九三四）〔二十一歳〕

3月5日　『城』第十六号に『上水の畔で』をのせ、高校文芸部時代を回想する。

4月1日　京都帝国大学文学部史学科に入学した。左京区北白川伊織町七十五（現在、東平井町十三）河田信夫《しのぶ》氏方に下宿した。伊織町の下宿した家の一軒おいて東隣には、英文学者、演劇研究で著名な三高教授の山本修二氏（京大英文科、大正八年卒業）の家があった。

21日　本日より濱田教授の特殊講義〝Roman Archaeology〟を聴講する。

6月10日　嘉門安雄、平山敏治郎両君と共に奈良市に遊ぶ。

8月4日　福島県信夫郡庭坂村大字庭坂字前田（現在、福島市町庭坂）の矢細工遺跡の発掘を始める。

18日　宮城県宮城郡浦戸村の船入島貝塚を十八日より三〜四日間発掘（第一次）。宮戸島に宿をとる。ついでに黒浜貝塚を試掘し、また三地点の貝層を調べ、尖底土器片などを採集した。

9月21日　早朝　室戸台風、伊織町七十五の家を直撃し、自室のガラス戸、机の上板も飛ぶ。ガラスの破片、柱につき刺さる。この破片で手に軽い怪我。

9月下旬より10月初旬　濱田先生、梅原末治先生、東伏見邦英伯爵らと共に朝鮮を旅行。

秋　この頃、京大助手・能勢丑三氏、考古学の講読の予習のため、毎週一回ほど伊織町の下宿に来らる。

11月　父母、上洛。比叡山その他を案内した。

12月2日　光明山寺址を試掘（第一次）。

昭和十年（一九三五）〔二十二歳〕

1月20日　梅原末治助教授を主査とし、山本嘉蔵、小林行雄両氏と近つ飛鳥古墳群（大阪府南河内郡駒ヶ谷村大字飛鳥）を調べた。*

*梅原末治『近畿地方古墳墓の調査』一（日本古文化研究所、昭和十年四月刊）五十八頁、参照。

2月2日　濱田教授〝Roman Archaeology〟の講義、本日をもって本年度終了。

25日　『城』第二十号に『綺田のほとり』を発表した。

3月下旬　この頃から四月にかけて青森県下の諸遺跡を踏査。今井冨士雄氏の世話になること多し。

4月1日　文学部史学科二回生となり、専攻を考古学に定めた（以前からの方針通り）。

25日　山内清男氏の原始文化研究会（本郷元町）において『東北地方旅行談』を発表。

7月27日　宮崎紀君らと共に大場磐雄氏の案内にて東京府の国分寺付近の諸遺跡を見学した。『大場磐雄著作集』第七巻（雄山閣、昭和五十一年）二二〇～二二二頁をみよ。

7月～8月にかけて　三鷹村牟礼の自宅にこもり、古典ギリシア語の自習に熱中した。

ギリシア語を習得するため、昭和九年、十年と新学年に際して田中秀央博士の講義に出席したが、単調、無味乾燥な講義のため途中でやめてしまった。よって昭和十年の夏休みに集中的にギリシア語を自習した。教科書は、WHITE, JOHN WILLIAMS, *The First greek Book* (Boston, New York, Chicago and London, 1896〔first ed.〕)であった。

是秋　三森定男氏を主幹として考古学研究会、創設される。幹事は、長広敏雄、禰津正志、中村清兄の諸氏と角田文衞。

9月初旬　この頃、大洞貝塚遺跡（岩手県大船渡村盛［現在：大船渡市赤崎町字大洞］）の小規模発掘し（A、B、C地点）AB地点において人骨を発見した。出土々器片類は、現在、名古屋大学文学部考古学研究室にある。

『岩手県大船渡市大洞貝塚　平成六・七・八年度範囲確認調査概報』（大船渡市教育委員会、平成九年三月刊）十一頁、参照。

10月初旬　相楽郡上狛村の高麗寺跡を調査す。中津川氏の協力を得た。

15日　これより十七日まで末永雅雄氏と共に西大寺村新堂寺山における合葬陶棺の発掘を亀井伸明君と一緒に実施する。

20日　信楽寺址を訪ねる（往復とも汽車）。

31日　外祖父・竹次郎常清、福島市曽根田の自宅にて没した。享年七十六歳。柿の木に登らんとして、脳出血のため斃れたとのこと。

11月10～11日　光明山寺址の第二次試掘（三森定男、平山敏治郎、藤岡謙二郎、澄田正一の諸氏が協力）。

12月16日　『廃光明山寺の研究』の脱稿。

初冬　この頃、左京区下鴨松ノ木町六七　藤井氏方に下宿を移す。

昭和十一年（一九三六）〔二十三歳〕

2月 考古学研究会*より『考古学論叢』第一輯刊行さる。印刷所は、上京区寺町今出川上ルの七曜社印刷所なり。

*考古学研究会は、創立当時、下鴨蓼倉町七一の三森定男氏方に事務所をおいた。昭和十一年の夏、三森氏は、同じ蓼倉町六四に転居されたので、会もそこに移った。

3月 福島県須賀川町の須賀川駅西方の上人壇廃寺（岩瀬廃寺）址を調査。

4月16～20日 香川県仁尾町の小蔦島貝塚を発掘調査す。濱田博士の指導の下に三森定男、小林行雄、角田の三名が発掘に従事す。その間、小蔦島の旅館に宿泊。

5月21日 妹多美、中村重一と結婚（式場は、上野精養軒）。

8月初旬 船入島貝塚を試掘する。宮戸島に宿をとる。また佐藤長君と同宿し、宮戸島の里浜貝塚を発掘し、かつ民宿の前の貝層より出土した尖底土器*について調べた。

*『陸前里浜貝塚の尖底土器』（『史前学雑誌』第八巻 第五号掲載 東京市渋谷区穏田一丁目九 史前学会 昭和十一年十一月刊）

秋 両親入洛。一緒に比叡山に行く。

10月31日 末永雅雄氏を主査として天王山古墳（またの名は、赤坂陵）墳丘、石室の実測*を行う。小林行雄、藤岡謙二郎、佐藤長君らと共に参加（桜井市倉橋）。

*梅原末治編『近畿地方古墳墓の調査』三（昭和十三年）参照。

昭和十二年（一九三七）〔二十四歳〕

2月6日 濱田耕作博士に随伴し、日伊交換学生としてイタリアに赴くことがほぼ決定し、その旨東京朝日新聞の二月六日号に載った。

21日 東京、九段の軍人会館にて岸本文子と見合いした。

22日 岸本文子、両親と共に三鷹の家に来た。

3月下旬 京都市左京区鹿ヶ谷寺ノ前町七五の二階建家屋を新居のため借りた。禰津正志氏の斡旋。

31日　京都帝国大学文学部史学科考古学専攻卒業。京都帝国大学文学部副手を委嘱され、考古学教室に勤務することとなった。

4月4日　東京の軍人会館（現在、九段会館）において濱田耕作先生夫妻の媒酌により岸本文子（結婚後、有智子を通名とする）と結婚。披露宴には、阿部信行大将、大山柏公爵、堀切善次郎氏ら約二〇〇名が出席。席上、父は胃痛のため退席。夜、熱海の万平ホテルに泊る。

5日　午前中、妻と共に伊豆山神社に詣でた。同上ホテルに泊る。

6日　東京に戻り、九段の病院に入院中の父を見舞った。

13日　東京駅より出発、京都着。新居に入った。その頃、京都の桜花は満開であった。二、三日を挨拶廻りや身辺の整理に充てた後、考古学教室の勤務を始めた。

中旬　濱田先生の命により豊国神社の巨石の石垣の撮影に行く。

17日　都ホテルにて披露の意味での晩餐会を催す。

24日　大場磐雄氏、京大考古学教室に来訪。陳列館を案内した。『大場磐雄著作集』第七巻三五一頁。

5月20日　京都大学大学院に入学（研究料免除）。

5月　有智子、猩猴熱のため、京大病院伝染病棟に入院。

6月30日　濱田先生、京都帝国大学総長に就任された。

7月28日　『国分寺の設置』の原稿擱筆。

春～冬　『国分寺の研究』の編集と執筆に忙殺さる。

10月　国分寺址の調査のため、山陰各地に出張。

12月　静岡県相良町の平田寺を訪ね、竹中玄徹師の厚意により国宝の『聖武天皇勅書』を拝見し、仔細に検討した。

昭和十三年（一九三八）〔二十五歳〕

1月18日　長男敦寛、誕生。

3月　文次、成城高校理科乙類を卒業し、四月、東京帝国大学工学部建築学科に入学。

7月25日　午前八時三十分、濱田耕作先生逝去（明治十四年二月二十二日生）。二十四日、自分は選ばれて先生に輸血したが（A型）、その効がなかった。

8月1日　『国分寺の研究』上・下二巻発行さる（考古学

研究会より）。

中旬　青森県上北郡天間林村の榎林遺跡*の発掘調査を行う。

＊榎林遺跡（二ッ森貝塚）は、平成九年、国の史跡に指定された。遺跡の概要は、『日本歴史』第五九八号（平成十年三月号）の『平成九年度前期の史跡等の指定』においてかなり詳しく解説されている。

下旬　岩手県宮古市の鍬ヶ崎貝塚を発掘調査。終って有智子、敦寛のいる千葉県保田海岸に向かう。

12月15日　午前一時頃、母は突然痙攣を起こし、発病した。これより永眠に至るまで一年一箇月、病床につくこととなった。

昭和十四年（一九三九）〔二十六歳〕

4月6日　この日より、十日に亙って茨城県東栗山の諸遺跡（茨城県東筑波郡久賀村東栗山は現在の筑波郡伊奈村大字東栗山）を発掘調査。三森定男氏、松田一政氏ら参加。

29日　天長節の日、桑折醸芳小学校々庭の一隅に建てられた『故角田林兵衛翁胸像除幕式』に父と共に出席した。肝腎の母は、病気のため出席出来なかった。

4月下旬　秋田県南秋田郡潟西村（現在の男鹿市角間崎字岡見沢）の角間崎遺跡を試掘した。（『史林』第二十四巻第三号）

5月12日　日伊交換学生に選抜される（国際学友会）。

29日　母重病のため、妻と共に上京。小康を得たるにつき六月五日、帰洛した。

6月20日　京都市四条通、万養軒において考古学研究会の送別会あり。浜田琴寿夫人も出席さる。

7月1日　父母は三鷹村牟礼の家を売り、世田谷区北沢一丁目一一七三番地に家を求めて引越した（但し借地）。当時、母は引きつづき病床にあった。この日、母は寝台自動車で北沢に移った。

16日　日比谷の山水楼にて渡欧の送別会あり（岸本綾夫夫妻、有末精三大佐とその夫人、岸本太郎、犬丸幹雄氏母堂、同令弟、文衞夫妻）。

20日　午前中、京都駅出発（梅原教授、長広敏雄氏、藤岡謙二郎君ら見送りに来らる）。神戸港にて鹿島丸に乗船し、午後三時頃、イタリアに向けて出航。

21日　門司港による。小倉工敞に陸軍中佐土岐鉾治氏を訪ねた。日伊交換学生の田代歓一氏（九大医学部講師、解剖学）、門司より同船。

8月30日　深更、ナポリ港に到着。Continental Hotel に一泊。

31日　ポンペイの遺跡を急いで見学し、午後三時五十分の汽車にてナポリ発。午後七時、ローマ中央駅着。Albergo Reale に宿泊。時に欧洲の風雲急にして、ローマ市には警戒管制布かれ、甚だ暗く、前途不安。

9月1日　大使館、中亜極東協会に挨拶の後、ローマ大学に近い Casa dello Studente に移る。

21日　Casa dello Studente より Via Giorgio Baglivi 3 の G. BIENZA 氏方に下宿を変える。

26日　トリートーネ通を横切ろうとして自転車と衝突、眼鏡が壊れ、レンズのガラスで左眼の横上に長さ五分ほど傷をする。街頭にあって出血甚だしい。近くの写真スタディオの Ungaria の主人が親切に介抱してくれた。

10月31日　Viale Regina Margherita 239 の DI CESARE 氏方（日本大使館の真向い）に引越す。

11月11日　PALLOTTINO 氏とサルデーニァ街の Deutsches Argäolo gisches Institut で会い、同研究所の主任司書を紹介される。これで研究の方は、軌道に乗った。

13日　ローマ大学にてパロッティーノ講師の講義『エトルスキ学』の聴講を始める。

昭和十五年（一九四〇）〔二十七歳〕

1月16日　午前三時十五分、母永眠。五十七歳。*

＊発病、経過、葬儀の次第は、父が執筆した『病状日誌』に詳しい。北沢の自宅にて喘息性心臓麻痺のため。法名は『慈徳院文誉良祥貞鑑善大姉』。訃報の電報を受け、悲歎の余り食事もとれず。

18日　母告別式（下北沢の自宅にて。午後一～二時）。

2月12日　長女　玖賀子誕生（東京都杉並区堀ノ内一丁目一四一、妻の実家にて）。

4月8日　ローマを発ち、ギリシアに飛び、ギリシア各地を旅行して二十三日、ローマに戻る。

十四年十月より十五年四月にかけて、DI CESARE 方において家ダニに苦しめられる。それに女中に盗癖があり、中々入浴できないので、五月になって他に下宿を捜すこととした。

5月22日　Via Giuseppe Vasi 30の GINA（正しくは LUIGINA）COMINETTI FIOROTTO 夫人の家に移る。

8月31日　ウィーンより岡正雄氏、ローマに来られる。午食を共にて日本の対外学術研究について語り合った。

9月3日　ローマを出発し、ブルガリア、トルコ、ルーマニアの諸国を旅行し、十月五日、ローマに帰る。ブカレスト市アルハンブラ劇場のヒロインのPeggy Grey（姓は不明、白系ロシア人）本名は、ウラジミーナ。ホテルのバーで知り合い、頻りにワルツを踊った。九月二十五日、写真を贈らる。

11月14日　ローマを発ち、ポンペイに行き、Hotel Vittoriaに宿泊して遺跡を見学する。ヘルクラネウム（エルコラーノ）をも見学。十九日、ローマに戻る。

12月4日　本日よりロシア語の学習を始めた。新聞広告で求人した結果、HELENE UPENIEKA（Strēlnieku iela 4, Riga）を教師兼秘書とし、午前中に彼女よりロシア語の手ほどきを受けることとした。UPENIEKS（とも書く）は、一九一〇年、ペテルブルク市の生まれで、一九二〇年頃リガ市に移住。イタリアに観光旅行に来ている間に（本年六月）、ソ連軍がラットヴィアに侵入し、帰れなくなった。

5日　堀切大使（親戚）と秘書の箭内正五郎氏、ローマに到着（十二時十五分）。午後三時、佐藤辰也氏と共に挨拶に大使館に行く。

7日　メンガレッリ氏を自宅に訪問した。

9日　メンガレッリ老博士の指導するエトルーリアの史蹟見学会に参加。

昭和十六年（一九四一）〔二十八歳〕

1月2日　『庚辰雑記』を草した（後、『京の夕映え』『古代学の展開』に載録）。

26日　堀切大使、秘書　箭内正五郎氏と共にアルバーノ湖方面にドライヴに行く。湖を一望のもとに見下すMonte Cavoに登り、お茶を愉しんでからローマに戻った。

3月　文次、東京帝国大学工学部建築学科を卒業す。

31日　在留邦人たちは、オスティア駅に赴き（自分も）、ローマを訪ねた松岡洋右《ようすけ》外相を迎えた。

6月8日　エレーナ・ウペニエックスを助手としてアッシジ、ペルージャの見学に向かう。すなわち八日はアッシジ、九日はペルージャに宿泊し、十日、ローマに帰着す。

六月八日（日曜日）は、旧暦の五月十四日に当たり、明月はウンブリアの野にかかり、平野部は蒼茫と眼に映り、実に美しいがわびしい夜景であった。六月八日に泊ったのは、サン・フランチェスコ寺院の前の Hotel Subasio であった。平成六年十月一日アッシジを再訪した時、そのホテルを見たが、外からみた限りでは殆ど昭和十六年当時と変っていなかった。

30日　Via Giuseipe Vasi 30 より Uiale 21 Settembre 12 のマンション（四階）を借りて移る。

9月5日　この日より七日まで Rimini で開催された Convegno Culturale Universitario Italo-Nipponico に出席・発表。六日、San Marino に見学に行く。

12日　ローマを発ち、ドイツ、スウェーデン、フィンランド、ハンガリー、ルーマニア、ブルガリアの諸国を旅行し、十一月十二日、ローマに帰る。

18日　ストックホルム到着。二十日ストックホルムをたち、船で Abo に向かった。

22〜27日　ヘルシンキ滞在。

9月28日〜10月22日　ストックホルム滞在。

10月1日　ストックホルムの遠東古物博物館においてカールグレン館長の紹介でアンデルソン博士に面会した。*

＊角田『アンデルソン博士の遺影』（『京の夕映え』所収）参照。

4日　ストックホルム市にて FRANCIS BALODIS 教授（前リガ大学教授）の宅をお訪ねし、歓談した。

23〜26日　ベルリン滞在。ブダペスト、ブカレストを経て十月三十一日〜十一月五日、ソフィア滞在。ブカレスト、ブダペスト、ヴィーンを経てローマに戻った。

昭和十七年（一九四二）〔二十九歳〕

1月16日　亡母の第三回忌法要あり。多美は、懐妊中のため出席せず。

2月下旬　単身、ブルガリアのソフィアに赴き、日本公使館を通じてソ連通過の査証を申込んだ。帰途ヴィーン市に立寄り、ベルリンからヴィーン交響楽団の指揮者としてやって来た安益泰氏と夜を徹して話す（安氏は、戦後、韓国々歌を作曲した人）。

4月21日　ソフィアの日本公使館より電話あり、ソ連より通過の査証が下りた旨が知らされる。

5月4日　午後十時五十五分、同行の桜井三郎氏*（内務事務官、のち熊本県知事）と共にローマのテルメ停車場を出発、七日、ブダペストに一泊。一行には、ブダペストで遠城寺宗徳氏*（九大教授、小児科）と徳永康元氏が参加。八日夜、ソフィア着。ソ連公使館より査証を貰う。九日、深更、ソフィア発。十二日朝、イスタンブール着。十三日、イスタンブールのハイドルパシャ駅出発。

＊桜井三郎氏は、戦後、熊本県知事を幾期か勤めた後、参議院議員に当選した。昭和三十五年四月八日没。六十歳であった。

＊遠城寺氏は、明治三十三年の出生。九大学長、久留米大学長をへて、昭和五十三年八月九日没。

14日　アンカラ市到着。エルズルム行列車に乗り換えてアンカラ発。

16日　エルズルム着。

20日　午後四時、ソ連領レーニナカンに着く。

22日　午後二時頃、バクー市に到着。ホテル・インツーリストに四泊する。

27日　午前四時、父逝去。同日、家督相続。午後七時、船にてバクー出発。カスピ海を渡る。

28日　午後四時頃、クラスナヴォッツク港に着く。

6月7日　満洲里到着（午後一時すぎ）。

8日　午後二時ハルピン着。ヤマト・ホテルに投宿。

9日　東京の家に電話し、父が五月二十二日に没した旨をきかされた。

10日　それより六月二十日まで、ハルピン、奉天、旅順等を訪ね、大連に至る。十八日頃旅順にては、旅順博物館に主事・島田貞彦氏を訪ね、案内していただく。

20日　大連より乗船して、この日、神戸港に帰着する。この日より京都ホテルに宿泊した。

7月29日　福島市において『福島民報社』主催の帰朝についての座談会あり。同社会議室速記録は、『福島民報』八月一、二、三、四、五、七日号に連載された。

8月1日　『オール読物』八月号（第十二巻第八号）に『羅馬から東京へ』を掲載する。

3日　東京市会は、絶対多数で岳父・岸本綾夫を市長に選出し、この夜、岸本は正式に就任を承諾し、四日に初登庁した。

10月15日　京都市左京区下鴨中川原町八、九番地の土地を山脇芳太郎氏より買い求める。

昭和十八年（一九四三）〔三十歳〕

6月30日　七月一日より東京都が発足することとなり、岳父岸本は本日をもって東京市長を退いた。

10月　岡山県高島遺跡の発掘調査。

11月17日　岡山県小田郡三谷村に赴き、吉備朝臣氏の塋域を調査す。

18日　宗沢節雄氏宅（倉敷市玉島八島一九〇七）にて中津貝塚出土の土器を調査した。

昭和十九年（一九四四）〔三十一歳〕

1月5日　梅原教授、小林行雄助手と三人で、十七時十五分京都駅。

6日　十四時、高瀬駅着。江田町宿泊。

7日　梅原教授、小林助手と共に、熊本県江田町の船山古墳を清掃調査。七～十一日まで。

13日　十八日まで六日間、梅原教授、小林助手と共に桜島村の武遺跡（縄文文化）を発掘調査した。但し、発掘は、十四～十八日の間。

19日　熊本県隈庄町に小林久雄氏を訪ねて宿泊、翌二十日、同氏の案内にて轟遺跡を見学した。二十別府にて日名子泰蔵氏の古文書を調査し、二十三日帰宅した。

27日　文次、塚本本家養子離縁の件、本日解決（学士会館にて）。二十八日、内田祥三博士を自宅に訪ね、離縁の挨拶をした。

2月11日　久しぶりに光明山寺址を訪ねた（粕谷氏を連れて）。

4月3日　パロッティーノ『エトルスキ学』の下訳、完了。
22日　壬生狂言を始めて見る。
28日　福島の外祖母なか、午前十一時三十分に永眠。享年八十九歳。
5月6日　十三時五十五分、京都駅。二十時半頃、笠岡駅着。柳生氏方に一泊。
7日　朝八時二十分、高島へ行く。途中、石田茂作博士と共に日光寺を見学する。十二日午前六時高島発。七時五十一分笠岡を発ち、午後二時半、京都駅着。
13日　桂離宮、拝観。ついで松尾大社に参拝。
14日　楽友会館において京大国史学会の大会あり。『山科大臣』を発表した。
22日　有智子、敦寛、玖賀子を連れて知恩院に行き、午後三時より亡父の三回忌を修する。終ってから円山公園に遊び、帰宅。
6月2日　滋賀県の安養寺古墳を調査。
10日　修学院離宮を拝観。
7月19日　夜、召集令状来たる。二十日夜十一時二十二分、京都を発し、東京に向う（単身）。二十二日千葉県我孫子の歩兵連隊に入隊する。
下旬　臨時歩兵部隊に加えられ、京都を通過し、下関より輪船にて釜山上陸。京元線、咸鏡線を経て、満洲国間島省に入る。ついで東満国境で鳥蘇里江西岸の東安省の虎頭に着き、国境守備の第三九五部隊*第四中隊に編入され、初年兵の訓練を受ける。

*第三九五部隊の正式の名は、関東軍第四国境守備隊第一地区隊。この第一地区隊は、歩兵中隊四をもって編成されていた。当時の第四国境守備隊長は陸軍少将・秋草俊、第一地区隊長は陸軍大佐出村耐造。*自分が配属された第四中隊の隊長は中尉佐藤友次、次ぎは中尉近藤義明。

*出村耐造大佐は、明治二十五年八月三日、東京の赤坂に出生、陸軍士官学校を卒業。終戦時には大佐。ソ連より帰国した後、金沢市に住み、そこで昭和二十六年八月二日、胃ガンのために逝去した。

11月　第一期検閲を終え、歩兵一等兵を命じられ、最前線に配置され、昼夜、国境警備の任に当たる。

昭和二十年（一九四五）〔三十二歳〕

1月　疲労のため健康を害し、虎頭の陸軍病院に入院。

2月〜3月　幹部候補生に採用され、近くの部隊（第三地区隊）にて訓練を受ける。資格は兵長待遇。

2月8日　次女・千春誕生す（下鴨の自宅にて）。妻の母、手伝いに来らる。

3月　第三九五部隊（大隊長　出村耐造大佐）は解散され、部隊は牡丹江に移り、歩兵第二六五部隊の編成要員とされた。連隊長は出村大佐、第一大隊長は山崎少佐。そこで甲種幹部候補生に採用され歩兵二六五連隊*、伍長の資格を与えられた。

*歩兵第二六五連隊は、第一二二師団に所属する。第三九五部隊の残りは、第十五国境守備隊要員として虎頭に残留した。一二二師団と一四二師団とは、陸軍最後の編成師団であるが、人的にも、装備も貧弱なものであった。第一四二師団の司令部は、仙台市の北の利府小学校にあった。

6月　歩兵第二六五連隊の主力は、鏡泊湖の南隊に移り、防衛陣地の築造に従事。自分は、大隊に居残り、連隊本部に勤務。

7月初め　士官教育を受けるため、軍曹待遇を与えられた上、牡丹江の南にある石頭予備士官学校に送られ（第十三期生）、猛訓練をうけた（第四中隊中隊長佐藤宏夫中尉）。第七区隊に配属。区隊長は大塚最道、伊中見習士官。

8月9日　ソ連、国境突破して進攻。

10日　夜、生徒隊の半分（第一、三中隊）はソ連軍迎撃のため牡丹江方面に出動し、第二、四中隊（自分は第四中隊）は南方に向って撤退行軍。八月十一日、東京城にて宿泊。八月十二日、ソ連軍戦車隊の追迫を受けて落伍。鏡泊湖付近を放浪の後、鏡泊湖南辺にあった第二六五連隊の主力に帰還した。

9月　東京城に向って北上し、東京城外にて武装解除ののち、牡丹江の旧歩兵第二六五連隊兵舎に収容さる。自分は山崎少佐の山崎大隊に編入され、分隊長となり、見習士官を命じられた。

10月20日　この頃、ウラジヴォストックをへて帰国と欺かれ、貨物列車にて沿海州を北上し、シベリアに入る。そしてタイシェット地区第二収容所（通称『十九キロ』）に収容された。タイシェット（Тайшет）地区に配置された日本人捕虜は、タイシェットからウスチ・クート（Усть-Кут）に至る鉄道の建設に酷使された。何キロと言うのは、タイシェットから鉄道で何粁の地点と言う意味。

12月　本田寿吉少尉以下一二〇名が転出し、二十四キロの石灰山の収容所に配された。通訳兼副官として勤務。

昭和二十一年（一九四六）〔三十三歳〕

1月　飯島（のち松本）省吾中尉以下一〇〇名ばかりが石灰山に来たる。飯島中尉が隊長、本田少尉は副隊長、角田は通訳兼副官。十二月より一月にかけて食事極めて悪く、栄養失調にて死没する者多し。

5月　飯島（現、松本）中尉と共に突然転属を命じられ、百十一キロの第十一分所に配され、懲罰小隊に入れられたが、その理由は告げられなかった。後に判明したのは、三月頃、収容所（石灰山）において一斉検査があり、その際、隊長室の床下から隠匿した米が発見された科による懲罰小隊への編入であった。これは当番の渋谷上等兵が隊長や副官を慮り、ひそかにやっていたことであった。食糧品の隠匿は、逃亡計画につながるとみられたらしい。懲罰小隊では、全員が重労働を科された。

6月　ソ連のНКВД（内務人民委員部）の某中尉より三日間に亙って取り調べを受けた。ロシア語の出来る者は、一応身許、経歴の取調べがあるが、自分の場合は何気なく欧州留学のことを話したのが拙かった。彼はタイシェット地区の各収容所を巡回して疑わしい捕虜を調べている秘密警察の将校であったが、欧州留学の件で自分に嫌疑をかけ、留学の目的はスパイ行為ではなかったかと執拗に尋ねた。自分は、なんらスパイ行為はしていないので、全面的にスパイ行為を否定した。彼はその通り調書を作ったが、もし自分が偽りの陳述をしたならば、二年の刑に服する旨の承諾書をとった。

11月　第十一収容所の医務室の通訳となり、軍医・馬場博少尉を助ける。馬場少尉と親交を深め、極寒の夜、『源氏物語』、ついで『万葉集』を講じた。

昭和二十二年（一九四七）〔三十四歳〕

3月

某日、突然命令を受け、タイシェット町に連行され（兵一人につれられ）、НКВД のタイシェット支部に留置の上、七日間ほど滞留し、三日ほど訊問された。* これがすむとカスタマーラヴォ Костамарово の第三収容所に移されたが、間もなく通訳として第二十二収容所に配された。この収容所の捕虜の大隊長は、遠藤直之助大尉であり、収容所には彫刻家の佐藤忠良氏、経済に明るい近藤鳩三氏らがいた。ここで自分は友の会の副委員長を命じられ、各中隊を廻って日本文化の話をしたり、『日本新聞』の読み方の話をした。

＊この時私を取調べたのは、グリンワルドと言う上級中尉であった。無論、ロシア語での問答であった。言葉は丁寧であったが、偽りを言うと死刑に処すなどと言って私をおどかし、机の上に拳銃をおいたりした。訊問の要点は、昨年六月の調査と同じことを尋ね、前後の陳述に矛盾のないことを確かめた後（1）日本で調べさせたところ角田文衛なる学者はいないとの報告があったが、貴方の本名は何んと言うのか、（2）欧州留学の真の目的はなにか、（3）あなたの父は軍人、然も大将であると言うことであるが、それは事実か、の三つであった。（1）に対しては、貴方の日本からの報告と言うのは偽りである。何故ならば、私は偽名を使っていないし、また偽名を使わねばならぬ理由は少しもない、と答えたが、これは相手も直ぐに承認した。（3）に対しては、私の父は銀行員であるし、然もすでに死亡していると答えた。これについてはかなり執拗にきかれたが、私はあくまで事実を主張した。彼は私の弟、伯父、伯母のことを尋ねたが、妻の係累については何にも尋ねなかった。（2）については、訊問は最もきびしく、色々なおどかしを使って応答を迫られた。実際、スパイのため欧州に留学したの

ではないから、事実をあくまで述べるほか仕方がなかった。結局、自分は昨年六月の時と同じ内容の調書に署名したのであった。取調室は明るくて広い部屋であった。取調用の机、椅子から離れた片隅に小さい机と椅子があり、そこに腰かけて過ごした。夜は、床に毛布を敷いてやすんだ。廊下からは監視兵が昼夜の別なく見張っており、便所に行きたい時は合図をすれば連れて行ってくれた。食事もこの監視兵が運んで来た。精神的には在ソ中の最大のショックではあったが、待遇は丁寧で、思ったほど悪くはなかった。

6月　タイシェットの本部から岡本博之地区委員長の一行が第二十二収容所に来たり、第二十二収容所の友の会は、単なる啓蒙的、プチ・ブル的な存在であると批判した。自分は、反動的、プチ・ブル的な学者としての烙印を押され、副委員長を免じられた。

8月　第二十二収容所は解放され、遠藤直之助大尉以下二〇〇名ばかりと共に五十六キロの第七収容所に収された。この頃より各収容所から反動者を十九キロの第二収容所に集め、所謂民主々義運動を推進する上での邪魔者を引き抜く方策が講じられると共に、一般捕虜の反軍闘争を煽動する運動が熾烈となった。八月末、遠藤大尉らは先ず第二収容所に送られ、吉永中尉が大隊長を命じられた。自分は、大隊の被服係を勤め、極力仕事に励み、思想的政治的問題に触れることを極力避けていたが、どうしても自分の存在は目立って困った。

11月　大隊長吉永中尉以下と共に第二収容所に送られた。入ソ以来、見習仕官の待遇を受けていたが、第二収容所でも将校中隊に編入された。併し、代表的な反動者としてしばしば壁新聞でたたかれた。当時、第二収容所の捕虜は、兵卒上り親ソ派の者によって管理されていた。この収容所では、初め伐採作業に従事したが、遂に健康を害してしまい、O.K.（軽病者）となり、営内作業に従事して越冬した。

昭和二十三年（一九四八）〔三十五歳〕

3月31日　政令第五十六号により京都大学文学部副手廃嘱。

4月29日　矢野軍医中尉以下三十数名と共に突然転属を命じられ、行先不明のままタイシェットより汽車に乗り、翌日、イルクーツク第一収容所に送り込まれた。*前より引続きO.K.であったため、第一収容所でも肉体労働はせず、営内の雑用や舎内の掃除に従事した。所謂『民主々義運動』は、タイシェットよりも旺んであったが、幸に反動者として注意されずに済んだ。

*第一収容所に入る際、НКВД の上級中尉より一人ずつ訊問を受けた。自分の場合は、経歴をきかれ、またソ連をどう思うかと尋ねられた。

5月　政治部少佐某氏に連れられてイルクーツク博物館を訪ね、館長に会い、また館長を訪ねて来たイルクーツク大学のアリエンボスキイ講師（И. В. Арембовский）にも紹介された。ア講師は、近著 Назареистории Прибайкалья（一九四〇年）を寄贈してくれた。但し、大した考古学者とは見えなかった。それを察した館長はあと十日ほどしたらレニングラード大学のアクラードニコフ教授が当地に来られるから、その時、紹介して上げようと約し、少佐もこれを承諾した。ついで少佐に伴われてイルクーツク大学、同図書室を見学した。

6月　上記の少佐の外出許可証をもって外出、博物館の図書館で午後四時頃まで本をみせて貰った。ペトリ教授の消息は、館長も、そこにいた館員の誰もがそんな人は知らぬと答えた。併し司書の婦人は自分にそっと一九三七年の夏の朝早くどこかに連行され、消息不明であると教えてくれた。帰りには大通りの本屋に寄ってから収容所に帰った。

六月に入ると、第一収容所では帰国の準備が着々と進められ出した。前に取調べを受けた者は、次ぎ次ぎと呼び出され、最後の訊問をうけた。自分も二度、НКВД の上級中尉から尋問された。今回の取調べはきびしくはなかったが、日本語で自分の履歴を詳しく書かせた。特にヨーロッパ留学について詳しく書くよう言われた。またソ連邦に関する所感を書くよう求められた。翌々日、私はまた呼出され、自分が書いた履歴書の赤線の引かれた二、三箇処について重ねて訊問された。帰国の準備は進められていても、自分自身はそうたやすく帰国出来るとは思っていなかった。何故ならば、自分は嫌疑者、反動者と見られていたからである。しかし最後の取調べで自分に対する疑いははれたようであった。

七月の初めになると、帰還者名簿が作られたが、その中には自分の名があり、夢かとばかり欣んだ。

7月10日前後　少佐の許可をえて外出し、博物館を訪ねたが、館長は不在、アクラードニコフ教授はまだイルクーツクに来ていないとのことであった。それで博物館の展示をゆっくり見学した後、大通りで洋銀の匙を記念に求め、収容所に戻った。この政治部少佐は実に穏厚な人物で、自分を尊敬してくれた。彼はソ連において恩顧を蒙った唯一の人物であって、彼には今なお感謝の気持を抱いている。

15日頃　第一収容所からの帰還部隊はイルクーツクを出発した。大隊長は、第一収容所の大隊長であり、かねがね自分は通訳としてしばしば彼に従って街に出たり、工場を見学したりして親しい間柄であったが、自分はこの輸送列車でも通訳を勤めた。

20日頃　ナホトカ到着。幾多の関門を無事通り抜け、七月二十八日明優丸に乗り込むことが出来た。全く虎口を脱した感じであった。

28日　引揚船・明優丸に乗り、ナホトカ出発。

29日　朝、舞鶴港着。

30日　京都の自宅に帰る。

12月10日　同志社大学文学部講師を委嘱。

昭和二十四年（一九四九）〔三十六歳〕

3月31日　願により京都大学大学院を退学する。

4月1日　大谷大学文学部講師を委嘱され、『考古学概論』を担当。

7月31日　大阪市立大学助教授に補され、法文学部勤務を命じられる（大阪市公立大学教員に任じられ、二級職に叙さる）。

10月8日　日本人類学会評議員委嘱。

11月　Dr. L. STERNBACH を案内し、広隆寺に行く。

12月2日　二〜三日、法文学部の木村宏副手を帯同して福井県武生市に行き、二泊し、足羽山の古墳群を調査、帰洛。

昭和二十五年（一九五〇）〔三十七歳〕

1月4日　山根徳太郎教授と共に狭山に末永雅雄博士を訪ね、夕食の饗応を受ける。
中旬　これより下旬にかけて『世界史地図』の担当分の作成に没頭した。
30日　『欧洲の四季』（大阪、三明社）刊行。
2月3日　『三時期法批判』の執筆終る。
3月22日　『古代史通論』第一分冊の原稿を擱筆し、二十三日、三明社の小牧実繁先生にお渡しした。
23日　敦寛、同志社中学校に入学を許可さる。
25日　国際古典考古学協会日本委員委嘱。
29日　敦寛、下鴨小学校卒業。
4月1日　敦寛、同志社中学校に入学。
5月28日　杉勇氏来訪。『古代学』発刊について相談する。
7月2日　始めて仙洞御所を拝観した。
29日　守屋孝蔵氏を訪問。
8月11日　大阪市立美術館で『古代世界史展』開催される（八月十一日より九月十日）。この展覧会の準備は終始担当した。十二日、同館講堂で古代の都城について記念講演を行う。
19日　『古代世界史展』の開催に際しての記念講演を大阪市立美術館にて行う。演題は、『欧洲における古拙文化の成立』（十時三十分～十二時三十分）。
10月23日　正倉院を拝観。
12月初旬　村松繁樹教授らと共に滋賀県東浅井郡雲雀山古墳群を視察。

昭和二十六年（一九五一）〔三十八歳〕

1月1日　西田直二郎先生宅に年賀に行く。
3日　藤岡謙二郎氏宅において濱田会あり。
13日　パロッティーノ教授より来信。国際考古学会の委員を委嘱された。
2月24日　嘉門安雄君、来訪。
3月初め　ヘルシンキ博物館より寄贈のフィンランドの新石器時代の遺物、大阪市立博物館の角田研究室に到着。
3月10日　平山敏治郎氏を専任講師に採用の件、大阪市大文学部教授会にて可決される。ここに至るまでの苦労並々ならず。平山君は、助教授でないことを理由に、意外に喜ばず。

18日　有智子と共に山根徳太郎教授の宅を訪問した。

4月1日　同志社大学文学部講師委嘱。

6日　千春入学式あり。

10日　助手直木孝次郎、藤原光輝、安井良三、清水睦夫、小西晴美の五氏の協力を得てこの日より二十七日まで東浅井郡雲雀山古墳群第二号墳を発掘。滋賀県東浅井郡湯田村に行って宿泊。覧五百里教授は村内の寺にとまる。

11日　この日より雲雀山古墳を発掘。藤原光輝君、補助してくれる。

13日　夜、江上波夫教授来訪。

22日　東浅井郡下草野村醍醐塚原の醍醐遺跡を調査。

24日　湯田村の虎姫山に登った。

5月1日　平山君と共に奈良市に赴き、堀池春峰、永島福太郎氏を訪ねた。

4日　新村出先生を訪ね、お借りした本を返納した。

5日　中原教授来訪、夕食を共にした。

16日　夜、有智子と映画レベッカを見に行く。

6月11日　川喜田二郎、三森定男氏等来訪。

14日　夜、小牧実繁先生、来訪。

16日　直木助手を伴い、東大寺図書館を訪ね、堀池春峰氏に会う。

17日　歴史学研究室の鴛淵、原勲、平山、佐藤敏、藤原光輝、清水睦夫の諸氏と浄瑠璃寺を見学。

21日　集中講義のため福井大学に向う。二十七日まで講義。その間、福井市近辺の遺跡を調査した。二十五日には斎藤優氏の宅にとめていただき、同氏の案内で足羽山に登った。

22日　味真野村に調査に行く。

23日　鯖江の福井大宿舎にて遠藤嘉基教授と同宿する。

24日　糞置庄跡に調査に行く。

30日　夜、梅原末治博士宅を訪問。著書を贈られた。

7月1日　平山敏治郎君と共に山根徳太郎教授宅を訪問した。

8日　午後、中原与茂九郎教授宅を訪問。

18日　朝、谷山茂教授来訪。大阪市立美術館においてポンペイ展のことを協議した。

25日　奈良県都介野村へ調査に行く。

27～29日　奈良県山辺郡都介野村において小治田安麻呂の墓を発掘調査した。

28日　午後四時、小治田安麻呂墓にて和同銀銭十枚を発見。
29日　夕方新居浜の義姉（英子）来る。
8月8日　有智子、子供達と共に真野に遊びに行く。十二日家族、幸夫君と共に帰る。
14日　能勢丑三氏を訪ねた。
15日　家族、幸夫君と共に比叡山に登る。
17日　杉勇氏、佐藤長氏来訪（別々に）。雑誌『古代学』創刊について話す。
19日　石川考古学会にて講演ののち、片山津温泉に泊る。
20日　橿原考古学研究所員を委嘱される。足羽山の古墳群を見学。下文珠村に行く。斎藤優氏方に宿泊。
22日　有智子と共に三森氏を新居に訪ねた。
27日　夜、佐保田鶴治博士を訪問（新雑誌の件）。同二十八日石田一良氏、来訪。
9月4日　江上波夫教授、駕淵一教授、それぞれ来訪。
10日　藤原光輝君、直木孝次郎君、石田一良氏、白川静氏それぞれ来訪。石田氏に『銘辞学の方法論』を渡した。

10月10日　午後三時より『古代学』の編集会議あり。
27日　日本考古学協会の総会に出席す。
28日　『古代学』創刊号の編集をする。
11月7日　大阪市立美術館においてポンペイ遺跡展開催さる。その企画および展示品の提供は角田がする。大阪市立美術館で館長・望月信成氏と面談、『古代学』の件で話し合う。
19日　この頃、岩波の『西洋人名辞典』の考古学者たちの略伝の執筆に熱中した。
22日　『古代学』の印刷費に充てるため、家蔵ヴィーナス（銅像）の処分を大阪市立美術館にて望月館長に依頼した。留守中、末永博士来駕、有智子と話をして帰らる。
24日　安斎庄松伯父、来訪。翌二十五日、伯父は有智子と共に美術館に行かれた。
26日　多美、東京より帰った。
28日　福井大学にて集中講義を始めた。同二十九日斎藤優氏、自分の宿所の女子寮に来訪。
28～30日　福井大学集中講義。鯖江市の宿舎（福井大）（もと女子師範）に泊る。十一月二十八、二十九日なのに大雪降るには驚く。

30日　講義を終えて後、大久保道舟博士を訪ね、ついで帰洛す。

12月12日　延久三年の感神院文書を八坂神社に寄贈す。高原美忠宮司、禰宜鈴木日出年氏を来訪、受領さる。

15日　立命館大学において古代学協会の委員会があった。

18日　美術館に赴き、望月館長よりヴィーナスの代金十万円を受領した。

25日　『古代学』創刊号、文功社より届けらる。

昭和二十七年（一九五二）〔三十九歳〕

1月1日　雑誌『古代学』第一巻第一号刊行。古代学協会常務理事委嘱。

4月1日　大谷大学文学部講師委嘱。同志社大学文学部講師委嘱。

12日　直木孝次郎講師、藤原光輝副手、安井良三、富村伝、小西晴美三氏の協力をえて、雲雀山古墳群第三号墳を発掘調査する（四月十七日まで）。

6月　大阪市立大学法文学部に大阪城総合研究団が結成され、そのうち考古学部門を担当することとなった。

10月　大阪城総合研究（望月信成氏代表）の一員として難波宮跡の試掘を行う。日本人類学会評議員委嘱。

11月16日　この日より福井県足羽郡下文珠村帆谷において東大寺領糞置庄の発掘調査を実施した。二十二日発掘調査を終えた。

昭和二十八年（一九五三）〔四十歳〕

2月頃　カリフォルニア大学教授のリチャード・ルドルフ氏とその家族、角田宅離れ家に仮寓する。（『朝日新聞』京都版　昭和二十八年三月十四日号）。

3月20日　三女・伊都子誕生す（下鴨の自宅にて）。

4月1日　能勢丑三氏、大阪市大文学部講師（非常勤）を委嘱さる（角田の工作によって）。

7日　文学部教授会において教授昇任の件、可決された。

5月　この頃、能勢丑三氏と会うことが多かった。

5月～6月　この頃、イラク国考古局長ナジ・アル・アジル博士よりイラクでの発掘を許可する用意のある旨を来信。その旨、恒藤恭学長に図ったが、妙案は出なかった。

7月15日　大阪市立大学教授に補され、文学部勤務を命じらる。

10月17日　日本人類学会評議員委嘱。

11月20日　イラク古物局より贈与された初期古拙文化の遺物四十七点が大阪市立美術館の角田研究室に届いた（『大阪新聞』昭和二十八年十一月二十一日付掲載）。

昭和二十九年（一九五四）〔四十一歳〕

2月8日　イラクの国考古局長ナジ・アル・アジル氏に書翰を出した。東大の江上氏と共同調査の希望を伝える。

4月1日　同志社大学文学部講師委嘱。

5月　この頃より東大の江上教授と協力してイラクにおける考古学的調査の計画を進める。東大の主催で、角田は副隊長に内定される。

10月18日　日本人類学会評議員委嘱。

30日　京大人文科学研究所において日本考古学協会第十四回総会あり、これに出席す。

11月21日　京都府相楽郡加茂町の鋳銭司遺跡を調査。池田一郎氏方にて遺物を見る。

昭和三十年（一九五五）〔四十二歳〕

3月21日　四女・つぶら誕生す（下鴨の岩田病院にて）。

4月1日　同志社大学文学部講師委嘱。

7月3日　千春を連れて奈良市紀寺町の璉城寺を訪ね、調査。

10月1日　福井大学非常勤講師委嘱（三十一年三月三十一日まで）。

15日　日本人類学会評議員を委嘱さる。

11月　橿原市の橿原公苑で開催の日本考古学協会の総会に出席。

20日　奈良県新沢古墳群の発掘調査を視察。

12月11日　仙台に旅行す。帰りに（十二日）、新地に竹岡勝也先生を訪ね、泊めていただく。十三日早朝、新地を出発し、上野に到着。竹岡先生との用件は『日本古代史提要』の件。

昭和三十一年（一九五六）〔四十三歳〕

1月2日　夕食後、江上波夫氏を訪ね、十時半頃まで談笑。

3日　梅田良忠氏と共に原随園博士を訪問。
5日　スウェーデン国王グスターヴ六世に手紙を出す。
6日　小林千枝子、母親と共に来訪。
7日　一月上半の俸給を受けた（一六、五〇二円）。
10日　東京において文次と共に江上波夫氏を訪問。
16日　三森定男氏が白川静氏と共に来訪。
25日　古代学協会の財団法人認可の書類を整えた。
28日　石田一良氏の送別会に出席（東山荘）。
31日　同志社大学教授菅原憲氏来訪。
2月4日　京大考古学専攻の学生の卒業予定者（田中琢、秋山進午）の祝賀会、楽友会館にて催され、これに出席す。
12日　大久保道舟氏来訪。アラスカにて夕食を共にする。
15日　午後横尾君、東京より来たって挨拶に見える。
18日　梅原末治博士を訪問。
20日　横尾君出勤を始めた。
22日　梅田氏と大阪商工会議所に赴き、事務局長山県氏を訪ねた。午後、鐘紡に田中豊氏を訪ねた。
23日　京都商工会議所に中野会頭を訪ねた。
27日　文次の家に宿泊。
3月4日　梅田氏伴い、大津市の自宅に田中豊氏を訪ねた。それより先、三月二日、鐘紡より古代学協会に十五万円の寄附があった。
6日　午後、大宮庫吉氏を自宅に訪問（梅田氏同伴）。
7日　大阪の高島屋に飯田慶三氏を訪ねた。
15日　有智子、大津市の田中豊氏を訪ね、夫人と懇談して帰る。
28日　大林組から寄附金を受領した。
4月1日　大谷大学文学部講師委嘱。同志社大学文学部講師委嘱。
7日　自宅にて準備委員会を催す（梅田、佐保田鶴治、白川静、佐藤長氏ら出席）。
　敦寛、大谷大学文学部の入学試験に合格した。
9日　メキシコより帰国した杉道助氏に会い、経過を報告した。
10日　この前後、福井県二上遺跡の発掘調査を実施。藤原、大西両君が主にこれに当たる。この日、現地視察。
13日　夜、林巳奈夫君、来訪。
14日　鐘紡の田中豊氏に会い、歴史大学の構想について話す。

20日　近所に引越して来られた遠藤嘉基博士宅に挨拶に行く。

25日　新規矩男教授、高井教授と共に夜分に来訪。

5月1日　杉本町の大阪市大文学部に文学部長内田氏を訪ね、イラク行を断念する旨を伝える。

6月　敦寛が主となり、大谷大学の仲間五人と共に名古屋に橘瑞超師を訪問。

22日　古代学協会京都事務所を開設する。

7月10日　この頃、徳島逓信病院々長馬場博士を頼って徳島に赴き、ドック入り検査をして貰う（七月八～十日）。十二指腸潰瘍の気ありとのこと。徳島市の城山の麓の貝塚を視察し、また鳴門の急潮を見に行く。夜、阿波踊を見に行く。帰途、七月十一日、屋島を見物し、高松市内に泊る。宿の女中・ときさんの案内で市内（栗林公園など）を見物。午後遅く高松市をたち、夜京都に戻った。

12日　京大の梅原教授、定年退官。六月二十八日、お別れ講義。それを前にして教授が朝日新聞の記者に語った言葉の一節『与えられたものばかり多く、報いることは乏しい。特に師匠としての私は、全く失格だった。』（朝日、三十一年六月二十二日号）

8月13日　日本人類学会評議員委嘱。

11月5日　日本人類学会評議員委嘱。

12月21日　史学研究会評議員委嘱。（『史林』第四十巻第二号参照）

昭和三十二年（一九五七）〈四十四歳〉

1月18日　古代学協会は、民法第三十四条による財団法人として文部省より認可された。

2月9日　ラテン語史書を訳した玖賀子のこと、『朝日新聞』に大きく載る。のち二月二十日号の“*The Japan Times*”も載る。

10月25日　日本人類学会評議員委嘱。

11月22日　平安京勧学院跡の発掘調査を実施する。

昭和三十三年（一九五八）〈四十五歳〉

7月　敦寛、ブラジルに移住す。

8月6日　古代学協会の諸氏（桜井禎一、上田早苗、西井芳子）と共に永平寺、芦原、東尋坊、足羽山、敦賀海岸、金崎城址等に遊び、八日夕方、帰洛。

10月12日　日本人類学会評議員委嘱。

11月13日　梅田良忠氏、古代学協会の理事長を辞した。梅田氏については『古代文化』第十二号（昭和三十三年）一三一～一三二頁、同第七巻第四号（昭和三十六年）一二九～一三〇頁をみよ。

昭和三十四年（一九五九）〔四十六歳〕

1月　この月、京都府乙訓郡長岡町のもと長岡競馬場（約一万坪）を自分の名儀で購入。勧学院大学の敷地として。
14日　東京より東武線にて伊勢崎市に行き、宿泊。
15日　相沢忠洋氏の案内で群馬県の岩宿遺跡、武井遺跡を視察する。
3月27日　東京都丸の内、日本工業倶楽部にて勧学院大学設立発起人会を開催。
4月1日　大谷大学文学部講師委嘱。
5月31日　平安宮大極殿跡発掘のための予備調査を行う。
6月5日　大谷大学の学生諸君と共に長岡宮跡の発掘を見学。中山修一氏と写真をとる。
23日　文次入洛。古代学協会の諸氏（堅田、西井、小倉、上田）と文次などで清滝に遊ぶ。
7月18日　名古屋市において橘瑞超師にお目にかかる。西井さんを同伴。
8月5日　札幌市にて三森定男氏と会う。一緒に藻岩山に登る。定道君、同行。
22日　帰路の途中、静岡に下車し、登呂遺跡を視察する。
9月初旬　長岡町の山王遺跡を発掘調査する予定であったが、重い痔疾のため素志を果さなかった。
8日　東芝において石坂泰三氏と会談した（午後三時より）。
10月9日　平安宮大極殿跡の発掘調査開始され、その指揮をとる。調査は明年一月下旬まで継続。
22日　梅田良忠氏と共に醍醐方面を視察。
11日　日本人類学会評議員委嘱。
31日　古代学協会の講演会（四条烏丸、三和銀行京都支店三階ホール）において井上光貞氏と共に講演。演題は、『キングオブキングス』。井上氏の題は、『日本の英雄時代』。
11月4日　三笠宮崇仁親王、天理教の中山真柱ら、大極殿の発掘現場を視察。
20日　H・キューン著、角田文衞訳『古代文明の開花』刊行された（東京、みすず書房）。

昭和三十五年（一九六〇）〔四十七歳〕

3月9日　越前国府研究会に請じられ、武生市の中央公民館において『越前国分寺について』と題して講演。なお、同研究会の会長は、大久保道舟博士。

4月　伊都子、下鴨小学校に入学。

8日　桜井三郎氏、六十才にて逝去。

5月1日　早稲田大学において開催の日本考古学協会第二五回総会に出席し、研究発表『日本考古学の系譜』を話す。

7月20日　大極殿跡の第二次発掘調査を開始。十一月十日に終了。

8月1日　平安宮大極殿付近の発掘資料（図面）が盗まれた。

10日　NHK（東京）より石田英一郎氏と共に放映。テーマは、『文明の起源』第十九回『ステップとオアシス ―中央アジア文明―』

20日　日大の小林文次教授と共に平安京羅城門址の発掘調査を開始。早稲田大学の川村喜一氏参加。

23～25日　有智子と共に伊都子、つぶらを伴って下呂温泉（水明館）、名古屋市（田中透氏方宿泊）に遊ぶ。

9月4日　西井嘱託と共に右京区太秦の法雲院に行き裏松家の固禅の墓に詣でる。

28日　NHKテレビの『古代文明の展望』において三上次男氏と対談。

10月10日　広島写真館にてポートレート写真をとる。

中旬　この頃、大阪市立美術館で『埋もれた古都展』開催された。十月十五日、その記念講演会で『日本の都制』と題して講演した。

29・30日　第二十六回日本考古学協会の総会、大阪市立博物館において開催さる。末永博士と共にその準備と世話をする。

11月1日　日本人類学会評議員委嘱。

5日　国語問題協議会理事委嘱。

昭和三十六年（一九六一）〔四十八歳〕

4月28日　国学院大学にて開催の日本考古学協会の総会に出席。

5月～6月　下鴨上川原町の古代学協会の東隣にガソリン・スタンドを建てられるに際して付近の主婦たちと共に反対運動をする（京都新聞、朝日京都版、夕刊京都に記事掲載）。

7月1日　有智子、府立医大病院にて手術をうける（絨毛上皮腫のため)。

5日　東京都千代田区丸ノ内の工業倶楽部に於いて勧学院設立発起人会の説明会を催す。

30日　西田先生御夫妻、ライシャワー大使夫妻と京都市粟田口の都ホテルの八階大ホールに於いて会見。池田源太氏、西井さんと共に陪席した。

8月25〜26日　古代学協会の関係者と共に高野山に至り(二十五日)、金剛峯寺、奥院等を見学し、金剛三昧院に宿泊。二十六日、山を下り、粉河寺、和歌浦などを見学し、京都に戻った。

9月17日　西田直二郎先生御夫妻と共に上嵯峨方面を視察。西井さん随行。

10月29日　この頃、平安京羅城門址を発掘調査。第二次調査。

11月12日　名古屋市の南山大学にて開催の日本オリエント学会の総会に出席。岐阜市に泊り、翌日、帰宅。

18日　新開業のパレス・ホテル(東京、大手町)にて金成増彦氏夫妻の媒妁にて角田徳郎・玖賀子の結婚式あり。午後四時三十分より披露宴あり。金成氏は、当時、富士電機製造株式会社の社長。

22日　京都ホテルにて午後五時半より徳郎・玖賀子の結婚の関西での披露宴を催す。望月信成氏夫妻、仲人代理を勤めて下さる。

12月2日　家族(有智子、伊都子、つぶら)と共に福島市の安斎家を訪ね、伯父庄松、伯母テイに会った。

3日　桑折町、金茂旅館にて午後四時より徳郎・玖賀子の披露宴あり。伊藤徳男、渡辺弥兵治の諸氏来駕さる。

7日　梅田良忠氏、東京都白金の伝研附属病院にて没。六十一歳。

10日　家族と共に京都嵯峨の化《あだし》野《の》念仏寺に詣で、ここを菩提寺と定めた。

22日　協会の忘年会あり。藤原光輝君も出席。

昭和三十七年(一九六二)〔四十九歳〕

3月下旬と4月上旬　二回に亙って大分県丹生遺跡の予備調査を行った。

3月23日　別府より客船曙丸に乗り、翌朝、神戸港につく。

4月　つぶら、下鴨小学校に入学。

11日　五島つぎ(たけ)、京都より帰る。玖賀子と共に。

14〜15日　奈良県下に出張。長谷寺に参詣し、榛原町に宿泊。十五日、宇陀高城をみ、吉野に至り、金峯山神社に参拝。

28日　立正大にて開催の日本考古学協会第二十八回総会に出席。
7月初め　文次、和嘉子（きを）来たって宿泊。皆で写真をとる。
21日　西井、朧谷、長、藤田の四君を連れて法金剛院を訪ねる。
8月17日　和嘉子さんの案内で吾妻山、五色沼方面に行く（有智子、伊都子、つぶら）。
21日　広島大学に松崎寿和教授を訪問。
24日頃　丹生遺跡の予備調査。
9月9～10日　古代学協会の旅行に加わり、伊勢・志摩方面を視察。二見ヶ浦の旅館に宿泊。西井瀧三郎氏、案内をしてくれた。
10月5～31日　丹生遺跡発掘調査団の副団長として丹生遺跡第一次発掘調査の指揮をとる。
12日　西井、藤田、矢部、山添の諸氏と共に臼杵の石仏を見学。
14日　大石、西井、藤田の三君と共に宇佐神宮に参詣し、『宇佐託宣集』の古写本を見る。
26日　藤原光輝、中村俊一氏と共に綾羅木海岸を視察し、下関市に一泊。翌二十七日赤間神宮に詣で、坂ノ市に戻る。
12月3日　大谷大学にて同学国史学会と古代学協会共催の講演会あり、竹内理三博士を招く。伊藤徳男氏、仙台より参会。
29日　森井清一氏（法名は光雲）、逝去。明治四十一年七月一日の出生。本葬は一月十七日。

昭和三十八年（一九六三）〔五十歳〕

1月4～6日頃　家族（有智子、伊都子、つぶら）と共に城崎温泉の日和《ひより》山海岸に行く。金波楼に宿泊。
17日　森井清一氏の葬儀あり。葬儀委員長を勤める。
3月19日　平安京侍従池領の遺跡の予備調査。
4月1日　橿原考古学研究所指導研究員委嘱。同志社大学文学部講師委嘱。
11日　この頃、侍従池領址を試掘調査。
22日　ライシャワー氏夫妻に随行し、京大病院に西田直二郎先生をお見舞いする。
28日　日本考古学協会大会（立正大学）において丹生遺跡の調査結果を発表する。
30日　山中湖、河口湖方面に遊ぶ。
5月1日　政友クラブに肥田琢司氏を訪ね、一緒に写真を

3日　とる。五月六日、肥田氏急逝す。
有智子、伊都子、つぶらの三人を連れて鳥羽に遊び、海路名古屋に赴き名古屋城を見学し帰宅す。
6月14日　伯父・安斎庄松没した（午前五時十五分）。明治十一年一月二十三日の出生。
20日　『光雲追悼録』刊行さる。編集は、角田文衞。
7月15日　『佐伯今毛人』（人物叢書）刊行さる。
8月29日　二十九〜三十日、家族（母、有智子、伊都子、つぶら）をつれて天橋立に海水浴に行く。文珠荘に宿泊。
9月3日　東北地方の旅行（古代学協会職員一同）。
14日　この頃、千本丸太町下ル西側、ブラザー・ミシン建物敷地を発掘。
10月8〜21日　丹生遺跡第二次発掘調査の指揮をとる。
11月18日　『承香殿の女御』（中公新書）刊行さる。

昭和三十九年（一九六四）（五十一歳）

1月1日　家族（有智子、千春、伊都子、つぶら）と共に大原野神社に初詣でをする。
2月23日　玖賀子、一女を産む。ついで季里子と命名（和嘉子＝きを）の発案。
3月3日　西井・朧谷両嘱託を伴い、三重県の斎宮址、松阪市の鈴屋等を見学す。
4月1日　同志社大学文学部講師委嘱。
8月11日　これより先、多美、アメリカに出発。この日、ハワイ着（国連付山崎公使とその家族に随行）。
24〜26日　古代学協会の諸氏と共に但馬、若狭方面に見学旅行。
9月26〜27日　古代学協会の諸氏と共に但馬、丹後方面に旅行。城崎温泉に一泊。
10月1日　東海道新幹線開通、名古屋で用事をすませ、名古屋より東京まで新幹線に初乗りする。
3日　東五条第の木碑の除幕式に出席。
4〜21日　丹生遺跡第三次発掘調査の指揮をとる。
11月4日　瓦斯協会の方々を案内して彦根城を見学。
29日　日本人類学会評議員委嘱。
12月11日　東京丸の内の工業倶楽部にて勧学院の引継あり（足立、高杉、鮎川、角田、小林、西井、大橋武夫）。

15日　大阪の清交社にて『紫式部をめぐる新しい史実』と題して講演。
26日　西田直二郎先生逝去。

昭和四十年（一九六五）〔五十二歳〕

2月15日　角田きを没す。
22日　角田きをの葬儀あり。有智子と共に参列。
4月1日　同志社大学文学部講師委嘱。
4日　西井さんを伴い、円融天皇火葬塚、後朱雀、後冷泉、後三条および堀河天皇の陵に参拝した。堀河天皇の陵は、『後円教寺陵』と言う。
9日　鎌倉市に赴き、伝頼朝の墓その他の史蹟を見学した。
5月25日　敦寛と山本桂子との結婚式、神田の学士会館において挙行さる。仲人は、いすず自動車の清水部長。
6月10日　17日～平安京の三条東殿跡を発掘調査（大石、朧谷両君協力）。
5～8日　千本丸太町、大和銀行京都支店北隣の地を発掘調査す。
7日　西井芳子、長（現在・小林）照代の両氏と共に志賀島の金印出土地を訪ねる。
10月13日　丹生遺跡の調査に赴く。今日より十一月二日まで丹生遺跡第四次発掘調査を指揮。
大分市よりの帰り、古代学協会の有志と共に、日向国分寺、西都原、桜島、川内市等に見学旅行する。二日西都原にては日高正晴氏の案内を受けた。
11月28日　盧山寺境内に紫式部邸址の顕彰碑を除幕（詳しくは、『古代文化』第十六巻第一号）。

昭和四十一年（一九六六）〔五十三歳〕

1月1日　家族と共に大原野神社に参拝（有智子、千春、伊都子、つぶら）。
2月13日　高砂市の馬場医院に行き、診察を受けた。
28日　長崎県世知原町の遺跡を踏査。
3月1日　長崎市を訪れ、鴇田忠正君の案内で原爆公園に行く。多美、ニューヨーク市にあって、マック・藤井と結婚。長崎市見物。
21日　肥前国分寺址を訪ねる。

22日～4月2日　長崎県北松浦郡世知原町岩谷の岩陰遺跡その他を調査した。

1日　同志社大学文学部講師委嘱さる。

5月17日～6月8日　御池烏丸の明治生命敷地の第一次発掘実施（朧谷寿君主査）。高木社長、現地見学。三条東殿址を発掘。この時、日本銀行旧京都支店の建物が空いていることを知った。雨の日多く、発掘に困難を覚える。

27日　茨城県に行き、大串貝塚を見学し、帰途、大沢海岸を見る。

6月30日　平安博物館設立委員を委嘱される。

8月12日～13日　延暦寺に協会の諸君と宿泊し、翌日、山上を散策。四時頃、協会京都事務所に戻る。ひどい夕立のため事務所の雨漏りがひどかった。

27日　招かれて札幌に赴き、開成高校にて講演。

29日　古代学協会の職員と共に白老村を訪ねた（西井、中谷、藤田、石田明子の諸氏）。

9月3日　京都国際観光美容協会にて講演。

27日　丹生の第五次発掘調査に赴く。調査の指揮をとる。十月十二日、終了。

昭和四十二年（一九六七）〔五十四歳〕

2月18日　大阪市中央図書館にて講演。

3月31日　願により大阪市公立大学教員（大阪市立大学教授）を免じられる。

4月1日　平安博物館館長に任じ、同教授の兼任を命じられる（本俸月額十八万円）。

3日　大阪市立大学文学部に辞任の挨拶に行く。

18日　日本銀行より旧京都支店々舗敷地の譲渡を受けた。

6月9日　玖賀子、二女を産む。ついで有香《ゆか》子と命名。敦寛・桂子の長女生誕。千香子と命名。イトコ同志が同日に生まれる。

11月26日　平安博物館の関係者と共に恭仁京址方面に見学旅行。

昭和四十三年（一九六八）〔五十五歳〕

3月27日　従兄弟・角田省一、仙台市にて没す（明治三十六年九月四日生）。

4月1日　大谷大学文学部講師委嘱。

24日　大谷大学より文学博士の学位を授与される。

5月11日　三笠宮殿下、同妃殿下の台臨を仰ぎ、朝野の名士を多数招き、平安博物館の開館式を挙行した。『若紫抄』および『紫式部―その生涯と遺薫―』が刊行された。

20日　平安博物館の職員と共に比叡山に登った。

6月3日　有智子と共に平安博物館の職員一同と雲母坂を昇り、比叡山に遊んだ。

12月8日　平安博物館関係の諸氏と共に近江国庁址を見学。

23日　忘年会あり。有智子、近藤喬一君、西井さんら多数出席。

昭和四十四年（一九六九）〔五十六歳〕

4月1日　伯母・安斎テイ没す。明治二十四年五月十日の出生。大谷大学文学部非常勤講師委嘱。

12日　高杉晋一氏、有智子、吉岡清一氏と共に醍醐寺に花見に行く。午前中、西山で筍を掘る。

5月3日　根本祐一、公子氏夫妻の依頼により有智子と共に郡山市に赴き、根本裕久・高橋祥子氏の二人の仲人を務めた。

欧米旅行

9月27日　午後五時三十分、日航機にて羽田空港出発。見送りは西井芳子氏、小林文次夫妻。午後七時三十分、ニューヨークのケネディ空港着。多美子迎えに来たり、久しぶりに会う。Statler Hilton Hotel に宿泊。

28日　午後、メトロポリタン美術館を見学した。

29日　ニューヨーク市内にて所用を果たす。

30日　空路ボストンに赴き、ライシャワー教授に会う。ニューヨークに戻る。

10月1日　汽車にてニュー・ヘヴンに行き、HALL 教授に会う。ニューヨークに戻る。

2日　午前中、所用を果たす。午後、妹と過ごし、食事を共にした。午後九時ニューヨークを出発してロンドンに向う（日航機）。

3日　朝ロンドン着。Cumberland Hotel に宿泊。早速所用にとりかかる。

4日　Oxford に行き（自動車）、Blackwell 書店で買物をする。Mayfair Hotel に移る。

5日　汽車にて Cambridge に行き、Daniel, Clark 両教授に会う。ロンドンに戻る。

6日　午前中、大英博物館見学。午後三時、ロンドン空港を発ち（イギリス機）、午後六時三十分、

7日　コペンハーゲン着。Palace Hotel に宿泊。
8日　コペンハーゲン滞在。C. G. BECKER 教授その他に会う。国立博物館見学。
9日　午後二時、コペンハーゲン空港出発（日航機）、北極廻りで帰国の途につく。
午後五時三十分、羽田空港着。有智子、松田すゑのさん迎えに来る。八時発のひかりにて京都に向う。十時五十分、京都駅着。
26日　日本考古学協会の大会、平安博物館にて開催さる。
11月11日　イスタンブール市で購入したアスクレピオス神に奉献の大理石墓碑をＰＬ教団（教主・三木徳近氏）に譲渡した。

昭和四十五年（一九七〇）〔五十七歳〕

4月5日　文部大臣坂田道太氏、平安博物館視察。高杉会長、応待のため東京より来らる。
5月16〜17日　京都府立総合資料館において日本古文書学会の第三回学術大会あり、十七日午後、『年紀不明の「四条令解」について』と題して研究発表をした。
23日　五月に入ってより十二指腸潰瘍に甚だしく苦しむ。この苦しさにも拘らず二度上京し、いよいよ悪化。二十三日、左京区一乗寺松原町の石野外科病院に入院し、石野琢二郎博士執刀にて開腹手術を受け、六月十一日に退院し、自宅療養に努めた。六月二十九日〜七月一日、手術後、始めて上京した。
7月10日　妻と共に丹後町間人《たいざ》（吉野家）に静養に赴く。七月十一日、平安博物館員（大石、西井氏以下十四名）来たり、一泊。十二日皆と一緒に引揚げて帰宅した。
17日　香取・鹿島両社に参詣。
秋　十月頃、箱根に遊ぶ（静養をかねて）。
10月19日　平安博物館々員の諸君と丹波に松茸狩に行く（亀岡市與能神社付近）。

昭和四十六年（一九七一）〔五十八歳〕

1月20日　仁寛の足跡を探るため、伊豆長岡町方面に行く。
3月27日　平安博物館伊藤玄三講師ら西賀茂瓦窯跡を発掘。この日、現場を視察。二十三日より発掘開始。
4月28日　新宿区袋町六の日本出版クラブにて『平安時代

史事典』の説明会あり。午後五時三十分より。
出席者：秋山虔、秋山光和、竹内理三、橋本文夫、橋本義彦、春名好重、三宅敏之、山中裕。

30日　京都市左京区吉田の楽友会館にて『平安時代史事典』の説明会を開く。五時三十分より。
出席者：池田源太、泉谷康夫、大石良材、朧谷寿、片桐洋一、堅田修、佐和隆研、田中重太郎、福山敏男、松前健、村井康彦、村山修一。

7月23日　高杉会長を案内して城崎温泉方面に行く。

30日　竹岡勝也遺著『王朝文化の残照』、角川選書の一冊として刊行さる。その一切の世話をみる。本書の原題は、『日本文化史・平安朝末期』（大正十一年、東京、大鐙閣）である。

8月11日　箱根に赴き、史蹟を見学。

9月30日　坂出市付近の史蹟を視察（讃岐国庁址、国分寺址その他）。

12月　永い間定宿としていた千代田ホテル（千代田区神田鎌倉町）十二月末をもって廃業。よって明年より定宿をグリーンホテル淡路町に変える。

3日　西田先生未亡人みちさん、逝去。父君は、大西祝博士。胃ガンの手遅れのため。享年七十六歳。

昭和四十七年（一九七二）〔五十九歳〕

1月　この月より東京における定宿を千代田区神田淡路町の東京グリーンホテル淡路町に定めて現在に至る。

1月15日　明日香村の寺で開催の『いのしし会』（橿原考古学研究所）に出席した。帰りに乗用車がぬかるみに嵌って難儀した。岸俊男君ら手を貸してくれた。

2月14日　京都市文化観光資源調査委員委嘱（四十九年二月十三日まで）。

3月26日　末永博士、高松塚古墳の発掘成果を公表した。

5月11日　高杉会長を案内して峯定寺に参詣した。大石良材氏随行。運転大槻雅生氏。

昭和四十八年（一九七三）〔六十歳〕

3月4日　叔母（愛子）、有智子、西井さんと共に清閑寺、田村麻呂墓、勧修寺を訪ねる。

4月21日　京大楽友会館において還暦祝賀会催さる。中村直勝博士、峯村英薫氏、味岡良戒師（大覚寺）、山本アキ子氏、横田健一氏等、多数出席。

5月25日　四谷会あり。赤坂にて。佐藤前総理、入江侍従長、四条隆貞氏ら出席。

7月3日　高倉会（平安博物館職員の親睦会）の小旅行に加わって保津川下りをした。

21日　ホテル・フジタにおいて『日本の後宮』の出版祝賀会あり（午後一時より）。久松潜一、中村直勝、柴田実、井上光貞、上山春平、上田正昭、藤岡謙二郎、保坂弘司ら多数が出席。

8月25日　この頃、平安宮内裏内郭回廊を発掘。この日、記者会見し、成果を発表。

昭和四十九年（一九七四）〔六十一歳〕

1月16日　京都市高速鉄道烏丸線内遺跡調査会理事、委嘱。

2月14日　京都市文化観光資源調査委員更新。

26日　高砂市の馬場医院に赴き、診察を受けた。

4月1日　奈良県立橿原考古学研究所研究員に任じられる（五十一年二月十三日まで）。

6月　後朱雀天皇火葬塚、白河天皇火葬塚等を視察。

7月28日　白河天皇成菩提院陵を視察。

10月1日　広島大学文学部講師委嘱（五十年三月三十一日まで）。

8日　上野駅で高梨仁三郎氏と会い、自分と西井さんの三人で夜行列車の寝台車に乗り、二戸に向かう。

9日　早朝、二戸駅下車。渡辺誠君の迎えを受け、金田一温泉に行き、ホテル雨瀧で縄文土器のコレクションをみた。ついで車で三戸町を通り、石亀遺跡の発掘現場を訪ね、渡辺君の説明をうける。古代学協会が高梨財団の助成をえて発掘中であった。

午すぎ現場から出発し、高梨、西井の三人で大湯温泉に向かう、途中、リンゴ園をたずね、高梨社長はリンゴの発送を注文された。十和田湖を岸辺より展望した。大湯に近づき、有名な環状石籬を見学した。大湯ホテルに投宿。

10日　朝、大湯温泉を出発し、アスピーテ・ラインを南下し、八幡平（国立公園）を突破し、午頃、盛岡市に着き、三人でわんこそばをいただいた。午すぎ盛岡より特急で東京に向かい、夕方、上野駅に到着。高梨社長と訣れ、グリーンホテルに投宿した。

16日　泉涌寺にて清少納言歌碑の除幕式あり。午後、秋山虔氏と共に京都国立博物館の記念講演会にて講演する。招聘した山岸徳平博士（中古文学会会長）を中心に、秋山、山中裕氏を交え、夕食を共にする。

昭和五十年（一九七五）〔六十二歳〕

1月27日　本日より二月一日まで広島大学文学部において集中講義。題目は、『ローマ考古学』。

30日　松崎寿和、川越哲志両氏の案内にて帝釈峡の諸遺跡を見学する。

31日　西井さん、下鴨蓼倉町の新宅に引越す（我が家の別棟より）。

2月26日　法勝寺址の第一次発掘調査の現場を寺島孝一君らをつれて視察した。

5月10日　楽友会館における寺島孝一氏の結婚披露宴にて有智子と共に出席する。

5月16～17日　能登半島に向かい、輪島市に一泊。一七日、時国家その他の遺跡を見学して帰宅。

6月5～6日　新潟県北蒲原郡中条町に赴き、日立製作所の工場の寮に宿泊。翌六日、附近の遺跡ならびに黒川村の鳥坂城址を見学した。小野弥造氏等、案内さる。

21日　午後一時より平安博物館において春季学術公開講演会が催された。初めに自分が『平安時代における女子名』と題して話し、ついで小林行雄博士が『同笵鏡の話』なる題で講演した。

7月19日　山梨県東八代郡に行き、豊富村を中心に浅利家、坂額関係の諸遺跡を探訪（『平家後抄』二七一頁以下）。

29日　珍皇寺を訪ねた。

8月27日　長野県の尖石遺跡を見学した。

9月4日　福島市の赤十字病院に角田徳郎君を見舞う。今生の訣れであった。

5日　桑折町松原に八木沼与三氏を訪ね、覚英僧都関係の場所を案内していただく。

15日　藤原乙牟漏陵を廻り、写真を撮影。
桓武陵、伊予親王墓、高野新笠陵、藤原旅子陵、

11月24日　大徳寺の如意庵を訪ねた。同月二十八日村上源氏の土御門第址に赴き、写真撮影。

12月14日　前文化庁長官・安達健二氏を案内して発掘現場を視察し、近藤喬一君を連れて神護寺に行き、

住職・谷内乾岳師に会う。

昭和五十一年（一九七六）〔六十三歳〕

2月6日　本日より禁煙を始める。
9日　徳郎君、十二時二十七分逝去。
13日　京都を発ち、十四日桑折に到着。
14日　桑折の大安寺にて一～三時まで徳郎君の告別式あり。
京都市文化観光資源調査委員委嘱。
15日　桑折町を出、上京してグリーンホテルにとまる。
5月23日　江文峠を経て江文神社に参拝。
6月20日　岩倉方面に赴き、朗詠谷、飛鳥池、解脱寺址等を見学した。
8月24日　神戸市に赴き、清盛塚を視察し、また能福寺を訪ねる。
秋　この秋、発起して玉緒会の結成をいたす。
11月1日　京都市埋蔵文化財研究所第一回理事会と、設立祝賀会に出席。

昭和五十二年（一九七七）〔六十四歳〕

2月18日　高砂市の馬場医院に行き、検査を受けた。
4月15日　箱根に遊び、足柄関の跡を訪れた。
7月6日　京都ロータリーに入会。
11月8日　岩佐凱実氏（富士銀行）夫妻を案内して平尾城山古墳に行き、発掘を見る。
12月4日　伊都子、浅野能男と結婚。
21日　夕方、京都ホテルに赴き、つぶらと共にロータリーの家族会に出席。

昭和五十三年（一九七八）〔六十五歳〕

1月21日　神田・学士会館にて開催の竹内理三博士古稀祝賀会に出席。
2月14日　京都市文化観光資源調査委員委嘱。
3月22日　午後二時～二時三十分、ＮＨＫテレビ全国放映、『王朝の女性』と題した。
6月7日　多美、アメリカ市民権取得。
8月9日　遠城寺宗徳氏逝去（昭和十七年五月四日条、参照）。
10月3日　増上寺において『和宮の御生涯 ―有吉説に触れて―』を講演する。
27～29日　北海道に旅行。石附喜三男君の案内で支笏湖畔に行く。

11月10日　京北町より字黒田の土地（一五〇坪）が古代学協会に払い下げられた。本日、事務局長吉岡清一、事務員新井田郁雄の二人が京北町に行き、所要の手続きをした。

25日　有光次郎、高梨仁三郎両氏、小林文次博士と共に京北町に行き、同町黒田に所在する収蔵庫用地を視察した。

26日　つぶら、桑原義之と結婚。式と披露は京都ホテル、仲人は武田豊氏夫妻。

12月15日　静寛院宮奉賛会評議員委嘱。

昭和五十四年（一九七九）〔六十六歳〕

3月11日　平安博物館友の会の行事として越前海岸にカニを食べに行く。川西夫人同行。

30日　馬場医院にて診察をうけた。

5月7日　小川理事長と共に林田知事を府庁に訪ね、平安博物館の土地建物を京都府に寄附したいがいかがと申入れた。

11日　マック・藤井、逝去。ニューヨークの仏教会の墓地に埋葬。

7月31日　高砂市の馬場医院に赴き、診察を受けた。

9月26日　千春、富田病院（京都市北区小山下内河原町）において女子を分娩す。後に依香と命名す。

10月9日　馬場医院にて診察をうけた。

昭和五十五年（一九八〇）〔六十七歳〕

2月1日　馬場医院にて診察をうけた。

15日　馬場博士、午後一時二十五分、高砂市民病院にてウィルス性心筋症のため逝去。大正五年の生誕。

3月19日　浩宮徳仁親王殿下平安博物館に来臨。

4月1日　冷泉家の御文庫の扉を始めて開かせた。

25日　中京郵便局の一日局長を勤める。

6月12日　学燈社の牧野十寸穂《ますほ》さん、来訪。『日本後宮史』（『国文学』にのせる）の原稿を渡す。

7月13日　伊都子、富田病院において男子を産む。赤山禅院の老師に諮問し、大樹人《ひろきと》と命名。

10月19日　仙台市土樋の家に阿部和子さんを訪問する。

31日　酢酸工業会（平成七年より酢友会）の方々の京洛の見学の案内をした。

12月22日　静寛院宮奉賛会理事委嘱。

昭和五十六年（一九八一）〔六十八歳〕

5月22日　鹿ヶ谷の法然院において午後に『濱田先生追憶敬慕の会』あり。末永博士の発起。角田を含めて二〇名出席。

昭和五十七年（一九八二）〔六十九歳〕

1月4日　恒例により、広島写真館で家族一緒に写真をとる（有智子、千春、依香と四人）。
3月19日　京都市文化財保護審議会委員を委嘱される。
6月3日　KBS京都において（テレビ放映）角川春樹社長と対談（地名大辞典第二十六巻の刊行）。
8月7日　秘書・月渓《つきたに》乃扶子さんを伴い、夙川に行く。西宮市立夙川公民館において中田勇次郎博士の後を承け、十時五十分から十二時まで『藤原定家の一条京極第と小倉山荘』と題して講演。
9月23日　京都ホテルにおいて関口・間野両家の結婚式あり。有智子と共に媒酌人となる。関口力君が新郎。武藤誠、柴田実、近藤義郎の諸教授にも会った。
10月15日　東京の帝国ホテルにおいて『李家博士「厠攷」出版五十年記念の宴』に出席。坂本太郎博士、和田軍一氏らと同席。

昭和五十八年（一九八三）〔七十歳〕

4月9日　京都ホテルのエジンバラの間において角田の古稀記念祝賀会が催された。
28日　伊都子、四条堀川の山元病院において次男を分娩。仁《ひとし》と命名。
7月31日　『森浩一編集の古代学研究第百号記念祝賀会』（大阪、ホテル・プラザ）に出席。
8月28日　弟文次、午前一時一分、直腸癌のため、三鷹市の武蔵野病院にて逝去。
30日　杉並区の堀之内葬祭場において文次の葬儀があった。
9月6日　武生市に大久保道舟博士を訪ねた。
12日　古代学協会は、平安博物館敷地建物の寄附申入書を林田知事に手渡した。
10月22日　京都府は、平安博物館駐車場用地を購入した。

昭和五十九年（一九八四）〔七十一歳〕

3月14日　全国地名保存連盟の大会に出席す（神田一ツ橋、

如水会館においてスピーチをする)。美濃部前知事出席し、地名変更について釈明する。

4月1日　京都市文化財保護審議会委員を委嘱される。

8月13日　学燈社の牧野十寸穂さん(『国文学』編集主任)来訪。『王朝史の謎』と題して対談した。この対談は、月刊誌『国文学』第二十九巻第十四号(昭和五十九年十一月刊)に、『角田文衞氏　王朝・その歴史の謎を語る』と題して掲載された。『京の夕映え』に再録されている。

10月20日　継母角田ユキ、松ヶ崎病院にて永眠。明治二十七年七月二十二日の出生なれば、満九十歳。十一月二日、文衞が喪主となり、百万遍知恩寺において本葬。十二月九日、化野の念仏寺の角田家墓所に埋葬。

角田ユキ法名:普照院光誉妙雪善大姉。

昭和六十年(一九八五)〔七十二歳〕

6月1日　古代学協会関係の諸君(関口、西井、朧谷、藤本、五島、龍野等九人)と共に聖林寺、談山神社を訪ねた。

10月26日　平安博物館に盗賊が侵入し(午後十一時半頃)、金庫に入れてあった約三五〇万円を盗む。事件は、迷宮入りとなる。

11月3日　桑折町より功労賞を受く。

昭和六十一年(一九八六)〔七十三歳〕

4月1日　平安博物館の敷地その他、物品を京都府に寄附する。

寄附の際の立会　京都府:林田悠紀夫知事、荒巻禎一副知事、井上裕夫(文芸室長)　協会側:芦原、小川、角田、新井田。

8日　依香、下鴨小学校に入学。

5月20日　東京都千代田区霞ヶ関の教育会館において海部文相が出席し、勲三等瑞宝章の勲章及び勲記の伝達式あり。ついで皇居に入り、昭和天皇よりお言葉があった。終始、有智子と共に出席。

6月7日　左京区岩倉長谷のあたりを踏査す。伊勢専一郎氏未亡人英子さん方を訪ねた。

14日　京都ホテルにおいて叙勲祝賀パーティあり。林田知事出席。

8月8日　多美子没す(現地時間・午前七時三十分)。米国カリフォルニア州San Jose(サン・ホセ)市において（サンフランシスコ市南方）。

9月26日　十一時十分、タイ航空六二一便にて伊丹空港出発。

27日　朝六時三十分、ローマ空港着。アリタリア機にてパレルモ空港につき、イジーア・グランド・ホテルに入る。市内見物。夜西部のMondelloに行って魚料理をいただく。

28日　ピアッツァ・アルメリーナ、アグリジェント、セリヌンテ、クーサの石切場を見学。

29日　朝十時すぎナポリ空港着。FRANCISIS教授を自宅に訪ね、暫く話す。

30日　石原さん、辻村純代さんとポンペイに行き、Faunsの家など略測。夜、ナポリのホテル・ヴェスヴィオにNELLA DEL FRANCO夫人が来訪（FRANCISIS教授の紹介）。近年のポンペイの調査のことなど話さる。

10月1日　午前中、オプロンティスの離宮址を見学。ついでポンペイに至り、考古局に局長コンテチェッロ博士（BALDASSARE CONTICELLO）を訪ね（FRANCISIS教授の紹介）発掘の希望を申出、快諾をえた。Rag. III, Ins. 4の辺を掘ってはどうかと案内された。

7日　神戸に赴き、銀鈴会（神戸第一高等女学校同窓会）のため、北野クラブにおいて『その後の平家』と題して講演した（要旨は、『銀鈴会便り』第二十号（昭六十二・二・三）に掲載されている）。

11月20日　東京の一誠堂書店に大市で落札した『明月記』切（寛喜二年閏正月二、三日両条）の代金を支払った。

28日　東京都ホテル・オークラにおいて福島県外在住功労者の表彰状を松平勇雄知事より渡さる。有智子、同伴。

昭和六十二年（一九八七）〔七十四歳〕

1月25日　有智子・中井義明共訳、W. W. ターン『ヘレニズム文明』刊行さる（東京都港区南青山の思索社より）。

26〜27日　松山市に出張。

2月14日　嵐山の錦において有智子の出版祝賀会あり。

20〜21日　高円寺北四丁目の竹内理三博士を訪問（十時頃）。午後から、伊豆半島に出張。下田に向かって東京を発ち、東急ホテルに宿泊。

28日　つぶら夫婦ハワイに向けて出発。後でサンフランシスコに行く。

3月22日　浅野義一氏逝去（午後六時三十二分）。

5月11日　末永博士を自宅に訪問した。

31日　瀧川博士、卒寿の祝宴あり。

6月9日　伊都子、山元病院において十一時二十六分女子を分娩。

14日　浅野家の女児は、自分の発案により真耶と命名された。

19〜21日　松山市に出張。

9月26日　この日より十月八日までイタリア、エジプトに出張。Signora NELLA DEL FRANCO（ナポリ市）に居住す。

10月3日　夕方、辻村さんと共にローマ空港よりカイロに向かった。川西君に迎えられ、ラムセス・ヒルトンホテルに宿泊した。

4日　エジプト考古局、日本大使館、朝日カイロ支局などに挨拶に廻る。夜、三井物産の支店長の饗応があった。

5日　カイロ駅を発ってミニアに赴く。Etapp Hotel に宿泊した。

6日　テヘネ村のアコリス遺跡の発掘現場を視察。午後ミニアをタクシーで出発してカイロにつき、ラムセス・ヒルトンホテルに投宿した。

7日　夕方五時三十分、タイ航空の便でカイロを出発した。

8日　午後七時半頃、伊丹に到着した。

昭和六十三年（一九八八）〔七十五歳〕

1月10日　季里子、半沢正光と結婚。式はパレス・ホテル（千代田区大手町）、仲人は三井銀行斎藤章三氏夫妻。

4月20日　トルコ旅行に出発（午後六時三十分、成田空港、ルフト・ハンザ機にて）。

21日　二時アンカラ空港に到着。

22日　アンカラのアウグストゥス神殿を見学。アンカラ考古学博物館観覧。Avanos 町の Venessa Hotel に宿泊。

24日　Hierapolis の古墳墓を見学。
25日　ミレートス・エフェーソスの遺跡を見学。Didem の神殿も。
26日　ペルガモン、トロイア等の遺跡をみる。
27日　イスタンブールに入る。
28日　市内観光。
29日　朝六時五十分、ルフト・ハンザ機にてイスタンブールを出発。八時三十分、ミュンヘン到着。市内観光。三時半ミュンヘンを発ち、フランクフルトに至り、四時半頃到着。七時すぎフランクフルトを発ち、アンカレッジ経由、日本に向かった。
30日　夜七時十五分、成田空港着。
5月14日　つぶら、サンフランシスコの病院において女子を分娩す。JASMIN（日本名　舞香）と命名。
7月13日　古代学協会理事会において古代学研究所の設置が可決された。
9月1日　古代学研究所教授兼所長に就任した。

昭和六十四年・平成元年（一九八九）〔七十六歳〕

1月25日　箭内正五郎氏逝去（午後九時四十二分、心不全のため）。八十五歳。
6月8日　この日より十一日にかけて江坂輝弥博士の案内で韓国に旅行（西井さん、松田さん同行）。
7月16日　角田あい没す（朝。仙台市にて）。明治三十九年の出生。
8月4日　西井さん、松田さんと岐阜県の白鳥町に行って宿泊。
5日　白鳥町の社会福祉センターにおいて講演。
7日　東京医科歯科大学附属病院に入院。
9日　腹部大動脈瘤の切除手術を受けた（鈴木章夫教授執刀）。
19日　付添婦として川原蓉子さんが来室。泊りこんで世話してくれる。
9月13日　東京医科歯科大学附属病院より退院・帰宅した。西井さん病院まで迎えに来てくれた。
10月14日　古代学協会の諸君と三重県の神島に行く。
12月7日　伊丹より成田空港を経てイタリアに向かう。同日午後八時半、フェルミチーノ空港着。
9日　西井さん、松田さんをつれて、チェルヴェテラリ、タルクイニアの古墳を訪れ、Viterbo に至り、それよりブラッチャーノ湖畔をへてローマに帰った。

16日　成田空港に帰着。

平成二年（一九九〇）〔七十七歳〕

3月19日　佐藤達也氏逝去。脳梗塞のため。八十六歳。

4月1日　古代学協会理事長に就任。

25日　『ミハエリス氏美術考古学発見史』（覆刻）雄山閣出版より送付・到着した。

5月16日　古代学協会の新会長、新理事長の披露宴が全日空ホテルで催され、三笠宮殿下、妃殿下と共に台臨された。

28日　望月信成氏逝去（午後二時三十四分、肝不全）。

平成三年（一九九一）〔七十八歳〕

1月8日　邸の北側のコンクリート塀と車庫の工事にかかる。

12日　千春、ブラジルより帰国した。

13日　末永雅雄博士を御自宅の病床に見舞った。

2月10日　妻と共に山田邦和君（古代学研究所助手）、小山知佐子さんの結婚の媒酌人をつとめる（於：京都ロイヤルホテル）。

3月18日　須釜つや没（午後七時三十分、心不全）。八十六歳。

21日　峯村英薫氏逝去（午後五時十五分、心不全）。八十八歳。

4月30日　上野正夫氏逝去（午後二時二十分、心不全のため）。五月三日告別式あり。弔辞をよむ（枚方市会館において）。

5月7日　末永雅雄氏逝去（午後二時三十分、心不全のため）九十三歳。

6月18日　今日より二十三日まで川満外科（練馬区東大泉六丁目三四）に入院し、両足の親指の手術をした。

9月14～23日　北京、トゥルファン、敦煌、蘭州方面に旅行。

10月30日　鎌倉の材木座の自邸に高梨仁三郎氏を訪ね、応接室で話す。これが同氏との最後の面会となった。

11月23日　『角川日本地名大辞典』（全四十七巻　別冊二巻）の編輯に関与し、毎日出版文化特別賞を受く。

平成四年（一九九二）〔七十九歳〕

1月29日　瀧川政次郎博士逝去（午後五時三十分）。九十四歳。
4月27日　名古屋大学に角田コレクションを寄贈した。
6月9～19日　シリア方面に旅行。
14日　斎藤英子、永眠。
8月20日　白内障（右眼）の手術を受けた（入院せず）。
9月18日　真島行雄氏逝去（午前零時三分）。肺炎のため。七十六歳。
28～29日　会津市に行く。

平成五年（一九九三）〔八十歳〕

1月16日　高梨仁三郎氏、逝去。
3月16日　イタリア、文化財・環境省よりポンペイの発掘調査の件、許可さる。
4月16日　ポンペイ考古局より許可された旨の通達あり。
7月27日　角田林兵衛逝去（国見町の藤田病院にて、九十三歳、肝臓ガン）。
9月18日　この日、全日空ホテルにおいて傘寿の祝賀会が催された。
10月18日　ポンペイの発掘の鍬入れを行い、発掘を開始した。

12月2～12日　イタリア旅行。

平成六年（一九九四）〔八十一歳〕

3月17日　『平安時代史事典』発行。この日、手許に届く。二十四年の労であった。
31日　定年により京都市文化財審議会委員を辞す（満八十歳の年度を定年とする）。
4月27日～5月20日　貧血のため、京都警察病院に入院・加療。
28日　『平安時代史事典』と『平安京提要』の祝賀会（京都国際ホテルにて）。
6月10～12日　高倉会の諸氏と共に四国方面に旅行。
25～27日　高知県、香川県に出張。
9月4～6日　西井さん、松田さんと信越方面に旅行。
24日　この日、イタリア旅行に出発。ミラノ、コモ湖、マジョーレ湖、ベルガモ、ヴェローナ、ラヴェンナ、アッシジ、ローマ、ナポリ、ポンペイ、ミケヌム等を歴覧して十月四日に帰国した。
10月16日　医芸クラブの方々を案内。

平成七年（一九九五）〈八十二歳〉

2月8日　報告書『Akoris』納本さる。
21日　ユーリア・ドムナの頭像、東京より到達。
3月4～13日　イタリアに出張。
8日　ポンペイ　クラポッラ二番街十七の家（西方古典文化研究所として使用）の代金をすべて支払う。
21日　依香、精華女子中学校卒業。

〈以降は『古代文化』第六十巻第四号『角田文衞博士年譜』より抜粋〉

平成八年（一九九六）〈八十三歳〉

8月　フランス、イングランド北方のハドリアヌス帝の長城等、史跡見学。
10月　イタリア・ポンペイ遺跡第四次発掘調査視察。同時にイタリア・ネミ湖近郊、ドイツ・ベルリン及び西南地方史跡見学。
11月　愛知県岡崎市『歴史街道』特別講座で講演（『待賢門院璋子の哀歓』）。東京都府中市教育委員会主催講演会において講演（『国府と国分寺』）。
12月　京都洛陽ライオンズクラブ主催講演会において講演（『紫式部と平安京』）。

平成九年（一九九七）〈八十四歳〉

5月　日本考古学協会第六十三回総会において講演（『ポンペイ遺跡の発掘調査』）（立正大学）。
8月　ロシア、ラトヴィア見学旅行。
10～11月　イタリア・ポンペイ遺跡第五次発掘調査視察。同時にサルデーニャ島の史跡見学。

平成十年（一九九八）〈八十五歳〉

5月　イタリア・ポンペイ遺跡調査出土遺物整理作業視察。ローマ滞在。同時に、トルコ西海岸史跡見学。
7月　オランダ、ノルウェー見学旅行。
8月　長男・敦寛逝去（満六十歳）。
9月　日本考古学協会創立五十周年記念講演会におい

11月　て分担講演（『勃興期の考古学界―濱田耕作（青陵）の時代―』）（京都会館第二ホール）。イタリア・ポンペイ遺跡補足発掘調査視察。同時に北イタリア・トリノ方面および南イタリア・シバリ史跡見学。

平成十一年（一九九九）〔八十六歳〕

1月　小渕恵三首相夫妻、樋口廣太郎経済戦略会議議長夫妻のポンペイ遺跡並びにナポリ国立考古学博物館見学希望により、案内のためイタリア出張。

7月　大分県丹生遺跡出土の石器と類似の石器出土の報を受け、宮崎、大分両県に視察旅行。

10～11月　イタリア出張（ローマ、ポンペイ）、同時にギリシア・ペロポネソス半島史跡見学。

平成十二年（二〇〇〇）〔八十七歳〕

5～6月　ギリシア・マケドニア地方、トルコ西南地方史跡見学。

10月30日　南フランスのローマ時代遺跡、イタリア・ポンペイ近郊史跡見学。文化財保護法五十周年記念・文化財保護功労者表彰受賞。

平成十三年（二〇〇一）〔八十八歳〕

4月　米寿（六月二日、記念祝賀会開催：京都国際ホテル・二条の間）。フランス・ドルドーニュ地方・ヴェーゼル渓谷とピレネー山麓の原始洞窟遺跡見学。

6月2日　『薄暮の京』（東京堂出版）刊行。

10月12～21日　ポンペイ考古監督局、日本大使館、塩野七生氏挨拶、チュニジア遺跡見学。

平成十四年（二〇〇二）〔八十九歳〕

4月1日　心臓大動脈弁閉鎖不全、狭窄症、弁置換手術。

6月1日　北陸支部共催、日本西アジア考古学会第七回総会・講演『考古学の基本問題』。

7月8～9日　三笠宮家訪問。

8月20日　紫式部顕彰会会長に就任。

9月25日　武田病院入院（鼠蹊ヘルニア、～十月一日）。

11月8日　日本会議・国会議員懇談会出席。

20日　故江上波夫先生告別式参列。

平成十五年（二〇〇三）〔九十歳〕

3月24日　『二条の后 藤原高子―業平の恋』（幻戯書房）刊行。
5月15日　全国地名保存連盟総会出席。
24～25日　日本考古学協会第六十九回旧石器問題特別委員会参加。
8月12日　武田病院入院（～十七日）。
9月20日　濱田青陵賞授賞式出席。

平成十六年（二〇〇四）〔九十一歳〕

5月12日　紫式部顕彰会・紫式部学術賞授賞式出席。
6月5日　武田病院入院（腎臓機能不全、～二十二日）。
8月10日　京大病院入院（白内障、～十四日）。
10月22～31日　ポンペイ発掘調査終了挨拶（日本大使館、ポンペイ考古監督局など）並びにナポリ大学共同研究調印。

平成十七年（二〇〇五）〔九十二歳〕

1月15日　北野天満宮菅原道真公歌碑除幕式出席。
2月23日　武田病院入院（左ヘルニア、～二十六日）。
4月12日　富田病院入院（胃腸カゼ、～十八日）。
5月12日　紫式部顕彰会・紫式部学術賞授賞式出席。
17日　古代学協会・鈴木政志会長（五月十三日逝去）告別式参列。
19日　富田病院入院（肺炎、心不全、気管支炎、高血圧、～六月二日）。
6月16日　富田病院入院（胃腸炎、～七月二日）。
7月10日　第一回角田文衞先生を囲む会（若手研究者数名との集い）出席。
11日　故鈴木会長お別れ会出席。
15日　武田病院入院（腎不全、腹膜透析準備、～八月二日）。
8月18日　武田病院入院（腹膜透析開始、～九月十六日）。
19日　妻・有智子（文子）逝去（心不全）。
9月30日　『古代学の展開』（山川出版社）刊行。
11月5日　第二回角田文衞先生を囲む会出席。
19日　京都大学考古学談話会出席。
26日　泉孝英先生出版（『日本・欧米間、戦時下の旅』）を祝う会出席。

平成十八年（二〇〇六）〔九十三歳〕

1月23日　武田病院入院（肺炎、～二月十六日）。
4月25日　『日本の女性名』（国書刊行会）復刻。
5月12日　紫式部顕彰会・紫式部学術賞授賞式出席。
6月14日　京都ロータリー兄弟会（京大卒業生）出席。
9月8日　武田病院入院（～十四日）。
10月14日　武田病院入院（蜂巣炎、～二十六日）。
11月5日　有光教一先生白寿記念祝賀会出席。

平成十九年（二〇〇七）〔九十四歳〕

1月14日　橿原考古学研究所『いのしし』会出席。
25日　『紫式部伝』（法蔵館）刊行。
3月11日　瀬戸内寂聴先生文化勲章受章お祝いの会出席。
12日　音羽病院入院（～四月五日）。
5月12日　紫式部顕彰会・紫式部学術賞授賞式出席。
6月1日　『平城時代史論考』（吉川弘文館）刊行。
26日　古代学協会理事長辞任、名誉会長委嘱。
29日　源氏千年紀委員会総会　出席。
7月30日　音羽病院入院（逆流性胃炎、貧血、～八月八日）。
11月1日　監修『京都源氏物語地図』（思文閣出版）刊行。
12月26日　音羽病院入院（体調不良、～二月一日）。

平成二十年（二〇〇八）〔九十五歳〕

1月9日　音羽病院入院（血液透析、～二月一日）。
31日　第二十六回京都府文化賞　特別功労賞受賞。
2月2日　音羽病院入院（～三月二十二日）。
5月14日　自宅にて逝去（二十三時五十九分、急性呼吸器不全）。
18日　通夜（戒名：教導院考誉紫雲文衞居士）。
19日　葬儀・告別式、火葬。
24日　日本考古学協会設立六十周年記念・功績に対する表彰。
6月10日　贈従四位。
28日　四十九日法要、化野念仏寺に納骨。
7月30日　監修（片桐洋一氏と共）『源氏物語と紫式部 ― 研究の軌跡』（角川書店）刊行。

平成二十一年（二〇〇九）

3月7日　角田文衞先生を偲ぶ会（財団法人古代学協会主催）開催。

古代学協会の沿革

一　古代学協会の創立

1　古代学協会設立前史

(1)　考古学研究会の活動

日本における古代遺物の研究は十八世紀の中葉に遡るが、学問としての体制をとり始めたのは、明治期に入ってからであった。特に濱田耕作（青陵）博士（一八八一～一九三八）（第1図）が京都帝国大学教授に就任して同大学文科大学の考古学教室を主宰した大正期の初年から研究は本格化したが、研究領域は広大かつ未開拓であって、研究調査は遅々として進捗しないでいた。

昭和期の初めになると、古代文化の核心に触れた研究が若い研究者の間に萌すようになった。特に注意されるものに三つのグループがあった。

その第一は山内清男氏（一九〇二～一九七〇）を中心とする仙台市の若い学者たちであり、縄文土器の編年を層位的な発掘によって樹立しようと努めていた。昭和九年（一九三四）、山内氏は東北大学医学部副手を辞し

第１図　濱田耕作（青陵）博士

て、東京に居を移した。そして自ら主幹となって『先史考古学』を発行し、その発行所として『先史考古学会』を創設した。ただ、山内氏は全く学者肌の人物で経営の才には乏しく、折角の『先史考古学』も永続することはなかった。

第二は、森本六爾氏（一九〇三～一九三六）を主幹とするグループであった。森本氏は新進気鋭の研究者であって、旧来の『考古学雑誌』などには満足せず、昭和二年（一九二七）には同志と共に考古学研究会（昭和四年（一九二九）に東京考古学会に改組）を創立して機関誌『考古学研究』（昭和五年（一九三〇）に『考古学』と改称）を発刊し、考古学界に一石を投じた。彼らは特に弥生文化の研究に甚だしい関心を寄せ、弥生式土器の集成図録の作成などに尽力した。このグループに属していた坪井良平氏（一八九七～一九八四）などは英語が堪能であったので、海外の考古学書を渉猟し、ヨーロッパの学界の様子を雑誌『考古学』に紹介していた。

第２図　三森定男氏（左端）（その右寄より望月信成・角田・西井芳子各氏）

第三は、京都帝国大学考古学教室に集ったグループである。京都帝国大学では榊原政職《まさもと》氏（一八九九～一九二二）の夭折以後、若い研究者には清新な意欲がみられず、やや沈滞気味であったが、昭和九年（一九三四）に三森定《みつもりさだ》男《お》氏（一九〇七～一九七七）（第2図）が京都に再来した後、新しい気運がみられた。三森氏は石川県大聖寺町（現、加賀市）の富裕な医師の家に生まれ、中学校卒業後には東京で気侭な生活を送っていたのであるが、従兄弟で東京帝国大学の人類学教室に勤務していた中谷《なかや》治宇《じう》二郎《じろう》氏（一九〇二～一九三六）に生活態度を諫められるとともに考古学を学ぶことを勧められた。そこで彼は京都帝国大学の選科に入り、濱田博士のもとで考古学を初歩から学び始めたのであった。しかし、頭脳は明晰であり、研究態度は熱烈であったので、三森氏はたちまち考古学の研究水準に達し、頭角を現した。特に京都帝国大学では手薄であった縄文文化の研究については、一家言を成すにいたったのである。なお、当時の三森氏は立命館大学の夜間の専門部国漢科の生徒となっていたが、これは将来のためにこの方面で教員資格を取ろうとされていたからであった。彼の許には、京都帝国大学文学部考古学教室の学生であった中村清兄氏や角田文衞らが結集し、翌十年（一九三五）には藤岡謙二郎氏や澄田正一氏などが新たに参加し、新しい考古学研究をめざして活発な意見の交換が行われていた。関東や東北の研究者が主に縄文文化や弥生文化に強く惹かれていたのに対して京都グループの研究者は、縄文文化は勿論、古代寺院史、さらにはギリシア・ローマの古典文化にも関心を抱いていた。昭和十年の秋、角田が中心となり、三森、澄田、京都大学学生の今井富士雄、平山敏治郎諸氏の参加を得て試みられた京都府下棚倉町（現、木津川市）の光明山寺跡（第3図）の小規模な発掘調査はこのグループの志向する研究調査の具体的な例であった。そこには、文献と遺物・遺跡によって古代文化を研究しようとする姿勢が早くも現れていた。

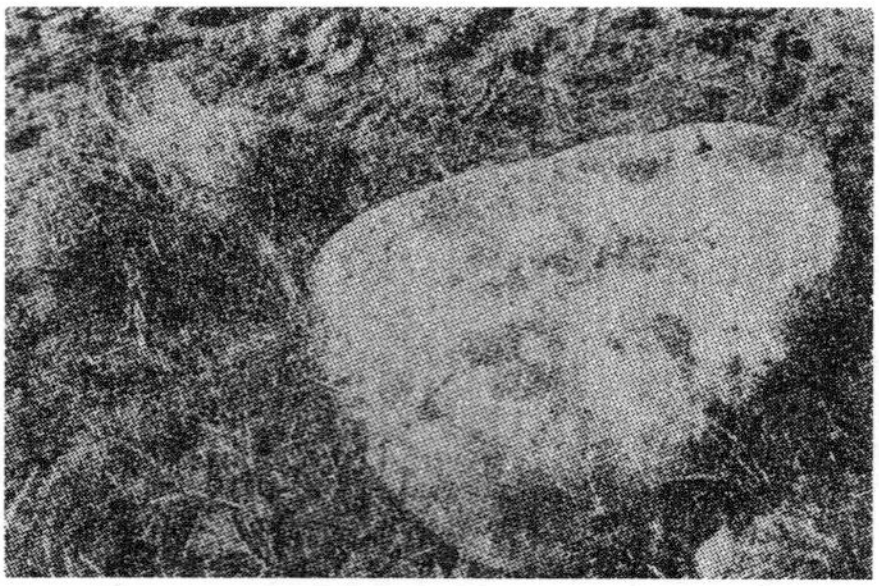

第3図　京都府光明山寺跡（礎石出土状況）

そのうち三森氏を中心に研究誌を創刊しようとする意図が一同の間に生じ、だれ言うともなくこの集まりを考古学研究会と呼ぶようになった。東京における森本氏の考古学研究会とその機関誌『考古学研究』は、その頃には既に『東京考古学会』『考古学』とそれぞれ改称されていたが、京都グループが自らを考古学研究会と称し、機関誌を創刊しようとした背後には東京考古学会からの刺戟があったことは否めないのである。
創立時の考古学研究会の事務所は、左京区下鴨蓼倉《たでくら》町七一番地の三森氏の自宅に置かれていた。考古学研究会は、この機関誌発刊の準備を昭和十年の後半に進めた。濱田博士は『若い者には雑誌が必要だ』と述べて賛意を表し、この雑誌に『考古学論叢』という名を贈るとともに、同誌の題簽《せん》を自ら揮毫された。その頃、長広敏雄氏（東方文化研究所助手、一九〇六～一九九〇）や禰津正志氏（京都帝国大学大学院学生、一九〇九～一九八六）も同人として参加し、創刊号に寄稿された。

(2)　『考古学論叢』の刊行

『考古学論叢』の創刊号は、七曜社印刷所（京都市上京区寺町通今出川上ル五丁目）で印刷され、翌十一年（一九三六）一月に刊行された。それには若い研究者たちの力作が盛られ、内容が充実していたため、学界ではなかなか好評であり、第十五輯まで続けられた。ただ、多大の資金を要する雑誌の刊行は困難なものであり、考古学研究会は常に資金難に陥っていた。印刷代に困窮した場合は、三森氏の父で医師の三森定吉氏が援助されたし、また角田の父の角田文平氏も寄附された。

考古学研究会は、雑誌のみならず進んで研究書を刊行することを企図した。それは『古代学叢書』（*Bücherei der Altertumskunde*）と名づけられ、その第一冊として『国分寺の研究』を編集・刊行することとし、角田が編集に当たることとなった。ここで、早くも『古代学』という用語を用い始めていることは特筆に値する。この語は昭和十二年（一九三七）頃から考古学研究会によって用いられていたのであるが、事実、『国分寺の研究』は文献史料と遺物遺構を総合した古代学的方法によって遂行されねばならなかったのであった。『国分寺の研究』は多数の研究者の協力によって進められたが、それには考古学研究会の若々しい情熱が大いに役立った。当時仰ぎ見るほどの大家であった佐々木信綱博士（一八七二～一九四三）や喜田貞吉博士（一八七一～一九三九）が進んで寄稿してくださったことも、今にして思えば奇跡的であった。かくして同書は四六倍判、千頁を越える大冊として昭和十三年（一九三八）八月にめでたく刊行されたのであった。濱田博士は『国分寺の研究』の編纂と出版を非常に喜ばれ、題簽を自ら揮毫されるとともに序文を執筆された。ただ、出版を目前にして京都帝国大学総長在任中の濱田博士が逝去されたのは、考古学研究会にとっては大きな打撃であった。なお、同書の序文は濱田博士の絶筆となったものであった。

昭和十三年頃から日本には戦雲が漂い始め、関係する若い研究者たちは次々に軍務に召集され、次第に研究や編輯が滞るようになった。有力な同人であった角田は昭和十四年（一九三九）、日伊交換学生文部省在外研究員に選ばれ、ヨーロッパ留学のため日本を離れた。一方、主幹の三森定男氏は生活や人間関係の問題を抱え、ついには東京に転居することとなり、京都に本拠を置く考古学研究会の運営に専心することができなくなった。『古代学叢書』も、第二巻として京都府綴喜郡青谷村（現、城陽市）に別荘を持っていた伊藤庄兵衛氏のコレクションに基づく『掛仏の研究』を予定し、内容見本まで出されたけれども、これも結局は見果てぬ夢に終わってしまったのである。

戦争が苛烈になると、統制経済の導入によって印刷用紙の配給も制限され、当局の指導の下に諸学会の統廃合が目立つようになった。考古学研究会もその波浪を蒙り、昭和十六年（一九四一）一月には東京考古学会、中部考古学会と合併し、後藤守一博士（一八八八～一九六〇）を会長とする『日本古代文化学会』に改組され、東京に発行所を移すことを余儀なくされた。この新しい学会の雑誌『古代文化』は、東京考古学会刊の『考古学』の巻数を継承して第十二巻第二号を初刊号とした。改称された機関誌『古代文化』の編集主任は三森定男氏、発行所は後藤博士宅（東京市杉並区阿佐ヶ谷三丁目）、発売所は当初は古今書院（東京市神田区〈現、東京都千代田区〉駿河台二丁目）であったが、第十二巻第十号から故森本六爾氏に私淑した藤森栄一氏（一九一一～一九七三）の経営する葦牙書房（東京市日本橋区〔現、東京都中央区〕小舟町所在。のちに神田区〔千代田区〕岩本町に移転）に変更し、たどたどしく再生の道を歩んだ。三森氏は極度の近視のため軍務の召集を免れていたけれども、住居は戦災で焼失したためと生活難のため、編集に専念することができなくなった。昭和十八年（一九四三）になって藤森氏が軍務に召集され、合併によって昭和十六年（一九四一）二月に再出発した『古代文化』も同年十月刊行の第十四巻第十号が最後となり、せっかく改組してできた日本古代文化学会も自然消滅の憂き目を見たのであった。

2　古代学協会の設立

(1)　古代学協会の構想

終戦後、昭和二十五年（一九五〇）頃になると日本の世情はかなり安定をとり戻すに至った。古代の研究者の中には戦禍によって斃《たお》れた人もいたけれども、それを免れた人々は戦地、海外の勤務地、或いは国内の疎開先などから無事引き揚げ、戦前の職場に復員し、または新しい地位についた。戦時中に消滅した考古学研究会の有力な幹事であった角田は、昭和二十三年（一九四八）七月、シベリア抑留より京都市に帰還し、同志社大学文学部講師（非常勤）を経て、同二十四年（一九四九）七月、大阪市立大学助教授（法文学部）に就任した。研究会の主幹であった三森定男氏は、二十四年六月、家族と共に京都市に戻り、立命館大学講師（非常勤）を委嘱された。

昭和二十五年頃から復帰した幹事の間で考古学研究会を復興しようとする気運が生じ、新しい学会の構想が頻りに話題になった。角田は当時の学界を席巻していたマルクス主義にもとづく古代史研究を批判し、一方では古代史研究の新しい方法論を樹立したいと念願していた。それは考古学と文献学とを総合した古代史研究であって、『古代学』と呼ばれる学問体系であった。『古代学』と言う名称や方法について角田は、ドイツの、*Altertumskunde* または *Altertums wissenschaft* に示唆を得ており、その路線に沿って新しい古代史研究を推進しようと意図していた。角田は、昭和十三年（一九三八）に公にした『国分寺の研究』を夙に『古代学叢書』第一冊と名づけていたように、昭和十二～十三年頃から『古代学』の樹立を志していたのであった。つまり再興するべき学会は陳腐な考古学の名称を避け、清新な総合性を帯びた『古代学協会』であるべきだと考慮していたのである。しかし、角田が所属していた大阪市立大学の史学科は、文献学を中心とした日本史、東洋史、西洋史という旧態依然たる構成となってしまっており、そこでは角田も文献学的な西洋古代史の教官として位置づけられており、文献学と考古学を車の両輪とするどころか、考古学を専門とする学者は全く置かれないこととなってしまった。こうした大学の現状は、古代文化研究の夢を抱く角田には我慢ならぬものであり、これを実現する学会を創る必要を痛感したことであった。

英語では普通『古代学』に該当する学問名は殆ど使用されていなかった。それを苦慮した角田は、当時はほとんど死語に近かったPalaeologyの語を捜し出し、これこそが自らが構想する『古代学』に正しく該当するものとし、英語を使用する場合にはこの語を用いることを決めたのであった。なおラテン語の表題Palaeologiaはギリシア語の *παλαι*（古代の）＋*λογ*（学）に由来する語である。

昭和二十五年（一九五〇）から二十六年（一九五一）にかけて角田は穏健中正な立場にたつ古代史研究者たちと会談し、新しい古代史の学会の構想について種々意見を交換し、その協力を請うたのであった。甚だ印象的であったのは、昭和二十六年五月二十八日、角田の自宅を訪問されたアッシリア学者で東京文理科大学教授の杉勇氏と終日、清新な古代史研究について意見を交わし、協会の設立について賛同を得たことである。更に東京では井上光貞氏（一九一六～一九八三）や曽野寿彦氏（一九二三～一九六八）とも熱心に話し合った。ただ、旧・考古学研究会の代表であった三森氏は新しい学会の設立に一応の賛意を表わしたものの、その当時にはアメリカ風の人類学に強く心惹かれてその習得に腐心していたため、さほどの熱意を示さなかった。

このような遍歴を重ね、新しい学会の設立同人となったのは以下のような研究者諸氏であった（職名は当時）。井上光貞（東京大学助教授）、梅田良忠（関西学院大学教授）、江坂輝弥（慶應義塾大学助教授）、鶯淵一（大阪市立大学教授）、小林文次（日本大学助教授）、岸俊男（奈良女子大学講師）、斎藤忠（文化財保護委員会）、佐保田鶴治（大阪大学教授）、佐藤長《ひさし》（神戸大学助教授）、末永雅雄（奈良県嘱託）、杉勇（東京文理科大学教授）、曽野寿彦（東京大学教授）、三森定男（立命館大学講師）、村川堅太郎（東京大学教授）、毛利久（京都国立博物館研究員）、望月信成（大阪市立美術館館長）、白川静（立命館大学助教授）。

問題は、学会を結成し、雑誌『古代学』を刊行するための資金のことであった。幸いにも角田の手元にはローマで購入した高さ七〜八cmのブロンズ製のヴィーナス像（ローマ時代）があった。これを望月信成の仲介で武田証券株式会社の社長・武田憲治郎氏に購入していただき、それで入手した十万円を最初の資金に充てたのである。後に『協会は「ヴィーナス学会」として出発した』と回顧されるようになったのは、こうした事情があったからである。

(2)　古代学協会創立と『古代学』の創刊

昭和二十六年十月十日、季刊『古代学』の第一回編集委員会が大阪市天王寺区の大阪市立美術館（望月信成館長）の館長執務室において開催され、角田が進行役を務めた。当時角田は大阪市立美術館にも研究室をもち、藤原光輝氏（一九三一〜一九六五）が副手としてそこに勤めていた。そのこともあって新しい協会の事務所は大阪市立美術館におくこととし、藤原が事務を担当することとなった。協会の創立日については、特に儀式を行ったわけでもないため、明確に定めることはできない。ただ、後年になって、第一回の編集会議が催されて設立同人の大部分が参会した日に最も近い日の昭和二十六年（一九五一）十月一日をもって協会創立記念日と定めている。

『古代学』創刊当初の編集委員は下記の方々であった（所属は当時）。

梅田良忠（関西学院大学）、鴛渕一（大阪市立大学）、雲井昭善（大谷大学）、佐藤長（京都大学）、佐保田鶴治（大阪大学）、白川静（立命館大学）、角田文衞（大阪市立大学）、松田寿男（早稲田大学）、三品彰英（同志社大学）、三森定男（立命館大学）、望月信成（大阪市立美術館）、山口恵照（大阪大学）。

昭和二十七年（一九五二）一月一日発刊の『古代学』第一巻第一号（第４図）（五百部）は、予算の関係もあって七十六頁の薄さであったが、内容はかなり斬新で充実したものであった。雑誌の体裁は、B５判、横組、ヨーロッパ式の脚注の方式をとった点でも他の雑誌とは異なっていた。また『注』に引く文献の表記方法も、発行地、発行年、頁を整然と明記して万全を期したもので、当時の日本のあらゆる歴史学関係の雑誌に比して群を抜いて高度なものであった。それだけに当時の日本の学界に少なからず大きな影響を与えた。

第４図　『古代学』第１巻第１号

続く号にも粒よりの論文が集まり、これらは専門分野の編集委員がそれぞれに厳しい審査を行ったが、当時の学界における長老的立場の研究者までもが快く寄稿された。また『古代学』が学史を尊重し、それに関する記事を意識的に掲載したことも特筆される。学界動向、書評といった内容も豊富で、アカデミックで高度な内容を誇る雑誌となった。

(3)　『古代学』の発展

協会の編集委員たちは『古代学』をセミ・インターナショナル・ジャーナルと称し、ロンドン大学、ミュンヘン大学、ウッジ大学（ポーランド）、ノートル・ダム大学（アメリカ）などにも委員を委嘱していた。特に第二巻第四号（昭和二十八年〔一九五三〕十一月）は、『モムゼン紀念号』とし、『テオドール・モムゼン教授に捧ぐ―五十年忌に際して―（*In memoriam of Theodori Mommsen. Hic Libellus Dedicatur*）』と題し、ベルリン自由大学のアルトハイム教授（FRANZ ALTHEIM, 1898～1976）の論文（ドイツ語）や年譜を付して刊行されたが、これは全世界の古代学界において画期的な試みであった。学史の尊重は第三巻（昭和二十九年〔一九五四〕）以降も引き継がれ、第四巻第二号（昭和三十年〔一九五五〕七月）は『喜田貞吉博士紀念号』とし、第三・四号（昭和三十年〔一九五五〕十二月）は、『*Kostrzeuski Number*（コスツシェフスキイ教授古稀紀念号）』と題され、ポーランド、イギリス、ドイツ、オーストリア、日本の歴史学者十一名の論文（英文、独文）と、コスツシェフスキイ教授の『著作目録』を収めている。この特集は、のちに“*New Studies in Ancient Eurasian History*”と題した単行本となった（昭和三十年〔一九五五〕十二月）。中でも本号に寄せた角田の論説“*The Problem on the Ending of the Ancient World*”（『古代の終末問題』）は、チュービンゲン大学のヒュービンガー教授（PAUL EGON HÜBINGER）によって高く評価され、独訳の上で同教授が編集した『古代・中世間の時代設定論集』に採用された。西方古典文化に対する関心の強さは更に強烈であったことから、第七巻第三・四号も、特集“*Studies in History of Mediterranean Area from 395 to 610 A. D.*”とし、この号もまた特製本を作成した（昭和三十三年〔一九五八〕十一月）。特にこれは、所謂『晩期ローマ帝国史』について並々ならない関心を示すもので、昭和五十六年（一九八一）以降に協会が実施した、ローマ時代のエジプトのアコリス（’Ακωρις）遺跡の発掘調査に繋がっていくことになる。

更に第五巻（昭和三十一年〔一九五六〕）は、根本史料を邦訳した海外学者の著名な論文などを中心に編集している。第五巻第二号、第三・四号に連載した『ワレシウス抄』（角田玖賀子訳）は、オドアケルの政略に関する根本史料であり、『西ローマ帝国』なる奇怪な称呼の誤りを正す本邦初訳の貴重な史料である。

こうして雑誌『古代学』は号を重ねるごとに充実の一途をたどり、学界に並々ならぬ寄与をした。ただ、内容の好評と購読者数の増加は正比例しなかったため、協会の財政状況は苦しく、『古代学』印刷費の捻出も容易ではなかった。窮状を見かねた天理教の中山正善真柱が手をさしのべられ、天理時報社で『古代学』を無料で印刷していただくということもあった。その頃、当座の財政を凌ぐために京都市左京区下鴨貴船町の篠崎質店を出たり入ったりした一眼レフのペンタックスが当時の思い出の品として今に遺されている。

なお、機関誌『古代学』は、第一巻第一号～四号の編集人を三森定男氏、発行人を望月信成氏としていたが、昭和二十七年（一九五二）三月に三森氏は北海学園大学教授として北海道に赴任したので、第二巻第一号以後は、編集人には梅田良忠氏の名を借りることとした。勿論、事実上の編集人は、角田であり、角田は経理をも担当していた。法人認可後、三森氏は北海道支部長として協会のため尽力された。

二　財団法人古代学協会の誕生と発展

1　古代学協会の財団法人化

(1)　財団法人の認可

協会の中心的メンバーであった角田は、同じ福島県出身者のよしみから、昭和三十年（一九五五）頃に安藤正純

（一八七六〜一九五五）文部大臣と懇意になった。同大臣は協会の目的を高く評価され、財政的に確立するための助力を、大阪商工会議所の杉道助（一八八四〜一九六四）会頭に依頼された。杉会頭は吉田松陰の甥に当たる人物で、ひとり経済界に対してばかりでなく、種々の文化事業にも援助を惜しまれない方であった。杉会頭の考えによって協会を財団法人化することが決定し、同氏の指導のもとにその準備が進められた。

昭和三十年の十二月一日、第一回の設立発起人会が大阪商工会議所において、開催され、杉道助会頭自らが発起人代表に選出された。これを伝え聞いたアメリカのアジア財団（Asia Foundation）は、資金として百五十万円を寄附された（同年十二月二十六日）。このうちの三十万円は同財団の了解を得て雑誌『古代学』の印刷費に充当することとなり、残りの百二十万円を基本財産として財団法人認可の申請書を大阪府庁を通じて文部省に提出したのであった（昭和三十一年〈一九五六〉四月一日）。

杉氏の指導の下に申請書は提出されたが、文部省によるその後の審査ははかばかしいものではなく、いたずらに月日が過ぎた。原則的には合格しながらも、字句の修正など末梢の訂正が幾度となく要求されたのである。加えて発起人代表の杉氏が海外や国内の出張が多い上に、申請書には常に携帯されている印鑑を使用されたため、書面に訂正印をもらうにも思わぬ長時間を要することになった。

漸く、民法第三十四条による文部省（当時の文部大臣は灘尾弘吉氏）大学学術局研究機関課（現、文部科学省研究振興局学術機関課）所管の財団法人として認可されたのは、一年ほどたった昭和三十二年（一九五七）一月十八日のことであった。その間、角田は、杉氏らの紹介状を持って大阪や東京の会社を訪ね、財団への資金寄附を募って歩いた。これに関しては経済団体連合会の植村甲午郎（一八九四〜一九七八）（第5図）副会長や小松製作所の河合良成（一八八六〜一九七〇）社長、中野種一郎（一八七六〜一九七四）京都商工会議所会頭、宝酒造の大宮庫

第５図　右：植村甲午郎氏　左：角田
（泉涌寺清少納言歌碑の前で）

第６図　梅田良忠氏（『関西学院史学』第７号より）

吉（一八八六～一九七二）社長等は大いに協力された。

昭和三十二年二月二日、大阪商工会議所において設立総会が開催され、大阪市立美術館に本拠を置く財団法人として古代学協会は発足した。この総会（第一回理事会）において評議員のメンバーが選任され、同時に理事の互選によって初代の理事長に梅田良忠（一九〇〇～一九六一）（第６図）関西学院大学教授が選ばれた。当時角田は地方公務員（大阪市立大学教授）であったため、財団法人の理事長を兼務することが困難であり、常務理事として法人運営の実際にあたることとなった。更に大阪財界との連絡をよくするため、大阪商工会議所の山縣忠次郎（一九〇三～一九七九）事務局長も常務理事に就任した（大阪法務局への登記は二月七日）。

協会の初代理事長に就任された梅田良忠氏は、もともと曹洞宗の僧籍にあった方で、駒澤大学文学部仏教学科の出身であった。同氏は大学を卒業してまもなくポーランドに留学して二十年に及んで同国に滞在、その間はワルシャワ大学の講師として日本語の教鞭をとっておられた。ポーランドにドイツ軍とソ連軍が侵入した後には梅田氏はブルガリアのソフィアに移ってその日本公使館の臨時嘱託となって外交事務を担当しており、その頃にヨーロッパ留学中の角田と親交を持つようになった。梅田氏はその後は公使館を辞し、東ヨーロッパの情勢に明るいことから朝日新聞社の特派員となったのであった。終戦後、梅田氏は日本に引き揚げ、千葉県長生《ちょうせい》郡鶴枝村（現、茂原市）の曹洞宗大泉寺の住職になったりしたが、その後は関西に居を移し、大阪市立大学法文学部のロシア語の非常勤講師を経て、東ヨーロッパ史研究の重要性を認識した関西学院大学文学部において西洋史の教授に迎えられたのであった。

協会の本部は大阪市立美術館内であったが、実質的な事務所は角田宅（京都市左京区下鴨中川原町九番地）の離れに置かれていた。初めての人事として研究嘱託に小林千恵子氏（現姓佐野）を、また事務嘱託に横尾忠史氏を採用した。一方、角田常務理事と白川静理事は学会運営（主に雑誌『古代学』の印刷代、郵送費、人件費など）のために募金活動を続けた。

なお、昭和三十三年（一九五八）十一月十三日、梅田理事長が都合により退任されたため、同日付で望月信成（一八九九～一九九〇）理事（大阪市立美術館館長）が理事長事務取扱となり、昭和三十五年（一九六〇）六月九日付で第二代理事長に選任された。

(2)　古代学協会の目的

昭和三十二年一月十八日、財団法人に組織化された協会の主たる目的は、『寄附行為』によって『内外学者と提携し、世界史的な広い見地の上に立って総合的に古代史を研究し、かつ、古代史研究の成果を内外に紹介し、もって学術文化の向上発展に寄与する』と定義づけられている。これを更めて簡明直截に設立の趣旨を述べるならば次の通りである。

（1）イデオロギーによって研究が支配される立場を排し、あくまで実証主義に基づく客観的な古代史研究を推進すること。

（2）これまで日本史、東洋史、西洋史の枠内でそれぞれ別個に行われていた古代史研究、また考古学、史学の枠内に閉じこもって別々になされていた古代史研究の狭隘《きょうあい》な障壁を排し、古代学の名の下に古代史を総合的に、かつ世界史的な広い見地から研究すること。

（3）日本の古代史研究を海外に紹介すると共に、海外学者の寄稿をえて『古代学』を刊行し、協会をして国際的研究機関としての役割を果たさしめること。

そしてこの目的を達成するために行う事業は以下の通りとなった。

（1）古代史に関する総合的研究。

（2）季刊誌『古代学』の刊行。

（3）内外古代学者ならびに同研究機関との研究連絡、文献交換および共同研究。

（4）その他目的を達成するために必要な事業。

これによって協会の研究事業は雑誌を刊行するだけでなく、共同研究事業を推進して学界並びに古代史研究に寄与する方向が打ち出された。

2　研究事業の発展

(1)　研究・刊行事業

財団法人認可後の特筆されるべき刊行物に『共同体の研究』（上、昭和三十三年〔一九五八〕）がある。昭和三十年当時は、共同体の研究が盛んであった。時に東京大学経済学部名誉教授・大塚久雄氏（一九〇七〜二〇〇一）の『共同体の基礎理論』は、若い歴史学者の間で『大塚史学』とすら呼ばれ、一世を風靡していた。しかしこれは、考古学的な成果を全く考慮していないなど、考古学と文献史学を車の両輪としてきた協会にとっては承認し難いものであった。そこで協会はあらためて『共同体の研究』上巻を編み、発掘によって明らかとなってきた村落、町邑の遺跡を充分に考慮して共同体の実態を多角的に研究すべきであると提唱した。ただ、この書物の下巻が、一部の執筆者の原稿が集まらなかったためについに日の目をみなかったのは遺憾である。

第７図　第１回公開講演会
（講演者：角田　於：三和銀行京都支店）

研究事業の中でも特筆されるのは、昭和三十四年（一九五九）十月に三和銀行京都支店の五階を会場として実施された公開講演会（第７図）である。その時東京から招いた東京大学教授・井上光貞氏は『日本の英雄時代』と題して話し、また角田は『キングオブキングス』と題して見解を披瀝した。昭和三十七年（一九六二）十二月には、大谷大学国史研究会との協力によって講演会を開催し、東京から竹内理三博士を招いた。竹内博士は『古代から中世へ』、角田は『丹生文化の諸相』、大谷大学の五来重氏は『伝承より見たる日本古代の葬制』と題して報告を行った。この学術講演会はその後も継続され、時には日本経済新聞社社長・小汀利得《おばまとしえ》氏、色部義明理事などにも講壇に立っていただき、経済や外交の問題について講演してもらったこともあった。

(2) 支部の設置

協会は、財団法人認可と同時に新しい歴史学の研究活動を広く全国に普及するため、下記の通り各地に支部を開設した。なお、このうちの四支部においては、昭和六十二年(一九八七)四月一日付で改称しており、( )内に改称後の名称を記した。

東京支部(昭和三十二年〔一九五七〕四月一日開設。日本大学理工学部建築研究室内。支部長・小林文次同大学教授)

仙台支部(東北支部)(昭和三十三年〔一九五八〕六月六日開設。東北大学教養部東洋史研究室内。支部長・伊藤徳男同大学教授)

広島支部(中国支部)(昭和三十八年〔一九六三〕四月一日開設。広島大学文学部考古学研究室内。支部長・松崎寿和同大学教授)

札幌支部(北海道支部)(昭和四十年〔一九六五〕四月一日開設。北海学園大学経済学部人類学社会学研究室内。支部長・三森定男同大学教授)

名古屋支部(東海支部)(昭和四十年〔一九六五〕四月一日開設。南山大学人類学研究室小林研究室内。支部長・小林知生同大学教授)

福岡支部(九州支部)(昭和四十年〔一九六五〕四月一日開設。九州大学文学部国史研究室内。支部長・田村圓澄同大学教授)

四国支部(昭和六十二年〔一九八七〕四月一日開設。愛媛大学法文学部考古学研究室内。支部長・下条信行同大学教授)

北陸支部（昭和六十三年〔一九八八〕十月九日開設。金沢大学文学部考古学研究室内。支部長・貞末堯司同大学教授）

(3)　京都事務所の開設

昭和三十二年の六月二十二日、協会は、京都市左京区の北大路通に面した下鴨上川原町三十七番地所在の借家の一室を借り、これを京都の拠点となる京都事務所とした。その後の昭和四十二年（一九六七）九月七日まで、本部の住所は創立以来変わらずに大阪市立美術館の研究室に置かれていたが、実務はこの京都事務所においてすべて処理されることとなった。昭和三十五年（一九六〇）頃には京都事務所の隣家が空家となったため、協会はそこも借りて裏の座敷から行き来できるように建物を改造した。借り増しした隣家には二階があったので小規模な講義や会合に使用することができ、また小さい土間もあったために器材置き場や車庫に使うことができた。

ただ、その頃には京都事務所の家主は建物の処分を希望し、協会に対して買い取りか立ち退きを要求するに至った。協会はこの借家を購入したいと考えたものの、資金があるわけでなく困っていたところ、幸いにも日立製作所副社長の大西定彦氏（哲学者大西祝博士の令息、一八九八〜一九六九）が事務所の購入資金（約二百五十万円）を提供されたのであった。大西副社長は、京都大学の西田直二郎教授の夫人みち氏（一八九四〜一九七一）の令弟であり、西田博士の意向もあって、協会には年来格別の厚意を寄せておられたのであった。この年の十二月七日、初めて協会は不動産を所有したのである。

(4)　『古代文化』の刊行

季刊誌『古代学』は、協会の機関誌であり、それはアカデミックで高度な学術雑誌であった。そのため学界での評価は高かったものの、購読者の増加は望めなかった。昭和三十二年（一九五七）一月十八日付で財団法人化した

古代文化

第1号

創刊のことば

仏教史の完成が念願

石田茂作

財団法人　古代学協会

(1)

第8図　『古代文化』第1巻第1号

当協会は、雑誌の刊行だけに止まらず、発掘調査や文献学的研究においても広範囲な研究活動を展開しようとしていた。このため『古代学』の彙報《いほう》として、またサロン誌として、正会員と会友（『古代文化』の購読者）との親睦に資することを目的とする月刊誌『古代文化』(*Cultura Antiqua*)（第8図）を刊行することとなった。新しい雑誌『古代文化』のため、協会は読売新聞社の元記者の高橋一男氏を採用してその編集にあたらせた。高橋氏を採用したのは、ジャーナリストとしての経験を活かし、一般的で読みやすい平易な記事を書いてもらうためのことであった。

昭和三十二年の八月二十日発行を通巻第一号として出発した『古代文化』は、当初B5判のリーフレット版、八頁、縦組の体裁であったが、第二巻第三号（昭和三十三年（一九五八）三月号）から第十二号（昭和三十三年十二月号）までの間は時折六頁仕立ての時もあった。第三巻より第三十三巻（昭和三十四年（一九五九）一月号〜五十六年（一九八一）十二月号）まではA5判の雑誌となった。

『古代文化』は、協会のサロン的雑誌として創刊されたものである。したがってその内容は、短い論文や史料紹介、学者の紀行文や古代文化に関する様々な学界情報を読み物として掲載するのが目的で、それは本来アカデミックな『古代学』とは自ずから目的を異にしていた。ただし、昭和四十七年の三月、季刊誌『古代学』が諸般の事情から第十八巻第二号をもって休刊のやむなきに至るや、『古代文化』が学術雑誌としての責務を担うこととなった。昭和五十七年（一九八二）発行の第三十四巻第一号からは、内容の更なる充実を図るため、従来のA5判を『古代学』と同じB5判、横組に改めたことにより、考古学や東洋史、西洋史からの投稿が飛躍的に伸びる結果となった。反面、日本史、特に文献関係者の当惑を招くのではないかと危惧されたものの、幸いにも識者の理解を得られ、今日まで安定した投稿を得ることができている。

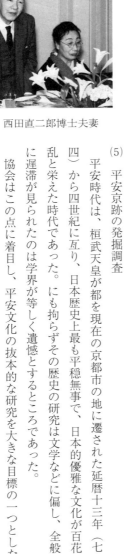

創刊三十年目に当たる昭和六十三年（一九八八）、『古代文化』は一層の飛躍を希求し、外部から編集委員を招き、厳正な審査に基づくレフェリー制を導入した。また平成四年（一九九二）からは、欧米の読者をも考慮に入れて英文のサマリーをつけることとなった。こうした地道ながら弛まぬ関係者の努力が積み重ねられ、『古代文化』は平成二十三年（二〇一一）九月の第六十三巻第二号で通巻五八五号を数えるまでに至っている。

第9図　西田直二郎博士夫妻

(5)　平安京跡の発掘調査

平安時代は、桓武天皇が都を現在の京都市の地に遷された延暦十三年（七九四）から四世紀に亙り、日本歴史上最も平穏無事で、日本的優雅な文化が百花繚乱と栄えた時代であった。にも拘らずその歴史の研究は文学などに偏し、全般的に遅滞が見られたのは学界が等しく遺憾とするところであった。

協会はこの点に着目し、平安文化の抜本的な研究を大きな目標の一つとした。当時、京都大学名誉教授・西田直二郎博士（一八八六〜一九六四）（第9図）はこの研究分野での先駆者であるとともに最高権威者であった。昭和二年（一九二七）に博士は京都府史蹟名勝天然紀念物調査委員として淳和天皇の淳和院跡の発掘に着手されたが、これは平安京の発掘調査の嚆矢であった。ただ、博士は第二次世界大戦前、文部省の国民精神文化研究所の研究員を兼務されていたため、終戦後には公職追放の対象となっていたのである。昭和三十二年頃に公職追放を解除された博士は京都女子大学に奉職されており、協会は西田博士を指導者として平安文化の研究を開始したのであった。平安京研究については博士は当時の文献史料の解釈について懇篤に教示されたのみならず、京都内外の平安時代の史蹟の解明についても実地に指導された。

第10図　平安京勧学院跡の発掘調査関係者

まず財団法人の認可のあった昭和三十二年の秋、大阪市立大学法文学部副手の藤原光輝氏を調査主任として、平安時代の藤原氏の教育機関であった勧学院の遺跡の発掘調査に着手した（第10図）。遺憾ながらこの当時には平安京跡の発掘方法は未開拓の状態にあったため、この調査は充分な成果を挙げることが出来なかったが、これが平安京研究の清新な方向を示すと同時に、諸遺跡の破壊について警鐘となったことは明確である。それは、京都市が遺跡の調査、保存を目指して㈶京都市埋蔵文化財研究所を設置した年（昭和五十年〈一九七五〉）より十八年も以前のことであった。

この勧学院の調査を出発点として協会は、文部省の科学研究費補助金を得て大胆に平安京跡の発掘調査に着手した。まず、昭和三十四年（一九五九）に平安宮朝堂院大極殿跡の遺構を求めて、千本通丸太町の内野児童公園から丸太町通の北側歩道の発掘調査に着手した（第11・12図）。この調査の調査主任を務めたのは同志社大学大学院生の安井良三氏（一九二九〜一九九七）（後、大阪市立博物館学芸員）であった。この調査にはオリエント学者の川村喜一氏（一九三〇〜一九七八）や糸賀昌昭氏（一九三〇〜一九八四）なども参加していた。川村氏はこの調査によって発掘の方法を学び、これが後の早稲田大学のエジプト調査の基礎となっていくことになる。

第11図　平安京大極殿跡第1次発掘調査視察当日の会食（昭和34年11月4日、左より井上光貞・三笠宮崇仁親王・角田・定金右源二・中山正善各氏）

第12図　平安宮大極殿跡の発掘調査（左より安井良三・梅原末治・中山正善・角田・三品影英・三笠宮崇仁親王殿下・足利惇氏《あつうじ》各氏）

続く昭和三十七年（一九六二）六月には中京区千本通丸太町西入ルの喫茶『井上』が改装工事するのを機会にその敷地の発掘調査を試みた。この調査では散乱した凝灰岩を検出したが、これは大極殿の遺物ではなく豊楽院に関連するものであったかもしれない。昭和三十八年（一九六三）から四十一年（一九六六）にかけて実施された平安宮の朝

第 13 図　平安宮朝堂院延禄堂跡（平安時代前期）

第 14 図　平安宮朝堂院修式堂跡（平安時代前期）

堂院跡の調査は三回に及んだが、残念ながら大極殿跡の明確な遺構を検出することはできなかった。しかし、朝堂院域の修式堂と延禄堂の基壇の一部を発見し、これらの位置関係を確認するとともに朝堂院の考古学的研究の基礎を築くことができた（第13・14図）。また、豊楽院に関しては顕陽堂跡を調査したが、ここでも明確な遺構は検出できなかった。しかし基壇などに使用されていたと考えられる凝灰岩を多数発見し、この付近に豊楽院があったことを示唆する史料を得た。また、土御門内裏跡、太政官跡、中和院跡などの発掘調査は続けられ、大石良材、小倉洲二、鮎沢（現・朧谷《おぼろや》）寿研究員などが主として携わり、角田がこれを監督した。

また、平安京羅城門跡に関しては、九条通の大規模な舗装工事が実施されたので、この機会を利用して文部省の臨時助成金を受け、小林文次博士（一九一八〜一九八三）を指導者として羅城門児童公園およびその付近を発掘調査した（昭和三十五年〔一九六〇〕）。その結果、羅城門の基壇が予想以上に破壊されていることを確かめた。続いて同年九月、唐橋羅城門町から四ツ塚町の付近を発掘した。この調査で轍《わだち》の痕が残る石材を発見したが、それは古代のものではないことが判明した。これらの発掘によって平安京跡の考古学的研究は漸く興起したのであった。

（6）　平安時代史の文献学的研究

一方、平安文化の文献学的研究に関しては、西田博士の永年の研究を総括した『京都史蹟の研究』（昭和三十六年）や『西田先生頌寿記念　日本古代史論叢』（昭和三十五年）を刊行して、この路線における研究の起点とした。つづいて『桓武朝の諸問題』を刊行し、平安時代の諸相を段階的に究明していったのであった。

また協会は、それまでややもすると軽視されていた平安時代の女性、特に宮廷関係の才媛、即ち紫式部、清少納言をはじめとする歴史的に大きな足跡を遺した勝れた女性達を掘り起こし、その実態の究明に努めた。協会はこのために『平安叢書』の刊行を企画し、その第一冊として『中務典侍』、第二冊として『紫式部の身辺』を公にしたのであった。

第 15 図　廬山寺の紫式部邸宅址顕彰碑（源氏庭にて）

（7）　紫式部顕彰事業

昭和三十九年（一九六四）になって角田は、紫式部の邸宅が平安京の東京極大路の東側に接し、『中川』と呼ばれていた辺にあったことを解明した。その地には天正十九年（一五九一）に廬山寺が移建され、紫式部の邸宅址の主要部は同寺の境内となったのであった。これを重視した協会は、紫式部顕彰運動を興すこととした。その資金は財界に求めるのではなく、全国の小・中・高等学校の児童生徒に浄財を求める方法と、街頭募金を実施したが、西井芳子、長照代、藤田純子氏等の協会の職員は路頭に立って通行人たちに呼びかけたのであった。また、廬山寺住職の町田智元師は、境内に紫式部邸宅址の顕彰碑（第15図）を建立し、その周囲に『源氏庭』を造ることを快諾された。そこで角田はしょうざん株式会社（社長松山アヤ子氏）に大きな美しい青目石の寄附を仰ぎ、『紫式部邸宅址』と題する文字は、新村出《しんむらいずる》博士（一八七六～一九六七）に揮毫していただいた。更に『源氏庭』の方は、板倉建築事務所の板倉準三氏（一九〇一～一九六九）が設計を引き受けられた。紫式部邸宅址顕彰碑の除幕式は学界、政界、官界の名士多数を招いて昭和四十年（一九六五）十一月二十八日、秋晴の日曜日に挙行された。式典は文部事務次官・福田繁氏による除幕、協会理事長・望月信成氏の挨拶をもって始まり、盛会裡に終了した。佐藤栄作総理大臣、文化財保護委員会河原春作委員長、経団連の石坂泰三会長以下多数の方々から祝電が寄せられたが、この顕彰事業によって協会の存在は、広く知られるようになった。なお宮内庁京都事務所からも橘の若木二本が寄贈された。

更に、平安時代の貴族邸宅の様相を具体的に再現するため、藤原氏摂関家の主要邸宅であった東三条殿の復元模型の製作を行った。この模型は森蘊《おさむ》（一九〇五～一九八八）、藤岡通夫（一九〇八～一九八八）の両氏が設計し、島津製作所科学標本部（現・京都科学）がこれを製作した。

(8) 旧石器時代の研究

日本に数万年前に遡る旧石器文化が存在したことは、昭和二十四年（一九四九）、群馬県の岩宿遺跡における調査によって明白となった。その後、旧石器文化の研究は次第に進捗しつつあったが、しかし前・中期の旧石器時代の存在は容易に解明できない状態が続いていた。

昭和三十七年（一九六二）二月、図らずも大分県大野川流域の丹生《にう》台地（現、大分市坂ノ市地区）において中村俊一氏（共同通信社）と富来隆氏（大分大学助教授）によって旧石器時代前期に遡る旧石器らしい遺物が発見されたことが報道され、学界の驚愕するところとなった。大分合同新聞社は、いち早くこの旨を協会に電話で伝えられ

第16図　大分県丹生遺跡第1地区貯水槽前（昭和37年3月21日）

たが、間もなく富来・中村両氏からも角田常務理事に通知があった。

当協会はこの発見の重要性を夙に感知し、直ちに現地に赴いて遺跡と遺物の緊急予備調査を試み、その結果、一研究者ないし一学会ではなく、国中の研究者を多数動員して共同調査をすべきであるとの結論に達した（第16図）。一方、東京大学の山内清男氏（一九〇二～一九七〇）もこの遺跡の発掘調査を意図されており、慶應義塾大学で開催された第二十八回日本考古学協会総会の席上、発掘調査の主導権を巡って論争となったことは遺憾であった。ただ、日本考古学協会の八幡一郎委員長は古代学協会の方針を是とされ、日本考古学協会特別委員会の諒承を経た後に、古代学協会が丹生遺跡の発掘調査を実施することが決定した。協会は調査に要する尨大な経費を調達したし、幸いに文部省もこの重要性を認め、緊急の科学研究費補助金を当協会に付されたことから、その年の秋、大規模な発掘調査を実施することとなった。

全国の研究者、諸大学の協力をえて昭和三十七年から昭和四十二年にかけての毎秋実施したこの大規模な発掘調査では、多種の旧石器が多数出土乃至採集されたが、これらのうち古い型式のものほど出土原位置が保たれていなかったため、包含層の年代確定が出来ず、平成四年（一九九二）に刊行された正式報告書における結論としては旧石器時代後期を遡れなかった。しかし、今日に至ってなお前期旧石器として否定しきれない問題を残しており、再検討が望まれている。

三　平安博物館の開設と発展

1　平安博物館前史

(1)　旧日本銀行京都支店の建物の購入

現在、協会の本部が所在する建物は、もと日本銀行京都支店の旧店舗であった。昭和四十年（一九六五）五月から六月にかけて協会は、平安京の押小路殿跡（明治生命京都支店）や、鳥羽上皇の御所・三条東殿（京都市中京区東洞院通三条上ルの日本電信電話公社京都都市管理部敷地）を発掘した。後者は、『平治の乱』（一一五九）の舞台となったところである。調査のあいまに、角田はたまたま三条高倉の地を通りかかり、日本銀行京都支店がすでに河原町通二条下ルの新店舗に移転（昭和四十年十月）しており、赤煉瓦造の旧店舗が閉鎖されているのを知った。この建物は、東京駅の設計者として著名な辰野金吾博士（東京帝国大学工科大学教授、一八五四〜一九一九）が長野宇平治博士（日本銀行建築部技師長、一八六七〜一九三七）と共に設計した明治三十九年（一九〇六）の建築物であったため、これが売却され、解体されるのは絶対に避くべきものと思われた。

そこで角田は、熟慮の末、是非これを日本銀行より譲り受け、建物を保存するとともにこれを活用して研究博物館を創りたいという悲願を抱くにいたった。これは当時の協会としてはほとんど無謀ともいえる試みであったが、昭和四十年の夏頃に明治生命保険相互会社の高木金次社長や高島屋の飯田慶三会長のような協会の有力な理事に相談したところ、意外にも賛同を得た。一方、当時の宇佐美洵《まこと》（一九〇一～一九八三）日本銀行総裁は、もと三菱銀行の出身であり、高木、飯田両理事とは慶應義塾大学の同窓であった。その関係もあって高木理事は宇佐美総裁に角田の希望であった研究博物館構想を話された。日本銀行は、これを愛知県の『明治村』に移築しようと考えたが、煉瓦造りの建物は移築が殆ど不可能であることが判明したと言う。他方、京都市はこれの払い下げを受けて中京区の図書館にしたいと希望していたし、そのほか二、三の譲渡引き合いがあったようである。しかし宇佐美総裁は、これを研究博物館にするという協会の計画に賛同され、当協会に譲渡するという意向を固められたのであった。

協会は当初、この建物の無償譲渡を願い出ていたが、日本銀行の財産は国有に準ずるものであって規程も厳しく、無償譲渡は不可能であるとの回答であった。日本銀行は住友信託銀行京都支店に依頼して、この敷地や建物の払い下げ価格を算定させ、その結果三億円という金額を協会に提示した。昭和四十一年（一九六六）における三億円は、今日では想像できないほどの大金であり、下鴨に小さな土地付事務所を持つ以外にはほとんど財産らしきものを持たなかった当時の協会は、財政的にはとてもこれを支払えるような状態ではなかった。そうした協会に旧日本銀行京都支店の土地・建物を譲渡されようとした宇佐美総裁は、考えられないような決断をされたのであった。しかし高木・飯田両理事は、意義ある事業であるから全国募金によって購入資金を調達すれば良いという考えを持っておられた。他方日本銀行側は、協会の譲渡希望の目的を是とし、財力の乏しい協会のため、支払いは五カ年年賦とし、この間銀行や保険会社の支払い保証があればよい、という極めて寛大な条件を出された。よって大阪の四銀行（大和、三和、住友、住友信託）並びに日本生命、明治生命二社と折衝した結果、幸いにも四行二社の支払い保証を取り付けることができたのである。この前後における大和銀行会長・峯村英薫《ひでしげ》氏の御協力には並々ならないものがあった。また一方で、角田常務理事の依頼によって、高木・飯田両理事は譲渡価格の値引き交渉をされ、宇佐美総裁は二百万円の値引きを承諾されたのであった。

協会は当面の財務問題を軽減するために、下鴨上川原町の京都事務所の不動産の売却をすすめた。その結果、この土地・建物は価格六百万円で隣接するガソリンスタンドに譲った（昭和四十二年〔一九六七〕四月二十日）が、この代金は当座の人件費や雑費のためのものであって、旧日本銀行京都支店の建物の購入資金に充てるわけにはいかなかった。

昭和四十二年四月十八日、望月理事長と角田常務理事は日本銀行京都支店を訪れ、横山英之同支店長より譲渡の権利書を受領した。その際、上記の四行二社が、契約通り第一回目の支払金六千万円を日本銀行に払い込まれたことは言うまでもない。

旧日本銀行京都支店（昭和四十四年〔一九六九〕三月十二日、国指定重要文化財）。

土　　地：京都市中京区高倉通三条上ル東片町六二三番地（現在は、京都文化博物館の所在地と区別するため、協会の住居表示は、分筆されている別番地・三条通高倉西入ル菱屋町四八番地としている）

総 面 積：約六千平方メートル

本館建物：三層、木骨赤レンガ造、スレート葺、両翼塔屋付、八八四・四平方メートル

旧 金 庫：一棟。一階建、石造、桟瓦葺、一八一平方メートル

かくして入手した日本銀行京都支店の土地・建物を使い、協会はその特設機関としての『平安博物館』を開設す

第17図　昭和43年（1968）開館当時の平安博物館（旧日本銀行京都支店　設計者：辰野金吾、明治39年〔1906〕建設、重要文化財　撮影：便利堂）

ることになった（第17図）。同年三月末日、大役を担った角田常務理事は、大阪市立大学を定年前で依願退職し、平安博物館の教授兼館長に任じられ、博物館の設立準備と全国募金の二足の草鞋をはくこととなった。しかしながら、事はそう容易には運ばなかった。先ず第一に、望月理事長が、あまりにも巨額の購入資金や銀行保証に心痛し、理事長職を辞任された（同年六月十日付）。このため角田常務理事は理事長事務取扱として運営の責任をとった。

協会は今後の経営のため、平安博物館の北側の空地を駐車場として活用し、そこから収入を図ることを計画していた。一方、譲渡調印の直前になって、二億九千八百万円の土地を登記するためには八百万円の印紙代が必要であるということが判明したのであるが、その工面ができていなかった。その時、ある人物から、空地での駐車場経営を自分に委託してほしいという申し出があり、氏はその頭金とし八百万円を支払われた。これによって協会は急場をしのぐことができたのである。しかし協会の支払い保証を行っていた銀行・保険会社の四行二社は駐車場の委託経営には同意したものの、抵当権の設定された土地を一年を越して継続貸与する約束は至難であると回答した。そこで協会は同氏に対し、毎年賃貸契約を更新することで当面凌がれたいと申し出たが、氏は将来を不安がり、それでは話が違う、と理事長事務取扱の角田を責めた。のみならず、氏は協会に金を騙し取られたと称して契約書を締結しないまま強引に駐車場を開業し、しかもその使用料を全く協会に支払わなかった。協会はこの使用料を人件費その他の経費に充てる計画であったため、このような思いがけない無収入の事態によって苦境に陥った。このため協会は、やむなくこれを法廷に持ち出して決着をつけようとしたのである。

協会はさしたる財産もなく、募金の見通しも立っていない段階でこのような紛争を抱えたため、新たに迎えていた事務局長や総務課長も協会に見切りをつけ、早々に退職するようなことも起こった。銀行側も寄附金の集まりを危惧していた。

(2) 全国募金の経緯と、財界、賛助会員の協力

ところで、全国募金をするためには大蔵省の寄附金免税の認可が必要であった。公益法人に対する大蔵省の免税処置はたやすいと思われがちであるが、これは想像以上に大変なことであった。昭和四十二年（一九六七）六月、協会は京都府経由で所管の文部省大学学術局研究機関課を通じて大蔵省に対し指定寄附金免税の許可を申請した。これまた紆余曲折はあったが、同年十二月二十六日付で漸く免税の許可が官報に公示された。

当時の協会は当面の人件費にも事欠くような有様であったが、当時住友信託銀行京都支店の大津済《わたる》支店長の格別の理解に基づく融資によって危機を脱することができた。同年十月に至って、日立製作所が筆頭として一千万円の寄附を決定された。その後、関西電力が芦原義重会長の厚意により千二百万円の寄附を寄せられ、これによって漸く募金の見通しがたったのであった。募金活動を開始するには、まず当協会の陣容体制を整備しなければならな

第18図　直衣姿の高杉晋一会長（平安博物館清涼殿模型前にて）

かった。当時評議員であった日本興業銀行の正宗猪早夫《いさお》副頭取の協力で、同銀行の川北禎一頭取（一八九六〜一九八一）、三菱電機の高杉晋一社長（一八九二〜一九七八）などが協会の理事に就任された。残念なのは、譲渡から間もない昭和四十二年六月二十一日に、協会の良き理解者であった理事の明治生命保険の高木金次会長（一八九八〜一九六七）が急逝されたことであった。翌四十三年（一九六八）の二月一日に至って体制を強化するため、初代会長に高杉晋一理事が就任した（第18図）。

こうして日本銀行に対する支払額二億九千八百万円と保証銀行に対する利息、及び平安博物館開設費など総額五億円を目標とする平安博物館設立募金開始は、昭和四十三年一月頃から本格化した。中でも、大和銀行顧問の峯村英薫氏（協会評議員）は表に出ることを避けながらも何かと便宜を図ってくださった。日本の経済の中心は東京であったから、角田理事長事務取扱と西井芳子秘書室長は、一週間のうち三、四日を東京で過ごすことになった。ただ、精神的に救われたのは、旧日本銀行の土地・建物を譲渡され、この明治三十九年（一九〇六）建築の建物を保存していきたいと願う協会の意志に、どの会社も極めて好意的であったことである。中でも名古屋においては東海銀行頭取・三宅重光氏（名古屋商工会議所会頭）が、また九州では、福岡銀行頭取・蟻川五二郎氏（福岡商工会議所会頭）の協力が格別大きかった。

(1)　平安博物館の開館

第19図　平安宮内裏清涼殿の一部の実物大復元模型。この清涼殿模型を舞台として、白拍子舞や五節舞などが催された。（撮影：便利堂）

日本銀行京都支店の旧店舗の所有権移転がなされた当初から、財政的な見通しもないまま研究員を採用し、事務員の増補を図ったことは無謀の謗りを免れないことであった。しかし、協会の有力な評議員であった日本興業銀行の正宗猪早夫頭取は『日本銀行から譲渡された以上、建物を空家のままにしておくのはいけない、直ちに開館の準備を進めよ』と指示された。そこで協会は、強気の姿勢をとり、全国募金の開始と併行して研究博物館の開設を急いだ。日本銀行当時の中央ホールには、平安時代の内裏清涼殿の実物大四分の一面積の建物自体を古式に則って復元したが、これの建築は大林芳郎理事（大林組社長、一九一八～二〇〇三）の配慮で大林組が請け負われた（第19図）。また、各室に配置した展示ケースの製作は、これまた飯田慶三理事（高島屋社長、一九〇〇～一九九三）の配慮でもって高島屋が製作した（第20図）。ただこの二社に対する工事費の支払いは、四行二社への完済後まで延引し、多大の迷惑をかけ

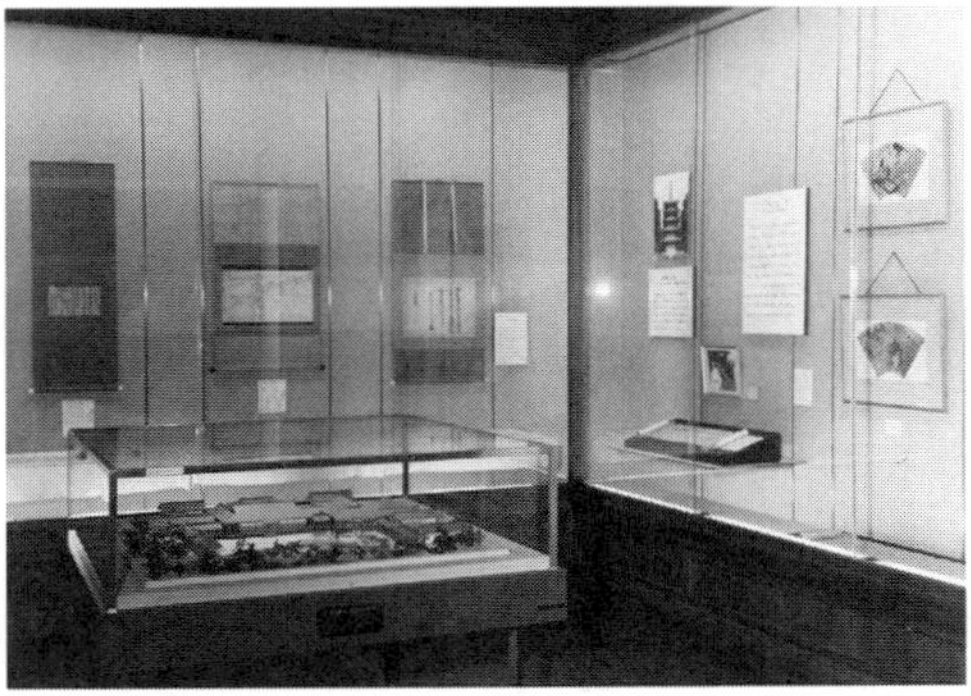

第 20 図　平安博物館 1 階陳列室（中央：東三条殿模型）

第 21 図　平安博物館開館式
（会場前方　左より：高杉会長、角田、
三笠宮崇仁親王殿下、百合子妃殿下）

た。一方で、このような赤字をものともせず、並行して協会は、研究員や事務員の増員を図った。日本銀行の建物の譲渡をうけた昭和四十二年（一九六七）四月現在三名であった研究員は、博物館開館時の翌四十三年（一九六八）五月には九名を数えた。開館までの僅か一年に満たない日数の中で展示の準備にかかる研究員の努力は並大抵のものでなかった。

こうして同年五月十一日、平安博物館は三笠宮崇仁親王殿下、同百合子妃殿下の御臨席の下、めでたく開館式典を挙行したのであった（第21図）。以後、協会はこの日をもって開館記念日と制定した。

(2)　駐車場問題の解決と平安駐車場

他方、引き延ばされた駐車場に関わる裁判も十年を経て、漸く昭和五十二年（一九七七）に至って協会の勝訴となり、経営を依託していた人物は駐車場より立ち退くこと、一千万円を協会に支払うことなどが判決として下された。完全な同氏の敗訴となったが、彼は直ちに大阪高等裁判所に控訴し、更に居座りを試みた。しかし協会は直ちに同氏に立ち退きを通告し、駐車場を差し押さえた。一千万円はもとより同氏が駐車場使用料として協会に支払うべきであった金額の十分の一以下であったけれども、ともかく協会はこれによって財政的に一息つくことができた。

協会は銀行の了承を得て、この土地に鉄骨の屋根をつけた上でこれを『平安駐車場』と命名、新井田郁雄事務局次長（後、京都文化博物館事業課長）を担当として正式に駐車場経営を開始した。これには当時評議員であった浅野織屋代表取締役の浅野義一氏が熱心に協力され、漸く念願の収入が得られることとなったのである。とはいえ、協会の誤算は、裁判がかくも長期に亙るものとは予想しなかったことである。このため、博物館の運営をはじめたものの、財政は慢性的に火の車であった。思い通りには捗らない募金によって毎年六千数百万円を保証銀行に支払わなければならず、一方で人件費は膨大であり、入館料は微々たるものであった。それに、尋常でない運営形態であるため館長の角田を補佐する事務局長も続かず、最後には吉岡清一理事が局長職を引き受けるという時代もあった。

(3)　平安博物館の基本理念

協会が苦労して入手した三条高倉の一角は、平安時代には有力な貴族の邸宅があった土地であり、平安時代末期には後白河法皇の皇子以仁王《もちひとおう》が生母の藤原成子《ふじわらのしげこ》とともに住まいされていた御所であった。新古今時代随一の歌人式子《のりこ》内親王は、以仁王の同母妹であって、賀茂の斎王に卜定《ぼくじょう》されるまではこの邸宅で育った。藤原定家も姉がここに仕えていたため、時折この御所を訪ねてきた。治承四年（一一八〇）五月十五日、以仁王の平氏打倒の密謀が露見し検非違使の一隊がこの邸宅を襲った時、以仁王はいち早く女装して園城寺に逃れ、留守を預かっていた長谷部信連が奮戦して捕らわれ山陰に流された。平家政権が滅んだ後、頼朝は長谷部信連を探し出し、平家に最初に抵抗した男としてその功を賞し、能登半島に荘園を与えた。

協会は、このような歴史のある町の東半分に古代学の研鑽機関である研究博物館を創設したのであった。この新しい施設を平安博物館と名付けたのは、ここを平安文化研究の中核としようとしたためであった。平安博物館は、民間では稀なアカデミックな研究博物館として出発し、大学以外の組織では日本ではじめて博物館に教授・助教授制を導入した。それは、角田がヨーロッパ留学中にしばしばドイツの国立博物館を訪ねた時、そこでは教授・助教授制がとられており、館員はそれぞれの分野で研究者としての権威と自信を持っていることに感銘を深くしたため、この制度を日本で最初に採用したのであった。平安博物館は常設展示はするものの、研究員に負担のかかる特別展は企画せず、埋蔵文化財の調査に関しても行政の委託発掘は特別の場合を除き、あくまで自主調査・研究に重点が置かれた。無論平安京跡の研究を第一としたため、機会があれば京都市内の行政発掘も手がけたが、それはあくまで学問的意義のあるものに限ろうとした。博物館の運営目的はこのように展示中心よりも研究にあり、しかも協会の研究理念に基づき、世界史的に広範囲な専門分野の研究を対象としたため、昭和四十年代には異なる分野の若い優秀な人材が集まった。研究員達は個別研究はもとより、実地の経験をも積み、学者として育っていった。そのためもあって平安博物館の研究員は他の大学、博物館、研究所、教育委員会等から割愛を要請されることが多く、平安博物館は高等研究所としての役割も担ったのである。博物館は研究機関でなければならないという協会の理念は他の機関にも大きな影響を与え、後発の国文学研究資料館、国立民族学博物館、国立歴史民俗博物館、あるいは兵庫県立人と自然の博物館などは、平安博物館にならって教授・助教授制を採用するに至ったのである。

3　平安博物館の発展

(1)　平安博物館の活動

昭和四十三年（一九六八）五月十一日に開館した平安博物館は、同年七月、博物館法に基づく正式の博物館として、京都府第一号の登録博物館となった。また翌年三月十二日には、博物館の本館と金庫（旧日本銀行京都支店店舗、木骨赤煉瓦造）が国の重要文化財に指定された。

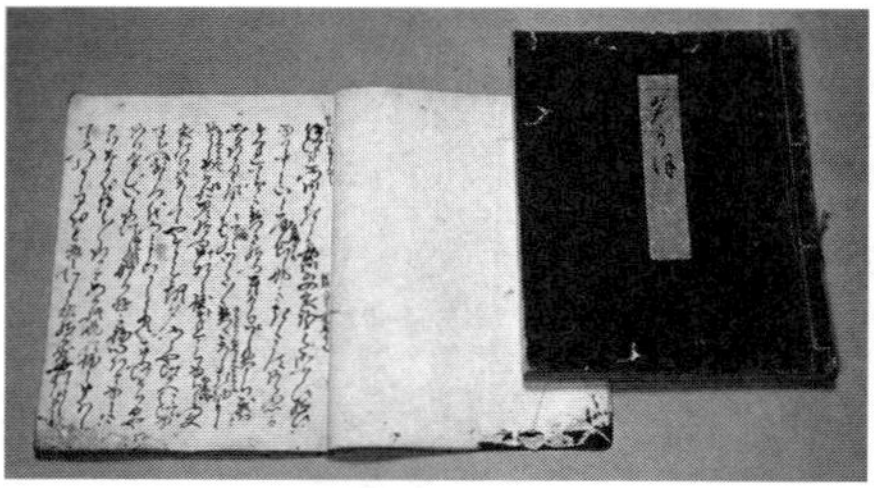

第22図　大島本『源氏物語』

研究資料の中で特筆されるものは、最も優れた写本として定評のある小汀利得氏旧蔵の大島本『源氏物語』（通称青表紙本、昭和三十三年〔一九五八〕二月八日・国指定重要文化財）五十三帖である（第22図）。これは、味の素社長・鈴木恭二氏（一九〇九～一九九八）の厚意によって収蔵されたのであった（昭和四十三年〔一九六八〕九月二十六日）。平安博物館はこれを初めとして、平安文化に関する文献史料の取得保存に努めた。延暦八年（七八九）の『勅旨所牒《ちょくししょちょう》』、延長七年（九二九）以後の手継文書『七条令解《しちじょうりょうげ》』、『紫式部日記』首巻断簡、天平宝字二年（七五八）の『太政官謹奏』の写本、鎌倉時代初期の『北白河院陳《のぶ》子自筆御消息』等々、学界の等しく注目している貴重な文献が収蔵されたのであった。他方、平安時代文献学の根本史料を学界に提供するため『史料拾遺』の継続刊行を企図し、『八幡宇佐宮御託宣集』、『吏部王記《りほうおうき》』、『魚魯愚抄《ぎょろぐしょう》』などを順次上梓した。

平安博物館の展示で特色のあったのは、中央ホールに施設された平安宮内裏清涼殿の一部の実物大復元模型であった。これは『枕草子』第二十段『清涼殿の春』に基づいて設計されたもので、檜皮葺屋根の清涼殿の上御局と昼御座《ひのおまし》を復元し、御溝水《みかわみず》も実際に流していた。簀の子には大きな壷に若木の桜を活け、一条天皇の皇后定子や藤原伊周《これちか》など公卿の等身大の人形を配し、文化的で和やかな雰囲気を醸し出していた。時々この清涼殿を舞台として、白拍子舞や五節舞、菊見の作法（重陽節句）、鬼やらい（追儺《ついな》）等々を催し、古典文化の復元に力をいれた。

第23図　平安博物館友の会の見学会

博物館としての展示活動以外では、昭和四十四年（一九六九）の四月に友の会が結成され、会員相互の親睦と教養及び研究に対して便宜をはかることを目的として、各種の講座を開催した（第23図）。

平安博物館はこのように普及啓発事業にも力を入れていたが、研究博物館としての本来的な活動は従来からの研究活動となんら変わることなく、国内外での発掘調査の実施、出版物の刊行、講演会の開催、古代学講座の開講（集中講義を含む）、顕彰碑の建立や遺跡の説明板作成への協力など、多岐に亙った活動を展開した。その中で特筆される出版物として、昭和四十五年（一九七〇）から『平安博物館研究紀要』の刊行を開始したことがある。

また、昭和四十八年（一九七三）から『西洋古代史論集』全三巻（東京大学出版会）を編集・刊行した。角田は永年に亙り日本における西洋古代史の研究に強い不満を覚えていた。それは例えば、

（1）西洋史の構成を、古代オリエントより始め、それより遥かに古い

ヨーロッパ各地の文化は、これを考古学の領域とみなし、研究の対象からはずしていること。

（2）立脚点を西ヨーロッパに置き、ヨーロッパの東部や北部における文化を軽視していること。

（3）従って、中世ローマ帝国（ビザンティオン帝国）の果たした役割を過小評価していること。

（4）古代オリエント文化とヨーロッパ西部、北部の文化との歴史を拙劣に接ぎ木していること。

等であった。これらの弊風を一掃する目的をもって『西洋古代史論集』は企画されたのであった。それは戦後においてヨーロッパ諸国で公刊された西洋古代史の優れた論文を日本語に訳して提供し、日本における西洋古代史研究者の反省を促したものである。これは第一巻『古代文化の形成と発展』（昭和四十八年〈一九七三〉二月、二三〇頁）、第二巻『古代国家の展開』（昭和五十年〈一九七五〉九月、三五〇頁）、第三巻『古典時代の諸相』（昭和五十三年〈一九七八〉九月、二一〇頁）に分けられ、その内容はフランスの遠古の文化からスラヴ古代史にまで及ぶ幅広いものとなった。

(2)　『平安時代史事典』編纂事業の開始

平安文化の研究に関しては、東京堂の依頼による『平安時代史事典』の編纂が昭和四十四年（一九六九）から始まった。これは、ドイツのパウリとウィッソーヴァの編による『古典古代百科事典』（Pauly und Wissowa [begr.], *Realencyclopädie der classischen Altertumswissenschaft*）に範を採り、平安時代に関するあらゆる情報を網羅した大事典が構想された。ところが、数年間これを続けている間に項目数は予想を越えて大量に増えたため、東京堂の希望しているような規模の書物では収まらないことが判明したので、この事業は角川書店に移管されて継続されることになる。

(3)　季刊誌『古代学』の休刊

昭和二十七年（一九五二）一月に第一巻第一号を刊行した機関誌『古代学』（季刊）は、昭和四十七年（一九七二）の三月刊行の第十八巻第二号まで継続刊行されてきた。もともと『古代学』は、若い古代史研究者たちの使命感と熱情をもって創刊され、関係者一同の協力によって号を重ねた。この間、斬新な企画や清新な論文を掲載することによって国内外の歴史学界に少なからず寄与するところがあった。時には欧米の学者による外国語の論文を発表することも試み、セミ・インターナショナル（半国際的）な雑誌であることを標榜していたが、ただ平安博物館の開館後に至って角田館長自ら全国募金で超多忙となり時間的な余裕がなくなったこと、次第に内容がマンネリズムに堕し、内部の研究員も余りに多忙のためか、寄稿が見られず、新しい古代学を目指す意欲も情熱も感じられなくなってきていた。投稿原稿だけをただ漫然と出し続けるには印刷代が余りにも高額であり、編集労力も大きく、次第にこれを刊行する意欲が衰えたのであった。そこで協会は、遺憾なことであったが『古代学』を休刊とするに至ったのである。ただ、将来、関係者の間で斬新な意図と熾烈な情熱をもって本誌復刊の要望が生じた場合、全面的にこれを支持し、復刊を断行することを約束した。『古代学』が廃刊でなく休刊とされたのは、このあたりの含みを残したからである。

『古代学』は休刊したけれども、それ以降は、『古代学』の彙報として位置づけられてきた『古代文化』が体裁を変えることとなり、『古代学』が果たしてきた役割を実質的に継承することになった。『古代文化』は今日では古代史研究についての一流の学術雑誌として成長するにいたっている。

(4)　平安京調査本部の設置と平安京跡の考古学的調査の進展

昭和四十年代になると『文化財保護法』が改訂され、国全体に埋蔵文化財の保存や破壊を前提にした事前調査が次第に活溌となってきたが、平安博物館はそうした行政調査も時代の要請としてやむを得ず積極的に協力するようになった。東海道新幹線、北陸自動車道、九州縦貫道の建設を前提とする発掘調査などは行政調査に対する協力の一端を示すものである。

昭和三十年（一九五五）から四十年（一九六五）にかけての時期、埋蔵文化財の発掘調査を担当する行政機関は殆どまだ組織化されていなかった。文化財保護法は昭和二十五年（一九五〇）に施行され、同二十九年（一九五四）には発掘の事前届制の充実、昭和四十三年（一九六八）には文化庁の設置、同五十年（一九七五）には埋蔵文化財の保護の充実など、三回に亙って改定され、その都度遺跡の保護も叫ばれるようになったが、都市開発のための土木工事に伴う遺跡破壊の速さには対応しきれないでいた。京都市内における平安京遺跡の破壊について、協会は歴代の京都市長に訴え、京都市議会の文教委員会や文化財保護課でも発言し、ひいては文化庁に赴いて現状を述べるとともに、適当な調査機関を設けることを要請した。しかしこの要請には反対する人も実施する人もおらず、常に問題は先送りにされた。世間では、景気の上昇につれて開発が増加し、多くの埋蔵文化財の破壊は見過ごされていたのである。

昭和三十二年（一九五七）以来、平安京の遺跡を数多く調査して来ていた協会は、緊急の調査にも対応できるよう、昭和四十八年（一九七三）四月一日付で特設機関として平安京調査本部を設けた。その目的は、遺物、遺跡、文献などあらゆる資料に基づいて平安京ならびにその周辺地域の歴史を究明し、あわせて関連遺跡の調査および保存に努めることにあった。本部長を有光次郎（一九〇四～一九九五）理事（元文部省事務次官）に依頼し、専門委員を有光教一、福山敏男両京都大学名誉教授や岸俊男同大学教授ほか幾人かの研究者に依頼した。以後は本部会議の指導のもとに平安博物館の研究員を動員して、各地で発掘調査を実施した。

一方では、発掘調査の成果を纏めて公表する目的で、昭和五十一年（一九七六）度から『平安京研究調査報告』（第一輯のみ『平安京跡発掘調査報告書』の名称）のシリーズの刊行を開始し、平安京の考古学研究に多大の貢献をしたことであった。

(5)　『平安京古瓦図録』の刊行

いうまでもなく瓦は土器とともに考古学上の編年の基礎史料として極めて重要であるが、昭和三十年代後半においても平安京出土の土器や古瓦の編年は、未だ樹立されていなかった。従って、これを集成図録の形で整理し、もっと細かい編年の樹立が平安京跡の研究をするうえで不可避的に必要であった。あたかも、雄山閣の芳賀章内編集部長から、協会が平安京の瓦の集成図録を刊行されるように薦めがあった。雄山閣としてはそのために、写真代として百万円以上を寄附することも提案されたのである。そこで角田は平安京の調査研究に当たっていた近藤喬一助教授（後、山口大学名誉教授）に、集成図録を中心となって編纂するように命じた。近藤助教授は角田からの指示を受け、鋭意、出土状態や形式に基づいて編年に専心し、ついに『平安京古瓦図録』と題する巨冊を昭和五十二年七月に刊行するにいたった。この編纂には永年平安京の古瓦の研究に没頭されていた木村捷三郎《しょうざぶろう》氏の助力が少なくなかった。いずれにせよ、平安博物館による平安京出土古瓦の研究は、平安京跡の研究に大きく貢献を果たしたのであった。

(6)　平安博物館事件

昭和四十三年（一九六八）、日本考古学協会委員長の八幡一郎氏は、日本考古学協会の大会を平安博物館において開催したいという意向を申し出られた。協会はその名を広める意味でも効果的と考えてこれを受諾したのであった。協会としては単なる発掘調査報告だけに終始するのではなく、歴史学の方法論に関するものや、新しい方法論による研究成果を発表して欲しいと願ったが、これは実現されず、例年のとおりの研究発表会に終わったことは遺憾であった。

時あたかも、世間は大学紛争の真っ直中であって、一部の学生はこうした純粋な学会の大会の開催にも反対し、日本考古学協会粉砕を叫んで平安博物館に乱入し、建物の一部を毀損するという事件をおこした。そこで協会はやむなく、京都府警察本部の五条署と連絡をとってこれを阻止しようとし、暴力行為におよんだ学生数十名が警察に拘禁されるという結末を迎えたのである。学界の閉鎖的な体質に不満を抱いていた学生たちの熱情を理解できないわけではないが、それを打破するのに正当な言論に訴えるのではなく暴力に走り、国指定重要文化財の建物の損壊すら厭わなかったことは、決して許されるべきではなかった。

(7) 古代学協会二十五周年・平安博物館十周年

昭和二十六年（一九五一）十月に創立した協会が二十五周年を迎えたのは、昭和五十一年（一九七六）の十月である。また、平安博物館が昭和四十二年（一九六七）四月に設立されて十周年を迎えたのも昭和五十二年（一九七七）四月であった。振り返れば、昭和三十二年（一九五七）に財団法人となり、日本銀行の建物の譲渡をうけて平安博物館を設立したのは昭和四十二年であった。この先、昭和六十一年（一九八六）三月に平安博物館を閉館、改組して古代学研究所が設置されたのは昭和六十三年（一九八八）九月のことで、協会はおよそ十年毎に大きな転機を迎えていることになる。

日本銀行への土地・建物譲渡代金の五カ年年賦払いは、契約通り保証銀行の代替払いで昭和四十六年（一九七一）度で完了したが、博物館設立事業資金の全国募金は昭和五十一年まで継続せざるを得なかった。しかし、角田の方針により、協会は財政が苦しい中でも古文書や遺物の購入を続けた。職員の給与水準が低いのに史料を買うこ

第24図　紫式部墓所の前にて高梨仁三郎理事（左端）・高杉晋一会長（中央）・角田

とには不満や非難を受けた。しかしこれは、協会の将来を見据えたならば、含み資産となりうる貴重な文化財の確保こそが経済的な基礎を固めることにつながるという信念に基づくものであり、角田はあえてこれを断行したのであった。その結果、協会には例をみないような貴重な古文書や遺物が収蔵されるようになった。

この昭和五十二年（一九七七）前後の協会の運営は相変わらず困難であり、負債も増加したが、一方で平安博物館の研究事業の展開は絶頂期であった。昭和四十四年（一九六九）から長期間に亙って編集してきた『平安時代史事典』の編纂事業は八年目に入っていた。実施した発掘調査も数多く、リーフレットの季刊『土車《つちぐるま》』をこの年から発刊し、古代学講座の開講、平安博物館友の会の活発な事業活動など枚挙に暇がない。また、この協会二十五周年・平安博物館十周年を記念して『日本古代史論集』が刊行された。

(8)　遺物収蔵庫用地の購入

協会による数多くの発掘調査は、昭和三十二年来、平安京遺跡はもとより全国に亙り展開したが、それによって出土した遺物は膨大な量に上った。これらの遺物は平安博物館内の収蔵庫（旧日銀金庫）や廊下、あるいは研究室に溢れていたが、これらの保管場所を憂慮された高梨仁三郎理事（第24図）は、自ら理事長であった高梨学術奨励基金より用地の購入代金として三百万円を助成されたことはありがたかった。

協会は早速、府下の北桑田郡京北町大字宮小字宮野の黒田小学校校庭西隣（現、京都市右京区京北宮町）に所在する約四七〇平方メートルの用地を購入し（昭和五十三年〔一九七八〕十一月十日）、遺物収蔵庫はもとより、簡単な研究施設を建設する予定であった。しかしながら、期待に反して建設費用の工面が容易にできず、建設着工が延引するうちに京都府との組織提携の問題が生じた。この改組の計画が実現することとなって昭和六十一年（一九八六）四月に平安博物館が京都府に移管される時、今後は京都府が新たに開設する京都文化博物館と協会が共に使用できる収蔵庫を、京都府自らが建設することが約束され、この用地は京都府に寄附されたのであった。ところがその後、両者の新たな組織編成は当初の期待通りに進展しなかったため、この収蔵庫の問題も解決されずにまたまた延引することになった。こうした理由から協会は、後年更めてこの土地の返還を京都府に求めたのである。紆余曲折を経たのち用地は、平成十一年（一九九九）二月一日付で漸く無償譲与の形でふたたび協会の所有に帰した。しかしながら、この時既に経済界は不況のただ中で、収蔵庫の建設費の支援も得られず、遺憾ながら更地のままで今日に至っている〔編者注　この用地は平成二十四年（二〇一二）に黒田自治会に寄附された〕。

(9)　エジプト・アコリス遺跡の発掘調査開始

昭和五十六年（一九八一）頃に至って協会は、年来海外における発掘調査を希望していた角田の指示によって、エジプト考古局に知人のいた鈴木まどか講師（エジプト美術史専攻）をカイロに派遣して発掘調査の可能性を打診させた。その後折衝の結果、中エジプトに位置する都市ミニア（Minya）の、ナイル川（ニール川）を挟んで東岸に位置するテヘネ村（Tehneh el Gabal）に所在するネロ神殿（前一世紀頃）周辺の発掘調査をすすめられた。この地は、かつてギリシア・ローマ時代（B.C. 四世紀～A.D. 四世紀）にアコリスとよばれていたことから、アコリス遺跡と名付けられ、この年の九月から三カ月間に亙る発掘調査を開始した（第25図）。ここは、ナイル川を動脈とする交易の中継地で、ナイル川岸から紅海に通じる道路の要衝にある。それだけにローマ時代にはローマ軍の

第 25 図　エジプト・アコリス遺跡全景

第 26 図　エジプト・アコリス遺跡の礼拝堂内竪坑墓から出土した中王国時代の葬送船復元模型

正規軍第二十二軍団が駐屯した所でもあり、それを証明する碑文がセラピス神殿より発見されている。調査は、当初ギリシア・ローマ時代を対象としたものの、遺構には第十二王朝からコプト時代までの遺跡が相乗していたのみならず、昭和六十三年（一九八八）の秋に至って、ネロ神殿内部の廃墓から思いがけず四千年前の中王国時代に遡る葬送船模型（第26図）が出土した。このため本調査は、当初計画よりも延引し平成四年（一九九二）度までの十二年間にも亙る長期間の発掘となったのである。

出土史料のうちパピルス文書やオストラカは永年土中にあって脱漏が厳しい上に、筆記体やコプト文字で記されており、その解読は容易なものではなかった。幸いに広島大学文学部の言語学担当のフランス人学者、ジャック・ジャリ氏がこの解読に協力をされ、大きな成果を収めた。ヒエログリフをもって記された碑銘は鈴木講師や富村伝氏によって解読されたが、なかでも第二十三王朝のオソルコン三世の碑文のごときは、史料が少ない末期王朝時代

第27図　エジプト・アコリス遺跡テヘネ村の『ドムス平安』

の歴史の解明に寄与するところが多大であった。

特筆されるのは、昭和五十八年（一九八三）の秋に角田を団長とする協会の視察団がアコリス遺跡を訪ねた時、それに同行した印刷会社ビクトリー社の桂祐三社長は、すべてが不便な中での調査の状況に感銘を受け、帰国後に有志を募って遺跡に隣接するテヘネ村に研究員の宿舎兼倉庫とするための建物資金を寄贈してくれたことである。協会はこれを『ドムス平安』と名付けてその後のエジプト調査の根拠地としたのであったが、これによって協会の発掘調査は大きな利便を得たのであった（第27図）。

この調査は、初期の頃、調査主任に鈴木まどか講師があたったが、鈴木講師の退職の後は、それまでも発掘の実際を担当してきた川西宏幸教授（後、筑波大学名誉教授）がこれを引き継いだ。

四　古代学研究所の活動

1　平安博物館の閉館

(1)　平安博物館の京都府への移管

昭和五十年（一九七五）頃に至って角田（当時、理事長代理〈専務理事〉兼平安博物館館長）は、民間団体による旧日本銀行京都支店の建物の永久保存の困難さを深慮するようになり、この平安博物館の施設を京都府に移管してはどうかと考えていた。

昭和五十三年（一九七八）に入り、それまでの協会の良き指導者であった高杉晋一会長は健康を害され、やむなく会長職を辞されることとなった。その後任として関西電力会長の芦原義重氏が第二代会長に就任した（同年五月二十六日付）。その後、移管の構想について会長の同意を得た角田は、翌年の一月十二日に林田悠紀夫知事にこの内意を漏らした。この時、移管の理由の一つとして、重要文化財の建物の保存はもとより、これを核とした京都府立の博物館の建設を促したものであった。その頃の京都府は、府立の博物館施設としては丹後郷土資料館や山城郷土資料館といった小規模なものを持つのみで、他の都道府県のように大規模な中央博物館を持っていなかったからである。七月二十四日、荒巻禎一副知事（後、知事）の平安博物館への視察があった。

昭和五十五年（一九八〇）二月二十四日に至って角田は、芦原会長の内意を受けて色部義明理事と共に林田知事を訪れ、更めて平安博物館移管の打診をした。その理由は以下の通りである。

（1）京都市に国立博物館はあるが、府自体、他の都道府県と同様に府立博物館を創るべきこと。

（2）博物館は、所在地の点で本来人の集まりやすい都市の中央部に営むべきであること。博物館を市街地から離れた郊外に建設した場合、敷地は広い上に環境は良いけれども、一般の人々が気軽に訪れにくいからである。

（3）京都にあるべき博物館としては、展示と研究を二本柱とした研究博物館が望ましいこと。

（4）京都府が望むならば、交通上至便の地にある研究博物館・平安博物館がその条件をみたしており、事と次第では府に移管しても良いこと。

（5）協会の理事や評議員がいずれも高齢者となっており、将来の運営にいささか不安があること。

この期に至って林田知事は、この申し出を快く受けられ、京都府としては充分に前向きで考慮したいと回答された。一方、昭和五十七年（一九八二）七月十四日開催の第五十九回理事会において、理事長代理の角田に替わり小川鍜《きたえ》理事が第三代理事長に就任した。芦原会長は、京都府との折衝に際して、地元にあって府や市に知られた小川理事（内務省出身、元京都府警察本部長、当時松下電器産業常任顧問）を理事長に据えることが、事を円滑に運ぶ上で至便であると考えられたのであった。その後の京都府との折衝内容はあまり芳しいものではなかったが、紆余曲折を経て漸く移管の構想は実現することとなり、平安博物館北側の平安駐車場の土地を京都府に譲渡し（昭和五十八年〔一九八三〕十月二十二日）、国指定重要文化財の旧日本銀行京都支店の建物と敷地を京都府に寄附すると共に、博物館機能を移管する（昭和六十一年〔一九八六〕四月一日）ことが決定された。これの第一の目的は、両機関の相互協力と共存を図り、将来に向けて一層の発展を期するものであった。

(2) 平安博物館の停廃

平安博物館の建物（旧日本銀行京都支店）と敷地の京都府への寄附と博物館組織の移管に先立ち、昭和五十八年九月十二日、京都国際ホテルにおいて林田悠紀夫知事、荒巻禎一副知事、井上裕雄文化芸術室長、吉岡勉企画管理部長と、協会の芦原義重会長、小川鍜理事長、角田文衞専務理事、下条信行助教授が出席し（西井芳子秘書室長、新井田郁雄事務局次長陪席）、京都府と協会の間で確認書の調印があった。そこには平安博物館の施設・土地・建物をはじめ、図書や財産を寄附することが盛り込まれていた。

京都府との間で交わされたもうひとつの条件は、新博物館が設立されて機能が統合されるまでは協会の負債をこれ以上増やさないことであった。そこで、府との提携に至るまでの間の運営資金を満たすために、昭和五十八年には平安博物館に発掘調査部が設けられ、研究員達は京都市内や府下において連続的に行政発掘に身を挺すこととなった。それは涙ぐましい行為であったけれども、彼らは京都府に支えられた研究体制の確立を望みとして、それらの業務に従事したのであった。その中でも、京都府精華町の畑ノ前遺跡の発掘調査は大規模なものであった。孝謙天皇の女官として知られる稲蜂間宿祢《いなはちまのすくね》仲村女《なかむらめ》が出た稲蜂間氏の邸宅があったとされるところで、ここでは檜の巨木を刳り貫いた巨大な井戸枠が出土し、関係者を驚かせた（第28図）。

第28図　京都府精華町畑ノ前遺跡巨大井筒の前で
（左より角田・杉山信三氏）

第29図　京都府知事からの感謝状授与
（左より林田知事・角田・芦原会長）

昭和六十一年（一九八六）四月一日、京都府庁知事室において寄附と移管のセレモニーが行われたが、出席者は前述のメンバーであった（第29図）。この時、協会は京都府に対して、平安博物館の土地、建物及び京北町の収蔵庫用地、図書並びに研究資料、その他の寄附書を提出した。それまでに締結された条件は以下の通りである。

（1）京都府は、平安駐車場（博物館北側）の土地を適正な価格で買い上げ、そこに設定されていた抵当権を抹消するとともに、協会の基本金に充てるための現金三億円を同協会に渡すこと。

第30図　平安博物館閉館の日（職員一同・清涼殿模型の前で）

（2）協会は、旧日本銀行京都支店の店舗（国の重文指定）とその敷地を京都府に寄附すること。

（3）貴重資料の一部と図書並びに備品を京都府に寄附し、昭和六十一年（一九八六）度末までに実施した発掘調査による出土品は京都府に移管すること。

（4）京北町の収蔵庫用地百五十坪を京都府に寄附し、府はその地に両者が共同で使う収蔵庫を建設すること。

それからまもなく京都府は、平安駐車場跡地において新博物館の建設工事を開始するとともに、平安博物館の赤レンガ造りの建物を別館とする目的で、創建当初（明治三十九年〈一九〇六〉）の姿に戻すための修復工事に着手した。こうして平安博物館は昭和六十一年三月三十一日に展示室を閉室し、さらに同年十月一日付で職員のほとんどを新設の京都文化財団に移籍させたのである。平安博物館は組織上は昭和六十三年（一九八八）九月まで存続するけれども、実質的にはこの時点で機能を停止したのであった（第30図）。同時に平安博物館友の会の解散も決定し、学術講演会を伴う解散総会が昭和六十一年六月二十九日に京都府立ゼミナールハウスにおいて開催された。

(3)　二条城仮事務所への移転

京都府との関係によって大きな転換期を迎えた協会は、昭和六十一年三月三十一日をもって特設機関としての平安博物館を切り離したものの、本来の研究機能に変わりはなかった。そして、新たに建設される新博物館（京都府京都文化博物館）と密接な関係を保ちながら、将来ともに目的とする研究事業の推進に協力しあうことが謳われた。新博物館の建設は、平安建都千二百年記念事業の一つに組み込まれ、これの運営母体となる京都府第三セクターの財団法人京都文化財団が同六十一年八月に設立された。建設期間中の一時的措置として両組織は、同年四月下旬から昭和六十三年（一九八八）四月十日までの約二カ年間、二条城北堀端の元京都府看護学校旧校舎に仮事務所を設置し、移転した（京都市上京区竹屋町通智恵光院東入ル主税町一二五四）。また発掘調査による多数の出土遺物は、とりあえず無人となっていた元府営住宅（伏見区竹田七瀬川八-一）の一、二階に移され、三階は考古学研究室に転用され、両組織の研究活動の拠点となった。

(4)　職員の移籍

昭和六十一年三月三十一日の平安博物館の閉館から、昭和六十三年九月一日付で新たに古代学研究所を創設するまでの間の協会は、雌伏の時を過ごしたのであった。

この間、平安博物館に所属していた協会の職員は、新たに設立された㈶京都文化財団に移籍することとなった。そして、昭和六十一年十月一日付をもって、角田および秘書室、そして『古代文化』編集担当の山崎千春書記を除いた全職員が、京都府京都文化博物館の運営母体として設立された京都文化財団に移籍した。角田館長と西井秘書室長は当初は新財団と兼務する予定であったが、協会の運営に専念しなければならないという理由でこの移籍対象から外れることになった。なお、鈴木忠司、山田邦和、藤本孝一、川西宏幸の各研究員は残務整理を処理するため

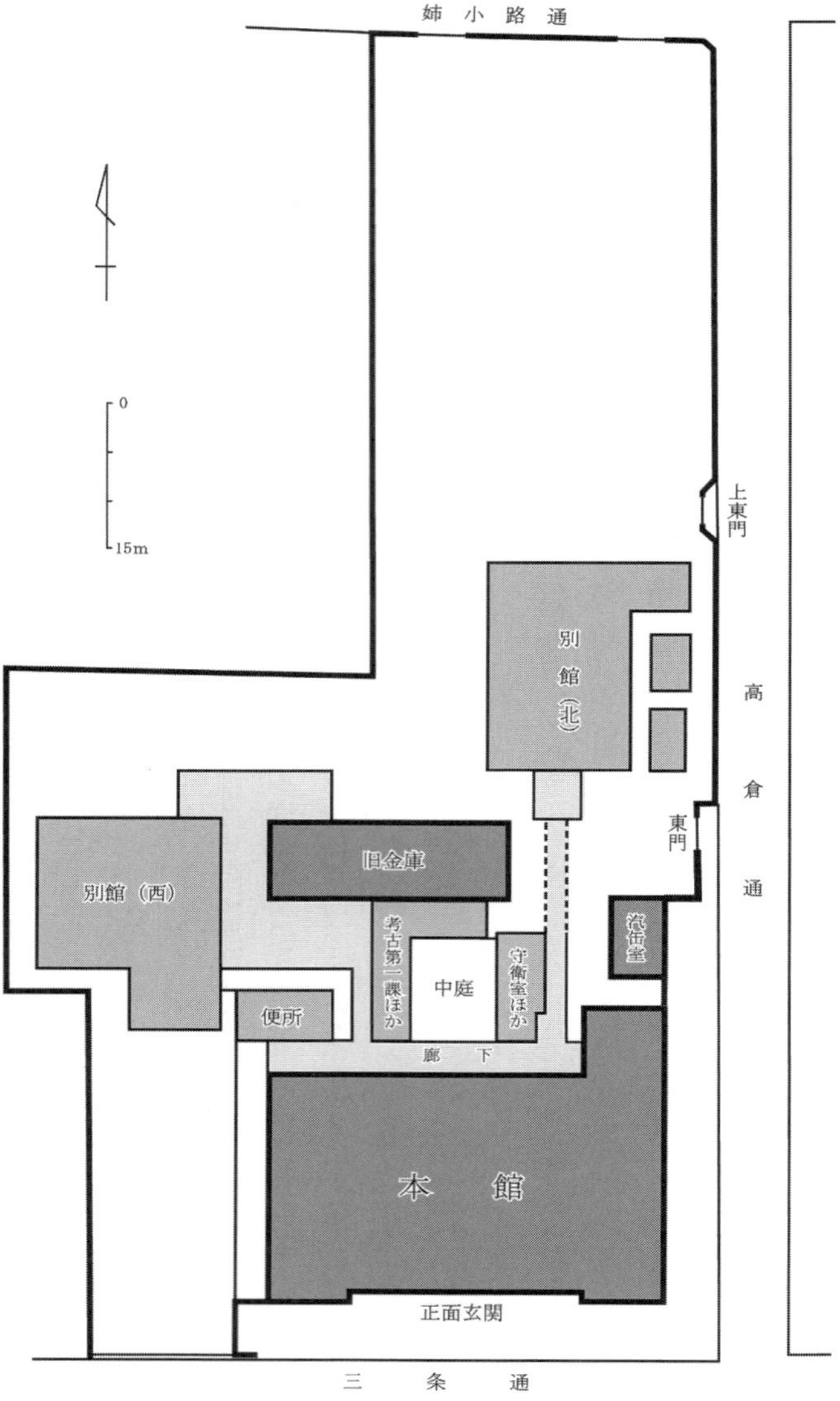

第 31 図　平安博物館建物配置図（昭和 43 年〔1968〕頃）

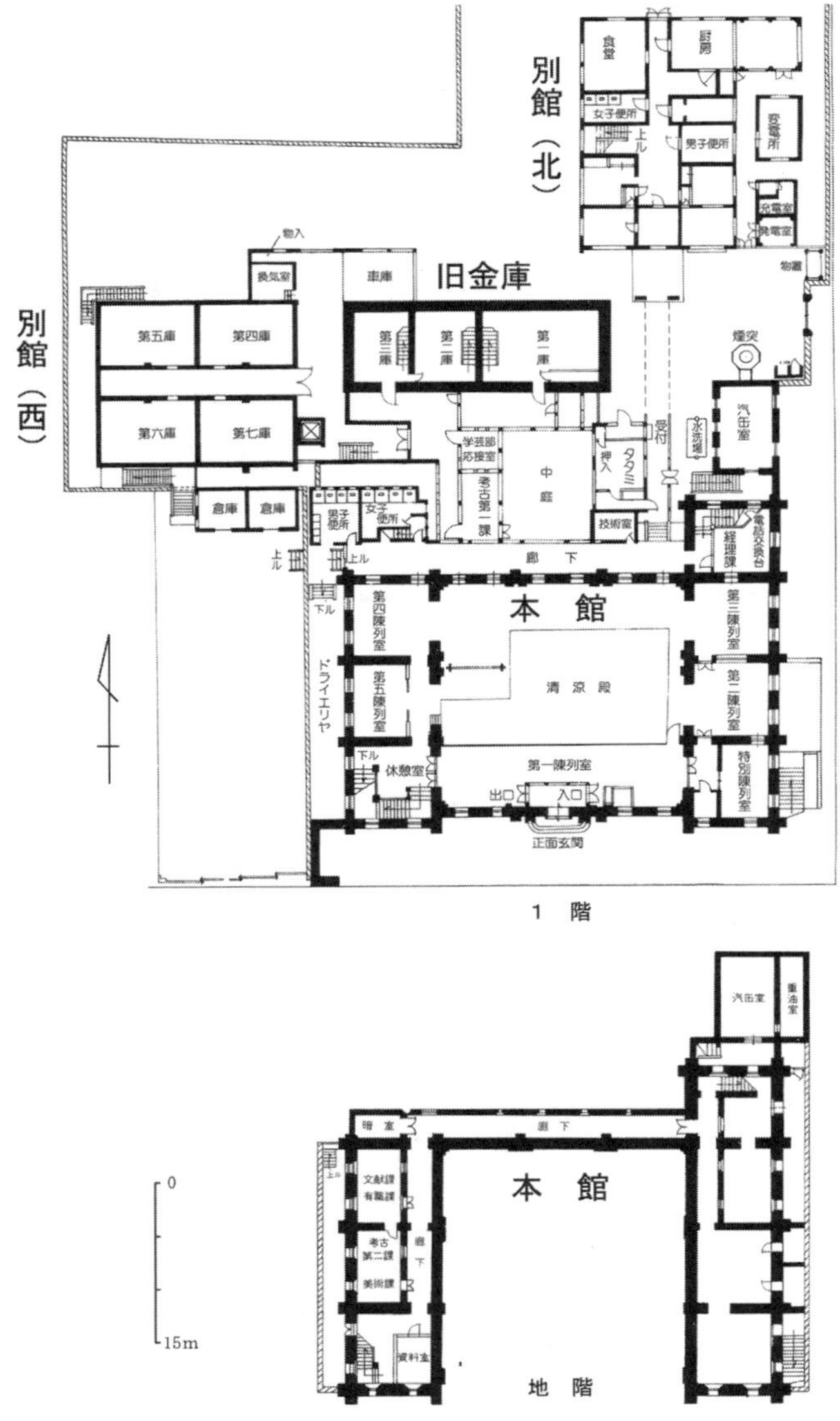

第 32 図　平安博物館平面図地階・1 階（昭和 43 年〔1968〕頃）

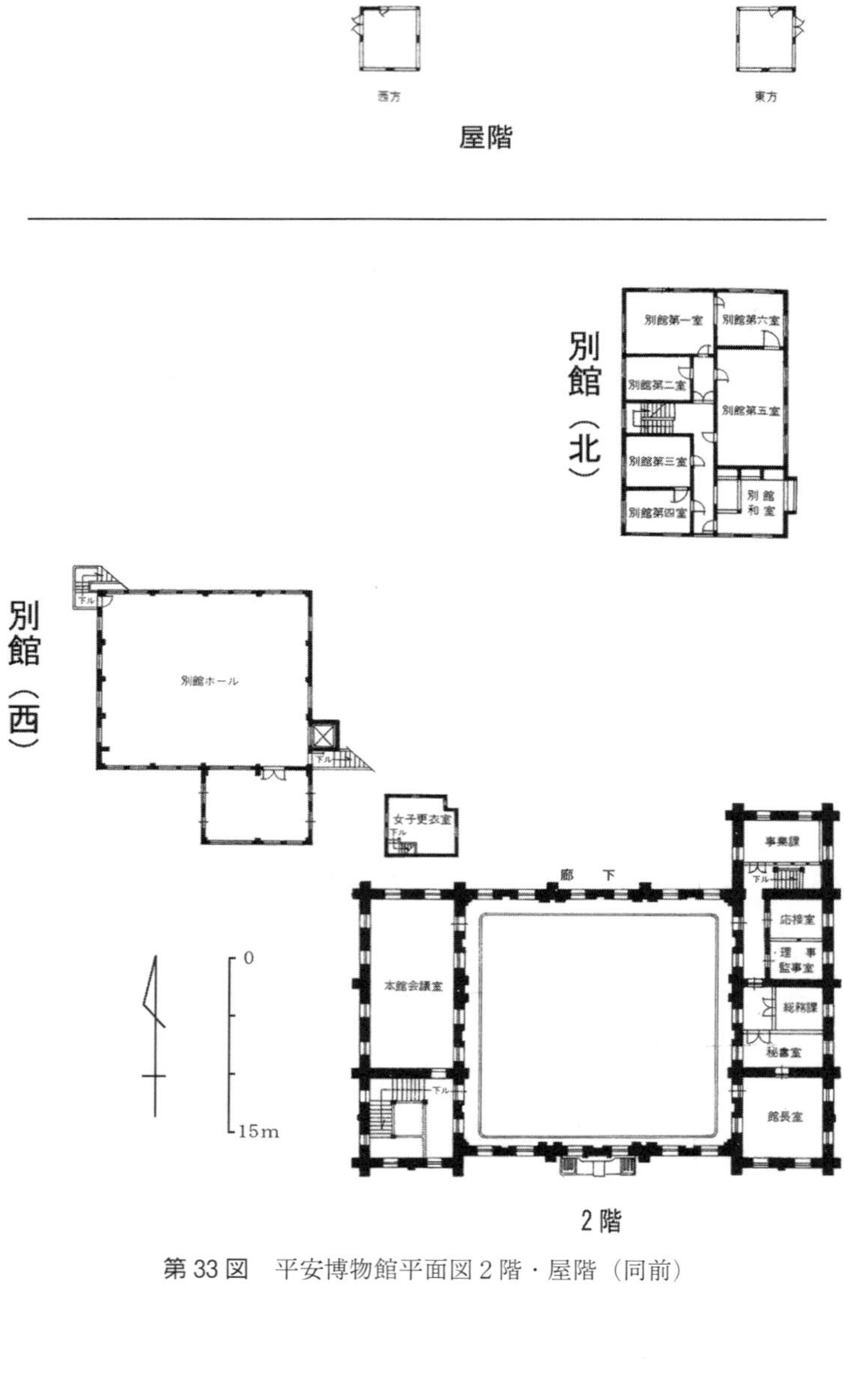

第33図　平安博物館平面図2階・屋階（同前）

もあり、移籍はしたもののその後暫くの間、交替で協会へ出向のかたちをとった。また川西研究員は翌年四月一日付で協会に復帰した。

なお、この間の昭和六十二年（一九八七）四月一日付で協会の支部のうち東京支部を除く五支部の名称変更を実施した（札幌→北海道、仙台→東北、名古屋→東海、広島→中国、福岡→九州の各支部）。

2　古代学研究所の開設

(1) 京都文化博物館の竣工と古代学研究所の設立

第34図　改築中の旧日本銀行京都支店中央ホール（旧平安博物館）

京都府京都文化博物館の建物の竣工（昭和六十三年〔一九八八〕三月三十一日）直後の四月十一日、協会と京都文化財団は二条城仮事務所から新博物館へ戻った。しかし、京都文化博物館の別館となった旧平安博物館の建物はこの段階では修復工事が未完成であったことから、協会は一時的に新館五階の一室に移転し、業務を遂行した。別館の工事完了（八月三十日）に伴い、協会がようやく古巣に戻ったのは九月一日のことであった（第34図）。

ところが、京都府と京都文化財団は、協会との連携の実をあげるという理由から、新博物館が開館（昭和六十三年十月一日）するまでの期間、京都文化財団に対して協会も応分の金銭的負担をするように要求してきた。具体的には、新博物館の開館までは京都文化財団の財政基盤が脆弱であるため、京都文化財団へ移籍した職員の人件費にあたる金額を協会が支出せよというのである。さらに、種々の事情からこの約束は更に一年延長され、結局は協会は職員の移籍の昭和六十一年下半期から平成元年（一九八九）までの分として、総計一億三千五百万円を負担することを余儀なくされた。これは協会にとってはまったく予期に反した重荷であり、かえってこのことが協会の財務状況を著しく圧迫する結果となったのである。また、当初の林田京都府知事との会談の中では、旧日本銀行京都支店の建物は京都府に寄贈するものの、将来ともにその建物を協会が自由に使用して良いと約束されていた。しかし、現実には建物の過半は京都文化博物館の施設が占めることになったばかりか、京都文化財団は協会に対して巨額の建物使用料を支払うことを求めたのであった。

新博物館は昭和六十三年（一九八八）十月一日に開館したが、その組織や機能は、事前の約束であった研究体制の整備は除外され、展示を中心とすることは当然としても、一方で貸会場経営に重きが置かれ、予定されていたような協会との研究事業の相互乗り入れは当面実現する見通しはなく、期限のない将来への課題となった。また、設立された新博物館の名称は、当初は『平安博物館』を継承する約束であったが、どうしたわけかこれも実行されず、『京都府京都文化博物館』と決定されたのであり、協会としてはこれは甚だ遺憾とするところであった。協会は新博物館の研究体制の確立のため、京都文化財団の傘下に新博物館と並ぶ歴史学の研究所を新設していただき、それと協会が連携するという構想を立てたこともあったが、これもまた机上プランに終わった。

こうした状況では、協会の本来の目的の推進は望めない。そこで協会はやむを得ず、同年九月一日付を以って新施設として『古代学研究所』を創設することを理事会で決定した。この時をもって協会は、新しい体制の下に本来の目的である研究事業を遂行するために再発足することとなったのである。

第35図　色部義明会長（左）・角田文衞理事長（右）

（2）　古代学研究所新体制と研究室の再編成

協会の経営にかかる古代学研究所は、所長には角田文衞教授兼専務理事、副所長には浅香正教授（同志社大学名誉教授）が就任し、昭和六十三年九月に新たな活動を始めた。また経営母体の協会も、平成二年（一九九〇）三月に芦原会長が九十歳になられたことを機会に辞意を表明され、これに即応して小川理事長も勇退されることとなった。そこで協会は、色部義明理事を新会長（第三代）、角田文衞専務理事を新理事長（第四代）とする新体制を組み、面目を一新することとなった（第35図）。色部新会長は以前から協会の強力な後援者であり、中国の古代史や現在の政治情勢に詳しく、その方面の著書も持つ方であった。

なお、平安博物館と同様、古代学研究所も教授、助教授制を採用した。また、研究所は専門別に研究室を設置し、原則として各研究室長は、教授もしくは助教授がこれに当たった。第一研究室は文献史料による日本古代文化の研究、第二研究室は遺跡・遺物史料による日本古代文化の研究、第三研究室は海外における古代文化の研究を掲げた。また、これら研究室の纏め役として研究主任または所長補佐を置き、諮問機関として教授会を組織した。

（3）　イタリア・ポンペイ遺跡発掘開始への経緯

イタリア・ポンペイ遺跡（カンパニア州ポンペイ市）は、西紀七十九年のウェスウィウス（ヴェスヴィオ）火山の噴火により埋没したローマ時代の都市遺跡として世界的に著名である。角田は、若き日のイタリア留学時代（一

第36図　ポンペイ考古監督局における交渉（右より坂井助手・コンテチェッロ局長・角田・ダンブロッシオ調査課長）

九三〇年頃）からこの遺跡には特別な関心を抱き、いつか日本の調査隊の手で発掘調査を行いたいとの願望を持ち続けていたが、戦争及び戦後の混乱のため実現はなかなか困難であった。漸く昭和六十年代になって平安博物館を改組して古代学研究所の発足準備を進めていく過程で、新たな研究所の研究課題としてポンペイ遺跡発掘調査実現に向けて具体的な動きが始まった。

昭和六十二年の九月、角田はシチリアでの視察旅行を終えてナポリに入ったが、同二十九日の午後、ナポリ在住のカンパニア考古学界の重鎮フランチシス教授（ALFONSO DE FRANCISIS, 1915～1989）をナポリ市外の住所に訪ねた。彼はオプロンティス（Oplontis）の火山灰で埋もれていた離宮の遺構を発掘したことで著名であった。雑談の後、角田が我々の学会によるポンペイ遺跡の発掘はできるでしょうかと訊ねたところ、教授はいとも簡単に『Come No?（どうしてだめなのか）』と即座に返答され、ポンペイ考古監督局局長のティ・コンテチェッロ博士（DOTT. BALDASSARE CONTICELLO）にその旨を伝えるからと言われた。翌々日（十月一日）、角田所長はポンペイ考古監督局に局長を訪ね、発掘の希望を申し出たところ、局長は簡単に承諾し、発掘部長のヴァローネ博士（ANTONIO VARONE）に適当な遺跡に案内するよう指示した（第36図）。ヴァローネ博士は角田を第三坊第四町e（Regio III, Insula 4, e）のイフィジェーニァの家に案内し、これを発掘してはどうかとすすめた。その家は以前に発掘され、壁画のあるアトリウム（前室）が露出したが、そこで発掘は中止されていたものであった。ポンペイ考古監督局より発掘の内諾をえた角田は、早速発掘の準備に着手した。ただし、発掘調査ということになるとポンペイ考古監督局だけの判断では実施することはできず、その権限はイタリアにおける文化財行政の監督官庁である文化財環境省（Ministero dei Beni Culturali ed Ambientali＝当時の名称）とその審議会の判断に委ねられていた。そこで平成元年（一九八九）の八月、協会はポンペイ考古監督局を通じて文化財環境省に対し、正式に発掘調査許可申請書を提出した。そして最終的な許可が下りるまでの間（平成元年十二月五日〜平成二年〔一九九〇〕一月二十七日）、発掘調査予定地区の測量を中心とした予備調査を行った。

予備調査終了後、イタリアの関係当局との折衝に当たっていた古代学研究所の坂井聡助手が現地に残り、調査許可が下りるのを待った。ところがこの手続きは容易に進展せず、この年の夏に至って出された文化財環境省の審議会の結論は、不許可であった。その主な理由としては、古代学研究所がイタリアで活動の実績が無いことであった。こうして大いなる期待を以って始まったポンペイ遺跡発掘調査計画は、その振り出しから極めて困難な状況に立たされたのであった。

しかし、古代学研究所のポンペイ遺跡調査に対する熱意は決してこれで消え去ったわけでは無かった。当時、イタリア文化財環境省の発掘調査審議会委員長であったスタツィオ（A. STAZIO）教授もこの熱意を理解し、古代学研究所がもう少しポンペイ遺跡で実績を積めば良いと助言があった。また、ポンペイ考古監督局局長のコンテチェッロ博士も、遺跡の地上調査ならば考古監督局単独の許可で実施できることから、暫く発掘はさけて地上調査を実施してみてはどうか、と助言された。そこで翌平成二年から四年（一九九二）にかけて古代学研究所は、ポンペイ都市の形成と都市構造に関する問題を探求する、発掘を伴わない地上調査を実施した。考古学では川西宏幸教授、辻村純代講師、西田泰民助手、ヴィンチェンツァ・イオリオ氏（VICENZA IORIO、当時、ポンペイ考古監督局嘱託）らが、文献学では浅香正教授、坂井聡助手、カイト・フォトグラフィーの分野では東京テクニカルカレッジ教員・室岡克孝、法政大学兼任講師・力丸厚両氏がそれぞれ分担した。そもそもポンペイ遺跡の発掘調査は二百五十年近い歴史を有しているが、その発掘方法は永い間宝探しないしは美術品探しに偏り、基本的な調査が殆ど顧みられていなかったのである。

この時の成果を内外に公開するために当協会は、全編欧文による定期刊行物『ポンペイ論集（*Opuscula Pompeiana*）』を平成三年（一九九一）より年報の形で創刊し、調査成果のみならず、ポンペイ遺跡にまつわる諸問題についての論考を発刊した。

これらの実績を積み重ねるうちにポンペイ考古監督局は、発掘調査の許可申請を再提出するよう協会に示唆された。角田は坂井助手と慎重に協議し、今度は邸宅跡ではなく、十九世紀以来存否をめぐって論争のあった城壁に開いた城門の一つ、通称カプア門を発掘調査によって検出し、ポンペイ遺跡のゆるがせにされている重要事項を明確にすること、また城壁の形成過程を研究することで、ポンペイの都市としての起源と、都市計画による街造りの過程を調査することとし、平成四年（一九九二）十一月二十八日付でポンペイ考古監督局を経て文化財環境省に更めて申請書を提出した。

ポンペイ遺跡の本格的な発掘調査は平成五年（一九九三）三月十六日に認可された。その頃、外国の研究者による新規の発掘が認められるのは極めて例外的であった。ましてイタリアの遺跡の調査にこれまで大きな実績の無かった日本国の調査団に発掘調査の許可が下りたのは、偏に調査の目的が明確で、その熱心さと調査の精確さ、並びに学術的意義がイタリア当局に正しく理解されたからに外ならないのである。

協会は事を公平に進めるため、ポンペイ研究委員会を組織して諮問機関とした。平成五年春から秋にかけて、発掘の準備を整えた。特に最初の年でもあるので、地下の層位の探査には力を注ぎ、これには福井県武生市の田中地質の協力が多大であった。同年の八月、坂井講師は一足早くポンペイに赴き、宿泊のマンションを準備し、また、田中地質による地下の探査を監督した。そして、京都にあっては新に調査団が編成され、十月十日、調査団はポンペイに向けて日本を出発した。調査団長は角田文衞教授兼所長、副団長は浅香正教授兼副所長、調査主任は江谷寛教授、副主任は丹羽佑一香川大学教授がこれにあたることとなり、その他坂井講師、ヴィンチェンツァ・イオリオ共同研究員、上野恵司、中山一夫両嘱託らが調査協力者となった。

またこのポンペイ遺跡の発掘に関しては、文部省科学研究費補助金の交付があり、更には高梨学術奨励基金の助成金のほか、財界諸社から多額の浄財が寄せられた。なお、平成十年（一九九八）及び十二年（二〇〇〇）度には、発掘調査終了後の遺構の一部保存処理にあたって、住友財団から助成金による協力があった。

(4)　エジプト・アコリス遺跡発掘調査報告書の刊行

一方、エジプト・アコリス遺跡の整理作業は、川西宏幸教授、辻村純代講師によって進められてきた。この調査報告書は英文による叙述であり、フランス人の学者ジャリ氏の協力を得て、平成七年（一九九五）に『*AKORIS*』と題した大冊として、晃洋書房からめでたく刊行されたのであった。

(5)　平安建都千二百年記念事業

平成六年（一九九四）は、桓武天皇によって平安京が造営（七九四）されてから丁度千二百年目であった。やがて平安建都千二百年記念事業が京都市をあげて実施されることが予想された平成元年の春、協会は、その一環として京都市埋蔵文化財研究所の協力を得て『平安京提要』を編纂することを計画した。これは平安建都千百年目（明治二十七年〔一八九四〕）を記念して、第四回内国勧業博覧会、琵琶湖疏水事業の完成、平安神宮の創建など、多くの記念事業が敢行された中で、学術事業として明治二十八年（一八九五）に刊行された湯本文彦（一八四三～一

第37図　『平安時代史事典』『平安京提要』出版祝賀会（京都国際ホテル、平成6年5月28日）

九二一）の『平安通志』（全六十巻・和装本二十冊、京都市参事会編集）の功績を踏まえたものであった。これは、それまでの平安京・京都に関する知識を総括し、平安京研究に新しい時期を画したものであった。

『平安京提要』についての協会の立案は平成元年（一九八九）からの五カ年計画で、『平安通志』以後の百年間の文献学、古代遺物学（考古学）の研究成果をあらためて総括し、平安京研究の発展の基礎をつくることが目的であった。これには当時協会で平安京の考古学的研究を推進していた山田邦和助手が主任となり、後に寺升初代嘱託が後を継いで事業を進めた。京都市が企画した記念事業の中には学術事業が皆無であったことから、当協会のこの計画の推進を大いに協賛されるところとなり、記念事業主体として編成された平安建都千二百年記念協会より『平安京提要』編纂費として七百五十万円、刊行費として二千万円の助成を得たことは特筆される。

なお、昭和四十四年（一九六九）から長期間に亙って編集してきた『平安時代史事典』もこの記念の年である平成六年（一九九四）に漸く刊行され、『平安京提要』と共に京都府知事（平成七年〔一九九五〕六月十九日）と京都市市長（同年十月十五日）からその功績を賞されたことであった（第37図）。

なお、この平成六年からは、新たに仁和寺の研究を開始することとなった。同年、角田は仁和寺の吉田門跡と懇談し、調査が途中で途絶している宇多法皇を初代とするこの門跡寺院の厖大な古文書や典籍の総合的研究の許可を得た。そこで、関口力助教授や古藤真平助手を主力とする調査団が毎月一週間の日程で出張し、綿密な調査を行ったのであった。その成果は、年刊の『仁和寺研究』として公表することとなり、第五輯までが刊行されたのであった（平成十一年〔一九九九〕～十七年〔二〇〇五〕）。

3　西方古典文化研究所、東京支所、創立五十周年記念事業

(1)　在外研究所設置の計画

ところで、欧米の近代文化は周知のように、ギリシア・ローマの古典文化とキリスト教文化を根底としている。キリスト教文化の方は、日本にいくつかのミッションスクールの大学があり、それぞれ研究も進んでいるが、ギリシア・ローマの古典文化の方は二、三の大学に古典文化の講座がある程度であり、洵に貧困そのものである。日本の学界が欧米の近代文化の根本的な理解ができないのは、ギリシア・ローマの古典文化の研究をないがしろにしているためである。

角田が、昭和十四年（一九三九）～十七年（一九四二）のイタリア留学中に痛感しかつ羨望にたえなかったことは、欧米十六カ国がローマに、また数カ国がアテネに研究所を設置し、古典文化の研究や学者の養成に励んでいることであった。その頃から角田はかねがねこれを慨嘆し、せめてアテネにまず国立の研究所を設けたいと願っていた。昭和五十三年（一九七八）、角田が中心となって西方古典文化の有力な研究者六名に働きかけ、まずアテネに古典文化研究所を設けてほしいという請願書をしたためた。そのメンバーは次の通りである。

田中美知太郎（京都大学名誉教授）、谷川徹三（地中海学会会長）、角田文衞（平安博物館館長）、長谷川周重《のりしげ》

（日本ギリシア協会会長）、松平千秋（日本西洋古典学会委員長）、村川堅太郎（東京大学名誉教授）、村田数之亮（大阪大学名誉教授）。

そして昭和五十四年（一九七九）、角田所長は文部省にて学術国際局長・篠沢公平氏に会い、ぜひアテネに西方古典文化研究所を設けていただきたいと懇請し、六名の連名の請願書を提出した。局長は趣旨には大いに賛成されたが、海外に文部省所管の研究所を設置することは非常に困難であると言われ、なお学術会議にこの請願書を出されてはどうかと言われた。しかし、当時の学術会議ではこの種の請願は数十件が一列行列をなしており、いずれもが実現されないままであることを知った。学術会議を持ち出すのは、各省庁がこの種の請願を扱う場合の逃げ口上であった。

これによって国立の西方古典文化研究所の設立は、見果てぬ夢に終わった。それでも角田はあきらめず、協会の古典文化研究所をローマに設立したいと願い、昭和六十三年（一九八八）頃、参与の丸山暢謙氏を煩わせて具体的な募金計画を立てたのであった。しかし、たとえそれが必要欠くべからざることであっても、これに要する莫大な資金を調達することは角田の立場がこれを許さず、これまたあきらめざるをえなかった。

(2) 西方古典文化研究所の開設

協会は、平成元年（一九八九）から平成四年（一九九二）にかけてポンペイ遺跡において予備調査や地上調査を行い、更には平成五年（一九九三）来本格的な発掘調査を実施した。この間、調査要員の宿泊のみならず、出土遺物を整理するためにも、研究所を設ける必要が痛感された。平成六年（一九九四）の秋頃から協会は、ポンペイ市内で適当な物件を探し、研究所をポンペイに設置したいと願うようになった。これは単なる目前の必要ばかりでなく、かねがね構想していた西方古典文化研究所設立の願望の一部を果たすことを期したのであった。協会は、適当な物件を探し、幸いにも平成六年度の第二次発掘調査の期間末期に、遺跡に近い市街地のなかで四階建の建物が売

第38図　西方古典文化研究所

りに出ていることを知った。協会の依頼によって石川六郎理事（鹿島建設代表取締役名誉会長）の配慮で同社のロンドン支店から技師二人がポンペイに派遣され、建物の耐久性、構造などについて検討された結果、充分購入に値するとの答申を得た。この報告をうけた協会の理事会は、同物件の取得を決定した。

この時点までに既に協会は、研究所の開設を望んで関係企業に実情を訴え、幸いにもその実現に向けて多くの資金援助の申し出を得ていた。

平成七年（一九九五）三月八日、現地において不動産購入の手続きをすべて完了し、ここに西方古典文化研究所（略称ポンペイ研究所）が開設された（第38図）。

所　在　地：イタリア共和国ポンペイ市クラポッラ二番街十七番地（Via Crapolla, 2, n. 17, Pompei, Napoli, ITALIA）
旧所有者：Orsola Fabbrocino、Ermanno Lamberti
面　　積：〔土地〕登記簿 四百平方メートル（約百二十一坪）、図面上 五三一平方メートル（約一六〇坪）
〔建物〕登記簿 三九〇平方メートル（約一一八坪）、図面上 四六五平方メートル（約一四一坪）
構　　造：鉄筋コンクリート造り、一部レンガ積み、地上三階、地下一階建
建 築 年：一九六五年

この研究所の所長には、古代学研究所の角田文衞教授兼所長が、また副所長には江谷寛教授が就任した。これにより、第三次発掘調査（平成八年〔一九九六〕度）からは毎年調査員の総てが、この快適な環境で調査に臨むことができるようになった。なお、ダイキン工業が、この建物のために冷暖房の装置を寄附されたことは有り難かった。この結果、ポンペイ考古監督局は出土遺物を遺跡の城壁外のこの研究所に持ち出すことを許可された。よって古代学研究所は、このポンペイ研究所において報告書完成までの間、すべての遺物を保管することが可能となり、爾来調査員は、春秋の二回渡伊し、夜間も含めて報告書の作成を進めたのであった。

他方、平成十一年（一九九九）度からは毎年野村国際文化財団の助成金による若手のローマ文化研究生の現地への派遣事業が開始されたが、彼らは二〜三カ月間の研修期間中、この研究所を滞在拠点としており、古代学研究所の研究員が研究指導、並びに現地学界との交流の便宜を図っている。

平成元年以来、協会が実施してきたポンペイ遺跡の地上調査ならびに発掘調査は、平成十一年一月をもってひとまず終了した。ただ、調査の結果、十九世紀の初頭から伝えられてきたカプア門の存在は全く確認されず、代わって塔屋が検出された。この塔屋の前身が果たして本当に門でなかったかを更に究明するため、平成十四年（二〇〇二）にはこの地点から北方に通じる街路の存否を確かめる補足的発掘調査を実施した。

さらに、平成十一年十二月には、ポンペイ市の北東に所在する同じカンパニア州サルノ市の要請により、この地方の古代遺跡の発掘調査と研究にも乗り出した。ここでは、土砂に埋もれたギリシア型の半円形の劇場を清掃調査し、地上に甦らせるといった成果を得ている。〔編者注　その後、西方古典文化研究所はポンペイ調査の終了とともに役割を終え、平成二十三年（二〇一一）に売却された〕

(3)　古代学研究所東京支所の設置

協会は、平安博物館の時代には、永年に亙って自主的或いは委託によって全国に亙って発掘調査を行って来たが、古代学研究所の設立以後は海外調査の比率が高まったため、関西地方以遠に出ることはなかった。この現実を考慮して、平成八年（一九九六）度より、主として関東地方の平安文化の調査・研究を目的とする東京支所（東京都港区麻布二-二十-十四　麻布十番ハウス六〇四号室気付）を古代学研究所の下に設置することとなった。そこでは協会専務理事の坂詰秀一教授（立正大学教授・常任理事）を中心にして研究、発掘調査を実施することとなった。特に独自性の強い東国の古代文化の研究はもとより、関東の古代学研究者との学術的交流の強化を図ることを目的としたのであった。なお、平成九年（一九九七）三月一日に至って東京支所は、リーフレット体裁の『東国古代学―支所だより―』（不定期）の刊行を開始し（B５判、六頁）、成果の普及に努めたことであった。

(4)　古代学協会創立五十周年記念事業

昭和二十六年（一九五一）十月一日に創立した協会は、平成十三年（二〇〇一）十月をもって満五十年を迎えることとなった。ただ、平成十三年において非常に憂慮に堪えないのは、協会の指導者であった色部義明会長が年頭以来体調を崩され、八月十二日に至ってついに逝去されたことである。色部氏は昭和四十七年以来理事、平成二年以来会長として協会に尽くされること甚大であった。特に協会の将来を思い、多大な浄財を研究のために寄附されたことは感謝にたえないことであった。

次代の会長については理事会で協議の結果、鈴木政志理事が推挙され、不況の折りにもかかわらず協会の運営を担われることとなった（第39図）。鈴木新会長の就任と時を同じくして、協会は創立五十周年を迎えた。平成十三年十二月八日、これを記念して、三笠宮崇仁親王殿下の台臨を仰ぎ、また平野邦雄博士の上洛を請い、京都新聞文化ホールで両氏による記念講演会を開催し、次いで会場を京都ホテルに移して祝賀会を催した。

創立五十周年を迎えるに先立ち、平成十年（一九九八）三月三十日の理事会は、『財団法人古代学協会創立五十年史』の刊行、『古代学会館（仮称）』の設立、初期王権の総合的研究、という三種の記念事業を決定した。

『創立五十年史』は沿革史、年譜及びトピックス、資料の三部構成とすることが決定していたが、後述する理由によってこの編集は遅延し、『六十年史』にもちこされることによってようやく実現を果たした。

『古代学会館（仮称）』は、研究資料の保存、遺物等の一時的保管が出来、また研究室や講義室などをもつ研究棟である。その目的の実現への第一段階として、協会本部から高倉通を隔てた真東に位置する土地（二一一・八〇平方m（約六四・一八坪）、京都市中京区高倉通姉小路下ル東片町六百十八番地）を購入することとなった。大林組会長・大林芳郎理事はこの件について大いに協力され、古代学会館の建物の仮設計をされ、ここにはエレベーター付の六階建の建物が建設可能であるとされた。しかし、これには約二億円の建設費が必要であると算定されており、昨今の不況下では寄附金を得られる見込みもないため、この実現は将来へ持ち越され現在に至っている。ただ、古代学会館建設までの間、この土地は駐車場として経営され、協会の財政に寄与している。

第39図　鈴木政志会長

もうひとつの創立五十周年記念事業はあくまでも研究事業とし、テーマとして『初期王権の研究』を掲げた。平成九年（一九九七）の暮れ、角田は上田正昭博士（京都大学名誉教授、当協会顧問）と相談し、世界各地にわたる

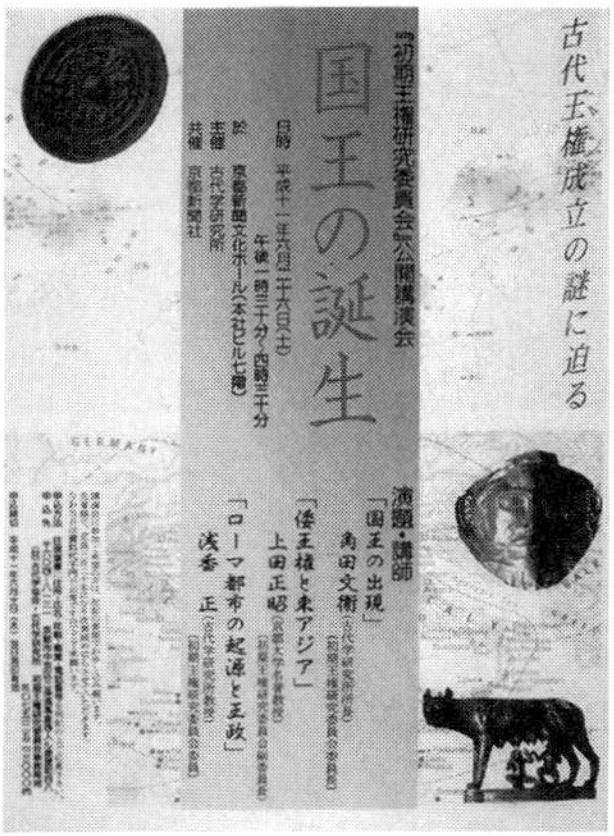

第40図　初期王権研究委員会公開講演会『国王の誕生』のポスター

初期国家の王権の総合的研究を推進することを決定したのであった。これは、現下の古代学界では日本はもちろん欧米にも例をみない画期的な企画である。この研究計画を実現するために『初期王権研究委員会』（委員長：角田、副委員長：上田正昭氏）を発足させ、そこには六十数名の古代史研究者の協力のもとに九つの部会を設け、総合的あるいは地域的に初期王権の研究を進めた（第40図）。その成果は総括され、『古代王権の誕生』と題する四分冊の研究書に纏めて平成十五年（二〇〇三）角川書店より刊行され、学界に多大の裨益を行ったのであった。

4　協会の危機と再構築

(1)　協会財政の危機と古代学研究所の停廃

思えば、平成初年頃までの日本は恵まれていた。協会の主要な収入源である企業からの賛助会費も、努力の甲斐あって平成三年（一九九一）度には年間九千五百万円を突破することができた。ところが、この年の頃からいわゆる『バブル経済』が破綻し、恐るべき不景気が日本全体を襲った。この情勢が直ちに反映して、賛助会員の退会や休会が驟《しゅう》雨《う》の如く始まり、当然のことながらそれは協会の財政に多大な損失をもたらしたのである。角田と西井秘書室長は会員の減少をくい止めることに大わらわになったけれども、どうすることもできなかった。色部会長も、この度の不景気はこれまでのそれとは違い回復に多年を要し、協会も生き延びるための用意が必要であると認識されていた。やむを得ず協会は平成十七年より職員給与をカットして人件費を切り詰め、経費節約を旨としてこの不況を切り抜けようと試みた。研究事業については、文部省、三菱財団、高梨学術奨励基金、住友財団などからの多大な助成金によって推進することはできたものの、これらの助成金は人件費に充てることができないことが泣き所であった。

協会は所帯が小さいため、職員を減らせば研究事業を進めることに多大な困難が生じる。理事会は、できうる限り職員の削減は避けるという方針で臨もうと努力したけれども、収入の激減は如何ともし難い状況であった。隆盛時の平成三年度には賛助会員数は約三七五社、そこからの会費収入は年間九千五百万円を記録したものが年毎に減少し、平成十七年（二〇〇五）度には会員数七十社、会費総額千五百万円へと落ち込んだのである。また、平安博物館の北側の土地を京都府に譲渡した際の残金が『古代学研究所基金』として保持されていたが、賛助会費などの収入が減少する中、人件費を支払うためにこれも取り崩しが始まり、やがては底が見えることになった。このままの状態で漫然と推移すれば、まもなく基金をほとんど食いつぶし、協会は日常運営資金にすら事欠いて立ち行かなくなるという事態に至った。もちろん、収入の増加を図るべく会長、理事長以下の理事は奔走し、事態の好転を期すべく努力を重ねてきたが、ついにかかる状況に至ったことは、社会情勢の変化に起因するとはいえ、甚だ遺憾であり、誠に慚愧に耐えないところである。この結果、協会の事業の縮小と再構築は不可避となり、断腸の思いではあったが平成十七年度末をもって次の措置をとることを決断せざるをえないところに追い込まれたのである。

（1）古代学研究所の事業および活動は停止する。
（2）西方古典文化研究所（ポンペイ研究所）は閉鎖する。
（3）『古代文化』は平成十七年十二月の第五十七巻第十二号をもって一時停刊する。同誌は編集体制および刊行形態を再検討した後に復刊する。

（4）平成十八年（二〇〇六）度は『仁和寺研究』第六輯の刊行、平安京跡受託発掘調査成果の整理と報告書刊行、ポンペイ遺跡発掘調査成果の整理と報告書刊行といった残務業務および整理業務のみとし、新規事業は行わない。

（5）協会の職員には退職勧奨を行う。希望退職に応じた職員に対しては、前年四月に遡って給与の十％カット分を復活して支払うとともに、事業主都合による退職と同旨のものとして計算した退職金を支給する。

しかし、整理解雇される職員がこうした措置に対して不満をつのらせるのはけだし当然であった。そこで、退職勧奨を受けた職員は平成十七年七月七日に『財団法人古代学協会職員労働組合』を結成し、爾来、組合は理事会に対して、退職勧奨と解雇方針の撤回、削減された給与や賞与（一時金）の復活などを求めてきたのである。

組合は、協会にはまだ数億円に上る資産があるのにもかかわらず、職員を解雇することは納得できないと主張してきた。しかし、その財産の内訳は、

（1）	出版物	二千二百万円
（2）	研究資料	一億二千万円
（3）	不動産	一億五千五百万円
（4）	特定引当預金	一億千二百万円
（5）	創立五十周年記念事業預金	二億円
（6）	古代学研究所基金	一億二百万円
（7）	負債	二千六百万円

となる。このうち、(1)はすぐに現金化することはできない資産、(2)・(3)・(5)は協会の今後の活動と存続のためには欠くことができない財産である。さらに(4)は決められた目的のためにのみ支出が可能で、運転資金等に流用はできない性質のものである。そうすると、当面の協会の運営資金として使えるのは(6)の基金のみだということになる。しかし、このまま人件費の支出を続けるとなると、平成十八年度において(6)から四千万円の取り崩しが必要となり、その時点では職員の退職金すら支払えなくなる事態に陥るのである。

第41図　大坪孝雄会長と共に（左より浅香、大坪御夫妻、角田）

職員労働組合との交渉は激烈を極めた。協会の理事者としても、解雇される職員の立場を思うと、誠に心苦しく、胸が痛んだ。しかし、かといって、協会が倒れるまでひたすら漫然と赤字を積み重ね、あげくのはてに解散に追い込まれることは理事者としてはよくなし得ることではないのである。理事会はこうした立場から労働組合との交渉に臨み、ついに、現職の職員六名は平成十八年三月三十一日付で一旦離職し、その後六カ月間の再雇用契約を結んで残務整理にあたり、同年九月三十日をもって退職することで合意に達したのであった。

その間、協会を更なる不幸が襲った。色部義明会長亡き後の協会の指導者であった鈴木政志会長が平成十七年（二〇〇五）、図らずも病魔に冒され、五月十三日に急逝されたのである。これは、協会ならびに関係者一同にとって思いがけない悲運であった。鈴木会長の後任には、大坪孝雄理事（王子製紙株式会社相談役）が推挙され、同氏は平成十七年九月に会長代行、さらに平成十九年

（二〇〇七）六月には第六代会長に就任された（第41図）。

(2)『古代文化』の復刊

平成十七年十二月の第五十七巻第十二号をもって一時的に停刊した『古代文化』であったが、財政難の中ではあっても、この早期の再開は不可避であった。なんといっても『古代文化』は協会の事業の柱のひとつであり、また、日本における古代史研究の総合誌としてほとんど唯一の存在として内外から多大の期待を寄せられている存在だったからである。ただ、将来ともに安定した刊行の継続を計るためには、編集体制の簡素化、出版コストの低廉化、効率的な刊行が必要であった。このため、協会は『古代文化』を従来の月刊誌から季刊誌へと刊行形態を改め、再出発することを決定したのである。

そこで協会は、評議員であり京都大学総合博物館教授であった山中一郎氏に、新生『古代文化』の編集の任にあたっていただくよう、要請を行った。山中教授はこれを快諾して季刊『古代文化』の編集長に就任され、その努力の結果、『古代文化』第五十八巻は平成十八年（二〇〇六）十月をもって復刊にこぎつけたのであった。さらに、平成十九年度の第五十九巻からは山中編集委員長の後を受ける形で『古代文化』の新しい編集委員会が発足し、ようやく新『古代文化』の刊行は軌道に乗ったのであった。

第42図　角田文衞先生米寿記念祝賀会

角田史学の構想

一

このような題目で一文を草することに、私は、面映ゆさと心苦しさを覚える。面映ゆさと言うのは、私の学問の全輪郭を語らねばならぬことに由来する恥ずかしさであり、心苦しさと言うのは、みずからの学問に対する自負のため、どうしても自画自賛めいた言辞を弄するであろうことに対する不安である。特に自己に関しては謙黙が徳目とされる日本の風土においては、いかにそれが真実であっても、自負を語るのは、疎まれることであるが、今度の場合は、いささか禁を冒すことになりそうである。

とは言っても、私は自分の学問にそれほど自信をもっている訳ではない。以前に私は、『私と古代学』[1]の中で、それにつけてもゆかしく思うのは、若い時分に私達が大家と仰いでいた諸先生が自分の学問について晩年どのような心境に達しておられたのか、と言うことである。私の場合は、自信の喪失ではなく、いつまで経っても自信がもてない悩みなのである。

と述べておいたが、この気持は今もなお渝《かわ》ってはいない。ただ私の研究が多岐に亙り、広範囲に及んでいるため、学界では私に対する評価が一方に偏することが多い。私は、大学の文学部で考古学を専攻したため、考古学者と呼ばれるし、また紫式部の研究の専門家、平安時代史の研究者、ヨーロッパ考古学、北方ユーラシア古代史、北欧史の専門家、日本の後宮史とか女性史の権威などと称される。平安博物館において日常接している研究員諸氏にしても、なかなか私の学問の全容を掴んではいないように思う。(2) こうした情況の下にあっては、私が自ら筆を執って自分の学問を語るほかはないのである。この一文は、敢えて私の自己顕示欲と無関係であるなどとは主張しないが、決してそれのみに促されて草したものではないのである。

二

半世紀以上に及んだ学究生活を回顧して痛感するのは、私は、良かれ、悪しかれ、生粋の歴史学者であると言うことである。私は少年時代から歴史に興味を抱き、歴史学者となるため、旧制高等学校と京都帝国大学文学部の史学科を目差して驀地《まっしぐら》に勉学した（当時、考古学専攻のおかれていたのは、全国で京大だけであった）。そして大学卒業後は、今日に至るまで四十数年間、ひたすら歴史の研究に没頭して来た。私の生涯には、人生の目標に関して全く迷いがなく、経歴は、首尾一貫している。

戦前には、帝国大学に入学するためには、どの（旧制）高等学校を選んでもよかった。一般の旧制高校の敝《へい》衣破帽主義を嫌い、他方では自由教育に憧憬れていた私は、成城高等学校を選んだ。世間並みのコース（私の場合ならば、仙台一中→第二高等学校→東北帝国大学）を嫌う私の気性は、私の学歴に早くも表れているのである。

三

新たな世界史の体系を樹立しようとする私の意図は、早く昭和七年（一九三二）頃に萌している。これについて私は、『私と古代学』において、昭和七、八年頃からしだいに私の関心事となり始めていたのは、古代史研究の方法論の問題であった。その発端は、高校の藤田健治先生（現在、お茶の水女子大学名誉教授）の課外講読で『純粋理性批判』を読んだ時にあった。残念ながらこの書物はひどく難解で、内容がよく掴めなかったけれども、学問をして行く場合の思考の厳しさだけは学びとったような気がする。

と述べている。京大では濱田耕作先生も若い頃の私の学問的志向をよく理解され、大学の演習はギリシア考古学とし、また卒業論文の課題もギリシア考古学から選ぶよう指導された。つまり日本の考古学や日本史の文献学的研究はいつでも手掛けられるけれども、若い間には眼界を広くし、欧米の考古学の研究を通じて方法論の練磨に努めるように、と濱田先生は考えられたようである。また学生時代の私は、高等学校時代に既に『西洋古代史』(3)を公にするほど西洋の古代史に関心が深かった上に、そうした研究を遂行できるほど学問的才能と語学力にも恵まれていたから、濱田先生は私に大きな期待を寄せられたのであろう。先生は、私が昭和九年（一九三四）に発表したギリシア考古学に関する論文『メガロン』(4)を大変喜んで下さった。

近年、日本では安易に『××史学』と言う言葉が云々されているが、歴史のある部分について画期的な研究を成し遂げたとしても、それだけでこの言葉を呈するのは、適当とは言い難い。その点で、『津田史学』とか『大塚史学』といった褒辞(5)は、軽率と言うべきである。およそ『××史学』と言う以上は、ランケ、マルクス、ウェーバー、トインビー等にその例を見る通り、個別的な歴史研究の秀抜さは勿論であるが、そのひと独自の世界史の体系にそれらが位置づけられていることが必須である。この意味で私の歴史学は、たといお粗末なものであっても、『角田史学』の名に該当する学問体系と言ってよいであろう。少なくとも私の学問は、矮小かつ貧相ではあるけれども、お手製であり、その意味ではそうした部類に入る性格のものと思う。

私の三年間に及んだヨーロッパ留学の目的は、ヨーロッパの考古学自体を研究することではなく、この研究を通じての世界史の体系の樹立と考古学の方法論の研鑽にあった。イタリアにありながら私がソ連の考古学や北欧の考古学の研究にまで手を伸ばしたのもその為であった。私が、世界一の規模を誇るローマのドイツ国立考古学研究所に籍を置いたことも幸運であった。

私が鹿島丸に搭乗して日本を出発したのは、昭和十四年（一九三九）七月のことであったが、三十五日間に亙る船旅とその後の留学生活[6]を通して私の心を日夜責め嘖《さいな》んだのは、ただ一つの問題、即ち『古代』とは何かということであった。[7]この問題提起を出発点として私の学問体系は次第に形をなして行ったのである。その研究成果は、昭和二十九年（一九五四）に、『古代学序説』[8]として刊行された。

本書において注意されるのは、私が従来の古代史研究に対して徹底的な批判を加えていることである。例えば、先史時代の概念、更にトムセンの三時代法（石器・青銅器・鉄器時代）は、徹底的に論駁されているし、考古学は古代遺物学として理解されている。後者に関しては、『考古学は遺物、遺跡に基づいて人間の過去を研究する学問である』と言う従来の定義が見事に覆されている。私の見解では、歴史を研究するための史料学（Quellenkunde）には文献学（Philologie）と遺物学（Periontologie）のみがあり、考古学は古代に関する遺物学にほかならないのである。史料としての伝承は、文献や遺物の場合とは違った基準によって設定された概念であって、かれこれ混同されてはならないものである。

こうした批判を通じて、私の歴史の体系は逐次形をなして行った。即ち私は、私自身の三時代法の上にたち、歴史を古代、中世、近代に三分する。無論、歴史的概念として先史時代とか現代とかを認めない。現代史という言葉はそれ自体が矛盾しており、現代は歴史学の対象ではない。例えば、戦後三十余年を歴史学的に見るならば、それは近代後期（最近代）に該当する。社会学者などは同じ戦後の社会を現代社会として理解する。ここに社会学者と歴史学者の立場の相違が見出されるわけである。

私は、三時代法の上に立って、古代を始原時代、古拙時代、古典時代に三分し、中世もまた、前期、中期（高期、Hochmittelater）、後期に分けている。古代の三つの時代は、ただ思弁的に設定されているのではなしに、文化の主領域に亙る実証的な検討を通じてそれぞれ概念が設定されている。その点では、例えばヘーゲルの『世界史』のような多分に観念的、思弁的であり、かつ西ヨーロッパ中心主義に立つものとは範疇を異にしている。私にとっては、普通行われている日本史の時代区分、即ち原始―古代―中世―近世―近代―現代といったものは、全く無縁であるし、滑稽にすら思われる。無論、私の時代区分は、先ず歴史の先進的な文化圏において設定されているものであって、周辺文化圏においては、歴史の停滞性に基づく独自の古代、即ち長く続いた混成古代（hybrid antiquity）[10]の存在が認められている。日本の鎌倉・室町時代[9]とか、メロヴィング王朝やカロリング王朝下のドイツ、フランス、ランゴバルド王国時代のイタリアなどは、混成古代の顕著な例である。

私は、時代区分論に関しては甚だ厳密であって、例えば、縄文時代や古墳時代といった時代概念を認めない。つまり土器若くは製陶術によって時代を分けようとするならば、遠古より近代に至るまでの歴史を土器若くは製陶術に基づいて区分すべきであるし、葬制の如何を基準とするならば、これまた歴史を通じて葬制による時代区分を樹立すべきである。歴史のある時点における特色ないし著しい事象に場あたり式に着目し、これをある時代の名称とするが如きは一貫性を欠き、時代区分としては無反省、不見識も甚だしいものと考えている[11]。

なお、遺物学に関しては、私はその最後の部門として解釈論（Hermeneutik）を重視している。それは私にとって念頭を離れない問題である。先年発表した『カール・ローベルトと考古解釈学』[12]は、ローベルトの学問的生涯を述べながら解釈論の本質や作業例を示したものであった。

四

言うまでもなく私の歴史の体系は、単なる思弁によって樹立されたものではない。その根底には、個別的研究の累積が横たわっているのである。即ちイオニアに重点をおいたギリシア古典文化の成立問題[13]、ローマ帝国の東西分裂を認めない立場など[14]は、私の世界史の体系においては要の役を演じている。後者についての私の論旨は、『マルコスとその歴史観』[15]『オドアケルの立場』[16]及び『古代の終末問題』[17]と題する諸論文の中で明確にみられる。つまりローマ帝国は広大な領域を統治する必要上、東西分治の形式はとったけれども、帝国が東西に分裂した事実はかつて存在しなかった。存在したのはインペリウム・ロマーヌム（Imperium Romanum）ただ一つであって、『東ローマ帝国』とか『西ローマ帝国』といった名辞は、後世の歴史家が便宜的につけた名であり、こうした名称は、当時の文献にはかつて存在しなかったのである。無論、帝国の西の部分（pars occidentalis）、東の部分（pars orientalis）という言葉はあっても、それはあくまで部分であって、独立した二つの帝国の併存を意味してはいない。それは、楕円には中心が二つあっても、一つの楕円であることに変りはないことに譬えられる。このことを明確に打出したのは、『古代の終末問題』、並びに *Prolegomena to the Medieval Roman Empire*[18]であって、前者はヨーロッパの学者の注意するところとなり、ドイツ語に翻訳の上、HÜBINGER, P.E. (hrsg.), *Zur Frage der Periodengrenze zwischen Altertum und Mittelalter* (Darmstadt, 1969) に収められている。

私は、ビザンツ帝国（ビザンティン帝国）[19]という名称を好まない。なぜならばあくまでそれは後世の歴史家が与えた名称であって、この帝国の支配者も人民も一四五三年における滅亡の日まで自らの国家をローマ帝国そのものと信じて疑わなかったからである。私の見解では、いわゆるビザンツ帝国は、正しくは『中世ローマ帝国』[20]（Medieval Roman Empire）と呼ばれるべきであり、それは古典ローマ帝国の後身にほかならないのである。中世の概念は、この中世ローマ帝国や宋代、明代の中国等について確立さるべきであって、後進的な西ヨーロッパ、東北ヨーロッパや日本の歴史などに基づいて設定されてはならないのである。

私の世界史の体系において強調されるのは、『西洋史』の概念を認めず、ヨーロッパ史やオリエント史としてこれを設定していることである。従ってペルシア帝国の成立の次ぎにギリシア史をもって来るようなつぎはぎだらけの西洋史の如きは問題としていない。[21]また私は、奴隷制を古典時代の、そして封建制を中世の特色とみなす学説に対しては極めて批判的である。現下における世界史像の混乱を招いているのは、西欧諸国の歴史学者の頭脳に根強く宿る西ヨーロッパ中心主義[22]であるが、これの克服なくしては、新しい世界史の映像は期待されないであろう。以前に発表した『紀寺の奴』[23]は、日本における奴隷解放（manumissio）を考究し、あわせて日本的な奴婢の性格を、沿地中海地方のそれとの対比によって浮彫にしようと志したものである。

昭和三十一年（一九五六）に出した『西洋文化の誕生』[24]は、西洋史のあまたの概説書類と同一視され、一部の学者—林健太郎教授のような—を除いては、全く学界の注意を惹かなかった。しかし本書を翻読すれば自明の通り、この書の構成は類書とは異なっており、そこには新しい体系を作ろうとする著者の喘ぎが感得されよう。その頃はまだ『ヨーロッパ史の構想』は熟成していなかったが、西欧の歴史学者たちのそれとは相を異にする西洋史の体系の荒削りな映像は、その時分において既に出来上っていたのである。

五

『角田文衛博士著作目録』[25]を一瞥すれば明らかな通り、私の研究は、日本はもとより、ヨーロッパ、オリエントばかりでなく、中央アジア、シベリア、中国に及んでおり、その広い基盤の上に世界史の体系が構築されているのである。南ロシアから興安嶺（満洲）に至る大草原地帯における遊牧民族の成立に関する研究など[26]も、私の歴史の体系においては大きな意義をもっている。

ことは前後するが、私は逸早く、古王朝時代のエジプトのファラオは純然たる僧王（priest-king）であって、専制君主などとは縁の遠い存在であることを指摘した。[27]前にも触れたが、これは古典文化の成立に関するアテナイの役割を低く評価する見解と共に、私の学問形成にとっては重要な意義を帯びている。無論それは、応神天皇や仁徳天皇のそれに帰されている巨大な山陵に関する歴史的評価とも関連するものである。私の視野は、南ロシアやトルキスタンばかりでなく、アルタイ山地の古代文化にも及んでいるし、さらにユーラシア大陸北方の極北文化にも拡がっている。[28]昭和二十五年（一九五〇）に出版された『古代史通論』第一分冊[29]においては、アメリカ原住民の古代文化の性格までが詳しく論議されている。

私の歴史学の著しい特色の一つは、学史の尊重である。その纏まった労作としては、『世界考古学大系』第十六巻所収の『考古学史―ヨーロッパ・アメリカ―』[30]や『石と森の文化』[31]があるが、[32]個々の学者の伝記的研究も数多く試みている。例えば私は、トムセン、[33]ウヴァーロフ伯夫妻、[34]コッシナ、[35]デュルプフェルト、[36]メンギーン、[37]モンテリウス、[38]カール・ローベルト、[39]タルルグレン、[40]エルンスト・シュタイン、G・オストロゴルスキ[41]等の伝記を研究し、熱烈に先人の業績の吸収とその克服に努めた。日本の学者では、柴田承桂博士[42]や湯本文彦氏[43]の評伝に筆をとった。[44]

恩師・喜田貞吉先生に関しては、『古代学』第四巻第二号を追悼集にあてた。

次ぎに学史についての纏まったものとしては、『揺籃期のロシア考古学』[45]（原題『露西亜考古学史（1）』）、『エトルスキ学小史』[46]（翻訳）などがあるし、『岩波西洋人名辞典』[47]には、二〇〇名以上の考古学者の小伝を執筆した。『古代学』第二巻第四号を『モムゼン追悼号』としたことなども想起される。平安博物館に数百人の古代学者の写真を並べた『学者廊下』を作ったのも私の学史尊重の顕れである。

私は、歴史の本質学としては歴史学のみを認めており、本質学としての歴史学を、方法学としての遺物学や文献学から峻別している。古代の研究には遺物遺跡並びに文献の綜合的な研究が必須であって、そこに本質学としての古代学が成立するのである。[48]考古学者（古代遺物学者）であろうと文献学者であろうと、彼らは本質的には歴史学者にほかならない。同様にして中世学も近代学も成立するが、それらはそれぞれ歴史学の横割りの部門なのである。

私は、自分を極めて歴史学的な歴史学者であると思っている。それだけに最近の自然科学的諸方法を偏重する考古学研究に対しては、頗る批判的とならざるをえない。自然科学的諸方法は大いに尊重されるべきであるけれども、研究対象が歴史であることを見失ってはならない。最近日本考古学協会の総会で発表した『考古学の形而上学』[49]は、主張の一端を示すものである。一方私は、遺物学における解釈論の充実[50]を声を大にして叫んでいる。

新しい歴史学を樹立しようとする私の熱意は、昭和七年（一九三二）から今日に至る半世紀に亙って絶えることなく続いている。その為に私は、歴史学上のさまざまな偏見や誤った学説、型に嵌まって動きのとれない解釈、硬直化した思考等に対しては、なにかと論破の労をとらねばならなかった。特に近年は、一種の使命感のようなものを覚えており、日本考古学協会、日本西洋史学会、史学会、京都大学の考古学談話会などにおいて、たびたび既成概念の再検討を呼びかけ、清新な歴史学の樹立の為に論陣を張っている。[51]特にその著しいものは、昭和五十五年

（一九八〇）十月に史学会総会で発言した『「史学雑誌」に対する提案』であって、これは後に『古代文化』第三十三巻第四号に発表された。[52]

想えば私が『ヨーロッパ古代史論考』[53]の巻頭に訳出したプーシキンの詩は、よく私の使命感と心境を暗示しているといえよう。

予言者　ПРОРОК

プーシキン　Александр С. Пушкин（1826）

荒野の中にむくろの如く我臥せり
時に神の声我を喚び給ひぬ
『起て豫言者よ、仰ぎかつ聴き
我が意志を果たすべし
海原を、はたまた陸《くが》を越え行きて
なが辞《ことば》もてひとの心を焼夷せよ』

これによっても明白な通り、角田史学は、お粗末なものであっても、とにかく世界史的な展望のもとに成立しているのであって、歴史の一部分の研究による『××史学』とは類を異にしているのである。

六

私は、歴史の個別的研究にも情熱を燃やし続けて来た。特に日本古代史の場合、それは顕著である。

率直に言って、私の多方面に亙る個別的研究に関して指摘される一つの特色は、私が好んで未開拓な領域、または発想の転換を必要とする領域に研究の楔を打ち込み、それが他の学者たちの追随的研究を誘発すると、身を翻して他の研究分野に移るということである。それは、私が二十五歳の時に学界の大家を初めとし、各地の研究者七十余名を動員して編纂・執筆した大冊『国分寺の研究』において先ず顕れている[54]。これについて私は、『私と古代学』の中で次ぎのように述べている。

　こうした言い方は協力された方々に失礼かも知れないが、『国分寺の研究』の編輯、そして私の担当分の執筆について私がひそかに抱いていた念願は、国分寺それ自体を究明することよりも、国分寺の研究と言う作業例を通じて、文献と遺物と言う異種の史料を方法論的に如何に取扱うかと言った問題の解決におかれていたのである。

つまり私は、個別的問題の研究を古代学方法論の一作業例と見なすと共に、未開拓の領域に敢然として挑戦する闘志を燃やしたのである。その例は、多々あるが、紫式部の研究[55]にしても、清少納言のそれ[56]にしても、従来の国文学者の研究の虚を突いたものであって、学界に大きな波瀾を齎《もたら》し、『源氏物語』や『枕草子』の研究に影響するところ頗る大であったように思うのである。

のみならず、私の研究態度は頗る実践的であって、紫式部については、顕彰碑と源氏庭を京都市上京区北辺町の廬山寺境内の式部の邸宅址[57]に営み、学界並びに世人にこの曠古の偉人の邸宅址について注意を喚起した[58]。清少納言についても、月輪[59]の泉涌寺境内に歌碑[60]を建立するなど研究者としての実践的性格を明確にしたのである。紫式部の墓域についても、これを実測して平面図を作ったのは、私だけであろう[61]。『源氏物語』に見える北山の『なにがしの寺』[62]に擬された大雲寺において聖《ひじり》が隠棲していたらしい庵の址を発掘調査したり、岩倉において藤原公任の北山の山荘址を調査したことなども想起される。

私は、人物史の研究には多大な関心を抱いている。およそ歴史を動かす根本は、人間であって、自然そのもの、或いは社会経済でもない。とすれば、人物史の徹底的研究が更めて要求されるのである。

　私は、東大寺の創建にあたった中心人物である佐伯今《いま》毛人《えみし》、[63]或いは藤原文化の栄華の蔭にあって宮廷文化の形成に一役を演じた承香殿女御・藤原元子、[64]さらには中務典侍・藤原麗子[65]などについて一冊の著書をものした。[66]院政時代の歴史に重要な役割を演じた白河法皇と待賢門院・璋《たま》子については、『椒庭秘抄』の著がある。[67]学界を瞠目させた研究方法としては、待賢門院・藤原璋子の月経周期の研究がある。これは興味本位の研究ではなく、崇徳天皇が鳥羽天皇ではなく、白河法皇の胤子であることを実証し、[68]『保元の乱』の伏線を明らかにするための研究であった。同じような斬り込み方は、道綱の母についても試みられている。[69]『蜻蛉日記』に見られる道綱の母の異常な言動を、純文学的に理解するだけでは不充分であって、女性の生理からも眺めなければならない。道綱母の生理に基づいた研究も、やはり画期的かつ独自なものであったと思う。

　興味深いのは、『平家後抄』[70]である。それは平家の落人部落ばかりに目をつけていた学界並びに一般人の、落日後の平家についての考えを一変させたものである。私は、『平家物語』が正治元年における六代丸（僧・妙覚）―平維盛の遺子―の処刑に触れて、『これよりしてこそ平家の子孫は永く絶えにけれ』という文句に非常な義憤を覚え、実証的にこれを反駁したのである。私の所見では、平家の落人部落などは、歴史学的証明に耐えるものは殆《ほとん》どなく、またたとい僅かながらもそうしたものがあったにしても、それは日本の歴史の動向に全く影響を及ぼしていない。

　最も大事なのは、桓武平氏の嫡流・高棟流の内蔵頭・平信基―壇ノ浦の戦で頭に怪我をして都に戻った―の子孫が、その後も宮廷において勢威を保ち、数々の歴史的役割を果たしつつ明治に至り、その主流の西洞院家は、その分家である長谷、交野、平松、石井《いわい》、梶野の諸家と共に子爵を授けられ、現在に至っていると言うことである。これは、京都市上京区寺町今出川上ルの十念寺の墓地に詣でた者がまざまざと目の当たりに確かめることが出来るのである。

『承久の乱』にしても、鎌倉幕府と後鳥羽上皇の京方との戦いと言う単純な見方をせず、そこに、都に残存する平家と、北条家の野心を今更ながら知った源家の御家人達の勢力とが、京方の中にあったことを明らかにしたのも、これまで未知であった事実の指摘である。

人物史の研究に関する私の業績は、奈良・平安時代を通じて一六〇人以上を数えている。先ず、古いところでは、私は、藤原氏の基礎を築いた藤原不比等を『仮面の宰相』として、その隠された権謀術数の数々を露にした。[71] 政治史上極めて重要な聖武天皇（首皇子）[72]や、光孝・宇多・醍醐三天皇の登位に絡む諸々の陰謀[73]を明白にしたのも、歴史学界に対する大きな寄与であったと思う。その結果の一つとして、これまで歴史学者たちが全然注意しなかった尚侍従一位・藤原淑子《よしこ》[74]の像が大きく浮かび上がって来たのである。

菅原道真や天満信仰についても、私は藤原氏九条流の陰謀と絡んで解釈している。[75] そもそも道真の左遷は、藤原時平の陰謀と言うよりも、道真が忠平と結託したことに対する時平の反撃であった。藤原氏において傑物であると共に、後世何らの悪評のない人物—不比等、[76]内麻呂、[77]良房、[78]忠平、[79]師輔、[80]忠通など[81]—についても、私は遠慮会釈なくその仮面を剥ぎ、陰謀の数々を実証的に暴露したのであった。

また私は、左大臣・長屋王から高階師直（高師直）に至る高階氏の歴史に関心を寄せ、『高階家の悲劇』と題して『伝統と現代』に連載発表した。[82] ただ掲載誌が休刊となったために途中で終わっているのは残念である。高階氏は途中において在原業平の子孫に代るが、それは業平が伊勢斎宮・恬子《やす》内親王との一夜の契り[83]によって儲けた師尚《ひさ》が思いがけず高階氏を継承した為である。高階成忠、皇后・藤原定子、高階為家・為章父子、または丹後局・高階栄子、下っては室町幕府の執事・高階師直に至るまで、高階氏の人々は、政界の傍流として絶えず青白い炎を放ち、主流になろうと努めたが、その都度成功直前に失敗を演じて来たのである。しかし高階氏は、それはそれなりに重要な歴史的役割を果したのであった。

七

重視されるのは、『源平の戦』に対する新しい見解である。これまでの学者は、『源平盛衰記』や『平家物語』に煩わされて、『治承・寿永の内乱』を『源平の戦』として理解してきた。無論、それは武家政権の成立に関連して説かれては来たが、平家―桓武平氏六波羅家を中心とする武家政権―を倒したのは、東国の武士団であり、その棟梁が英明な政治家・源頼朝であると漠然と理解してきた。

これに対して私は、東国武士団の主力をなすものは、やはり東国の桓武平氏であって、頼朝は英傑ではあっても、所詮、東国の武士団の結束を固めるために擁立された偶像に過ぎない。中央に対して独立心の旺盛な東国の平氏は、まず『平将門の乱』、次ぎに『平忠常の乱』において独立を企てたが、いずれも失敗に終わった。[84] 老獪《かい》な北条家の平時政は、以仁王の令旨を旗印に掲げ、頼朝を大将に戴いて兵を挙げ、源頼義、義家以来源氏の恩顧を蒙っていた東国の諸平氏を糾合し、西方の平家政権を打倒したのであった。これに成功した後は、北条家にとって頼朝とその子孫は有害無益の存在と化し、抹殺される運命にあった。頼朝・頼家・実朝三将軍の悲惨な最期[85]はそれを証明している。

一般に、文治五年（一一八九）における頼朝の奥州征討[86]は、『源平の戦』とは別個に考えられているが、私は、これを武家政権確立のための当然の軍事行動として理解し、十二世紀末葉の動乱を『治承・文治の内乱』として捉えているのである。

さらに研究者は平家政権の余りにも脆《もろ》い崩壊をもって、これを関東武者の勇猛さ、平家方の惰弱さに帰する傾きがあった。私は、平家政権の倒壊は、源義経の軍事的天才の為であるとし[87]、義経を将棋や碁の天才――しかし世事に全く疎い――のように評価している。私の筆法によるならば、義経を指揮官とする十七万騎の平泉の軍勢によって、鎌倉は瞬く間に蹂躙されることになる[88]。鎌倉が平泉勢による席捲を免れえたのは、ただ一つの事実、即ち文治三年（一一八七）十月における藤原秀衡の急死に負うているのである。

『治承・文治の内乱』の性格を誤認させた原因の一つは、近代の歴史学者たちが氏名と家名との区別に対して細心でなかったことである。頼朝をとりまいていた有力な武士たちが帯びていた北条、三浦、和田、梶原、土肥、畠山、千葉、上総、宇佐美、稲毛、熊谷等々はすべて家名であって、氏名ではない[89]。正しい名は、例えば、北条四郎平時政である。『吾妻鏡』は、人物を記すのに、家名と字（呼名）をもってしているため、鎌倉の軍事力の主体が桓武平氏に属する在地豪族であったと言う事実が看過されて来たのである。これまで学界は、明治四年（一八七一）まで家名と氏名とが截《せつ》然と区別されていた事実に無頓着であったが、それ以前における公家や武家の公式な名は、（西郷吉之助）平隆盛、（大隈八太郎）菅原重信のようであった。女優・入江たか子の父の子爵・東坊城《ひがしぼうじょう》徳長（一八六九～一九二二）は、最後まで自らを従三位御歌所参候・菅原朝臣徳長と称し、菅原道真の正統の家であることを誇りにしていた。彼の諱の長は、参議正二位式部大輔・菅原為長（一一五八～一二四六）以来代々の通字であった[90]。

そのほか、私が先鞭をつけ、或いは開拓した領域は少なしとしない。例えば、日本後宮史、日本の女性名の歴史的研究[91]、丹生遺跡群を中心とする日本旧石器前期文化の研究[92]、縄文文化の研究調査[93]、共同体の研究[94]、平安京における院宮邸宅の文献学的研究、[95]平安京址の発掘調査などは、その著しいものである。

共同体の研究[96]は、昭和二十年代から三十年代にかけて、日本の歴史学界を風靡していた大塚久雄博士の『共同体の基礎理論』[97]に対して猛烈な反撃を加える一方、近年明らかにされてきた共同体の諸遺跡—例えば、イラクのアパラチヤー遺丘、イスラエルのガッスール遺丘のような—の発掘調査の成果を踏まえて、古代の共同体の実態を明らかにしたものである。マルクスが極めて乏しい、不正確な史料に基づいて打ち樹てた共同体の理論を殆ど無批判に受け容れ、整理しているだけの大塚博士の理論の如きは、借り物に過ぎず、脆弱そのものであった。それは、マルクスの理論が間違っているか否かを問題にしているのではなく、マルクスが貧しくて不正確な史料に基づいて造形した古色蒼然たる社会経済史の体系を、そのまま鵜呑みにし、墨守する学者たちに対する批判なのである。

大分県の丹生遺跡群については、昭和三十七年（一九六二）以来、私は、学界を動員して六年間に亙って大規模な発掘調査を敢行した。これによって、日本における旧石器時代前期文化の存在と、その実態をかなり明白にし、学界に大きく寄与した。ただ丹生遺跡群は、余りにも特殊であって、他に良好な類例がないために、日本における旧石器前期文化の研究が停滞を余儀なくされているのは、ひとり私ばかりでなく、学界のために遺憾とするところである。[98]

世界の旧石器時代に関しては、執筆当時までの研究調査・成果を纏めた『旧石器・中石器時代』[99]がある。これは自分自身の勉学のために執筆した労作であるが、内容が詳細である上に、よく整理されており、今なお役立つ概説とされよう。

私は、旧石器時代とか縄文時代といった名称を是認していない。日本の旧石器時代は、その発見の発端となった群馬県の岩宿遺跡を名祖《なおや》（eponym）として岩宿時代、縄文時代は、その学術的調査が始めて開始された東京都の大森貝塚に因んで、大森時代と呼ばれるべきである。こうした命名法は、世界の考古学の常道であって、『縄文時代』と言った土器に基づく時代名は、いかに馴染み深いものであっても、廃止するのが至当である。

この大森時代については、青年時代の私は、その研究調査に励んだものである。昭和四、五年頃は、山内清男氏を主幹とする新しい大森文化の研究―編年の樹立―が仙台市を中心として勃興していた時であり、私も山内氏の指導のもとにその研究に参与した。体力も充分備わっていた時のこととて、私は各地で大森文化の遺跡をあまた発掘調査した。

榎林《えのきばやし》遺跡、赤川遺跡（以上、青森県）、角間崎《かくまざき》遺跡（秋田県）、大洞《おおほら》貝塚、鍬ケ崎貝塚（以上、岩手県）、船入島貝塚、里浜貝塚、室浜貝塚、槻木《つきのき》貝塚（以上、宮城県）、矢細工《やざいく》遺跡、大日平《だいにちだいら》遺跡、南薩摩遺跡（以上、福島県）、東栗山遺跡群（茨城県）、谷戸《やど》貝塚（横浜市）、都介野《つげの》遺跡（奈良県）、高島遺跡（岡山県）、小蔦島《こつたじま》貝塚（香川県）、武《たけ》遺跡（鹿児島県）等

は、私が憧れ気もなく発掘調査した主な遺跡であった。(100) それらのうち、半分は報告書を公にすることが出来なかった。これはヨーロッパ留学や兵役、虜囚のためであり、顧みて遺憾に堪えない。故三森定男教授と共に執筆した『先史時代の東部日本』(101)は、その当時における私の大森文化の研究成果の一端を示すものである。

弥生文化については、どうも私の関心は薄く、多数の木製品を伴う福井県足羽郡の二上《ふたがみ》遺跡を発掘した程度であった。(102) 大和時代に関しても野外調査の経験は乏しく、滋賀県東浅井郡の雲雀山《ひばりやま》古墳の発掘調査を遂行し、熊本県玉名郡菊水町（現・和水町）江田の船山古墳の清掃調査に従事したくらいである。

学生時代には、一方では日本の古典考古学の研究調査にも励んでいた。高麗寺が飛鳥時代の創建にかかることを解明したのも、(103) 嬉しい思い出である。特筆されるのは、光明山寺の研究である。(104) 真言宗における光明山流の本山であった、大伽藍を擁するこの名刹も、室町時代の後半に所領が強奪され、廃絶してしまった。その後、歴史学界、

就中、仏教史学界においては、光明山寺の所在は忘却されていた。昭和十一年に私は、京都府相楽郡山城町（現・木津川市）の山中にその遺址を発見し、直ちに試掘を実施した。それと共に文献を渉猟し、この大寺院の沿革を明らかにしたことであった。

また私は、国分寺の創建や寺院組織についても、論考を発表した。私は、天武十三年三月紀の詔に見える『諸国毎家、作仏舎、乃置仏像及経、以礼拝供養』をもって国分寺の濫觴と認め、これを国府寺と仮称し、国分二寺は、国府寺の継承・発展であると説いた。(105) 家永三郎氏らは、『毎家』について異なった解釈を提起し、私の立論を反駁した。(106) この『家』は、官衙を指すものであって、その時の詔は、国庁に附属して仏堂を建てよと言う趣旨である。この詔勅の中にまだ竪穴式の掘立小屋に住んでいた七世紀中葉の庶民に、どの舎屋にも仏舎を設け、仏像、経論を置けと言う命令を見出そうとするのは、笑止千万の解釈である。この『家』は、国衙を指しており、衆庶の舎屋のことではないのである。のみならず、ローマ帝国や隋、唐の中国のような中央集権的官僚国家においては、人民の思想統一のため、国分寺に類した寺院（templum provinciale、開元寺）を各州に建置することが必然的な動向であった。国分寺の創建の如きも、世界史的に考究さるべき課題であって、『毎家』の字句の解釈だけに終始してはならないのである。

八

私は早くから文化国家に再生した日本が考古学の分野でも海外に進出し、その国の学者たちと密接に提携して未詳の古代文化を究明することを願っていた。昭和二十年代に私は夙《つと》にイラクの考古局長と連絡をとり、同国における初期農耕文化の諸遺跡の考古学的調査を企画した。私が勤務する大阪市立大学が調査の主体となることは困難であったため、私は、東京大学の江上波夫教授に協力を求めたが、それが東京大学のイラン・イラクの発掘調査事業の発端となったことは、報告書『テル・サラサート』第一巻の序文に明記されている通りである。[107]東大の発掘調査が始まった頃には、私は、財団法人古代学協会の育成に忙殺されており、ためにこの発掘調査への参加を辞退したけれども、私の発想が日本のオリエント方面における発掘調査の端緒をなしたことは無上の欣びであった。

私は、長年、エジプトにおける考古学的発掘調査を念願していた。それは早く早稲田大学の定金右源二教授（一八八七～一九七三）の御依頼で私の許で考古学的調査の訓練を受けた当時早稲田大学の院生であった川村喜一教授（一九三〇～一九七八）によって実現されつつあった。[108]しかし同教授の早世のために大きな支障を来したことは、残念至極である。[109]

私は、平安博物館々長に就任以来、エジプトの考古学的調査に関心を寄せていたが、自ら現地に臨んで調査する余裕は与えられなかった。昭和五十六年、鈴木まどか氏を常勤の講師に迎えたが、これを機会に平安博物館は、鈴木講師を団長としてエジプトにおける考古学的発掘調査を実施するに至った。その場合、私が調査の重点をおいたのは、プトレマイオス時代からコプト時代におけるエジプトであって、所謂『ファラオ時代』のエジプトではなかった。ここにも、エジプトの発掘調査に関する独自の見識が窺われよう。第一次の発掘調査は、中エジプトのアコリス（*Ἀκορίς*）遺跡において昭和五十六年の秋冬に、第二次のそれは、五十七年の後半に実施され、それぞれ色々な新しい事実を明らかにした。[110]特に碑文等の発見によって図らずも第二十三王朝の歴史に新たに照明を投じた[111]のは、望外の欣びであった。

一方、日本においては、私は、今まで放置されていた平安京の発掘調査を企画・遂行し、先鞭をつけた。それは昭和三十二年（一九五七）における勧学院址の発掘[112]に始まり、様々な困難を克服しつつ永年に亙って進められ、京都市の地下に眠る平安京について大きな収穫を得ることが出来た。[113]この方面の発掘調査が京都市埋蔵文化財研究所の手によって軌道に乗った後は、私の関心は専ら平安京址の文献学的研究に志向された。その結実として見るべきものは、角川書店の『日本地名大辞典・京都府』下巻の『平安京』（朧谷寿氏と共同執筆）[114]である。[115]私は、これまで知られなかった紫野斎院、[116]太皇太后・昌子内親王の三条宮、[117]紫式部の邸宅、[118]藤原定家の一条京極第、[119]東の悲田院、[120]源実朝未亡人の遍照心院[121]等々の位置を明らかにした。[122]最近では、藤原定家の小倉山荘の位置と沿革を究明し、学界に衝動を与えた。[122]学館院、[123]右近馬場、[124]岡崎殿、[125]般若寺、[126]鳥部野[127]等々の位置や沿革を明らかにしたのも、洛中、洛外に関して抱く執念的な研究欲に負うているのである。

九

日本の政治史並びに文化史の上で後宮の果たした役割は甚大である。従来これが本格的かつ総括的な研究は蔑にされ、国文学者による個別的研究のみが行われていたのは、思えば不思議なことであった。私は、敢えてこの課題にとり組み、その研究成果を『日本の後宮』[128]の中で公にし、また最近では『後宮職員令』に詳しい注釈[129]を加えるなどして、大和時代から大正・昭和時代に至るまでの日本後宮史の流れを体系づけたのであった。

言うまでもなく、日本人の半分は女性である。ところが日本女性の名前は、外国に比べて頗る複雑である。従来、これを歴史的に整理した労作は全くなかったといってよい。私の『日本の女性名』[130]は、膨大な史料を駆使して、これの歴史的な解明にあたった初の労作なのである。

わが国の学界では、道長を中心とする摂関時代が極めて高く評価されている。それは間違っているとは言えないが、『栄華物語』がいみじくも指摘している通り、それは藤原文化の『初花』の時代であって、爛熟には至っていない。藤原文化は、後冷泉朝において最高潮に達し、爛漫と花を咲かせ、その稔りを結んだのである。ところが、後冷泉朝に関しては、史料が少ないためもあって、これが全幅的研究は学界においても十分になされていない。一般人も毎日『十円銅貨』に平等院の形姿を眺めながらも、後冷泉朝文化の結晶たる平等院阿弥陀堂の歴史的背景について想いを致すことが少ない。私が後冷泉朝、即ち永承《えいじょう》時代の文化史的かつ政治社会経済史的意義を強調した[131]のは、洵《まこと》に時宜を得たと言うべきであろう。

私は好んで日本の西洋史学界においても、東洋史学界においても、とかく等閑に付されている歴史の諸領域について研究を進めてきた。[132]例えば、私が編集した『北欧史』[133]の如きは日本学界としては始めてこの領域に鋤を入れたものであって、昭和三十年（一九五五）に初版を出して以来、今日に至る迄三十年近い間、北欧史に関する唯一の通史として版を重ねている。[134]なお『北欧史』には、近代史に関する私の見解がもられている。

南ロシアにおけるスキタイ文化やサルマート文化に関する諸研究、東トルキスタンの仏教遺跡、フェルガーナ盆地の遠古の諸遺跡、カザフスタンにおける匈奴の古墳、アルタイ山地における遊牧文化の研究、天山山脈にある古代の熱海（イシク湖）(Иссык-Куль) の研究、外蒙古における丁零《ていれい》の研究、インドのハスティナープラの遺丘の研究など、新しい分野に挑戦した私の研究は少なしとしない。[135]前漢の呂太后の陵、[136]前漢の将軍・李陵の邸宅[137]についての研究なども併記されるべきであろう。

言い漏らしたけれども、文献並びに遺物、遺跡の双方を駆使した研究調査としては、越前国における東大寺領の荘園・糞置荘《くそくのしょう》、[138]或いは平安京右京の侍従池領の発掘調査など[139]が注目されよう。多くの荘園研究者が文献や絵図のみに頼り、また地方の荘園を研究しているのに対して、私は足許の平安京の西市侍従池領や小泉荘などの研究を手掛け、古代学の立場から文献と遺跡に基づいて、これが究明に当たったのである。

半世紀に亙る倦まず弛まずの研究生活によって私が得た成果は、以上に尽きるものではない。勅旨省[140]、備中国の下道氏の墓地[141]、小治田安萬侶の墓[142]や村上源氏の塋域[143]等の調査、或いは沿海州のバサルギン貝塚[144]の研究なども数々の成果の例である。

あまり知られていないけれども、私の日本古文書学への接近は、早く昭和三年頃、伊達家文書の勉学を通じて開始された。以前には、古文書も比較的に廉く入手できたので、古本屋で見つけた時は買い求め、いつの間にか奈良・平安時代の古文書のコレクションが出来たけれども、初めの間は偽文書を掴まされ、ずいぶん授業料を払わされたものである。昭和十三年（一九三八）に私は、『薩摩国分寺文書』を編集した。[145]この後、私の関心は奈良・平安時代の古文書の研究に推移した。昭和十四年（一九三九）に至って、私は、『天平感宝元年聖武天皇勅書考証』[146]を公にし、日本の古文書の王者とも言うべきこの見事な古文書について徹底的な考証を試み、学界の注意を惹いた。その他、『天平五年右京計帳の断簡』[147]、延暦八年（七八九）の『勅旨所牒』[148]—日本の古文書の女王—等々、古文書に関する周到な研究を数多くものにしている。一方で私は、ローマ考古学などの諸研究を公にしているため、学界も日本の古文書学に関する私の研究を兎角看過しがちのようである。

ローマ考古学は、留学時代以来私の関心を惹いており、それについての論考もいくつか発表している。昭和五十六年（一九八一）の秋には、ポンペイのユクンドゥス（JUCUNDUS）の邸宅を実測し、興味ある結果をうることが出来た。[149]ポンペイについては、早く『死都ポンペイ』[150]を著した。[151]また私が編集、執筆した『世界考古学大系』第十四巻『ヨーロッパ・アフリカⅢ』[152]は、ギリシア・ローマ考古学について研究者や知識人を啓発するところが多かったであろう。また私が敢えてオドアケルの貨幣の研究[153]に取り組んだのは、所謂『西ローマ帝国』が存在しなかったことを検証するためであった。近年、私の興味は、ローマ属州考古学[154]に移り、その方向でも研究を続けている次第である。そしてこれは、エジプトのアコリスにおけるわれわれの発掘調査と無関係ではないのである。

十

私は、歴史学者としては珍しく、歴史上の概念規定には厳しい態度で臨んでいる。例えば、『古代』の概念についてみると、その規定は、『古代学序説』の中で執拗に追求されている。私の言う所の『古代』とは、グローバルな意味における古代であって、日本だけ、或いはオリエント、環地中海地域だけの古代ではない。従って、『古代史への道』とか、『古代史記』『古代の探究』といった題目を掲げながら、日本の古代だけを扱う研究乃至著作に対して、私は羊頭狗肉を売るものとして批難せざるをえない。しかも私にとって日本の古代の年代的範囲は、二十〜三十万年前の悠遠な太古に遡るものであるから、私は卑弥呼の時代や大和時代だけをとって古代とする学者を白眼視している。

前にも少し触れたが、私の中世観の如きも異色あるものとされよう。私は、わが国の歴史学者が、西欧諸国の歴史学者の尻馬に乗って安易に中世の概念を設定し、農奴制や封建制をその特色とみる見解を反駁している。それは、『西洋文化の誕生』や、中世史を謳った研究書や概説書に対する私の正面きった書評[155]などからも十分窺えるところであろう。

日本史の研究者の多くは日本の中世は鎌倉時代から始まるとみなしている。管見では日本人はそれほど早熟ではなかった。日本の中世は、桃山時代から始まったとみてよい。鎌倉時代から室町時代までは、所謂『混成古代』であった。[156]古代的要素と中世的要素が混淆した時代、すなわち混成古代は、西ヨーロッパ、ロシア、朝鮮、日本といった周辺地帯が不可避的に甘受せざるをえない運命の時代であった。典型的な中世文化は、中世ローマ帝国や宋・元・明・清諸朝の中国にみられたのである。私は、『近世』といったごまかしの概念を認めない。日本は、中世（桃山・江戸時代）を経て十九世紀の末葉にようやく近代に入ったのである。

概念規定と言えば、私の銘辞（inscription, Inschrift）の概念についての研究が想起される。[157]この執拗な研究によって私は、これまでに銘辞に対して下されていた諸学者の定義を根本的に覆えしている。銘辞とは、それが誌された物自体ないし据え置かれた場所と有機的に結ばれている特殊文献を指している。わかり易く言えば、『源氏物語』の本文は、一般文献であり、その表題は特殊文献、即ち銘辞である。それは、金属とか木材、石、陶器面といった、それが誌された物の材料とは無関係である。『ハンムラビ王の法典』や『アショカ王の詔勅』は、石に刻されていても、一般文献である。青銅板に刻されたローマ帝国の勅令もまた同様である。これ一つを例にとってみても、今まで歴史学界の下している歴史上の諸概念の規定がいかに杜撰であるかが思い知られるのである。

生粋の歴史学者であるために、私の得意とする考証力は、専門を異にする分野においても発揮されている。例えば、和宮替玉説を主張する有吉佐和子氏の所説を完膚なきまでに打据えた論説[158]の如きは、その例である。近代史に関する見解は、部分的ではあるが、私の編集・執筆した『北欧史』[159]から窺われよう。

しかしながら私は、内心で私がこうした個別研究に深入りし、貴重な時間を費すことを実のところ余り快しとはしていないのである。私が自分に課すところは—私のような立場にある者だけがこれを果たし得るところであるが—より次元の高い歴史の研究であり、学問の体系化である。人間が不老不死ならばよいけれども、それが不可能である以上、私は多くの歴史学者の追随できぬ分野で高い水準の方法論的研究[160]にもう少し打ち込むべきではないかと反省している。

私は、『古代学序説』の増補版（昭和四十六年）の序において、本書において著者が立脚しているのは、発展史観という視座である。近来、著者の立場は、絶滅史観[161]に向って揺れ動いているけれども、まだこの史観を確立する段階には立ち到っていない。いずれは新しい史観によって古代学の体系化を再試したいと念じているが、それがいつ実現されるかは、著者自身にも不明のような現状である。

と述べたが、こうした大きな期待を私に寄せる識者もあろうかと思われる。見渡したところ、このような体系化を志向する学者は、学界には僅かしか求め難いからである。

上来の叙述には、自慢話めいたことも隠見し、読者の気色を損じた所もあったかと恐縮している。しかし実のところ、そうした信念や自負がなければ、一人で学問の曠野を進んで行くことには堪えられまいと思うのである。

確かに私は、質量ともに有意義な研究成果を挙げ、多少なりとも学界に貢献した。それについては自負してもよいと思うが、自分の学問に対する自信は、今なおもてないで苦悩している。或いは、もし『自信を得た』と言うならば、それは学問の深遠さを知らぬ痴人の倨傲の言葉かもしれない。偉そうに『角田史学』などと言っても、それは見すぼらしいものである。ただ言えるのは、どれほどお粗末なものであっても、それは他からのまねびではなく、手料理であると言うことである。

方法論的な思索は、厳しい。私はややともすれば個別的研究のいとほの暗き森に分け入り、新事実の解明に酔う欣びに浸ろうとしがちである。理論的研究に較べてその魅力は絶大であるけれども、向後、私は自らを叱咤して、方法論的研究にもより多くの時間を割き、私の歴史学をよりよいものに仕上げるよう努めて行きたいと念じている。

付記　本稿は、月渓《つきたに》乃《の》扶子《ぶこ》さん（当時・平安博物館秘書室）が口述筆記の労をとられたものである。

補註

本稿は昭和五十八年（一九八三）に公表されたもの（原題：『私の歴史学』）であり、当然のことながらそれ以降の角田の業績については述べられていない。また、もともと口述筆記という性格上から、本稿には関連した論文ないし著書が注記されておらず、それらの情報については『著作目録』に譲る旨が述べられているのみである。ただ、それではいかにも不便であるため、ここでは編者の責任によって補註を加えることにする。煩を避けるため、角田の論文についてはその著書に再録された版を優先して掲載し、初出については発行年だけを注記するに留めた。角田の単行本（単著、編著、訳書）については文末にその目録を掲げ、註では〔　〕内にその著作目録の番号を添えてあらわしている。

（補註者：山田邦和）

（1）角田文衛『私と古代学』（『京の朝晴れ』〔31〕・『古代学の展開』〔54〕所収、初出は昭和五十年）。

（2）角田と平安博物館研究員との対話の一例は、角田文衛設問『平安博物館研究員諸氏との対話』（『古代文化』第三十二巻第十二号掲載、京都、昭和五十五年）に紹介されている。

（3）正式には『西洋通史～第一編　史前史、第二編第一古代東方諸国』（玉川学園編『児童百科大辞典』第十七巻所収、東京、昭和九年）。補註を加えた復刻版として、角田文衛『西洋古代史（一九三四年）』（一）～（六）（『古代文化』第六十五巻第四号・第六十六巻第一号～第四号・第六十七巻第一号・第二号掲載、京都、平成二十六・二十七両年）がある。

（4）角田文衛『メガロン』（成城高等学校科学部『双曲線』第二号掲載、東京、昭和九年。本書に再録）。

（5）『津田史学』は古代史学者で早稲田大学教授であった津田左右吉（一八七三～一九六一）の、また『大塚史学』は経済史学者で東京大学教授であった大塚久雄（一九〇七～一九九六）の研究に対する俗称である。

（6）『欧州の四季』〔1〕・『欧州の四季』復刻版〔52〕。

（7）このあたりの事情は、留学当時の日記である角田文衛『庚申雑記』（『京の朝晴れ』〔31〕・『古代学の展開』〔54〕所収）に詳しい。

（8）『古代学序説』〔4〕・『増補　古代学序説』〔20〕。

（9）角田文衛『日本史における中世の意味』（『古代学の展開』〔54〕所収および初出）。

（10）カール大帝治下のカロリング朝フランク王国の文化は通説では『カロリング・ルネッサンス』と称されて高く評価されている。しかし角田はこれを古典文化の模倣にすぎない停滞的なものとみなしている。角田文衛『アーヘンで思ったこと』（『京の夕映え』〔48〕所収、初出は昭和六十一年）、参照。

（11）角田文衛『日本古代史の時代区分』（『平城時代史論

考』〔57〕所収、初出は昭和三十四年）を参照。また、晩年の角田は日本古代史の時代区分を次表（『古代学の展開』〔54〕）のように設定している。なお、この表の『世界史的基本時代』に古典時代前期が欠落しているのは、角田が、日本は隋唐の先進的文化の光芒を浴びることによって古拙時代後期から古典時代前期を飛び越えていきなり古典時代中期の段階にはいったとしているからである。

世界史的基本時代	
始原時代	
古拙時代	前期
	中期
	後期
古典時代	中期
	後期

日本史の時代区分	
葦原時代	岩宿時代
	大森時代
瑞穂時代	弥生時代
	大和時代
朱雀時代	高殿時代（白鳳時代）
	平城時代（天平時代）
	弘仁時代（貞観時代・平安時代 前期）
	藤原時代（平安時代中・後期）

(12) 角田文衞『カール・ローベルトと考古解釈学』（『ヨーロッパ古代史論考』〔26〕所収、初出は昭和五十二年）。

(13) 角田文衞『西方古典文化の成立について』（『ヨーロッパ古代史論考』〔26〕・『古代学の展開』〔54〕所収、初出は昭和二十九年）。

(14) 角田文衞『古代の終末問題』（『増補　古代学序説』〔20〕・『ヨーロッパ古代史論考』〔26〕所収、初出は昭和三十一年）、同『オドアケルの立場—貨幣からみた一考察—』（『ヨーロッパ古代史論考』〔26〕・『古代学の展開』〔54〕所収、初出は昭和三十二年）。同『西ローマ帝国の滅亡について』（『ヨーロッパ古代史論考』〔26〕所収、初出は昭和三十三年）。

(15) 角田文衞『マルコスとその歴史観』（『ヨーロッパ古代史論考』〔26〕・『古代学の展開』〔54〕所収、初出は昭和三十三年）。

(16) 角田文衞『オドアケルの立場—貨幣からみた一考察—』（註14前掲論文）。

(17) 角田文衞『古代の終末問題』（註14前掲論文）。

(18) Bun-ei Tsunoda, *Prolegomena to the Medieval Roman Empire*（『ヨーロッパ古代史論考』〔26〕所収、初出は昭和三十三年）。この論文の日本語訳は、角田文衞『中世ローマ帝国緒論』（『古代学の展開』〔54〕所収および初出）。

(19) 原文では、ラテン語・ギリシア語風の発音に由来する『ビザンティオン帝国』となっている。ただ、角田が絶対に首肯しなかった用語はドイツ語に由来する『ビザンツ帝国』や英語の形容詞に由来する『ビザンティン帝国』であり、『ビザンティオン帝国』については便宜上の呼称としつつも使うことがあったから、前者に改めた。なお、角田文衛『日本史における中世の意味』（『古代学の展開』〔54〕所収および初出）、参照。

(20) 角田文衛『中世ローマ帝国緒論』（註18前掲論文）。

(21) 角田も初期の頃は、古代オリエント史の次に古代ギリシア史を接続させる通例の歴史観によって『西洋史』を語っていた。たとえば、角田文衛『西洋通史〜第一編　史前史、第二編第一　古代東方諸国』（註3前掲論文）や『西洋文化の誕生』〔8〕。角田がオリエント史とヨーロッパ史を明確に分離することを主張したのは、角田文衛『オリエント古典文化の問題』（『増補　古代学序説』〔20〕所収、初出は昭和四十年）である。

(22) 角田文衛『歴史学における西ヨーロッパ主義』（『ヨーロッパ古代史論考』〔26〕所収、初出は昭和三十年）。

(23) 角田文衛『紀寺の奴』（『律令国家の展開』〔13〕所収、初出は昭和三十年）。

(24) 『西洋文化の誕生』〔8〕。

(25) 角田の著作目録としては、次のようなものがある。『角田文衛博士著作目録』（京都、昭和五十一年）、『角田文衛博士著作目録　増補版』（京都、昭和五十五年）、『角田文衛博士略年譜及び著作目録』（平安博物館研究部編『角田文衛博士古稀記念　古代学叢論』所収、京都、昭和五十八年）、『角田文衛博士略歴・著作目録』（京都、平成五年）、『角田文衛博士著作目録』（角田文衛先生米寿記念会編『角田文衛博士の学風と軌跡』所収、京都、平成十三年）、『角田文衛博士著作目録』（『古代文化』第六十巻第四号『特輯　角田文衛博士の学問とその業績』掲載、京都、平成二十一年）。

(26) 『古代北方文化の研究』〔5〕。『増補　古代北方文化の研究』〔19〕。角田文衛『ユーラシア内陸文化の展望』（『古代学の展開』〔54〕所収、初出は昭和三十七年）。

(27) 『西洋文化の誕生』〔8〕。

(28) 『古代北方文化の研究』〔5〕（増補版は『増補　古代北方文化の研究』〔19〕）。

(29) 『古代史通論』第一分冊〔2〕。

(30) 角田文衛『ヨーロッパ考古学史』（『古代学の展開』〔54〕所収、初出は昭和三十七年〈原題：『考古学史―ヨーロッパ・アメリカ―』〉）

(31) 『石と森の文化』〔18〕。

(32) その他、角田が著したヨーロッパ考古学史としては、角田文衛『概説〜ヨーロッパ』（『世界考古学事典』下　所収、東京、昭和五十四年）、同『考古学の歴史〜ヨーロッパ』（『新版　考古学講座』第十巻所収、東京、昭和四十六年）、同『考古学〜研究史』（『ブリタニカ国際百科大事典』第七号所収、東京、昭和四十八年）がある。

(33) 角田文衛『トムセンの〈異教的古代遺物の時代区分〉』（『ヨーロッパ古代史論考』〔26〕所収、初出は昭和三十四年）。同『転換期の考古学―トムセン『北方古代学入門』

一五〇年を記念して―』(『転換期の考古学』〔47〕所収、初出は昭和六十二年)。同『トムセンの画像』(『古代文化』第三十巻五号掲載、京都、昭和五十三年)。

(34) 角田文衞『ウヴァーロフ伯夫妻と露西亜考古学』(『増補　古代北方文化の研究』〔5〕所収、初出は昭和十八年)。

(35) 角田文衞『グスターフ・コッシナ教授小伝』(『ヨーロッパ古代史論考』〔26〕所収、初出は昭和十八年〈原題：『グスターフ・コッシナ教授と現代独逸考古学界』〉)。

(36) 角田文衞『デュルプフェルト教授の功績』(『ヨーロッパ古代史論考』〔26〕所収、初出は昭和十五年)。

(37) 角田文衞『メンギーン教授の訃』(『ヨーロッパ古代史論考』〔26〕・『転換期の考古学』〔47〕所収、初出は昭和五十年)。

(38) 角田文衞『オスカール・モンテリウス―生涯と業績―』(『ヨーロッパ古代史論考』〔26〕所収、初出は昭和四十六年)。

(39) 角田文衞『カール・ローベルトと考古解釈学』(註12前掲論文)。

(40) 角田文衞『タルルグレン教授評伝』(『増補　古代北方文化の研究』〔19〕所収、初出は昭和二十七年)。

(41) 角田文衞『オストロゴルスキ教授』(『転換期の考古学』〔47〕所収、初出は昭和五十七年)。

(42) 角田文衞『柴田承桂博士と古物学』(『古代学』第十巻第一号掲載、京都、昭和三十六年)。

(43) 角田文衞『湯本文彦と「平安通史」』(『王朝史の軌跡』〔29〕所収、初出は昭和五十二年)。

(44) その他、角田が著した古代学者の評伝としては、『美術考古学発見史』(濱田耕作訳)の著作で知られるアドルフ・ミハエリスについての『古代学者アドルフ・ミハエリス』(『薄暮の京』〔51〕所収、初出は昭和六十三年)といったものがある。また、濱田耕作が主宰した京都帝国大学考古学教室に集った考古学研究者の群像については、『考古学京都学派』〔79〕(増補版は『増補　考古学京都学派』〔82〕)を編集している。

(45) 角田文衞『揺籃期のロシア考古学』(『古代学の展開』〔54〕所収、初出は昭和三十年〈原題：『露西亜考古学史(1)』〉)。

(46) M・パロッティーノ、角田文衞訳『エトルスキ学小史』(『ヨーロッパ古代史論考』〔26〕所収、初出は昭和二十八年)。

(47) 岩波書店編集部編『岩波西洋人名辞典』(東京、昭和三十一年)。

(48) 『増補　古代学序説』〔20〕。

(49) BUN-EI TSUNODA. *Metaphysics of Archaeology* (『古代文化』第三十四巻第九号掲載、京都、昭和五十七年。この論文の日本語版は、角田文衞『考古学のメタフィシカ』(『転換期の考古学』〔47〕・『古代学の展開』〔54〕所収)。

(50) 角田文衞『カール・ローベルトと考古解釈学』(註12前掲論文)。

(51) 角田文衞『学会と機関誌を憂える』(『読売新聞』一九

八一年四月十八日付夕刊掲載、東京、昭和五十六年)。
(52)　角田文衞『「史学雑誌」に対する提案』(『古代文化』第三十三巻第四号掲載、京都、昭和五十六年)。
(53)　『ヨーロッパ古代史論考』〔26〕。
(54)　『国分寺の研究』〔58〕。国分寺の研究については、五十年の歳月を経た後に角田自身の手によって全面的に改訂された新版が刊行された。『新修国分寺の研究』〔69～76〕。
(55)　角田文衞著作集第七巻『紫式部の世界』〔34〕、『紫式部伝』〔56〕。
(56)　角田文衞『晩年の清少納言』(『王朝の映像』〔17〕・『一条の后藤原高子』〔53〕所収、初出は昭和四十一年)、同『清少納言の女房名をめぐって』(『王朝の明暗』〔23〕所収、初出は昭和四十六年)、同『清少納言の生涯』(『王朝の明暗』〔23〕・『一条の后藤原高子』〔53〕所収、初出は昭和五十年)。
(57)　角田文衞『紫式部の居宅』(『紫式部とその時代』〔14〕所収および初出。角田文衞著作集第七巻『紫式部の世界』〔34〕・『紫式部伝』〔56〕所収)。
(58)　また、後に角田は廬山寺境内に紫式部とその娘の大弐三位(藤原賢子)の歌碑をも建立している。角田文衞『紫式部　大弐三位　歌碑』(『わかな』第九号掲載、京都、平成八年)。
(59)　角田は晩年の清少納言が月輪に隠棲したと推定している。角田文衞『晩年の清少納言』(註56前掲論文)。
(60)　この歌碑の揮毫は芸術院会員・日比野五鳳氏による。
(61)　紫式部の墓と伝えられる小塚は、京都市北区紫野雲林院町に存在している。角田はこれについて考察を加え、雲林院の付近に紫式部の墓が存在したという伝承は鎌倉時代にまでさかのぼるとし、その点から、現存の小塚が紫式部の真墓である可能性を認めている。角田文衞『紫式部の墓』(『紫式部とその時代』〔14〕所収および初出。『紫式部伝』〔56〕所収)。
(62)　角田文衞『北山のなにがし寺』(『若紫抄』〔16〕・『紫式部伝』〔56〕・『源氏物語の地理』〔83〕所収、初出は昭和四十三年)。
(63)　『佐伯今毛人』〔9〕(新装版として〔43〕)。
(64)　『承香殿の女御』〔10〕。
(65)　『中務典侍』〔11〕。
(66)　その他、後白河法皇に関して、角田が主導して編んだ次の論文集がある。古代学協会編『後白河院―動乱期の天皇―』(東京、平成五年)。その中に角田は、『建春門院平滋子』、『後白河院の近臣』、『後白河院の後宮』の三論文を寄稿している。また、皇太后・藤原高子(清和天皇女御)を中心とした平安時代の貴族女性を取り上げたものとして、『一条の后藤原高子』〔53〕がある。
(67)　『椒庭秘抄』〔22〕。後、改題して『待賢門院璋子の生涯』〔36〕。
(68)　角田文衞『崇徳天皇の生誕』(『王朝の映像―平安時代史の研究―』〔17〕所収および初出)。註67に同じ。
(69)　角田文衞『右大将道綱の母』(『王朝の残映』〔46〕、初出は昭和四十五年）。
（70）『平家後抄』〔24〕（普及版は『平家後抄』上・下〔28〕、『平家後抄』上・下〔50〕）。
（71）角田文衞『不比等の娘たち』（角田文衞著作集第五巻『平安人物志（上）』〔32〕所収、初出は昭和三十九年）、上山春平・角田文衞対談『仮面の宰相・藤原不比等』（『日本史探訪』別巻『古代編Ⅲ』掲載、東京、昭和五十年）。
（72）角田文衞『首皇子の立太子について』（『律令国家の展開』〔13〕所収、初出は昭和四十年）。
（73）角田文衞『陽成天皇の退位』（『王朝の映像』〔17〕所収、初出は昭和四十三年〈原題：『陽成天皇の退位について』〉）、角田文衞『尚侍藤原淑子』（『紫式部とその時代』〔14〕所収および初出、『二条の后藤原高子』〔53〕所収）。
（74）藤原淑子は藤原基経の異母妹で、光孝天皇皇子の定省親王（後の宇多天皇）の養母。角田は光孝天皇崩御の後に宇多天皇が即位したのには淑子の力が大きかったと推測している。
（75）角田文衞『菅家の怨霊』（『紫式部とその時代』〔14〕所収および初出。角田文衞著作集第五巻『平安人物志（上）』〔32〕所収）。
（76）註71に同じ。
（77）角田文衞『勅旨省と勅旨所』（『律令国家の展開』〔13〕・角田文衞著作集第六巻『律令国家の展開』〔35〕所収、初出は昭和三十七年）。
（78）角田文衞『応天門の変』（『王朝の残映』〔46〕・『王朝の映像』〔17〕、初出は昭和四十五年）。
（79）註75前掲論文。
（80）角田文衞『師輔なる人物』（『平安の春』〔30〕所収および初出）。
（81）角田文衞『法性寺関白忠通』（『王朝史の軌跡』〔29〕所収、初出は昭和五十七年〈原題：『曠古の英傑老いらくの恋に死す　藤原忠通』〉）、同『三人の野心家』（『平安の春』〔30〕所収、初出は昭和五十二年〈原題：『野心家の貴族―忠通・頼長・信西―』〉）。
（82）角田文衞『高階家の悲劇（1～11）』（『伝統と現代』第一巻第六号～第二巻第十号連載、東京、昭和四十四年）。
（83）角田文衞『恬子内親王』（『紫式部とその時代』〔14〕、角田文衞著作集第五巻『平安人物志（上）』〔32〕、『二条の后藤原高子』〔53〕所収、初出は昭和六十一年）。
（84）角田文衞『源平の合戦―東国平氏の第三次独立戦争―』（『王朝史の軌跡』〔29〕所収、初出は昭和五十二年）。
（85）角田文衞『源家将軍三代の死―その謎をえぐる―』（『王朝史の軌跡』〔29〕所収、初出は昭和五十四年）。
（86）奥州藤原氏の平泉政権、そして平泉政権と平安京の関係については、荒木伸介・角田文衞他『奥州平泉―黄金の世紀―』〔40〕、角田文衞『遮那王丸はなぜ奥州に下ったか』（『歴史と人物』第十四年第八号掲載、東京、昭和五十九年）などで論じられている。その中では、平泉政権が平安京の近郊に『平泉第』と仮称される出張所を持っており、それを通じて朝廷と密接な関係を保ち続けていたことや、鎮守府将軍兼陸奥守として奥州に下った藤原基成が平泉政権の陰の実力者となっており、牛若（遮那王、源義経）の平泉下向にも基成の援助があったといった、従来は見過ごされてきた事実が解明されている。

（87）　角田文衛『頼朝と義経』（『王朝史の軌跡』〔29〕・『王朝の映像』〔17〕所収、初出は昭和五十五年）。

（88）　角田文衛『秀衡・義経が鎌倉を攻めたら』（『王朝史の軌跡』〔29〕所収、初出は昭和五十五年）。

（89）　角田文衛『氏名と家名』（『日本歴史』第三八四号掲載、東京、昭和五十五年）。

（90）　『日本の後宮』〔21〕。その他、日本後宮史については、角田文衛『日本文化と後宮』（『王朝史の軌跡』〔29〕所収、初出は昭和五十五年）、同『後宮の歴史』（『国文学―解釈と教材の研究―』第二十五巻第十三号掲載、昭和五十五年）といった論考もある。

（91）　『日本の女性名』（上・中・下）〔27・41・42〕。後、合本して『日本の女性名』〔55〕。

（92）　角田文衛『丹生文化の問題』（『著作集第一巻』〔39〕所収、初出は昭和三十七年）、同『丹生遺跡の問題』（『日本考古学』第六号掲載、東京、平成十年）。

（93）　角田の縄文文化についての研究は、『著作集第一巻』〔39〕を参照。三森定男・角田文衛『先史時代の東部日本』（『人類学・先史講座』第十二巻所収、東京、昭和十四年）。

（94）　角田文衛『共同体―研究序説―』（『ヨーロッパ古代史論考』〔26〕所収、初出は昭和三十三年）。

（95）　朧谷寿・角田文衛『平安京』（『角川日本地名大辞典　京都府』下巻、東京、昭和五十七年）。『平安京提要』〔78〕。

（96）　古代学協会編『共同体の研究』上巻（東京、昭和三十三年）。

（97）　大塚久雄『共同体の基礎理論』（東京、昭和三十年。のち、大塚久雄著作集第七巻『共同体の基礎理論』〈東京、昭和四十四年〉、文庫版〈東京、平成十二年〉としても刊行）。

（98）　古代学協会編『大分県丹生遺跡第一次・第二次発掘調査概報』（京都、昭和三十九年）、同編『大分県丹生遺跡第三次発掘調査概報』（京都、昭和四十年）、同編『大分県丹生遺跡第四次発掘調査概報』（京都、昭和四十一年）、角田文衛『丹生文化の問題』（『著作集第一巻』〔39〕所収、初出は昭和三十七年）、同『丹生遺跡の問題』（『日本考古学』第六号掲載、東京、平成十年）。なお、丹生遺跡については平成四年（一九九二）に正式報告書が刊行され、大部分の石器は後期旧石器時代初頭以降の所産であると結論づけられている。ただし、同遺跡出土石器群の中には他に類例をみない特殊な石器が含まれており、これについてはさらなる研究を待たねばならないとして、評価が保留されている。鈴木忠司編『大分県丹生遺跡群の研究』（古代学研究所研究報告第三輯、京都、平成四年）。一方、竹岡俊樹は、丹生遺跡出土の石器の中で、第十区Aの志村砂礫層中から採取された礫器（チョッパー）は、あきらかな人工品であるとともに出土層位が明確な資料であり、四十万年前にさかのぼる前期旧石器であるとしている。竹岡俊樹『旧石器時代の歴史』（東京、平成二十三年）、参照。

(99) 角田文衞『旧石器・中石器時代』（『世界史大系』第一巻所収、東京、昭和三十四年）。なお、角田自身はこの論文を『古代史通論』〔2〕の全面的改訂版であると位置づけていた。

(100) 船入島貝塚、里浜貝塚、角間崎遺跡、榎林遺跡、東栗山遺跡については、『著作集第一巻』〔39〕（初出は、前二者が昭和十一年、後三者が同十四年）。

(101) 三森定男・角田文衞『先史時代の東部日本』（註93前掲論文）。

(102) 竹内亮・山本亮編『冀置荘・二上遺跡の調査研究』（古代学協会研究報告第十一輯、京都、平成二十七年）。

(103) 角田文衞『廃光明山寺の研究』（『著作集第二巻』〔38〕所収、初出は昭和十一年）。

(104) 角田文衞『廃光明山寺の研究』（註103前掲論文）。

(105) 角田文衞『国分寺の設置』（『国分寺の研究』上巻〔58〕所収および初出）、同『国府と国分寺』（『律令国家の展開』〔13〕所収、初出は昭和三十三年）、同『国分寺の創設』（『新修国分寺の研究　第六巻』〔75〕所収および初出、『平城時代史論考』〔57〕所収）。

(106) 家永三郎『国分寺の創建について』（『建築史』第一巻第四号掲載、東京、昭和十四年。後、家永『上代仏教思想史』掲載、東京、昭和十七年）、同『再び国分寺の創建について—石村・井上両氏の批判に答える—』（『続日本紀研究』第四巻第五号掲載、大阪、昭和三十二年）。

(107) 東京大学イラク・イラン遺跡調査団編『テル・サラサート』第一巻（東京大学イラク・イラン遺跡調査団報告書第一巻、東京、昭和三十四年）。

(108) 川村のエジプト調査については、川村喜一『ファラオの階段—マルカタ遺跡の発掘—』（東京、昭和五十四年）、参照。なお、川村は昭和三十四・三十五年（一九五九・六〇）に古代学協会が実施した平安宮朝堂院跡の発掘調査に参加しているし、また昭和三十一年（一九五六）から五十一年（一九七六）までの二十年間にわたって古代学協会東京支部の幹事を務めた。角田文衞『川村喜一教授逝去』（『古代文化』第三十一巻第二号掲載、京都、昭和五十四年）参照。

(109) 早稲田大学の調査チームのエジプト研究は、その後は吉村作治（同大学教授を経て名誉教授）、近藤二郎（同大学教授）といった研究者を中核として着実に進められ、同大学エジプト学研究所の創設へと発展した。

(110) 古代学協会のアコリス遺跡の調査はその後も平成四年（一九九二）まで十三次にわたって行われた。The Paleological Association of Japan, Inc .ed., *AKORIS—Report of the Excavations at Akoris in Midde Egypt*, 1981-1992 (Kyoto, 1995). さらに、その後にはアコリス遺跡の調査は筑波大学の調査隊（責任者は川西宏幸〈現・同大学名誉教授〉）に受け継がれ、現在にいたるまで続行されている。

(111) この時に発見された碑文はエジプト第二十三王朝のオ

ソルコンⅢ世の奉献碑である。また、その後には第二十一王朝のピノジェムⅠ世（紀元前一〇七〇～一〇三二）の奉献碑、中王国時代の精緻な葬送船模型といった貴重な発見があった。

(112) 山田邦和「平安京勧学院跡出土の土器・陶磁器」（古代学研究所研究報告第四輯『平安京出土土器の研究』所収、京都、平成六年）。

(113) 古代学協会による平安京の発掘調査の概要については、古代学協会編『古代学協会六〇年史』（京都、平成二十三年）、参照。

(114) 朧谷寿・角田文衞『平安京』（註95前掲論文）。

(115) また、平安京についての明治以来百年間の研究を総括したものに、角田が総監修した『平安京提要』〔78〕がある。

(116) 角田文衞「紫野斎院の所在地」（『紫式部伝』〔56〕所収、初出は昭和四十七年）。

(117) 角田文衞「太后昌子内親王の御所と藤壺の三条宮」（『王朝史の軌跡』〔29〕所収、初出は昭和五十一年）。

(118) 角田文衞「紫式部の居宅」（『紫式部とその時代』〔14〕所収および初出、『紫式部伝』〔56〕所収）。

(119) 角田文衞「藤原定家の一条京極第」（『王朝史の軌跡』〔29〕所収、初出は昭和五十七年）。

(120) 『平安京散策』〔45〕。京都市中京区河原町通御池西南角のビルの壁面には、角田が執筆した悲田院の説明板が設置されている。

(121) 角田文衞「右府将軍実朝の妻」（『王朝の残映』〔46〕所収、初出は昭和五十九年）。

(122) 角田文衞「藤原定家の小倉山荘」（『王朝史の軌跡』〔29〕所収、初出は昭和五十七年）。

(123) 『平安京散策』〔45〕。

(124) 『平安京散策』〔45〕。

(125) 岡崎殿（岡前殿）は、脩明門院藤原重子（後鳥羽天皇後宮、順徳天皇母）の御所で、角田はその所在地を京都市左京区の岡崎中学校の付近であるとしている。脩明門院については、『平家後抄』〔24・28・50〕、参照。

(126) 角田文衞「般若寺と道綱の母」（『王朝の映像』〔17〕所収および初出）。

(127) 角田文衞「鳥部山と鳥部野―平安時代を中心として―」（『王朝の残映』〔46〕所収、初出は昭和五十一年）。

(128) 『日本の後宮』〔21〕。

(129) 角田文衞「訳註「後宮職員令」」（『平城時代史論考』〔57〕所収、初出は平成元年）。

(130) 『日本の女性名』（註91に同じ）。

(131) 角田文衞『後冷泉朝の問題』（『王朝史の軌跡』〔29〕所収、初出は昭和五十年）。なお、角田は平安時代についてのいくつもの論文集を企画している。古代学協会編『桓武朝の諸問題』（京都、昭和三十七年）、『摂関時代史の研究』（東京、昭和四十年）、古代学協会編『延喜天暦時代の研究』（東京、昭和四十四年）、古代学協会編『後期摂関時代の研究』（東京、平成二年）、等。さらに角田は最晩年に仁明朝の歴史についての共同研究を発案した。この成果は、角田の没後に『仁明朝史の研究』〔87〕として刊行された。
(132) 角田は平成十年（一九九八）に古代学協会内に『初期王権研究委員会』を発足させ、古代王権の誕生についての大規模な共同研究を主宰した。『古代王権の誕生』Ⅰ～Ⅳ〔84〕。
(133) 『北欧史』〔60〕。
(134) 角田編の『北欧史』の成果を受け継ぐ形で、平成十年（一九九八）にいたって新たな北欧の通史が出版された。百瀬宏・熊野聰・村井誠人編『北欧史』（『新版　世界各国史』二十一、東京、平成十年）。
(135) こうしたアジア内陸の古代文化については、『古代北方文化の研究』〔5〕（増補版は『増補　古代北方文化の研究』〔19〕）、『世界考古学大系』第十四巻〔62〕、角田文衞『スキタイの世界』（『図説世界文化史大系』第十三巻所収、東京、昭和三十六年）、角田文衞『スキタイ文化の問題点』（『増補　古代北方文化の研究』〔19〕・『ヨーロッパ古代史論考』〔26〕所収、初出は昭和四十四年）等にまとめられている。また、フェルガーナ盆地の古代文化については、角田文衞『フェルガーナ盆地の始原文化』（『古代文化』第三十巻第九号掲載、京都、昭和五十三年）がある。
(136) 角田文衞『呂太后と赤眉の衆』（『古代文化』第三十四巻第一号掲載、京都、昭和五十七年）。
(137) 角田文衞『所謂「李陵の邸宅址」について』（『増補　古代北方文化の研究』〔19〕所収、初出は昭和三十二年）。
(138) ただし、この発掘調査では当初の目標であった奈良時代の荘園についての遺構・遺物は明確には検出されなかった。竹内亮・山本亮編『糞置荘・二上遺跡の調査研究』（註102前掲書）。
(139) 角田文衞『右京の侍従池領』（『著作集第四巻』〔33〕所収、初出は昭和三十八年）。
(140) 角田文衞『勅旨省と勅旨所』（註77前掲論文）。
(141) 角田文衞『備中国下道氏塋域に於ける一火葬墓』（『平城時代史論考』〔57〕所収、初出は昭和十九年）。
(142) 角田文衞『小治田朝臣安萬侶の墓』（『平城時代史論考』〔57〕所収、初出は昭和二十七年〈原題：『都市文化の波及』〉）。
(143) 角田文衞『村上源氏の塋域』（『著作集第四巻』〔33〕所収、初出は昭和四十四年）。
(144) 角田文衞『ウラジオストック東郊バサルギン貝塚について』（『古代学』第二巻第二号掲載、京都、昭和二十八年）。
(145) 角田文衞編『薩摩国分寺文書』（『国分寺の研究』下巻〔58〕所収）。
(146) 角田文衞『天平感宝元年聖武天皇勅書考証』（『平城時代史論考』〔57〕所収、初出は昭和十四年）。
(147) 角田文衞『天平五年右京計帳の断簡』（『平城時代史論考』〔57〕所収、初出は昭和三十年）。
(148) 角田文衞『勅旨省と勅旨所』（註77前掲論文）。
(149) 角田文衞『金融業者ユクンドゥス』（『ヨーロッパ古代

史論考』〔26〕所収)、『ユクンドゥスの家―『金融業者ユクンドゥス』補遺―』(斎藤忠先生頌寿記念論文集刊行会編『考古学叢考』上巻所収、東京、昭和六十二年)。

(150) 『死都ポンペイ』〔7〕。また、早くに角田がまとめたポンペイの概説として『ポンペイの遺跡』〔3〕もある。

(151) 角田は古代学協会の事業としてポンペイ遺跡の考古学的調査を行うことを計画した。それは平成元年(一九八九)の予備調査と平成二年(一九九〇)から四年(一九九二)までの地上調査を経て、平成五年(一九九三)から平成十四年(二〇〇二)まで発掘調査が実施された。さらに資料整理を含めると平成十九年(二〇〇七)まで継続された。The Paleological Association of Japan, Inc. ed., *POMPEII Report of the Excavations at Porta CAPUA 1993-2007* (Kyoto, 2010)。また、平成七年(一九九五)にはポンペイ遺跡発掘調査の拠点として、ポンペイ市内に古代学協会の西方古典文化研究所が設立され、角田は同研究所所長に就任した。

(152) 『世界考古学大系』第十四巻〔62〕。

(153) 角田文衞『オドアケルの立場―貨幣からみた一考察―』(『ヨーロッパ古代史論考』〔26〕・『古代学の展開』〔54〕所収、初出は昭和三十二年)。

(154) たとえば、角田文衞『アンキュラのアウグストゥス神殿』(『古代文化』第四十一巻第一号掲載、京都、平成元年)。

(155) たとえば、角田文衞『書評 Bookmann. H. *Einfuhrung in die Geschichte des Mittelalters*』(『古代文化』第三十一巻第三号掲載、京都、昭和三十四年)、同『書評 平山敏治郎著「日本中世家族の研究」』(『古代文化』第三十二巻第十一号掲載、京都、昭和五十五年)、同『書評 阿部謹也・網野善彦・石井進・樺山紘一共著「中世の風景」』(『古代文化』第三十三巻第十一号掲載、京都、昭和五十六年)等。

(156) 日本の鎌倉・室町両時代を『混成古代』とすることについては、角田文衞『日本史における中世の意味』(『古代学の展開』〔54〕所収および初出)参照。

(157) 角田文衞『銘辞学の方法論』(『著作集第一巻』〔39〕・『古代学の展開』〔54〕所収、初出は昭和二十七年)、同『銘辞学とその周辺』(『季刊考古学』第十八号掲載、東京、昭和六十二年)。

(158) 角田文衞『和宮身替り説を駁す』(『歴史と人物』第八年第十号掲載、東京、昭和五十三年)。

(159) 『北欧史』〔60〕。

(160) 角田の方法論的研究の一端を示したものとして、『転換期の考古学』〔47〕がある。また、『古代学序説』の続編となる方法論的研究は、『著作集第一巻』〔39〕および『古代学の展開』〔54〕にまとめられている。

(161) 角田のいう絶滅史観とは、文明の発達の果てにあるものは実は人類の滅亡だという歴史観である。人間社会を発展させてきた諸技術(特に、火の使用、農耕の開始、原子力の利用)が、長い目で見ると実は生物としての人類を破滅へと追いやるものであり、二百万年にわたる人間の歴史は近い将来に確実に終焉を迎えるのであって、それはもはや人間のどんな英知を集めても不可避である、というのである。角田はこの歴史観について体系化して語ることはなかったけれども、その一端は、角田文衞『提言　絶滅史観に立脚して歴史の再検討を』（『京都新聞』昭和四十八年七月二十一日号掲載、京都、昭和四十八年）、角田文衞『現代の悲劇』（『京の夕映え』〔48〕所収、初出は平成二年）に見ることができる。

角田文衞著書・編著書目録

【著書】

〔1〕角田文衞『欧州の四季』（大阪、昭和二十五年）。
〔2〕角田文衞『古代史通論』第一分冊（大阪、昭和二十五年）。
〔3〕角田文衞『ポンペイの遺跡』（大阪、昭和二十五年）。
〔4〕角田文衞『古代学序説』（東京、昭和二十九年）。
〔5〕角田文衞『古代北方文化の研究』（京都、昭和二十九年）。
〔6〕角田文衞『原始社会』（アテネ文庫）（東京、昭和三十年）。
〔7〕角田文衞『死都ポンペイ』（岩波写真文庫）（東京、昭和三十年）。
〔8〕角田文衞『西洋文化の誕生』（東京、昭和三十六年）。
〔9〕角田文衞『佐伯今毛人』（人物叢書）（東京、昭和三十八年）。
〔10〕角田文衞『承香殿の女御』（中公新書）（東京、昭和三十八年）。
〔11〕角田文衞『中務典侍』（平安叢書）（大阪、昭和三十九年）。
〔12〕角田文衞『紫式部の身辺』（平安叢書）（大阪、昭和四十年）。
〔13〕角田文衞『律令国家の展開』（東京、昭和四十年）。
〔14〕角田文衞『紫式部とその時代』（東京、昭和四十年）。
〔15〕角田文衞『紫式部―その生涯と遺薫―』（京都、昭和四十三年）。
〔16〕角田文衞『若紫抄―若き日の紫式部―』（東京、昭和四十三年）。
〔17〕角田文衞『王朝の映像―平安時代史の研究―』（東京、昭和四十五年）。
〔18〕角田文衞『沈黙の世界史』五『石と森の文化』（東京、昭和四十五年）。
〔19〕角田文衞『増補　古代北方文化の研究』（東京、昭和四十五年）（〔5〕の増補版）。
〔20〕角田文衞『増補　古代学序説』（東京、昭和四十七年）（〔4〕の増補版）。
〔21〕角田文衞『日本の後宮』（東京、昭和四十八年）。
〔22〕角田文衞『椒庭秘抄―待賢門院璋子の生涯―』（東京、昭和五十年）。
〔23〕角田文衞『王朝の明暗―平安時代史の研究・第二冊

一』（東京、昭和五十二年）。
〔24〕角田文衞『平家後抄―落日後の平家―』（東京、昭和五十三年）。
〔25〕角田文衞・中村真一『おもしろく源氏を読む―源氏物語講義―』（東京、昭和五十五年）。
〔26〕角田文衞『ヨーロッパ古代史論考』（東京、昭和五十五年）。
〔27〕角田文衞『日本の女性名―歴史的展望―』上（歴史新書）（東京、昭和五十五年）。
〔28〕角田文衞『平家後抄』上・下（朝日選書）（東京、昭和五十五年）（〔24〕の普及版）。
〔29〕角田文衞『王朝史の軌跡』（東京、昭和五十八年）。
〔30〕角田文衞『平安の春』（東京、昭和五十八年）。
〔31〕角田文衞『京の朝晴れ』（東京、昭和五十八年）。
〔32〕角田文衞　角田文衞著作集第五巻『平安人物志（上）』（京都、昭和五十九年）。
〔33〕角田文衞　角田文衞著作集第四巻『王朝文化の諸相』（京都、昭和五十九年）。
〔34〕角田文衞　角田文衞著作集第七巻『紫式部の世界』（京都、昭和五十九年）。
〔35〕角田文衞　角田文衞著作集第六巻『律令国家の展開』（京都、昭和五十九年）。
〔36〕角田文衞『待賢門院璋子の生涯―椒庭秘抄―』（朝日選書）（京都、昭和六十年）（〔22〕の普及版）。
〔37〕角田文衞　角田文衞著作集第三巻『平安人物志（下）』（京都、昭和六十年）。
〔38〕角田文衞　角田文衞著作集第二巻『国分寺と古代寺院』（京都、昭和六十年）。
〔39〕角田文衞　角田文衞著作集第一巻『古代学の方法』（京都、昭和六十年）。
〔40〕荒木伸介・角田文衞他『奥州平泉―黄金の世紀―』（東京、昭和六十年）。
〔41〕角田文衞『日本の女性名―歴史的展望―』中（歴史新書）（東京、昭和六十二年）。
〔42〕角田文衞『日本の女性名―歴史的展望―』下（歴史新書）（東京、昭和六十三年）。
〔43〕角田文衞『佐伯今毛人』（人物叢書　新装版）（東京、昭和六十三年）（〔9〕の新装版）。
〔44〕角田文衞『紫式部―その生涯と遺薫―（増訂版）』（京都、平成元年）（〔15〕の増訂版）。
〔45〕角田文衞『平安京散策』（京都、平成二年）。
〔46〕角田文衞『王朝の残映―平安時代史の研究・第三冊―』（東京、平成四年）。
〔47〕角田文衞『転換期の考古学』（東京、平成五年）。
〔48〕角田文衞『京の夕映え』（東京、平成五年）。
〔49〕角田文衞『平安の春』（講談社学術文庫）（東京、平成十一年）（〔30〕の文庫版）。
〔50〕角田文衞『平家後抄』上・下（講談社学術文庫）（東京、平成十二年）（〔28〕の文庫版）。
〔51〕角田文衞『薄暮の京』（東京、平成十二年）。

〔52〕 角田文衞『欧州の四季』(東京、平成十二年)(〔1〕の復刻版)。
〔53〕 角田文衞『二条の后藤原高子―業平との恋―』(東京、平成十五年)。
〔54〕 角田文衞『古代学の展開』(東京、平成十七年)。
〔55〕 角田文衞『日本の女性名―世界史的展望―』(東京、平成十八年)(〔27・41・42〕を合わせた新装版)。
〔56〕 角田文衞『紫式部伝―その生涯と「源氏物語」―』(京都、平成十九年)。
〔57〕 角田文衞『平城時代史論考』(東京、平成十九年)。

【編著・監修書】

〔58〕 角田文衞編『国分寺の研究』上巻・下巻(京都、昭和十三年)。
〔59〕 日本地図学会史図研究部(山根徳太郎・角田文衞)編『世界歴史地図』(東京、昭和二十七年)。
〔60〕 角田文衞編『北欧史』(世界各国史)(東京、昭和三十年)
〔61〕 古代学協会編『共同体の研究』上巻(東京、昭和三十三年)。
〔62〕 角田文衞編『世界考古学大系』第十四巻『ヨーロッパ・アフリカ』(東京、昭和三十五年)。
〔63〕 筑摩書房編集部編『世界の歴史』第一巻『歴史のあけぼの』(東京、昭和三十五年)。
〔64〕 角田文衞編『世界考古学大系』第九巻『北方ユーラシア・中央アジア』(東京、昭和三十七年)。
〔65〕 古代学協会編『大分県丹生遺跡第一次・第二次発掘調査概報』(京都、昭和三十九年)。
〔66〕 古代学協会編『大分県丹生遺跡第三次発掘調査概報』(京都、昭和四十年)。
〔67〕 古代学協会編『大分県丹生遺跡第四次発掘調査概報』(京都、昭和四十年)。
〔68〕 桑折町教育委員会編、角田文衞・梅宮茂監修『桑折町誌』(福島県桑折町、昭和四十四年)。
〔69〕 角田文衞編 新修国分寺の研究第一巻『東大寺と法華寺』(東京、昭和六十一年)
〔70〕 角田文衞編 新修国分寺の研究第五巻上『南海道』(東京、昭和六十二年)。
〔71〕 角田文衞編 新修国分寺の研究第五巻下『西海道』(東京、昭和六十二年)。
〔72〕 角田文衞編 新修国分寺の研究第二巻『畿内と東海道』(東京、平成三年)。
〔73〕 角田文衞編 新修国分寺の研究第三巻『東山道と北陸道』(東京、平成三年)。
〔74〕 角田文衞編 新修国分寺の研究第四巻『山陰道と山陽道』(東京、平成三年)。
〔75〕 角田文衞編 新修国分寺の研究第六巻『総括』(東京、平成八年)。
〔76〕 角田文衞編 新修国分寺の研究第七巻『補遺』(東京、平成九年)。

〔77〕角田文衞監修、古代学協会・古代学研究所編『平安時代史事典』（東京、平成六年）。
〔78〕角田文衞監修、古代学協会・古代学研究所編『平安京提要』（東京、平成六年）。
〔79〕角田文衞編『考古学京都学派』（東京、平成六年）。
〔80〕角田文衞編『平安の都』（朝日選書）（東京、平成六年）。
〔81〕古代学協会・古代学研究所編、角田文衞・室伏信助監修『大島本　源氏物語』（全九巻＋別巻）（東京、平成八年〜九年）。
〔82〕角田文衞編『増補　考古学京都学派』（東京、平成九年）（〔15〕の増補版）。
〔83〕角田文衞・加納重文編『源氏物語の地理』（東京、平成十一年）。
〔84〕角田文衞・上田正昭監修、初期王権研究委員会編『古代王権の誕生』Ⅰ〜Ⅳ（東京、平成十五年）。
〔85〕角田文衞編『京都源氏物語地図』（京都、平成十九年）。
〔86〕角田文衞・片桐洋一編『源氏物語と紫式部—研究の軌跡』（東京、平成二十年）。
〔87〕角田文衞監修、古代学協会編『仁明朝史の研究—承和転換期とその周辺—』（京都、平成二十三年）。

【訳書】

〔88〕キューン（角田文衞訳）『人類と文化の誕生』（東京、昭和三十三年）。
〔89〕キューン（角田文衞訳）『古代文明の開化』（東京、昭和三十四年）。

第二部

理想の研究機関の構想

『古代学』創刊の辞

現代に於ける諸学の進運は、まことに日新月歩の観がある。分けても古代文化の研究は物理学などとはまた違った意味に於いて、実に眼醒ましい発展を遂げている。例を遺跡、遺物の上にとって見ても、未知の文化の様相を究明せんとして学者の振う鍬は、日毎に貴重な史料を地下より獲得し、古代史の研究に絶えず新鮮な材料を提供している現況である。また例を文献にとっても、当該社会の構成や生産諸関係を究明せんとして、今まで看過されていた零細な史料を分析し、綜合しつつ行われる学者の熱意に溢れた研究は、我々の古代観に大きな修正を要求するに至っている。

こうした華々しい研究の活況は、実に慶ぶべきことであるが、しかしその反面には、深く反省を要する点も亦認められるのである。例えば、往々にして学者は、尨大なる史料の海に溺れ、その処理に没頭するの余り、史料の背後にある人間を見失ってはいないであろうか。或いは、考古学とか文献学といった方法学を本質学のように誤信し、歴史を再構成せんとする本来の任務を忘れてはいないであろうか。考古学者、より正しく言って遺物学者は、遺物の研究、または遺物のみによる古代文化の究明にだけとどまり、より高次な古代学の立場から古代史を究明することを、蔑にしている憾みもない訳ではない。我が国で『史学』と呼ばれる学問も、専ら文献に基づいて歴史を研究することのみを志し、これが史学であって、それは考古学とは別個な学問であるかの如く思念されている場合も、尠しとはしないのである。

遺物の研究から得た結果を、何等の方法論的根拠なしに、文献から得られた結果に結びつけることは、甚だ危険であり、またそれ故に、十九世紀以来、考古学と史学とが各自の軌道を歩むことが、必要であったのである。しかし此れは、あくまで便宜の処置であって、いつまでも墨守さるべきものではない筈である。凡そ遺物と言い、文献と言うも、畢竟、我々の研究の材料であり、研究の対象はあくまで文化それ自体でなければならない。我々が瞭にせんと志しているのは、文化であり、歴史であって、その材料ではないのである。対象と手段との混同は、あくまで避けねばならぬ所である。

こうした原理は、恐らく歴史学に志す何人にも自明の理であるにも拘らず、何故に依然として史料の外面的形態の差別に依る個々の方法学に割拠する風が是正されないのであろうか。言うまでもなく、方法論を確実な基礎の上に樹立せんとする学者の意図や努力に、なお不充分なものがあるからである。

一方、現代人がその世界観の形成に際して、歴史学に期待し、要望する所は、頗る多いのであるが、中でも開拓の容易ならぬ古代史の研究に対しては、過分の要請すらが為されている。然もこの際、史実を無視し、或いは歪形した安易な図式を提供することも、また単に欧米古代学者達の後塵を拝したような理論なり体系なりを借用することも、真に現代の要求に応える所以ではないとすれば、我々は更めて、史実の究明に志しながら、他方では古代史の体系化に一層の努力を注ぐべきを覚えるのである。贅言するまでもなく、歴史は世界史としてのみ把握されるが、殊に日本の如き周辺文化の歴史は、世界的観点からのみその理解が可能である。されば、実証的研究を踏まえながら、古代世界史の清新なる体系の樹立に力を捧げることは、現下の我々に課せられた最大の任務であると言えよう。

曩に我々が古代学協会を興し、更にこの度敢て機関誌『古代学』を創刊するに至った経緯は、以上述べた所によって、ほぼ明白であると信ずる。併しながら、不幸にして我々は未だ確乎たる方法論や、古代史の整然たる体系を把持する者ではなく、まさにかかる方向へ研究の針路をとり、互に練磨研鑽して行こうと念じているに過ぎない。ただ相互に一致する所は、向後に於ける古代文化の研究が、古代学として綜合的に進められねばならぬと言う点のみである。

この意味に於いて我々は、古代史に関心を有せられる各位が会員として進んで本会に参加され、機関誌を通じて方法論の確立を、古代史の体系化を目して真摯なる研究を発表されんことを、心から望んでいるのである。既往の一切の学説に捉われることなく、ただ精緻な実証的研究と新鮮にして透徹した理論とを平行して展開して行くならば、たとい現下の我々がものする論説は拙くとも、目標は漸く近づいて来るに相違ないのである。

財団法人古代学協会　設立の趣旨と沿革

一

財団法人古代学協会の前身である古代学協会が結成されたのは、昭和二十六年十月のことであった。その直接の動機は、当時のわが国における歴史研究、とりわけ古代史研究の低調でありながら偏った傾向に対する憂慮であった。東京大学、東京教育大学、大阪市立大学、京都大学、立命館大学、関西大学などに在職する有志は、昭和二十五年頃から新に学会を興し、断乎としてこの憂うべき傾向を克服しようと話し合っていたが、翌年に至ってこの計画は稔り、さらに広く諸大学、諸博物館の古代史研究家に呼びかけて古代学協会は発足したのである。

古代学協会設立の主な目的は、附載した『「古代学」創刊の辞』（本書三〇一～三〇三頁）によって頗る明白であるが、いまこれを簡明直截に述べるならば、次ぎの通りである。

（1）イデオロギーによって研究が支配される立場を排し、あくまで実証主義に基づく客観的な古代史研究を推進すること。

（2）これまで日本史、東洋史、西洋史の枠内でそれぞれ別個に行われていた古代史研究、また考古学、史学の枠内に閉じこもって別々になされていた古代史研究の狭隘な障壁を排し、古代学の名の下に古代史を綜合的に、かつ世界史的な広い見地から研究すること。

（3）日本の古代史研究を海外に紹介すると共に、海外学者の寄稿をえて『古代学』を刊行し、協会をして国際的研究機関としての役割を果たさしめること。

この目的を遂げるために、昭和二十七年一月を期して、季刊『古代学』が刊行されたが、それが日本の古代学界に与えた衝動は、まことに甚大なものがあった。かくして『古代学』は定期的に刊行されるに至ったが、その間に北海道大学、北海学園大学、東北大学、慶応義塾大学、早稲田大学、大阪大学、九州大学、日本大学、関西学院大学、天理大学などに委員を依嘱し、またロンドン大学、ミュンヘン大学、ロッジ大学（ポーランド）、ノートル・ダム大学（米国）などに連絡員をおき、次第に活動範囲を拡げて行ったのである。

古代学協会は、初代の会長兼理事長として大阪市立美術館長望月信成氏を選び、その本部を同美術館に置いたが、それはあくまで全国的、いな半国際的な研究機関として結成されたのであり、また委員も特定の大学に偏することなく、全国諸大学に置かれ、真面目な古代史研究の専門家を包括し、その一致協力による活動を期しつつ事業を遂行したのであった。

最も注意すべきは、季刊『古代学』が、わが国における古代史研究の最高級の専門雑誌と目され、それと同時にイデオロギーを振廻す安易な古代史研究の影が次第に薄くなって行ったことである。また『古代学』が古代史研究の少壮学徒の登竜門とされるようになったのは、顧みて欣快に堪えぬところであった。

一方、『古代学』は、創刊当初より多数海外に配布されたが、欧米諸国の古代学界は、これまで殆ど知らなかった日本の古代学研究の高い水準に愕くと同時に、進んで協力を申出てくることが屢次となった。欧米学者の論文を欧文で載せる雑誌は、日本の文化諸科学関係の雑誌のうちでは、『古代学』だけであるが、第四巻第三・四号の如きは、欧米学者の協力をえて、全部欧文で編集され、内外の古代学界を瞠目せしめたのである。そして海外の専門雑誌は、『古代学』が一号出る毎に、その内容を紹介するようになった。

しかしこの耀かしい活動の背後には、望月理事長以下委員の並々ならぬ苦悩があった。元来、協会は他からの財政的援助がなく発足した関係上、雑誌の刊行に要する費用は、常時赤字であり、それは委員が個人的に節約した浄財をもって自弁しなければならなかった。易きについて程度を下げるならば、広く会員を獲得しえたであろうが、それは創立の趣旨に反することであった。従って最高水準の雑誌の刊行を維持するためには、どうしても高価な印刷費、少数の会員（日本では専門家の数は三百名を超えていない）を甘んぜねばならなかった。文部省より定期刊行物助成金を受けたのは、非常な倖であったが、それすら毎年の欠損を補うためには、余りにも少額であった。

真面目な研究のためには砕身の努力を辞さない委員達も、この経済的な危機に直面しては打開の手段とてなく、いたずらに長歎息するばかりであった。しかし純粋に学術的な『古代学』の実績は、次第に財界や学界に認められ、温かい援助の手も漸く差伸べられる気運が萌し始めた。丸永株式会社の田中季男氏などは、協会を逸早く賛助されたし、天理教の中山正善真柱も夙に力強い後援を寄せられた。故安藤正純氏（当時文相）、河合良成氏、石橋梅子氏、武藤絲治氏などの支持も、大いに多とするところであった。安藤文相の依頼によって大阪商工会議所の杉道助氏が古代学協会を支持され始めた昭和二十九年の末頃から協会の財政状態は漸く苦境を脱したが、しかし財政上の基盤は、まだまだ不安定なものであったのである。

二

古代学協会を財団法人となし、財政的基礎を固め、学界における信用を一段と昂めようとすることは、設立後間もない頃からの委員達の念願であった。しかしその後は雑誌の刊行すらが容易でなく、財団法人とするなどというのは、高峰の花であった。しかし財政的にやや立直った昭和三十年になると、委員の間にはその実現が大いに熱望されるようになり、杉会頭も委員達の熱意を諒とされて、その方向へ動かれることとなったのである。

この結果、昭和三十年十二月一日、大阪商工会議所において財団法人古代学協会設立発起人会が開かれ、財団法人の結成を目ざしての第一歩が踏み出された。この報に接したアジア文化財団は、十二月二十六日に百五十万円を提供し、財団法人の結成に資された。これは、ロバート・ホール博士、石川欣一氏、チャールズ・シェルダン氏等の厚意によるものであって、財団法人認可の最低線は、これによって確保されたのである。

翌年二月頃から基金募集や申請書類作成の準備が本格的に着手されるに至った。即ち、杉会頭を委員長とする財団法人古代学協会設立準備委員会が設立されると共に、設立当初の理事も決定された。またその頃、杉会頭や河合良成氏の依嘱によって経済団体連合会副会長・植村甲午郎氏が東京方面での寄附募集の世話を引受けられたのは、望外の欣びであった。

寄附募集は、昭和三十一年三月下旬に開始されたが、一方では協会の真面目な目的とこれまでの実績が買われ、他方では杉会頭、植村副会長、河合良成氏、京都商工会議所の中野会頭などの背景があったため、募金は頗る順調に進んだ。そこには、大阪及び東京に於ける準備委員の努力もあったが、各会社を訪ねた準備委員がただの一度も冷遇されることなく、恒に好意と同感をもって迎えられたのは、感激の至りであった。

財団法人許可申請書は、三十一年四月に大阪府教育委員会を通じて文部省に提出された。しかし準備委員の不慣れによる字句の修正に意外の月日を費し、三十二年一月十八日に至って文部大臣の許可が下りたような次第である。そして二月二日には、大阪商工会議所において第一回理事会が開催され、関西学院大学教授・梅田良忠氏が正式に理事長に就任した。また同時に内規や評議員氏名も決定された。二月七日には、大阪法務局への登記も完了し、その前後に顧問の推挙、人事、諸規定の決定なども行われた。そして三月八日には大阪商工会議所に於いて財団法人古代学協会発会式が盛大に挙行される段階に至ったのである。

財団法人古代学協会設立準備委員会は、この発会式と共にめでたく解消したが、寄附募集もこの日をもって自動的に終了した。発会式は、杉会頭の司会によって進められ、挨拶、経過報告、祝辞に続いて、応募の寄附金三百五十二万六千七百五十三円（アジア文化財団の寄附金と利子を含む）の処分の決定、将来の事業計画の承認、評議員氏名の発表、部分的に修正された寄附行為の諒解などが行われ、こうして財団法人古代学協会は、新な体制を整えて再出発することとなったのである。

わが国には、歴史学関係の学会は、その数が数十に達するが、それらの多くは任意団体である。財団法人となっているのは、戦前に早く認可を得た東京大学の史学会と、今回あらたに認可された本協会の二つだけである。ここに想いを到すならば、学界における財団法人古代学協会の位置と任務は、洵に重大なものであることが分かる。

されば協会の役員、職員、委員一同は、その責任の重大さを今更のように痛感すると同時に、その歴史が五年に足らぬ古代学協会を後援し、忽ち歴史学界に於ける二大学会の一つに育成された財界やアジア文化財団の芳情に尽くるなき感謝の念を覚えるのである。従ってこの支持に応えつつ協会の事業を熱烈かつ堅実に進め、その絶えざる発展を期するのは、関係者一同のひたすらなる念願となっているのである。

勧学院大学設立趣意書

一　日本の歴史教育

職人化した歴史家　現在における日本の歴史研究には、その方法や方向について適切さを欠いている点が少くない。例えば、一流の歴史家といっても、専門的に一部分のみが詳しいだけであって、他の世界の歴史とか、別な時代の歴史については、素人も同然なことが多い。従って学生も、歴史の局部的な一節だけが教えられ、歴史の動きを体系的に把え、また現代の内外の情勢を大局的に理解することについては、殆ど指導されるところがない。このような歴史家や学生が、一旦歴史の体系をもとうとすると、彼等は自らの実証主義的立場を抛《なげう》ってただちに既製の図式主義、公式主義的な体系に飛びついてしまうのである。

中途半端な大学教育　一方、大学の法学部や経済学部では、歴史的な教育は全く施されず、また歴史的にものを見る訓練が全然与えられていない。学生は法学や経済学についてはやや詳しい知識を授かるのであるが、然も現代社会の複雑さのため、彼等が折角習った知識も中途半端で、実社会ではさして役立ってはいないのである。

会社でも役所でも、これを動かすのは、結局それにあたる人のパーソナリティーであって、決して細密な知識ではない。ある人がある程度の訓練さえ受けておれば、仕事に必要な知識は僅かの期間に習得されるものである。従って大学教育者の目的は、自然科学や技術の方面を別とすれば、瑣末な知識を授けるのではなく、現代の情勢を歴史的に、かつダイナミックに理解し、ものごとをこのような立場から正しく判断する基礎を育て上げることにあると思う。

歴史教育の軽視　現在、日本には余りにも多くの——然も大部分が設備が貧弱で、時としては営業的な——大学がある。これらの大学の法学部、経済学部、文学部などに於いては、全く歴史教育は施されず、文学部歴史学科の学生だけが歴史の専門的かつ末梢的な知識を与えられているに過ぎない。また文学部についてみると、どの大学にも国文科、英文科、仏文科、哲学科、社会学科、心理学科などはあるけれども、歴史学科のある文学部は至って少ない。まして歴史学部のある大学などは、全国に一つもない現状である。その僅かな歴史学科に於いても、教授から助手に至るまでの歴史家の多くは、馬車馬のように細密な研究——というよりも穿鑿《せんさく》——に没頭しており、また一部分は政治的な意図から学生に歪められた歴史的映像を与えてある目的に引張っているような次第である。

今日、日本の思想界にみられる混乱の原因の一つは、確かに累年に亙った歴史教育の軽視にあるのである。これは明治維新以来、欧米の先進文化にただ追いつこうと焦った日本人の歴史がもたらした結果とは言え、なんとしても憂うべき現状なのである。

二　勧学院大学設立の目的

改革の方法　このような困難な状態を抜本的にとり除く方法として考えられるのは、つぎに掲げる二つの手段である。

（1）歴史研究の方向を是正し、歴史教育を振興する目的をもつて、政界、財界、学界、世論に訴え、輿論を盛り上らせること。

（2）　歴史大学とも言うべき勧学院大学（仮称）を設立して、歴史研究を正しい方向に即して進め、かつ歴史教育を中心に学生を教育し、このモデルを通して全国の大学に働きかけること。

既存の大学を改革する困難性　既存の大学を改革するのも一案であるけれども、日本の現状では、たとい学長や理事者がこれを欲しても、その実現は殆ど不可能に近い。むしろ勧学院大学というモデルを示して外部から刺戟を与える方が早道なのである。我々がかくも多数に大学が存する日本に於いて更にもう一つの大学を設けようとする意図は、実はここにあるのである。

社会の要求する人物　現在、官界、財界の良識ある指導者達が等しく希っているのは、簿記や算盤を知っていたり、行政法や商法に詳しい青年ではなく、穏健かつ適切な判断力をもつ人物を大学で教育してほしいということである。然るに現下における大学の教育、いな大学そのものの在り方は、良識ある日本国民の期待に添っているであろうか。商経法三学部関係の教育が著しく彼等の期待に反いているとすれば、現実的にそれは如何に改めらるべきであろうか。

歴史教育を受けた学生　一方、文学部の卒業生が会社や役所に就職しがたいのは、剴切な判断力が一段と欠けている上に、彼等が経済学や法学をも知らず、どのみち使いものにならないという教育上の欠陥に由来するものと推定される。我々の考えでは、歴史学の基本教育を正しく受けた卒業生こそは、財界、官界のどちらにも向く最も有望な人物であるし、またそうあるべきである。というよりは、彼等こそは、明日の日本の運命を担う代表者といってもよいであろう。想いをここに到すならば、現代の歴史家達は、自己の研究に平行して、かような人物の養成に、大いに心を用いねばならぬのである。

勧学院大学の位置と創設費　かかる大学は、余りにも目まぐるしい東京に置かるべきではない。といって現代の息吹きが直接に感じられないような僻地も不適当である。それは教官の研究や彼等の子弟の教育にとっても不便である。

やはりそれは歴史の都で静かな京都――なるべく京阪の沿線の地――におかれるのが最も至当であると考える。また教育の効果は必ずしも設備の如何とは正比例しないから、それは必ずしも完全な設備を必要としないし、また設備の充実は、漸進的に達成されるのが常道である。別紙計画から割出すならば、最小限の設備をもって勧学院大学を設立する費用は、創立期間の四箇年に亘り毎年一億二千万円程度である。

優れた歴史学者の参加　しかし、問題は、このような理想を達成するに足る教官が果たして得られるかどうかである。勧学院大学に於ける教育・研究の中心は、歴史学の教官であるが、学識、人格が共にすぐれ、当代一流の歴史家でありながら現在その力量にふさわしくない地位にある人、並びにこのような計画に賛意を表して勧学院大学に進んで参加する意志を表明している卓越した歴史学者は、既に二十名ほどを数えているのである。我々としては、一切の学閥意識を排し、ただ当人の学識と人格だけを重んじて教官を求めたい。公募によって候補者を募り、教授会、人事委員会が公正な立場からその採否を決定する全く新しい方式（但し、欧米ではこれが普通である）を採用するのも一案であろう。またたとい創立期間は四箇年であっても、人事は慎重を期し、それにふさわしい人物がいなければ、いつまでも所定の地位を充足しない方針が厳守さるべきである。

三　教育方針

学部と教育の狙い　勧学院大学は、歴史学部と人文学部とに分かれ、完成の暁には毎学年、前者に百名、後者に二百五十名の学生を収容する。歴史学部に於いては、歴史の特殊研究を続けて行くことが出来る能力を養成すると共に、歴史的な広い視野を与え、いかなる事態に直面しても正当に判断し、行動することが出来る人物を育てることに努める。一方、高等学校や中等学校に社会科の立派な教員を送ることも、この学部の重要な目的である。人文学部に於いては、歴史教育を通じて先ず背骨をつくった上で、法学や経済学など各人の欲する分野をやや深く学ばせ、実社会に容易に適応しながらも、眼前の現象に惑わされず、歴史的なものの考え方に立って正しい判断を下し、適切に行動し得るような人物を養成する。これがためには、両学部とも最初の二箇年は、学級制を採用する（補導教官二名、学生五十名をもって一学級を編成する）。またこの二箇年は全寮制となっているが、それは現代にふさわしい礼節を身につけ、共同生活の要訣を会得し、友情を深める上で効果的であろう。さらに三年生、四年生にはそれぞれ適当な指導教官を定め、人格的接触を密にすることが計画されている。

体育の重視　この大学は、入学希望者には厳重な体格検査を施すこととなっている。これは学生が厳しい学業と激しい体育に堪えねばならぬ為である。体育、特に武道、水泳、乗馬などによって健全な身体を作り上げることは、勧学院大学における教育の大きな狙いの一つである。いうまでもなく強健な身体は、実社会に於いて激務に堪え、適切な判断を下すための基本的条件であるからである。

研修科の意義　右の本科に伍して勧学院大学には、研修科とも呼ばるべき別科（一箇年）が併設される。これは定員を七十名とし、三十歳未満の男子で、会社または役所の将来の幹部となる人物に対して教育の仕上げを行うことを目的としている。この研修科の目標も、やはり歴史教育を通じて、左右いずれにも偏しない適正な判断力を養い、幹部たるべき基礎を仕上げることにある。各会社や役所がこの計画に協力を示すならば、将来の幹部要員の間には、同期生的な交誼が結ばれ、その点でも益する面が多いであろう。特に現下の大学教育が上に述べたような状態であってみれば、新採用者に対する研修教育は大いに要望さるべきであると思う。研修科の講義は週三日位とし、一

定員表

学部	講座名	講座数	教授	助教授 講師	読師 読師補	助手	副手 (無給)
歴史学部	日本史学	8	8	5		3	9
	東方史学	9	9	5		3	9
	オリエント史学	6	6	2		2	6
	西方史学	9	9	5		3	9
人文学部	法律学	4	4	4		1	2
	政治学	3	3	2		2	2
	経済学	5	5	4		2	5
	地理学	2	2	1		1	2
	人類学	2	2	1		1	2
	スラヴ学	1	1	1			2
	中国学	1	1	1		1	2
	言語学	2	1	1	8	1	2
	国語・国文学	2	2	2		1	2
	西洋古典学	1	1	2		1	2
	比較文学	2	2	1			2
	哲学	3	3	2		1	2
	宗教学	1	1	2		1	2
	芸術史学	1	1	1		1	2
	技術史学	1	1	1		1	2
合計		63	62	43	8	26	66

備考 1) 教務職員の採用は，推薦制と公募制とを併用する。
2) 最終出身校(勧学院大学を含む)を同じうする教務職員の数は，教務嘱託，副手を除く全教務職員の数の三分の一を越えることは出来ない。
3) 教務職員は，外国国籍を有する者をも任用することが出来る。
4) 助教授が講座を担当する場合には，これを教授の定員として数える。
5) その他，非常勤講師，教務嘱託を若干おくことが出来る。非常勤講師，教務嘱託，副手は，毎年度これを依嘱するものとする。
6) 以上の定員表は，創立以後10年間に於いて充足されるものとする。

方で勤務しながら修業出来るように配慮されねばならない。

客観的で真面目な歴史研究 勧学院大学の他の重大な使命は、教授より助手に至るまでの教官の研究を通じて学問の推進に努めることにある。このためいかに人格が勝れていても、またいかに教育に巧みであっても、学識が卓越した学者でなければ、教官には採用しない方針が堅持さるべきである。学生は教官の真摯な研究を目撃することによって、必ずや学問の尊厳さを知り、事物と真面目にとり組む態度を身につけることと考えられる。実際、教官も学生も、高い見地からする真面目な歴史研究を通じて始めて現在の世界を正しく理解することが出来るのである。この正しい知識によってのみ社会の改革も可能なのであって、初めから歴史学をある目的に奉仕せしめるような態度は、学問の純粋性を損い、世人を反って迷蒙や混乱に導くばかりなのである。また真の、そして確乎たる愛国心は、歴史の正しい知識を背景にしてこそ始めて可能なのである。

教育の具体的方針　上記するところは、教育の基本方針である。具体的な方法については、設立委員や予定された教授達の間で慎重に決定されるであろう。また具体的な方法は、情勢の変化に応じて弾力的に改良さるべきである。立派な伝統はあくまで保持すべきであるが、いたずらに伝統に拘わることは、学者や教育者の最も戒心すべきところなのである。

結　び

歴史学者の悲願　民族の運命について憂いを共にする我々は、官界、財界、学界にみなぎる要望に応じ、かつ歴史研究の刷新と歴史教育を通じての若い世代の教育とを考慮し、敢えて以上のような計画をたてた。かかる計画は、単なる夢に終らしめてはならないし、また我々としてはこれが実現に全力を尽す覚悟である。日本の直面する困難に対する根本的打開方策の一つとして、また歴史学を通じての日本の文化的寄与の一つとしてうち出されたこの計画が識者の共鳴と協力を得ることが出来るならば、それは決して我々のみの欣びにはとどまらないのである。

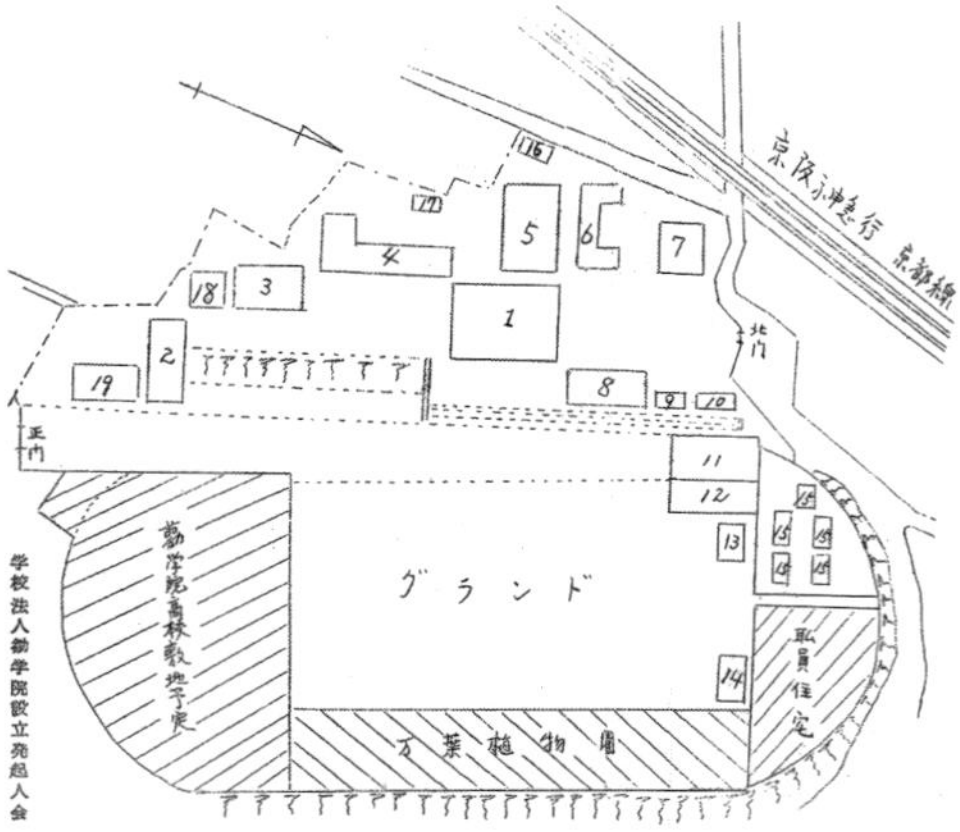

勧学院大学　構想図（京都案）

京都府乙訓郡長岡町旧競馬場跡敷地　約36,000坪

1 大学本部・講堂	2 文学部（1）	3 文学部（2）	4 文学部（3）
5 法学部	6 経済学部	7 教養学部	8 図書館
9 出版部	10 車庫	11 体育館	12 プール
13 武道場	14 厩舎	15 寮	16 ボイラー室
17 水道室	18 古代学研究所	19 博物館	

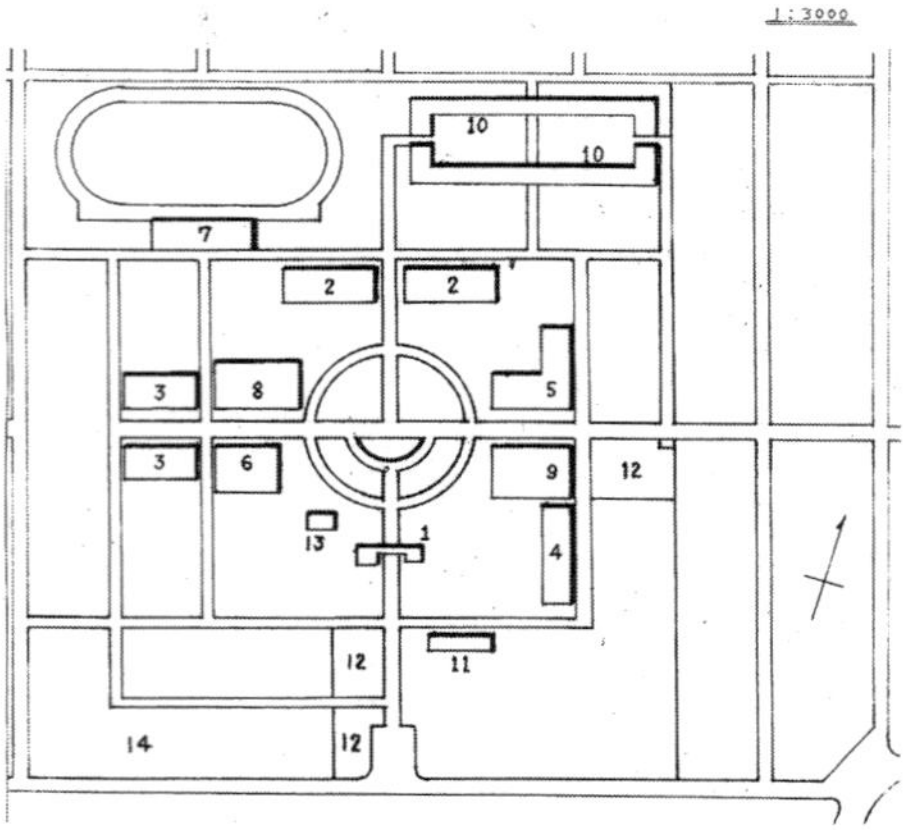

1 本　　館
2 教養学部
3 歴史学部
4 教養関係
5 図 書 館
6 第二史料館
7 体 育 館
8 第一史料館
9 学生会館
10 学　　房
11 光 雲 館
12 駐 車 場
13 教授クラブ
14 職員住宅地

勧学院大学　構想図（埼玉案）

勧学院大学の京都案が挫折の兆しを見せる中、代替案として埼玉県入間郡日高町（現、日高市）案が構想された。

読売新聞　昭和33年1月24日

京都市内版

勧学院大学の新設決る

36,000坪に"学の殿堂"　長岡競馬場跡

勧学院大学建設見取図

九階建の高層校舎

学長に京大西田名誉教授

京大西田名誉教授

読売新聞に掲載された記事（昭和 33 年 1 月 24 日付）

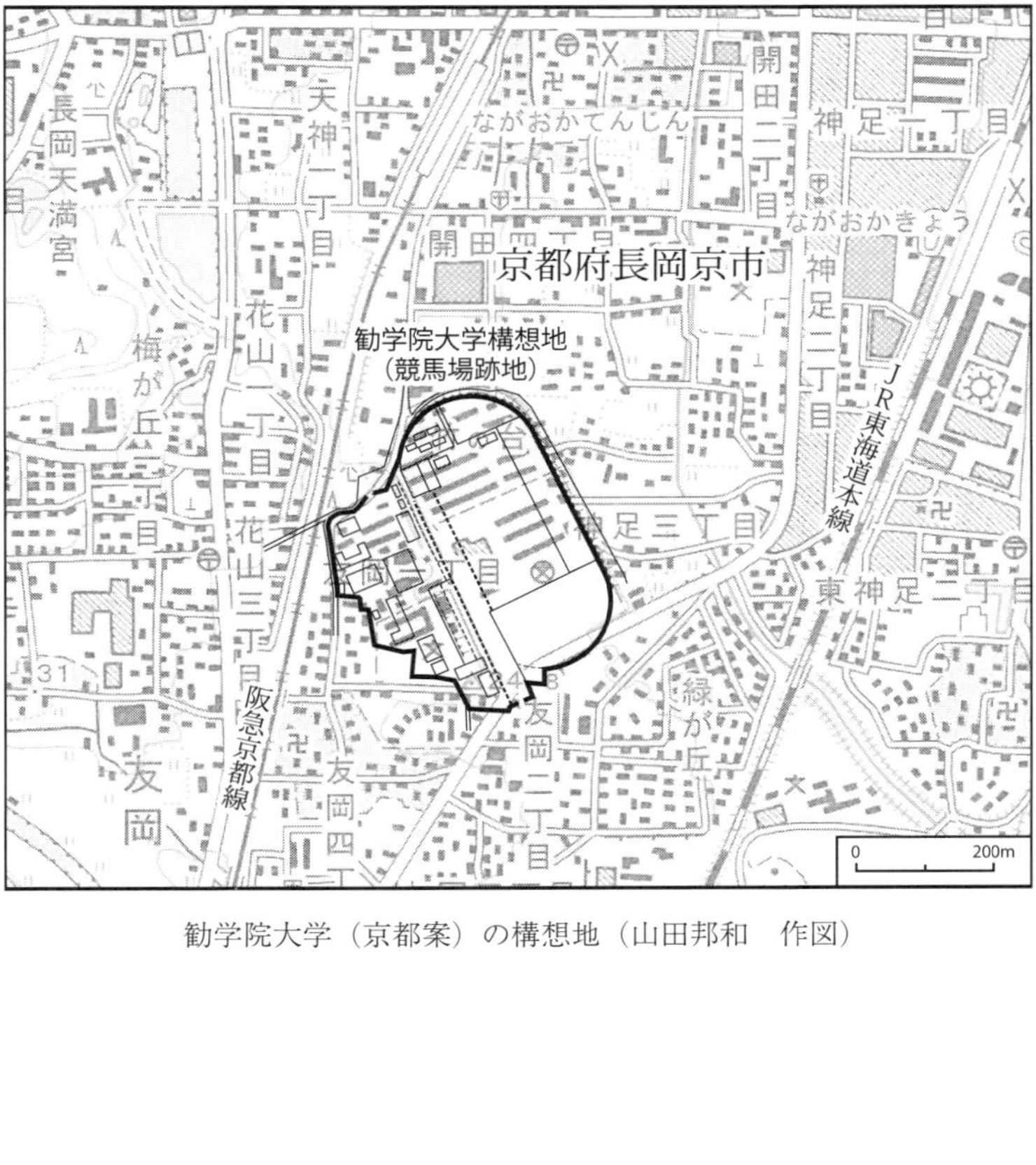

勧学院大学（京都案）の構想地（山田邦和　作図）

勧学院について

我が国最古の私立大学は、平城天皇の大同年間に和気氏が京都に興した弘文院である。その実体は余り明かではない。というのはその支持者たる和気氏の勢力は振わず、弘文院また約八十年存続して荒廃に帰したからである。菅原道真と弘文院の関係はやや分かってはいるけれども、弘文院は殆どみるべき成果を挙げないで終った。

弘文院について古いのは、藤原氏の勧学院である。これは嵯峨天皇の弘仁十二年（西紀八二一年）、左大臣藤原冬嗣が自らの邸宅を寄附して建立したものであって、京都市中京区西ノ京勧学院町に位置していた。

勧学院の目的は、藤原氏一門の人材を養成するにあった。藤原氏の隆盛と莫大な財産に幸されて勧学院は発展を続け、鎌倉時代の中頃まで約四百年に亙ってその機能を果たしたのである。学生は、原則として藤原氏の子弟に限られてはいたが、この学院でいかに多くの人材が作り上げられたかは、贅言を要しないのである。平安時代の歴史を読むと、藤原氏の栄華または隆昌は、陰謀や策略によって築き上げられた観がするのであるが、それは必ずしも正しい見解ではない。平安時代の初めには、藤原氏に対抗するほどの名門も幾つか存していた上に、臣籍に降下した皇族、即ち王族（在原、源の如き）は、恒に対抗勢力として現われたのである。これらの諸名門を圧倒し、牢乎たる勢力をかち得たのみならず、数百年に亙ってそれを維持しえた所以は、決して陰謀や策略のみにあったのではない。大局的にみるならば、それは藤原氏一門から多数の人材が輩出したことによるのである。そしてかかる人材を養成した機関は、言うまでもなく勧学院であったのである。

勧学院の出身者は、官立の大学寮の単なる卒業生を完全に圧倒し、政界の牛耳をとった。藤原氏の栄華を攻撃するのもよいが、あの優れた藤原文化が藤原氏の隆昌と直接に繋っていることを忘れてはならない。また平安時代四百年は、極めて平和な時代として世界史上、殆ど例を見ぬところであるが、藤原氏一門がこの永年の平和に寄与した功績は、没却されてはならないであろう。

勧学院の功績はかくも顕著であったため、それはいつしか普通名詞化し、私立大学の別名のようになった。夙に平安時代に於いて、東大寺や延暦寺には勧学院が創設されたし、また鎌倉時代には、金剛峰寺（高野山）、興福寺、園城寺にはそれぞれ勧学院が設立された。江戸時代の有力な寺院で勧学院の施設あるものもまた少なくはなかった。

藤原氏の勧学院は、現在までの日本歴史において最も長期に亙ってその役割を果たした大学であり、それが人材の養成に尽くした功績は、まことに不滅なるものがある。また後に至って大寺院が設立した大学には、勧学院の名が転用され、それは恰も私立大学の伝統的な別名と化したわけである。

このたび新に採用された勧学院の名は、単に字義の上から案出された語ではなく、日本歴史に深く根ざしている耀かしい名称であるが、その語感は今なお新鮮味を喪ってはいない。実に『勧学院』は、古くして新しい名称と言うべきである。

平安博物館設立趣意書

一　博物館設立の意義

平安の都　言うまでもなく現在の京都市は、古の平安京の後身である。平安京は、すなわち桓武天皇が延暦十三年（七九四年）に遷都し、『平安楽土の都』として造営された都であって、爾來、明治元年（一八六八年）に至るまで、実に千五十余年の永きに亙って日本の首都となっていたのである。

しかしながら平安京が、政治、経済、軍事、精神文化など、一切のものの中心をなして栄えたのは、遷都いらい四百余年間の平安時代であった。当時の平安京は、人口も二十五万も越え、世界五大都市の一つをなしていた。都は、条坊《じょうぼう》制と呼ばれる都市プランによって、碁盤の目のように整然と区画され、中央北寄りには宮城が配置され、その都市としての見事さは、渤海《ぼっかい》の使節たちが心から感歎したほどであった。

平安文化　日本人が世界に向って誇り得るのは、平安時代四百余年に亙った平和である。この素晴しい平和、従って安定した政治と裕かな物資に幸されて、平安京を舞台に栄光にみちた平安文化が開花したのである。特にそれは、文学、彫刻、絵画などの分野で全く他の追随を許さぬ燦然たる光を放っていた。『源氏物語』一つを例にとってみても、あれほど水準の高い長編小説は、それまで世界のどの国でも創作されなかったし、今日ですら『源氏物語』に比肩し得るほどの心理小説はまだ現れていないと言ってよい。それほど傑出した大作品が千年も前に日本の一女性の手によって創作されたことは、奇蹟と言うほか表現のしようがないのである。

京都観光の現状　ところが現在の京都観光はどうであろうか。京都は、日本人の心のふるさとということで、毎年百万人に近い人々が京都市を訪れている。しかしその京都観光なるものは、江戸時代の上方《かみがた》見物の伝統に縛られており、相も変らず清水寺、金閣寺、銀閣寺、東・西本願寺などが主な対象とされている。僅かに追加されたものと言えば、外国人が褒めそやした桂離宮とか龍安寺などにとどまっており、そこには近代における歴史や美術の研究に基づいた再評価のあとが殆ど見受けられない。その点では、奈良の観光とは、甚だ趣きを異にしているのである。

現在の京都観光の対象となっている大部分の古社寺は、武家政治が興り、京都が斜陽の状態に陥った時代（室町、桃山、江戸の三時代）の所産に係かっており、京都が世界有数の大都市として栄えた平安時代の文物は全く顧みられていない。これはまことに理解に苦しむ現象であって、平安時代の文物を看過《みす》ごすことによって蒙る日本人の精神的な損失は、はかり知れないものがある。

ヨーロッパの何処に行っても、その都市が最も繁栄した時代の文物が観光の主な対象となっているし、またその特定の文化を中心とした博物館が設けられている。また日本人は海外へ行くと、外国の文豪の居宅址や墓を訪ねて土産話にする。しかし毎年京都を訪れる観光客のうち、果たして何人が紫式部の邸宅址や墓を訪れることであろうか。想えば、憂慮に堪えぬ次第である。

平安博物館の目的　現在、京都市には立派な京都国立博物館がある。これは整備された施設であって、社会教育の上でも、また研究の上でも、その果たしている役割は実に大きい。しかしこれは、一般の歴史博物館としての使命を有しており、その目的も陳列も特定なものに限定されていない。その意味においても京都市には、平安文化を主対象とするもう一つの博物館を設立する必要性が痛感されるのである。

京都市と姉妹都市の関係にあるイタリアのフィレンツェ市を見ても、国立の一般歴史博物館のほかに、この都市が最も栄えたルネッサンス時代の文化を対象として幾つかの博物館や研究所が設けられている。外国の良い例は大いに学ぶべきであって、この点、躊躇する必要は少しもないのである。

このような要望から設立が計画されている平安博物館（Heian Museum）は、一般人の平安文化に関する理解を深めると共に、日本史研究の上で盲点となっている平安文化を研究することを主要目的としている。総じて日本の歴史博物館の通弊は、学問的な説明に偏し、見学者に歴史を立体的、具体的に理解さすための配慮に乏しいことである。

平安博物館は、この通弊を大いに考慮し、研究調査の成果を陳列に全面的に反映させることは勿論であるが、パノラマ、模型、復原像、図表などを多分に陳列に採り入れ、これを一巡すれば、平安文化の大要が組織的に飲み込めるよう十分に工夫を凝らすこととなっている。つまり京都に来る観光客は、先ず初めに平安博物館を見学し、京都が最も栄えた時代の文化の大体を知り、そこで観光ないし見学の指針が与えられる、というのがこの博物館設立の主な目的なのである。

平安京址の破壊　京都市の市街地の大部分は、古の平安京の境域に該当している。近代都市としては当然のことながら、現在の京都市でも、道路、ガス、水道等の土木工事や高層建造物の建設工事がさかんに進められており、平安京の重要な遺跡は、毎日のように破壊されつつある。『古都保存法』の制定は欣ぶべきことであるが、その施行によっても、平安京址の破壊は到底救うことが出来ない、というのが実情であり、また偽りのない見通しである。

現代人がよりよい生活を営むために古代の遺跡を或程度破壊するのは、止むをえぬことである。しかし破壊する前に遺跡を調査し、出土遺物について適当な保存の途を講ずることは、現代人の当然の義務でなければならない。ところが現在、京都府、京都市にもこれがための予算は極めて乏しい上に、調査を担当している財団法人古代学協会もまだ規模が小さく、とても一々手が廻らぬような有様である。このため、貴重な遺跡は未調査のまま無惨に破壊され、せっかくの出土品も破棄されたり、骨董屋に流れたりする場合が非常に多い。これは文化国家として大きな恥辱であるばかりでなく、先祖に対しても、また子孫に対しても無責任極まる行状と言わねばならぬのである。

平城京（奈良）は僅か六十九年の都であった。しかし文化財保護委員会、奈良県、奈良市の理解と世論の力によって、数億円の土地購入費や調査費が支出され、またそのための奈良国立文化財研究所が設置され、平城京址の調査や天平文化の研究は、大規模に、かつ着々と推し進められている。

いま敢て千五十余年と言わなくても、平安時代四百余年に亙って平安京は日本における一切の中心であった。それが誰の責任かは別として、平安京址は現在、殆ど調査されないままに日々《ひび》破壊されつつある。恐らくこの実情を理解するならば、識者はもとより、国民の誰一人として憂慮せぬ者はいないであろう。

平安博物館設立の別な目的は、この憂うべき実状に鑑み、破壊されつつある平安京址の研究機関、そこから出土した遺物の陳列・保存機関としての役割を担うことにおかれている。無論、それだけで平安京址の破壊前の調査が完全に実施されはしないが、かような機関の存在と活動によって次第に世論も起り、国家による保護や調査も実現されるものと予想されるのである。

文化財の保管　京都はさすがに千年の都だけあって、神社、仏閣はもとより、一般市民の間にも、夥しい文化財が所蔵されている。それらは日本国民の貴重な財産であり、世界に向っても大いに誇示してよい遺宝である。然るに、観光によって繁昌している寺院や富豪は別であるが、大部分の社寺、まして一般人の間では適当な保存設備がなく、貴重な数々の文化財は常に火災や天災の危険に曝されている。のみならず、これらの文化財の多くは、その性質や寸法の上から言って、銀行の保護金庫を利用しにくい種類に属している。たといこれらの文化財の所有名義が社寺や個人であっても、本来それらは日本国民共有の文化財であり、国民としても、危い状態におくことは黙認し難いのである。

平安博物館の設立は、耐震耐火で湿気のない、大きい収蔵庫の付設を条件としている。それは博物館立設立の第三の目的が文化財の保護におかれているためである。平安博物館は、充分な保存設備のない社寺や個人に文化財の寄託を勧誘し、その保存を通じて国家の文化財行政に全面的に協力して行く方針である。

二　博物館の建物

現実的な方針　理想を言うならば、平安博物館のための建物には、近代的技術の粋を集めた設備の整った美しい大建築物が望ましい。しかし現下の状態では、それに要する二十～三十億の経費を国家に仰ぐことも、また財界に依頼することも、現実問題として殆ど不可能である。平安文化の啓蒙および研究の重要性と期待し難い莫大な設立費の間に挟まれて、財団法人古代学協会は永いあいだ苦悶の時を過ごしていた。かように悩んでいた協会にとって、日本銀行京都支店の新店舗建築は、救いの神であり、宿願成就のためにはまたとない好機会を与えてくれたのである。実際、理想はともかく、平安博物館を設立する

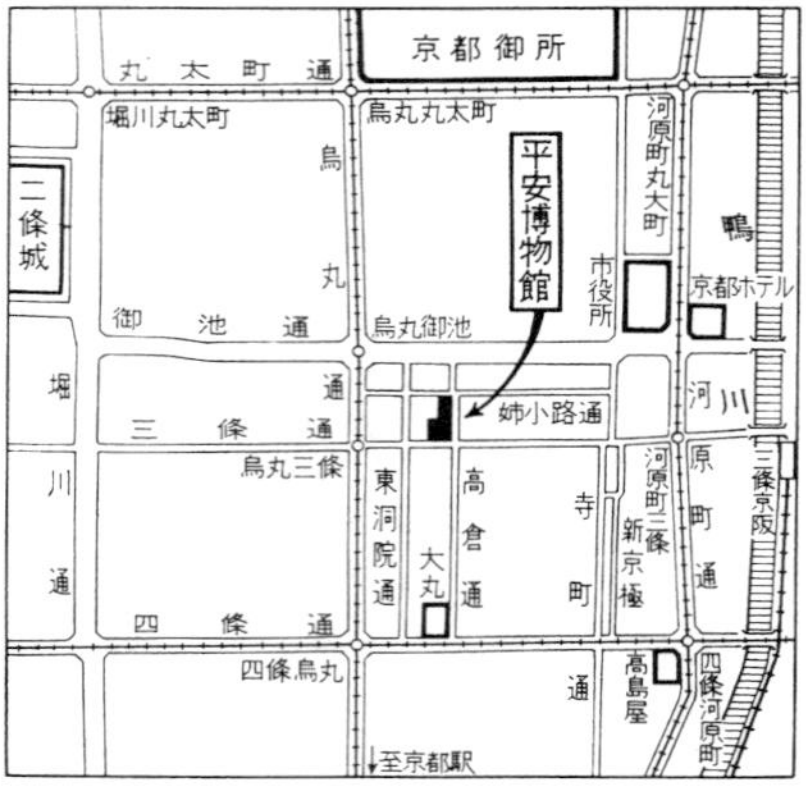

第1図　平安博物館の位置

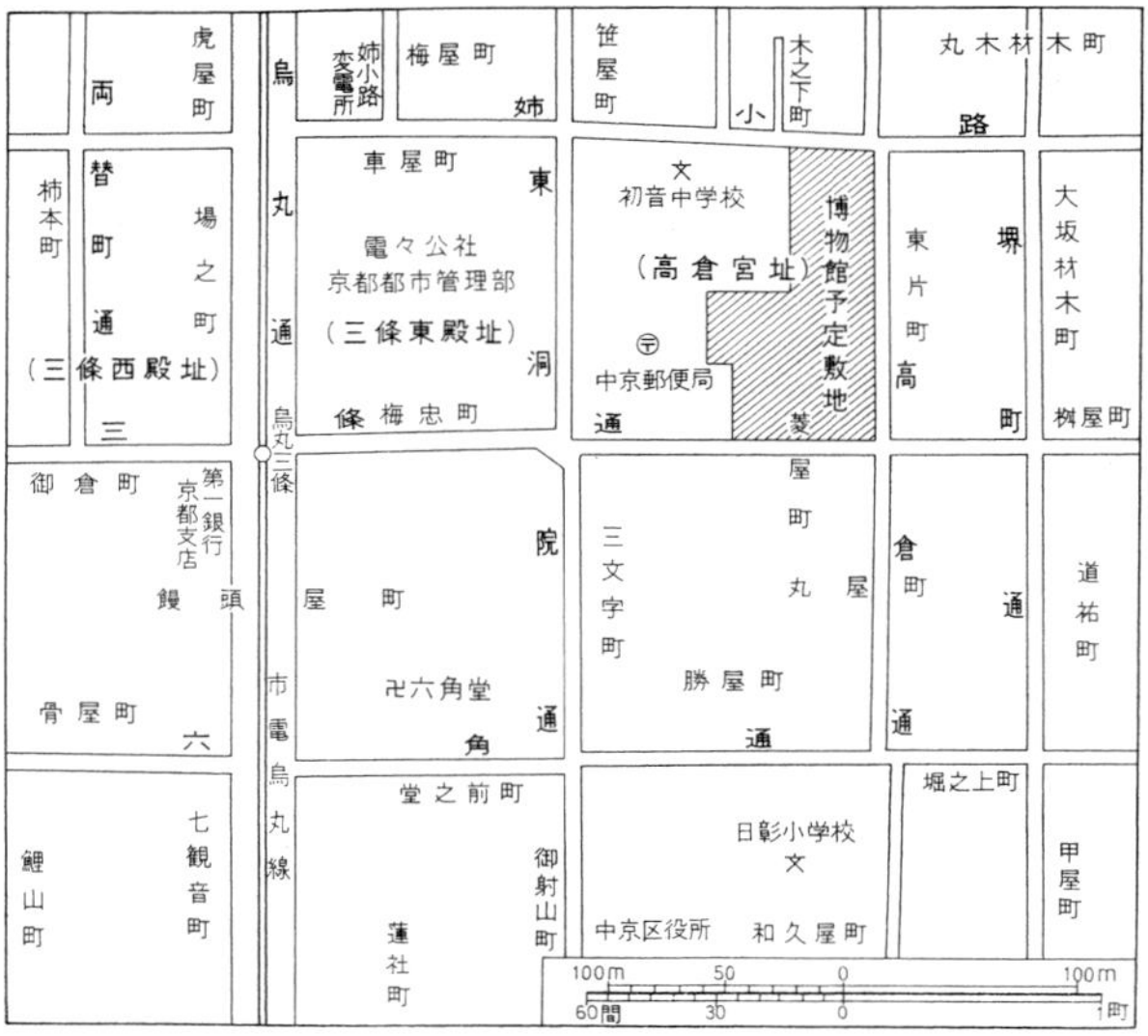

第２図　平安博物館付近の市外地図

ための実現可能な方針は、既存の建物を活用することよりほかには求められないのである。また現に海外諸国においても、歴史的に著名な宮殿や大邸宅等が博物館に転用されている例は、意外に数多いのである。

日本銀行京都支店の旧建物　昭和四十年十月、日本銀行京都支店は、中京区河原町通二条下ルに新築された建物に店舗を移した。これは専らこれまでの建物が人員に比して狭くなり、業務上支障を来たしていたためである。もともと明治時代の建物であるから、銀行業務を行う上では余り能率的ではなくなっているが、それは移転の主な理由ではなかった。建物それ自体はすこぶる堅牢であって、まだまだ永年の使用に堪えるものである。

　京都支店の旧建物は、日本における近代建築の開祖とされている辰野金吾博士（東京帝国大学名誉教授、一八五四～一九一九）の設計・監督に係かり、明治三十九年に竣功したものである。規模こそ余り大きくないが、赤煉瓦を用いた荘重、堅実な作風はこの建物において非常に成功し、同じく博士が設計・監督した東京駅や日本銀行本店旧館などと共に、明治時代を代表する有名な洋風建築の中に数えられている。

旧建物の敷地は一七七五坪あり、本館は半地階、一階、二階の三層からなり、その建坪は五九二坪である。附属の建物としては、第一号金庫（六十七坪）、第二号金庫（八十三坪）、木造モルタル塗家屋一棟（一六六坪）、倉庫二棟などがある。中でも二棟の金庫は、さすがに堅牢そのものであって、耐震、耐火、除湿、盗難に対して万全の策が講じられており、またその広さから言っても、文化財の保存には理想的な条件を備えている。また建物は、敷地の南部にまとめて建てられているため、北部は空地をなしており、それは駐車場、今後における建物の増築など利用度が極めて大きいのである。

高倉宮の遺址　平家の没落の直接の契機となったのは、以仁王《もちひと》が治承四年（一一八〇）、諸国の源氏に下した令《りょう》旨《じ》であった。その年の五月、源三位《げんさんみ》頼政は以仁王を奉じて挙兵したが、平家の軍勢の反撃にあって敗走し、以仁王は不幸な最期を遂げた。この時、清盛の命令を受けた検非違使が最先に襲ったのは、以仁王の御所・高倉宮《たかくらのみや》であった。『帝王編年記』（巻第二十二）に、『三条北・高倉西』と明記されているように、この高倉宮は、日本銀行京都支店の旧建物の敷地に存していたのである。

以仁王の高倉宮の敷地は、方四十丈（約一二〇ｍ）あり、北は姉小路、南は三条大路、東は高倉小路、西は東洞院小路によって画されていた。現在、この広い敷地の東半分は日本銀行京都支店の旧建物によって占められ、西の半分は中京郵便局、初音《はつね》中学校の敷地となっている。初音中学校の校庭には、現に高倉宮址を示す記念碑が建てられている（第３図）。

第３図　高倉宮址碑

これでも分かるように、それは歴史的に由緒のある土地であって、平安博物館にはまことにふさわしい場所なのである。

旧建物の転用　この由緒ある土地に建てられている京都支店の旧建物は、前記のように、明治時代の代表的な洋風建築であり、それ自体がぜひとも保存さるべき文化財となっている。双ケ丘《ならび》の問題いらい、京都市における文化財の現状変更や破壊は、全国民の注視の的となっている。世論の動向はどうあっても京都支店の旧建物のように明治時代を代表する建築物は、その保存に真剣な努力が払わるべきであって、万一にも破壊するようなことがあってはならない。

しかしこの建物も、会社などが使用する上では非能率的であるし、さればと言って破壊することも、或いは岐阜県の明治村〔補注：正しくは愛知県犬山市〕に移建することも出来ない。従って現在与えられている課題は、いかにこの建物を転用し、保存するかにあるのであって、破壊などは全く考慮のほかに置かれているのである。

財団法人古代学協会は、逸早く京都支店の旧建物に嘱目し、種々検討した結果、これを公正な価格で譲り受け、平安博物館に転用する件について理事会で決議するところがあった。この決議は、次ぎのような諸理由によったのである。

① この建物は、建設いらい六十年を経ているが、極めて堅牢に出来ており、まだまだ永年の使用に堪えること。
② この建物は、僅かな改修工事を施せば容易に平安博物館に転用出来ること。
③ 建物が古く、かつ旧式であるため、土地建物を含めた譲渡価格は比較的低廉であり、この譲渡を受けられれば、博物館の建立経費はかなり低額ですむこと。つまり巨額の助成金や寄附金を仰がなくても博物館の設置は可能となること。
④ これを博物館に転用すれば、その由緒ある建物を活用し、保存出来ること。

⑤　敷地内の空地を適当に利用すれば、購入金の年賦支払の負担を軽減出来ること。

最近、学士院会員・新村出博士は、耐火建築内に架蔵することを条件として、その尨大な蔵書の寄贈を古代学協会に申し出られた。平安博物館が設置されるならば、新村出博士の御厚意を受けることも出来るのである。

日本銀行京都支店の旧建物のもつ唯一つの難点は、姉小路、高倉通、三条通が一方交通であると言うことである。この点について古代学協会は検討を加えたが、敷地内の空地には三、四十台の観光バスの駐車も可能であるし、また三本の街路も順路を定めて指示すれば、一方交通であっても、観光客の来館には差支えないことが明らかになったので、それは少くとも博物館の経営にはさして支障のないと言う結論に達したのである。

日本銀行との接渉　このような結論が得られたので、財団法人古代学協会は、京都支店の旧建物の譲り受けについて正式に日本銀行に申し出で、協会の財界関係の理事が交渉に当たることとした。日本銀行当局は、初めから平安博物館に利用することには全面的に賛意を表された。とは言っても、公共的な財産であるため、適正な評価々格を低減することは許されないという前提の下に交渉に応じられた。但し、博物館という社会教育事業を営むことと、古代学協会が実績のある公益法人であることから支払条件には便宜を計られ、遂にこの建物の譲渡に関する基本的な条件について意見の一致を見るに至ったのである。

三　財団法人古代学協会とその事業

沿革　古代学協会は昭和二十六年十月、全国諸大学、諸博物館の古代史研究者の有志によって結成され、機関雑誌『古代学』の刊行を通じて活発な動きを示し、歴史学界に清新な気風を与えた。その著しい実績は、幸にも前大阪商工会議所会頭・杉道助、日本経済団体連合会副会長・植村甲午郎両氏の認めるところとなり、両氏は財界に呼びかけ、協会のため寄附金を募られた。こうして昭和三十二年一月には、文部大臣から財団法人の認可を得、体制を整えて再発足したのである。

古代学協会の本部は、創設いらい大阪市天王寺区茶臼山町の大阪市立美術館に置かれているが、昭和三十五年十二月には、京都市左京区下鴨上川原町に土地建物を購入し、これを京都事務所となし、愈々積極的に活動を続けて今日に至っている。

目的　協会の『寄附行爲』第四条に明記されている通り、『この法人は、内外学者と提携し、世界史的な広い見地の上に立って総合的に古代史を研究し、かつ日本の古代史研究の成果を海外に紹介するとともに、海外学者の研究を季刊誌に掲載または紹介し、もって学術文化の向上発展に寄与することを目的とする。』のである。協会は、イデオロギーに支配される図式主義的な立場を排し、あくまで穏健中正で堅実な立場から歴史を研究し、これまで多大な成果を挙げ来たっている。また欧米諸国には連絡委員をおき、海外学界との提携を密にしているのも、学会として他に例を見ない行き方とされよう。

役員　財団法人古代学協会の役員は、学界および財界から選出され、役員はそれぞれの関係部門に関連して協会の事業の遂行・発展に努めている。昭和四十一年五月現在の役員は左の通りである。

理事及び監事

理事長	望月信成	理事	鈴木隆夫
常務理事	角田文衞	理事	高木金次
常務理事	山縣忠次郎	理事	寺尾威夫
理事	飯田慶三	理事	松田伊三雄

理事　大林芳郎　理事　三品彰英
理事　大宮庫吉　理事　武藤絲治
理事　河合良成　監事　佐藤長
理事　小林文次　監事　佐保田鶴治

評議員
飯田慶三　大林芳郎　田中精一　武藤絲治
池田源太　大宮庫吉　角田文衛　村川堅太郎
伊藤徳男　河合良成　寺尾威夫　望月信成
岩井雄二郎　小林知生　富永牧太　山縣忠次郎
江上波夫　小林文次　西井芳子　吉岡清一
大石良材　佐藤虎雄　三品彰英
大久保道舟　高橋要　三森定男

支部　日本全国に亙って研究や調査を遂行し、また各地域の会員や会友との親睦を図るため、各地には支部が設けられている。現在支部は、下の通りである。

東京支部
事務所　東京都千代田区神田駿河台一丁目　日本大学理工学部建築史研究室内
支部長　小林文次
幹事　糸賀昌昭　幹事　坂詰秀一

幹事　江坂輝弥　幹事　坊城俊民
幹事　河村喜一　幹事　吉田　隆

仙台支部

事務所　仙台市内　東北大学川内分校東洋史研究室内
支部長　伊藤徳男　幹事　祇園寺信彦
幹事　伊東信雄　幹事　関　晃
幹事　大塚徳郎

広島支部

事務所　広島市東千田町一丁目　広島大学文学部考古学研究室内
支部長　松崎壽和　幹事　潮見　浩

福岡支部

事務所　福岡市箱崎三五七六　九州大学文学部国史研究室内
支部長　西尾陽太郎　幹事　平野邦雄
幹事　首藤次男　幹事　松本雅明
幹事　富来　隆　幹事　三上正利
幹事　田村圓澄

名古屋支部

事務所　名古屋市昭和区山里町一八　南山大学人類学研究所小林研究室内

支部長　小林知生　　幹事　早川正一

札幌支部

事務所　札幌市旭町八丁目六〇　北海学園大学経済学部人類学社会学研究室内

支部長　三森定男

職員　各種委員会を通じて展開されている研究活動の中心となり、或いはそれに付随した事務を処理するため、下のような職員がおかれている。

研究職員

研究員　大石良材　　研究員　堅田修

研究員　堅田直　　研究員　安井良三

研究員　吉川守　　副研究員　鮎沢寿

副研究員　富村伝　　研究嘱託　石附喜三男

研究嘱託　岡村広法　　研究嘱託　岡本真美

研究嘱託　小林信彦　　研究嘱託　長照代

研究嘱託　中谷雅治　　研究嘱託　中村俊一

研究嘱託　波多野忠雅　　研究嘱託　早川正一

研究嘱託　坂東善平　　研究嘱託　藤田純子

研究嘱託　三上貞二　　研究嘱託　森本瑛子

事務職員

評議員・主事　西井芳子　　主事　上田三朗
書記　石田明子　　雇員　山室真知子

研究事業　あらゆる研究事業は、そのため特設されたそれぞれの委員会を通じて行われている。委員は、学閥などを一切考慮に入れず、正会員のうちから熱意のある適任者を選び、これを委嘱している。

現在展開されている研究活動の範囲は広汎に亙るが、近年、特に重点をおいているのは、日本旧石器文化と平安京を中心とした平安時代史の研究調査である。また随時、講演会、研究発表会などを催し、内部では討論会や講読会を続け、精力的に研究活動を推進している。

丹生遺跡の調査　昭和三十七年二月、大分県の別府湾に臨んだ丹生《にう》台地において、偶然のことから約三十五万年前に遡る石器類が発見され、学界に衝動を与えた。それまで知られていた最古の石器類が七〜八万年前のものであったことを想えば、その発見がいかに大きな意義をもっていたかが了解されよう。然も発見された石器類は、最も原初的な型式を呈示しており、これ以上古いものは日本列島では存在しないものと見られた。従ってそれらは、日本最古の住民の系統や渡来時期を解明する上で絶好の史料とみなされた。

当協会は逸早く事の重要性を察知し、全国の専門家に呼びかけて日本旧石器文化研究委員会を組織し、また文部省から助成金を、財界からは寄附金を仰ぎ、考古学と地質学の上から大規模な発掘調査を敢行した。発掘調査は爾来定期的に続行され、昭和四十年十月には第四次の発掘が遂行された。さらに丹生遺跡の発掘調査の成果を補強するため、昭和三十九年には大分県早水台《そうずだい》遺跡、四十一年には長崎県岩谷口洞窟遺跡の発掘も平行して試みられた。

過去四カ年に亙る丹生遺跡の発掘調査によって、日本最古の文化が南方の系統を承け、約三十五万年前に遡ることが確認されたことは、日本民族の起原を明らかにする上で非常に大きな欣びであった。のみならず、最古の住民がその後どのような段階を経つつ彼等の文化を発展させたかも逐次判明し、これは全く未開拓の状態にあった日本旧石器時代の研究に確乎たる基礎を据えたのである。当協会は、今後も丹生遺跡の調査を続行して研究の完璧を期すると共に、その後発見された旧石器時代の重要遺跡をも随時発掘し、この方面の研究に寄与して行く方針を堅持している。

平安京址の調査　当協会は、平安京址の調査が全く顧られず、遺跡が日を追うて破壊されて行く現状を慨歎し、つとに西田直二郎博士（京都大学名誉教授）を委員長に迎え、平安京址の発掘調査に着手し今日に至っている。着手いらい十余年の間に、大極殿、豊楽《ぶらく》院、応天門、紫宸殿、羅城門《らしょうもん》、土御門内裏、三条東殿等を初めとして多数の遺跡を発掘したし、また京都府文化財保護課と提携して土木工事によって発見された数十箇所の遺跡の緊急調査を行った。この結果、平安時代の平安京に関しては数々の新事実が解明され、特に当時代の政治や文化を研究する上で基本的な知見が得られた。また発掘に際して得た各種の出土品は、当協会の倉庫に山積するに至ったが、それらは実に貴重な史料でありながら、陳列設備を欠くため、不本意ながら倉庫に秘蔵されているような有様である。

この発掘調査に平行して、当協会は文献史料に基づく平安時代の研究にも大いに努力を傾注し、すでに数々の研究成果を学界に提供している。昭和四十年に完結した『増補　史料大成』四十五巻も、当協会がこれを監修したものであるし、昭和四十一年三月には、長期計画にかかる『史料拾遺』の第一巻が刊行された。また目下編集を続けているものに、『平安京地名事典』（全十二巻）があるが、出版費の都合がつき次第、逐次刊行して行く予定である。

紫式部顕彰事業　当協会は、昭和三十八年、平安京における紫式部の邸宅址の位置を究明した。たまたまユネスコのパリ本部は、日本からただひとり紫式部を『世界の偉人』に選定したので、これを好機として紫式部の顕彰事業を企画したのである。幸に、佐藤栄作総理を初め、足立正、石坂泰三、新村出、谷崎潤一郎諸氏など、政界、学界、財界、文壇の代表的な方々が協賛され、また文部省、文化財保護委員会、ユネスコ国内委員会、各新聞社等の後援が得られたので、事業は昭和四十年五月から華々しく開始された。運動は全国的に進められ、一般国民の力強い支持もあって、多大な成果が挙がった。こうして昭和四十年十一月には、各界の名士二百余人の来場を得て、京都市上京区北之辺町廬山《ろざん》寺境内に設けられた顕彰碑の除幕式が盛大に挙行された。顕彰事業はまだ完結せず、ただ今は『紫女文庫』の完成が急がれているが、これもいずれ近いうちに成就することであろう。

当協会は、純粋な学術研究団体であり、社会教育の面に手を延ばすだけの余裕に乏しいのであるが、日本の生んだ世界的文豪である紫式部に関してだけは敢て顕彰事業に携ったのである。と言うのも結局、紫式部の居宅に関する知識は、学界という狭い世界だけの財産にとどまるべきではなく、全国民、殊に若い世代の人々に熟知させ、これを通じて日本人としての誇りを抱いてほしいと念願したからである。近来、『源氏物語』やその作者・紫式部についての関心が昂り、一種のブームすらを湧き起しているのは、まことに欣ばしい次第であるが、当協会としてはこれを興味本位だけに終らしめず、正しい方向へ導いて行く努力を今後も続けて行きたいと念願している。

編集・出版事業　当協会は、機関誌として『古代学』（季刊）と『古代文化』（月刊）との二種の定期刊行物を刊行している。『古代学』は、古代史研究の最高級雑誌であって、毎号問題となる重要論文を掲載し、日本の歴史学界に波紋を投じているし、海外学界でも高く評価されている。『古代文化』の方は、平易な論文、新史料、随想、内外のニュースなどを掲載し、親しみ易い雑誌として特に若い学者や専攻の学生の間で好評を博している。無論、両定期刊行物とも、穏健中正な立場から編集されており、世界史的な広い立場から行論された労作を歓迎している。

次ぎに不定期刊行物としては、古代学界の主要問題をとらえた論文や著作、発掘調査の報告などが随時上梓されている。『桓武朝の諸問題』、『中務典侍』、『紫式部の身辺』、『大分県丹生遺跡第一・二次発掘調査概報』、『大分県丹生遺跡第三次発掘調査概報』などは、すなわちそれである。

協会は、重要テーマを択んで論文を編集したり、重要史料を監修したりして、これらの刊行を出版社に依頼している。『増補　史料大成』全四十五巻、『史料拾遺』第一巻、『共同体の研究』、『日本古代史論叢』、『摂関時代史の研究』等は、いずれも当協会の編集、監修にかかるものであり、これらによって少からず学界に寄与している。

これらの研究、顕彰、出版、編集の諸事業は、非常な成績を挙げ、学界の驚嘆するところとなっているが、これは偏に当協会に寄せられた文部省、アジア財団、財界からの助成金や寄附金に負うている。この点当協会は、日々感謝の念を新にしていると共に、愈々本来の任務に向って挺進することを決意しているのである。

会員・会友　協会の会員には、賛助会員（年一口五千円以上）と正会員（年千円）の別があり、共に入会には理事会の承認が必要とされている。正会員となる資格は、専門的研究に二年以上従事し、歴史学関係の学者として一般に認められている人であることである。会友は、協会の機関雑誌の購読者を称する。『古代学』は会友費が年千五百円、『古代文化』の方は年千円である。会員や会友には、協会所蔵の図書の閲覧、遺物の研究を随意とし、種々の便宜を図ることとなっている。

四　博物館の設立計画

設立の方針　財団法人古代学協会は、内部に平安博物館設立委員会を設けて、この設立事業を推進する。また博物館の経理は、協会の特別会計とし、これに関する収支決算報告は、協会監事の審査を経た後、文部大臣に提出するものと定められている。この特別会計は、建物の譲渡について日本銀行との間に契約書が正式に調印された時から発足する。

平安博物館の設立は、第十年度を終えた時に完全に終了するが、さし当たっての計画では最初の五箇年によって一応の体制を整える予定である。

初年度の計画　本年度においては、とり急ぎ必要最少限度の寄附金を財界に仰ぎ、日本銀行と土地建物について売買契約を結ぶ。そして協会は早速、京都支店の旧建物に移転し、早急に開館の準備に着手する。協会は、陳列棚の発注や改修工事にとりかかる一方、協会所蔵の遺物や参考資料を整理し、模型の類は逸早く製作を依頼する。また列品の必要上、他から借用する遺物については、速かに手配する。こうして移転後半年内外で開館にまで事を運ぶ予定である。

敷地北半分の空地については、現存の車庫をとり壊し、外塀を改修するなどして駐車場を造成し、移転後・四箇月で工事を終え、これが運営を然るべき業者に下請けさせる。

博物館は、当分教室を使用しないので、この遊休施設からの収益を図る必要がある。種々討議の結果、協会はこれを予備校として活用するという結論に達したが、これを貸りて予備校を経営したいという申込みも既に協会に達している。もし何等かの支障がなければ、早速この方針に沿って教室を貸与する意向である。

なお、博物館の職員の方は、学芸と事務の方面で三、四名、守衛二名程度を新規採用するにとどめ、極力人件費を節約する。

第二年度の計画　本年度においては、募金に全力を注ぐ。そしてその成績を見ながら必要な改修工事を続け、陳列棚を増注し、また平安時代の風俗人形などを作り、陳列品の充実を期する。また土地建物の代金の方も毎年三千万円ずつ規則正しく支払う予定である。

博物館として自立するためには、書庫の充実が要請されるけれども、書籍の購入は、当分、必要最少限度に抑える。平安京址の発掘調査は、これまで通り続ける。しかしこれは専ら委託調査の形で行い、自己の予算では実施しない。

本年度においては収蔵庫の利用を一般に公開し、社寺、個人所有の文化財の保護預りを始め、所期の目的の一つを実現させる。

さらに京都市観光局を初め全国の高・中学校や各種観光協会を通じて本博物館の使命と内容について大幅に宣伝し、観覧者の増加に努める。また幾種類かの京都市観光の栞《しおり》を用意し、観光客の関心や興味を本来あるべき姿にもって行くよう努力する。

なお、職員は、数名増員して二十名となし、特に学芸員に対しては、研究や陳列に必要な基本的訓練を施す。

第三～五年度の計画　この三箇年において博物館は、乏しい予算の枠内ではあっても、愈々内容の充実に努め、第五年度には一応の体制が整うよう計画を進める。

先ず陳列に関しては、益々内容を豊かにすると共に、模型、人形、図表等を多数用いて観覧者が容易に理解出来るよう解説を懇切にする。

また限られた予算内ではあっても設備の充実に努力し、研究や調査の面でも、所期の目的に添うようにする。まだ自力で発掘する余力はないけれども、委託研究費や特別の寄附金により、平安京の諸遺跡の発掘調査を強力に推し進める。

第三年度に至って従来の設立委員会を廃止し、代って学芸委員会を設置する。そして有識者に委員を委嘱してこれを館長の諮問機関とする。これは公的機関として平安博物館の機能をよりよく発揮さすと共に、その運営に公正を期するためである。

職員の数は、第五年度において二十八名まで殖やす予定である。第三年度においては、職階制、退職、年金、保険等に関する諸規定を慎重に定め、組織の円滑な運営を図ることとする。

第六～十年度の計画　土地建物の年賦支払がまだ続くため、博物館の予算はまだ窮屈であるけれども、この五年間には陳列や研究体制を一段と整え、将来の大発展に備える。

陳列の面では、列品の質的向上を図り、陳列に新機軸を出す一方、恒例の行事として秋季にはあるテーマのもとに特別展覧会を催して大いに京洛の秋を賑わし、社会教育に寄与する。発掘調査の面では、あらかじめ建てられた計画の下に、組織的に自力でこれを遂行し始める。出版物は、第四年度より刊行するが、第八年度からは年二冊の発行とし、出来れば文部省の助成金をえて史料集の刊行にも乗り出したいと思う。

教室を予備校に貸与してもなお別に教室に用いられる部屋があるので、第六年度からは、ガイドの養成・再教育、

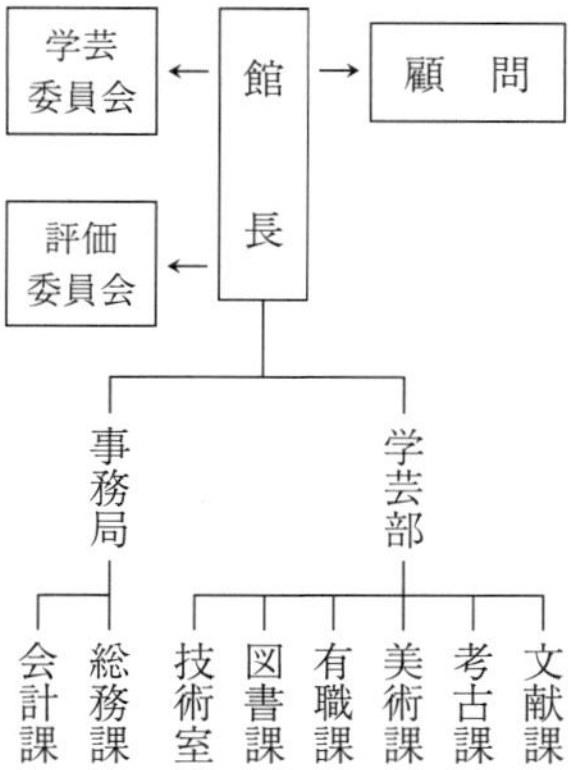

第6年度における博物館の構成

計	事務局	学芸部	
1		1	部　長
1	1		局　長
1（兼1）	1	1（兼）	次　長
7	2	5	課　長
10		10	学芸員
10	10		書　記
2	1	1	技術員
2	2		汽罐士
2	2		交換手
3	3		守　衛
1	1		仕　丁
40	23	17	計

第10年度の定数表

『源氏物語』の講読・鑑賞などを目的とする二、三の講座を設け、この方からも社会教育に役立ちたい意向である。但し、講座については、まだ具体案がないため、その収支予算は省略してある。

職員は、毎年毎に徐々に増員し、第十年度には、館長一名を含めて四十一名の定員とする。そして第六年度には機構の改革を行い、学芸課を学芸部に昇格させ、前頁の表のように構成する。これによって、陳列、研究に関する体制は完備したものとなる。

現在の職員寮の建物は、木造モルタル塗二階建で、かなり老朽化している。第六年度にはこの建物を壊して駐車場を百十坪拡充し、全体の面積を七八五坪とし、収入の増加を図る。最初の五箇年間にこれを行わないのは、設備過剰を警戒するためであり、また収入が不足の場合は、職員寮を有利に使用する可能性を残しておくためである。

第十年度には、土地建物の返賦金の最後の分を日本銀行に支払って所有権移転登記を行い、ここに平安博物館は名実共に自立する。十年間は、土地建物代金の支払いに追われ、機能を充分に発揮出来なかったが、第十一年度からは面目を一新し、懸河の勢をもって所期の目的に向って突進することとなるのである。

第三部

初期論文

伊達の読方の史的一考察

従来吾人は伊達を単に『ダテ』とのみ読んで、其の読方に就いての史的沿革に比較的注意しない様に思われる。故に自分は此に就いての一考察を簡単に述べ以て諸彦の参考としたいと思う。

伊達氏は岩代の伊達郡より起ったもので、初めの中村を伊達に改姓したことは人の知る所であるが、其の伊達郡の伊達は如何にして生じたものであるか。伊達は『イタテ』と読み射楯《イタテ》、印達《イタテ》、伊太代《イタテ》或は因達《イタテ》等と書き、五十猛神の御名より転訛したもので、五十猛神、即ち伊太代神を氏神としてそれを郷名としたのが播磨国飾磨郡の伊太代郷で、これが年をたつと共に射楯、伊達と転訛し延暦の時には伊達郷となったのである。ところが其の神の氏人が田村将軍に従って此の地に住み、先ず其の氏神伊達《イタテ》神社を祀り、其の地に原住所の名を取って呼んだ様に思われる。詳説は割愛し、何時頃から伊達《イタテ》を『ダテ』と読んだかに就て論ずることとする。

『和名抄』に伊達は伊多知《イタチ》と読むとあるが、此は伊太代神《イタチノカミ》より考えたもので実に此の郡の名とした時にもう伊達《イタテ》と呼んで居たのである。さすがの『和名抄』の著者源順も此処まで調査しなかったと見える。それでは『イタテ』のイを脱したのは何時頃か。其の変化期は戦国の末葉より維新当時までである。伊達氏の古文書に依ると明応以前は『いたて』『いでは』等と明記してある。ところが下って天文二十二年の晴宗の手紙に田手三郎殿とある。かく明応以後の文書に田手と多く見る故に一部の人々は『イ』を脱して『たて』と呼んだ様に考えられる。勿論伊達氏は此れを用いなかった様で、それ以前は『白河文書』の『いたてのかもんのすけ』（原文も仮名）或は『保暦間記』

に『伊達《いだて》』（原文）とある等を見るに、世人も用いなかった。伊達氏も亦是を用いなかったことは『伊達治家引証記』にある天正十八年政宗より高野壱岐親兼への書翰中に『（前略）此度いだてのみようせきの立も立たぬも此時候間いたてのいぬまでもこのだひぶせへに下てしかるべからず（下略）』とあり、同書に慶長五年伊達上野介政景山形へ出陣の時に政宗の母堂最上氏より政景への書翰に『（前略）いではのかみおやこもつねなう満ぞくに候（中略）かようにみずから文して申し候とはいではおやこにおほせまじく候（下略）』とあり、又彼の有名な慶長十八年政宗が羅馬法王Paulu《パウル》五世に贈った書翰には洋字でIdate《イダテ》とある。白石の論にも、『伊達は「いだて」を正称とす、政宗卿の手書には正しく平仮名「いだて」と書かれしものあり、されば「い」の省かれしは近き世よりならん。第二世宗村の長男修理亮時綱は但馬国に徙り住みしより山陰諸国に今なほ其子孫多くありて何れも「いだて」と正しく唱へ居れり（下略）』（藩翰譜）とある。然し出雲但馬の伊達氏と比べたのは大いに非難すべきであるが、要するに伊達を『だて』と読んだのは蓋し桃山時代に入ってからのことで、それ以前は一部分の人即ち陸前、岩代、出羽、陸奥人が多く称したのにすぎなく『田村兵軍記』（撰者不知）、『奥相茶話記』（中津朝睡撰）等にも伊達《イダテ》とあるを以て其の部分に限られたことが知れる。つまり伊達氏は他動的に読方を変ぜられたのである。勿論濁音したのは人々或は場所によって異れるが主に東北人であって其の時は論ずることは出来ぬ。そして夫が田手より来たか楯部（伊達部）より来たかも明にするを得ない。かくして伊達氏は『だて』と江戸時代に入ってから公然と呼ばれる様になったが、其の余風は全く消えぬと見えて、藩で正月、或は中秋の和歌の会をしたが、夫を奥方へ録進する時姓名に振仮名する時は『いだて』とした。而してこれは維新当時まで続けられたのである。ところが維新と共に学問新興し、今更に『いだて』と云うものがなくなり万人皆一様となった故に圧倒的に同化してしまったのである。勿論是は本流の伊達氏と伊達郡のみの読方で現在紀伊国名草郡に在る伊達神社《イダテノジンジャ》を『だて』と読んではならないし

『太平記』に見ゆる伊達《イダテ》某を『だて』とは読まないことに注意せねばならぬ。

　自分は以上伊達に関する史的沿革を簡説した。そして此の愚論を以て諸彦に幾らか裨益する所があるならば光栄と信ずる。

郷土史前学の研究に就いて

——地歴館の落成に際して——

今度我学園〔成城学園成城高等学校〕に地歴館《ちれきかん》が出来て、従来比較的顧みられなかった地歴考古等の諸科学が漸く重要視されるように至ったのは誠にうれしいことである。この意義あるしゅん成を地歴考古の研究の一エポックとして努力するのは私達それ等に興味を持つ者の努めでなければならない。……私は落成に近づく地歴館を見る毎に夙に此考えを深めてきた。私は一つのWissenschaftとして史前学を郷土的《ごうどてき》に如何に扱うべきかを暫く述べてみたい。

史前学は、当時の事実事物に基て史前文化を研究する科学である。私達はまずこれを記憶せねばならぬ。しかしかかることは本文の目的ではないから、私は直ぐ郷土史前学を学園付近において如何なる態度も研究すべきかを書こう。

一体東京近郊の遺跡は人口のちゅう密なそして幾多の考古学者の揺籃の地なる故、昔からずいぶん荒されている。その上学園付近の如きは遺跡は広いが、遺物の密度は極めて希薄なため発掘によって層位的研究をなすことはほとんど不可能であろう。かかる不利な情勢を以て研究を進めるにはまず調査する各人の団結が必要である。次に信頼し得る安全な保存所が必要である。私が成城を研究の中心にしようとし、そして敢て本文をかく所以は遺跡地の近くで、しかも安全な信頼し得る保存所地歴館がしゅん成したからである。然らば今まで此付近は如何に調査されていたであろうか。ただ採集家の幾人かを数え得るのみである。そしてその多くは、石器（特に形のよい）をのみ採集し、甚だしいのは発見場所年月に無関心な方もある。そして多くは土器の文化的意義を顧みず、唯他の採集家に負けまいと半意識的あるいは意識的に石器や形のよい土器又はその他の珍品の採集収蔵にきゅうきゅうとしていた。私はその著しい例を砧小学校にみる。無論かかる傾向は全国的なものであり、前述の採集家が皆そうとはいい得ないであろう。然し私は数人の採集家が少しも研究という目的を以て団結していなかったとは指摘し得ると思う。単なる採集家は古をもてあそぶ者である。それは何等貢献するところのない、有閑階級の慰めや暇つぶしに過ぎぬブルジョア考古学である。

私達はまず一片の土器でも重んずる態度が必要である。Prof. F. Petrie は土器を "Essential Alphabet of Archaeology" といわれたが、これは私達のもっとも服ようすべき至言であろう。土器からは石器よりも製作者の精神あるいは技巧の反映を観取し得るからである。と同時に私達は粗末な石器をも軽視してはならぬのである。

私達は物それ自体に執着せず物の現す意義を認識せねばならぬ。極限的な郷土としてではなく、綜合的研究の一要素としての郷土研究をすべきである。

学園付近は漸次住宅で一パイとなり、一方古弄的採集家は頻《しきり》にはいかいする…。私達が一刻も早く団結して付近の遺物を科学的に採集し、分類し、地歴館に公共物として後代へ残すことは極めて肝要なことと信ずる。一カ所に集めてその遺跡の綜合的徹底的研究をし、この思い出多い学園付近に嘗て住んだ人のありし日をしのぶことは興味あることである。しかし私達は決して結論を急ぐ必要はない。ある大きな確乎たる結論の形成へ提供し得る一つの事実を知ればよいのである。これが郷土史前学は学としてよりも寧ろ研究法を意味すると誤解され易い所以《ゆえん》であろう。

私達は気まぐれな採集、未熟練な単独発掘、団体採集の態度を断然排そう。そして遺物に尊敬を払うことによって、あくまで真理を追究する学徒として、真《しん》しに研究の歩武《ほぶ》を進めよう。

近代に於ける女性憎悪の潮流

闇中に見る女の眼は凡て大きく潤を帯びて見える。此の大きく潤のある眼を通じて想像の手を女の肌に触れる時、女の肉体は凡て美しい。後姿の美しい女は其後姿が自分にとっては女の本質である。嗚呼併し明るみの中に見んと欲するやみ難き要求よ。明るみの光に消え行く幻の悲哀よ。此悲哀に促されて更に辿り行く人生の薄明よ。

——『三太郎の日記』

序説

一

茲で意味する女性憎悪とは Misogynie の総称的訳語であって男性憎悪（Misandrie）と相対するものである。Misogynie は希臘《ギリシア》語 *μισογυνία* から由来するもので、女性好愛（Weibfreundlichkeit）と対し、女性に対し好感をもたぬ傾向を意味する。従って従来『女嫌い』や『女人嫌悪』等と訳されていたものである。Antifeminismus という言葉は或時は Misogynie と同様に使用されるが、Antifeminismus の方はもっと広汎な意義をもっている。即ちそれは Feminismus の反語であって『女性解放主義』や『女性中心主義』等に反対な傾向及び女性に好感をもたぬ傾向との両者を意味しているのである。

——こうして私は Misogynie に依って現されている女性に反感をもつ傾向を女性憎悪なる言辞を以って総称することとした。それは『女性憎悪』がそうした傾向をテピッシュに代表するものと信じたからである。

憎悪は好愛の反対概念であって、嫌厭の積極的なものである。それは二方面から分類し得るであろう。第一は結果から見た分類であり、第二は動機から見た分類である。結果から見れば客観的憎悪と主観的憎悪である。無論此等の範疇は程度問題であることは言を要しない。

例えば客観的憎悪の表現たる皮肉は主観的憎悪の表現たる罵倒より第三者としての意識が強いが、其れは罵倒といった比較的単純な感情に基くものより昇華され客観化されたもので本質的に異るものではない。併しながら此の分類は実に漠としていて、此れを以って心理学的分類とすることは不可能である。然も結果は動機中に含まれているから動機若くは条件から分類されることが必要となってくる。併し現今の心理学は此の分類を試みていない―少くも実験的にかかる分類はされてない。故に私は多分の不便を忍んで結果からみた分類に拠らねばならない。

客観的な女性憎悪は冷笑によって象徴され、行為として諷刺、皮肉、軽蔑を伴う。他方、嫌厭や（狭義の）憎悪によって象徴される主観的な女性憎悪は行為として誹謗や罵倒を伴い、両者の中間の行為が嘲弄であるように思われる。そうした分類は極めて概念的であるが、私は序説に於いて女性憎悪を二、三の点について叙述し、批判した後、この両分類を基として主に文芸思潮に現れた女性憎悪の潮流を見てゆきたい。

二

然らば女性憎悪は社会的並びに個人的に如何なる条件で如何にして成立するであろうか。社会的成立は史的発展の項に於いて考察することとし、私達は個人的な成立を極めて公式的に考えてみよう。

或特定の女性へ向けられた憎悪は仮令《たとい》それがどれほど抽象性を有するとも単なる表象か私見に過ぎない。尤も其れは二つの場合がある。一は何等かの評価を経てる場合、他は生理的飽満其の他から来る場合とである。とは言え失恋や家庭争議によって女性を憎むことや、恋人、夫婦間にありがちな『憎しみの愛』等は両者の混淆であることが多いが、私は複雑な das Hassenwürdige から恰も実在のように抽出した二型式を論じようとするのである。第一の型式を発展せしめ、対象を例えば或階級に一般化し、彼女等の本質的属性を検討し、それに憎悪を覚える時、初めて狭義の女性憎悪は成立するであろう。そうした種概念的な女性憎悪の好例は十八、九世紀の欧州文学に於いて多く見られる所謂 Dame への憎悪・軽蔑である。

……ところが女は、といっても貴婦人の事なんです—私は貴婦人の事を言ってるんですよ—いきなり人にぶつかって来て、人は是非わきの方へ飛びのいて、道を譲るべき義務があるか何ぞのように、人を眼中に入れないのです。わたしは自分より弱い生物として、譲るには譲ってやりますが、なぜ彼等は権利を叫ぶのでしょう。なぜ男はそうする義務があると考えてるんでしょう—それが癪に触るんです！私はいつも出あった時、ぺっと唾を吐くんですよ。それにも拘らず、自分たちは虐げられていると叫んで、平等を要求してるじゃありませんか。……

—『未成年』第一編第一章

更に対象を一般化しそれを全女性とし、なおかつ此れを憎悪する時、真の女性憎悪換言すれば類概念としての其れの成立をみるであろう。それ故女性憎悪者がこうした憎悪を抱懐するに至るには先ず動学的原因として文献的に、殊に生活的にかかる表象を経験することが必要とされるのである。併しながら女性憎悪は感情に根底をもつものであるから、それは自己の特殊な性質や境遇に附纏う個人的謬見であることが多い。たとい女性憎悪がそういう洞窟の偶像より理論的に強固であろうとも、それは所詮知識というよりも承認と称さるべきものであろう。何故ならば承認は其の判断を遂行する為の動機—即ち情意的動機を必要とするが故に其の全自然的過程たる臆見若くは Doxa の妥当性は其の本質上主観的にして単に相対的であるから其れを抱懐する人のみに制限されていることは無論である。従って其の発展が—比較的純粋な女性憎悪に見られるように—一種の信念となる場合でもその妥当性は依然として相対的であり、其の保持者のみに限られているからである。であるから女性憎悪は如何に高度のものであるにせよ、普遍的客観的な価値を要求しえざる判断であらねばならない。こうしたことは男女の属性が各々経済的社会的に制約されてることや、人間の発達に就いて、遺伝と順応とが決定的要素であることに依って、釈然たるものがあろう。

次に想起さるべき問題は、自然発生的に女性憎悪は成立するか否やの問題である。幼少時に於ける女性憎悪は多く嫌厭であるが、これは微少の評価を伴うことはあっても、純粋に自然発生的であることが多い。例えば『即興詩人』に於いてアントニオは幼時を回想して『まことに我は奈何なる故とも知らねど、女という女は側に来らるるだに厭わしゅう覚えき』と言っている。[1] 彼の場合は彼の母が未亡人でかつ敬虔な基督《キリスト》教徒であったことを考える必要があろう。

総じて母親の幼児に及す影響は父親のそれより遙かに大きい。従って幼児の半先天的な女性憎悪は母親をより深く考察することに依って明かにし得るであろう。それによってまた青少年時代に現れる女性憎悪の幾分かが幼児に於いて植えつけられたものであることが明瞭になるに違いない。

息子を女性憎悪に向かしめる母親の主要な型は三種類あるように思われる。第一は淫奔なる母親である。そうした娼婦型或いはメッサリナ型の女性は概して子供に微かな興味しか感じない。併しながら彼女の子供達は母親に対する定型執着に悩むのである。然も子供達は母親の淫奔を是認しようとする傾向をもつ。母の淫奔は息子によって攻撃され、一方母に纏わる疑惑は息子にとって神経病的な強迫観念となる。就中彼が私生児であったり、父親が分からなかったりする時などそれは遂に息子を生活不能者と化して了うのである。そういった淫奔性は—仮令其れが圧縮され、強制的に沈黙させられようとも—息子に不可抗的な一つの理想を導入せずにはおかない。かくて彼は必然的に或混成型の理想、即ちマリアとマグダレーナとを調和的全体に統一しようとする理想を—宿命的に—抱くに相違ない。併しかかる要素は、もとより氷炭相容れざるものであるから、彼は誇張された価値観念の犠牲となる。それ故に彼は、女性を全能な女神の高さまで陸めるマゾヒズム的態度と女性憎悪との間を動揺するに至るのである。

第二は同性憎悪の母親であるが、そうした女性の多くは—生理的理由からして不感症の女性に多いと言われるが—息子を未婚既婚の女性から引き離し、ただ男性と交際することだけを許す。そうした息子達の多数はソドムの徒に陥るに至る。其の結果として女性の存在は絶えず彼を脅し、遂に彼をして女性憎悪を抱かしめるのである。其の著しい例をステーケルは掲げている。(2) 即ちある母親は死の床にあって二十二歳になる息子に『すべての女に心を許すな』と叫んだ。此の瀕死の母親の威嚇が息子の感情生活上に戦慄すべき影響を及したのは勿論であって、彼は絶えず女性から汚されているという幻想に悩まされた。彼は結婚することが出来なかった。そして彼が辿った道は余りにも明かであらう。第三は婦人参政権論者の母親であって、彼女の息子は屢々婦人参政権運動に偏見をもつものであるが、それに反逆的態度を以ってする時彼は女性憎悪者に成育するのである。以上は主にエリス派の精神分析学者の所説に拠ったものであるが、一方青年には自然発生的にもう一つの女性憎悪があると思われる。それは言わば女性恐怖或いは嫌悪とでもいえるであろうか。総じて人間は未知者に対し好奇心と不安とをもつものであるが、青少年にとって女性なる未知者は特に性本能に強調されて激烈である。其の時両者が均衡を保っていれば問題ではないが、不安が殊に著しい場合は女性に対し偏執的に恐怖を感ずるに至る。シャンド(3)の言うように恐怖は憤怒及び憎悪の類縁であっても、また三者間には密接な連関があるとしても、三者は同一視することは出来ない。併しながら恐怖は容易に憎悪に発展する。従って女性一般に対する恐怖は殆ど一様に女性憎悪に発展するのである。

――こうした種々なる方面から個人的女性憎悪は成立するであろう。

三

然らば女性憎悪は人間憎悪（Misanthropie od. Menschenfeindlichkeit）と如何なる相違を示すか。人間憎悪は、人類の悪性と愚昧との客観的認識に基づくもので、人類一般に対する知識である。ショウペンハウエルに拠れば『人間憎悪は一面に尊貴の趣きを有する、嫌厭の情で自分の優れた自意識が、心外な他人の悪性に対して憤慨し反発する所から生ずる』(4)のである。従って女性憎悪と人間憎悪との関係は、前者は最も論理的構成をもつ場合でさえ承認に留るに反し後者は理性的な知識である。尤も此の際人間憎悪と人間への反抗心を混同してはならない。併しながら人間憎悪者（Misanthrop）は女性憎悪者であり得るのである。そうした人間憎悪者の女性憎悪に至って初めて女性憎悪は知識となりうるであろう。

併しこうした女性憎悪者は近代の思潮に現れて来ないし、そういった作品も見えない。私は次に女性憎悪の作者が作品の内容に於いて如何に女性憎悪を取扱っているかを考察してみる必要があろう。内容（Le Fond）とは作品中に取扱われている題材（Le Sujet）と、其れを取扱う作家の意向（L'Intention）との合致したものを称する。其れ故に同じ題材を扱うにしても作家の意向如何によって異った効果をもつものが生ずることは言を俟たない。題材に対する意向は大体四型式あるようである。（一）は純然たる客観的態度を以って臨む場合で、モウパッサンがそれを代表する。（二）は自己の人生観、世界観等々を以って題材を規定し、其等を読者に強調せんとする態度である。（三）は自己の人生観或いは性質の一部を題材に於いて具現するか、または人生観や性質の諸部分を各人物に具現する場合で、（四）は（二）に類似するもので自己の理想等によって題材を規定する態度で、後の三つは主観的型式に属する。（一）の場合、作者が女性憎悪者であるか否かは問題にならず、作者は女性憎悪者を描写し、物語ることによって其の批判を読者に任せるであろう。（二）の場合、作者が女性憎悪者であれば、それは如実に題材に於いて再現されるであろう。アルツィバーシェフの如きは女性の無理解と浅薄と淫蕩の為に如何に多くの悲劇が発生するかを描き、女性に対する執拗な根深い憎悪を芸術の形で表現してるのである。（三）の場合、往々作者は作中に女性憎悪者を肯定的に描くか、作中の人物に女性憎悪的言辞を述べさせるかするのであって、女性憎悪のうちで最も普通な様式である。『ハムレット』に於いて作者はハムレットをして女性を罵倒せしめている。〔（四）は実例を知らない故に茲で問題としない。〕

私は今まで女性憎悪者なる言葉を無検討で用いて来た。私は今作者としての女性憎悪者を吟味せねばならない。実際のところ純粋に女性憎悪を以って終始した作家などはありはしない。例えばストリンドベリの如き女性憎悪者でさえ後期の作品はフェミニスムスの香りさえある。否そうしたベアトリチェを追うていたからこそ現実の女性に飽足らず女性憎悪に走ったとも言えるであろう。またアルツィバーシェフのような人さえ初期の作品には女性からプリミテヴな或ものを求めて真の幸福を得んとした傾向がある。一方ゲーテの如きフェミニストさえ女性軽侮をメフィストフェレスに言わしている。これを以ってしてもそうした思想は大体に於いて作者の或時代に於ける漠とした傾向であって、そのあるものは甚だしく瞬間的でかつ発作的であることが分ると思う。私が孤立せる女性憎悪がよし論理的であるにせよ承認に過ぎないと述べた理由は茲にある。

言うまでもなく個人の性質は其の複合体より一歩も出ない。併し彼が作家なる立場にある時、彼は一人物を創作することに依って彼の複合体以上の広い性質をもたせうるであろう〔前の（一）（二）参照〕。従って私の以下に述べる女性憎悪者は其の作品を書いた作者であることを留意せねばならぬ。モウパッサンを女性憎悪者とする根底は茲にあるのである。

四

女性憎悪者は総ての女性を憎悪する。併しながらこの『総て』は女性一般ということであって集合的意義をもっている。此の場合個々の女性を憎悪すると解するのは所謂分解の虚偽に陥っている為である。個々の女性は唯実例に過ぎず、それにはまた例外も可能なのである。私は例を憎悪の反対概念たる愛にとって考えよう。今茲に『吾人は人類を愛す可きである』と言う当為的命題を妥当なりと認定した人があって『余は人類を愛している』と断言したとすれば、私達は容易に上の愛の概念が異質的なのを発見する。即ち前者の愛は個別的（Omnes）であり、後者のそれは集合的（Cuncti）である。私達は如何程努力しようと人類を個別的に愛することは生理的にも、また空間的にも時間的にも不可能である。故に集合的に妥当なことは、其の各部分も亦妥当なりと断じ去る根拠とはならぬであろう。従って後者の誤謬は愛（無論価値的に見た愛である）の概念の混同に基づく所謂半論理的虚偽に外ならず、それは『余は人類を愛す可きである。』若くは『余は人類を愛そうと努力している。』の強調された形―即ち前の当為的命題を第一人称化したものに過ぎない。此の点にドストエーフスキイの血の滲むような絶望の悩みがあったのである。―以上を要言すれば人類愛とは抽象的にのみ存在する。それ故に人類愛の保持者にとっても或人に『憎悪』や『憎悪の愛』を抱くことは決して矛盾ではない。然もこの際部分的例外は聊かも結論の変更を要求せぬであろう。故に我が偉大なる女性憎悪者ショウペンハウエルが佳人を擁して南欧に遊んだことは少しも彼の憎悪者たる根底を脅すものではない。況んや『愛』とか『憎悪』は―其等がたとい理性に依って武装され理性に依属していようと―其の基礎をなすのは感情であり、その限りとして比較的に瞬間的であるに於いては―ショウペンハウエルが同時に熾烈な愛を捧げる婦人があったとしても、それは彼の女性憎悪者たる所謂を寸毫と雖も毀損するものではないのである。

五

史的発展　——文芸復興期まで——

既述の如く個人的に女性を憎悪することは野蛮時代に於いても可能である。[5] 併しながら其れが一つの社会的傾向として成立する為には或社会的並びに経済的条件を俟たねばならぬ。私達は近代の女性憎悪のよって来たった道程を確め、其れに依って近代の女性憎悪を全体として把握する為に先ず社会的傾向としての女性憎悪の成立を述べる必要があるだろう。

家族制度の発達史中に母系の存在を認めることは東西の学者の一致するところであるが、母系の存在から推して母権（Mutterrecht）の制度が普遍的であったかどうかとなると未だ充分に確定した結論に達してないように思う。母権制の普遍性を説く人にはバッハオーヘン（Bachofen）、マックレナン（MacLennan）、モルガン（Lewis Morgan）従ってエンゲルス等があり、母権否認説を説く人には現代の多くの社会学者例えばエルウッド（Elwood）やウォード（Lester Ward）等がある。尤も否認説の学者と雖もイロクオイ種族（Irokesen od. Iroquois）や亞弗利《アフリ》加《カ》の原始民族に於ける局部的母権制は認めてはいるのである。

原始共産社会に於いては母権的法規が行われてると否とを問わず、母系制の為に女性は大いに尊敬されかつ信頼され、彼女の意見は家庭に於けると同様、種族の問題にしても大いに尊重された。殊に母権的法規の下にあったとすれば女性は血族団体の指導者であり支配者であり、また仲裁者、裁判官、神官でもあったであろう。孰れにせよ社会関係は単純かつ狭隘で、生活は原始的であった。男子は防禦や猟狩の為に武器を採ったけれども、男女間の精神上、肉体上の相違は今日程大きくなかった。(6) こうした女性が優越であるか同等かの社会に於いて夫婦間の不和等による個人的な女性憎悪はさておき、社会的傾向としては女性蔑視さえ起らぬことは明かであろう。そして私有財産制度の確立と共に女性憎悪は漸時頭を擡げて来るのである。

六

時の経過と共に原始共産社会に於いては家畜の馴養や畜群の飼殖が、今まで予想だにもしなかった富の源泉を発達せしめ、其れは農業の発達と共に全然新しい社会的経済的関係を作り出した。生産様式の複雑化は分業を発達せしめ、それは仕事のみならず所有物にさえ区別をつけるに至った。漁、猟、家畜の飼育、農業、器具製造等は特殊の技術を必要とし、それは皆男子の仕事となり、男子は此等諸方面に於ける発達を牛耳り、遂に初めは氏族に所属した私有財産の所有者となったのである。

一方人口の増加、農業牧畜の発達は土地に従来とは相違した価値を生ぜしめた。かくて土地の獲得は集団的争闘を促し、他方労働力の需要をも促す。此の目的の為に婦人の掠奪が行われ、奴隷制度が案出さるるに至り、氏族制度の本質と矛盾する新要素が氏族組織に入って来たのである。

血統が女系に依ってのみ数えられた間は財産は氏族に残らねばならず、其れは実際上最も近い氏族の親族―母方の血縁者の手に移った。父親は母の氏族の一員なるが故に、自分の財産を子供に譲ることが出来ず、兄弟姉妹や姉妹の子供に譲らねばならなかった。こうした経済的不満から配偶婚は徐々に発達した。また古い原始共産社会は私有財産の思想と一致しないのみならず、今や個人的利害は古い氏族組織と相反した。……そうして氏族制度の没落と共に、女性の権力や勢力も急激に衰えたのである。『男子は私有財産の所有者なるが故に、其の財産を譲るべき摘出児を欲し、従って女子に対して他の男子と性交することを禁じた。[7]』『母権の顚覆は女性の世界史的敗北であった。男子は家庭に於いてもまた舵を執り、女性は貶下され、隷属させられて、男子の情欲を満足させる女奴隷及び子供を生産する単なる道具となったのである。[8]』

七

希臘《ギリシア》に於いて母系的社会が父権的社会に駆逐されたのは極めて古いことで、それは先ずアテネに確立された。ベーベルの言うが如く『一切の社会的依属と圧制とは圧制者に対する被圧制者の経済的依属に基づいている。[9]』こうした結果は婦人の水準を遺伝的環境的に低下せしめる許りでなく男子をして女性は劣等な卑しまるべきものと看做させるのである。これはアテネが其の特徴を代表するイオニヤ人の文化圏に於いて逸早く然も的確に現出した。即ち女性は漸時社会から除外され、遂には『女部屋』に押し込まれて了うようになるのである。そうした希臘人の女性観の潮流を通観すれば、私達は容易に其れを二大別し得る。即ち前期は西紀前七百年頃までで、かなり肯定的態度の時代であり、後期は希臘滅亡（前一四六年）までであって女性憎悪の激烈な時代である。前期は本文と多くの関係をもたぬ故に、私はただの一瞥を以って前期を述べよう。

前期は実に希臘民族の発成時代であって、ホメロスの英雄詩篇によって代表され、叙事詩人ヘシオドスによって殿をされている。当時イオニヤ人は既に父権的社会に入ってはいたが、ドリーヤ人等母系制的社会をなす民族もあって、母系制的名残は全土を覆うていた。加之、父権的社会に於いても未だ長年月を経てない為もあって女性は未だ昔日の面影をとどめていた。そういった雰囲気のもとに作り上げられた為もあろうが、『イリヤス』にせよ、

『オデュッセイア』にせよ、其処に観取し得るのは女性の英雄的見解であり、鄭重な女性の騎士道的待遇である。彼等の考えでは男子は戦争のため訓練さるべきもの、女子は武士の改造の為に教育さるべきものなのである。美・力・明朗―これが希臘男女の理想であった。如何にヘレンが美と力とを具象化した女性として表現され、また如何にオデュッセウスとペネロペイアとの麗しい関係が深刻に劇化され、抒情詩的に描写されておるかを見よ。―私達は茲に古代希臘人の夢幻的女性観の横溢をまざまざと感ずるであろう。併しながら『オデュッセイア』にはまた当時の父権的社会が反映している。即ちオデュッセウスの息子テレマコスは母がその求婚者達と坐するを禁じ、こう命令する[10]―

さあ家に帰って、家事の世話をなさい、糸引車と機とへお帰りなさい。
そして侍女どもに宛がわれた仕事をせっせとするようお言いつけなさい。
人と話すのは男子の特権です。特に其れは私の特権です。私は此の家の主ですから。

此の時代にして婦人の自由は既に失われていたのである………

西紀前九世紀に至ると最初の女性憎悪者なる叙事詩人ヘシオドスが登場する。彼はボエオチヤに生れかつ育った。こうした理由から彼は幼年時代以来、イオニヤ人の社会と其の圧制の下にある婦人を永い間観察したものと思われる。彼の抱懐した女性憎悪は今日から見れば甚だ陳腐極まるものであるが、要するに女性は悪の、そして禍の根元であると観ずるのである。詩集『仕事と月日』(Erga kai Hemerai) にある叙事詩『パンドラ物語』[11]に於いて彼は悪の華―女の起源を神話的に説明している。尤もこれは昔の伝えを彼が詩で表現したかもしれないから、直ちに其れを彼の思想であると見るのは速断の謗を免れぬとしても、九世紀若くは、其れ以前にそうした女性憎悪があったことは注目に値する。ドリーヤ人其の他に於いて女性の英雄的見解が行われてる間にイオニヤの文化圏内では遅くも九世紀頃から女性の顚落は開始されたのであった。

八

後期に至ると婦人は完全に没落し、僅かもっていた自由をも失墜した。希臘《ギリシア》人は女を以って気持のよい玩具、肉の器と看做し、女の精神的能力などには目もくれず、其の性のみを目蒐《めが》けて一意突進したのであった。少女等は紡ぐこと、織ること、縫うことを習い、申訳ばかりの教育を受けた。彼女等は事実上被監禁者であって、『女部屋』なる特別な部屋に住まわせられた。『女部屋』は二階或いは屋後の家の隔離された部分をなし、其処へは他家の男子は一切行かれず、彼女等はただ女性とのみ交際出来た。外出は女奴隷を同伴せねばならないし、其の際はヴェールで顔を覆わねばならず、家では厳重に監視される。彼女等は男と寝室を共にするが、食卓を共にしえない。姦通者を威嚇する為にはモロシア犬が用いられ、小亜細亜《アジア》では妻の監視に去勢者が使用されたと言う。尤も希臘の女は屢々夫を欺く機会を十分に見出したのは事実であるが、もし発覚した場合はソロンの法律に従って彼女は生命または自由を抛って其の罪を償わねばならない。故に美貌才智のある婦人はこうした奴隷の如き結婚生活よりも男性と最も親密な関係にある自由生活を選んだ。彼女等娼婦の生活は必ずしも忌しいものではなく、其の高級なるものは希臘第一流の人物と交際して、彼等の智的な議論の仲間入りをし、其の宴会に列した。当時にあって娼婦は高級より低級まで実に十三種類もあったのである。ツキヂデスの如き人さえペリクレスの愛人アスパシアには莫大な頁を費し、彼の妻の記述は簡略にすましている。実際、希臘人特にアテネ人にとって妻は子供製造器であり家婢の首長以外の何物でもなかった。こうした社会状勢のイオニヤ人に才気煥発の女性の出よう筈はなく、アスパシア、ダナエ、プチニー、アーカナサ等の如き錚々たる娼婦や、サフオ、ミルチス、コリンナ、テレシラ、プラクシラ等の如き閨秀詩人は皆イオニヤ人ではなかったのである。女性の商品化は遂に公娼を生ぜしめ、ソロンはアテネに神聖なる『ディクテリオン』を創設したのであるが、そうした恩典はアテネの男子をして熱狂的にソロンを讃美せしめた。他方女子の間には所謂『レスビアンの鶯』が旺んに行われ、男子間にも熱烈にソドミーがもてはやされた。これは男子が女子に得られないものを同性との精神的に平等な交際及び真実な友情に求めた為である。ソドミーはガニメーデスの神話に少々ある許りであって、ホメロス時代の人々は決してこれを口にしなかったのである。こうした忌しい諸関係は独り人口問題許りでなく、当時のアテネが自然経済から貨幣経済への移行の結果として起った激しい経済的並びに政治的危機にも基因してるのである。

アルキロコス（ARCHILOCHOS）は後期に於いて女性憎悪の先駆をなした。彼は前七世紀の初頭の人で、彼の主観的女性憎悪は個人的経験より来ている―少くともそれが契機となって女性一般に彼の眼を向けさせたことは首肯出来る。彼はPalosの裕富な市民の娘と恋に陥ったが、それは不幸にして彼女の父に許されなかった。

彼女[12]はよく桃金嬢や薔薇で体を飾った。彼女が髪を解けば、髪は其の影もて彼女の肩や背を覆うた。憧憬に囚はれ、苦しみと恐れにおののきつつ私は此処に臥しておる―ああ私の悲惨さ……！

何者によっても医しえない失恋の痛手に彼は猪突的に戦場へ行き、楯を抛《なげう》って戦った。そして彼が無事戻った時、彼の失恋は烈しい憎悪に変った。彼は彼女の美が間もなく衰え、『枯葉のように凋む』であろうと自らを慰めた。彼の女に関する諷詩《エピグラム》は不幸にも二、三しか残ってないが、其の一つにはこんなのがある――

尊大ぶった娘が山の神になると、全く奴は手に負えなくなって了う……

アモルゴスのシモニデス（SIMONIDES）は七世紀中葉の人、彼の女性観は残存する断片によって充分に洞察し得る。

(13)女は嘗て創造された最悪の悪魔だ。奴等は時にはいいこともあるが、直ぐ所有者にとっての厄介者となる。女と一緒に棲む者は波瀾のない一日さえ決して過せないのだ。然も彼にとって最大の敵なる飢えを家から追払うことなんか出来やしない。そして男が家庭で、神の慈悲か男の助けで幸福感を味う時に、女は不平を鳴らす元をみつけ出すか、喧嘩の為に武装するかするのだ。山の神のおる家で、諸君はとても悶着の憂えなしにお客を招待できぬ。それに女が一番上等に見える時、男にとってそれは致命的だ。—男は口を極めて彼女を嘆美するし、一方隣人は彼と彼の心得違いを嗤うからだ。男って言うものは非常識なところがあるから、一様に彼の細君をほめ、隣人はそれの悪口を言う。然も誰一人として我々がそうした窮境にあるを知らない。何故って前にも言ったように女って奴は嘗て創造された最悪の悪魔だからだ。

もっと辛辣なのは十種に分けた彼の女の分類である。それに依れば神は女を狐、犬、驢、豚等の動物や其の他から創造し給うた。海から創造された女は浮気で移気なのである。併し神はただ一人の女を勤逸な蜂から創造したが、其奴を手に入れた男は幸福だというのである。

ヒポナックス（HIPPONAX）は洒落に長じていたらしい。それは今日でも往々引用される程である。

諸君の生涯を通じ諸君が妻によって喜ぶのはほんの二回しかない。即ち彼女の結婚と彼女の葬式の際と——

持参金さえ諸君に齎さない女、併しながら彼女自身有用となる女を見つけ出すのはなかなか困難だ。

彼等イオニヤ人の眼から見れば女の月並な短所は怠惰と貪欲であった。不貞に就いては前述のように—時には姦通をするけれども—監視が厳重で刑罰が苛酷であった為にさして問題とならなかった。彼女等は自分達の地位の窮屈さを補う為に夫の日常生活を出来るだけ不愉快にし、其れによって復讐を企てることもあった。結婚悲劇は簇生し、それはますます男性にソドミーと女性憎悪とを煽った。

イオニヤ人は最も女性憎悪を抱いた民族であることは言うまでもないが、彼等の女性憎悪を最もよく現してるものに『ミレトス物語』がある。余りに天真爛漫である為に今日これを転載するのは不可能であるが、私達は最も穏かな『エフェーズスの寡婦』の梗概を書こう[14]――

嘗てエフェーズスに一人の妻があったが、彼女は大変淑徳が高いので近国のあらゆる婦人がこの世に珍しい婦人を見ようと集った。彼女の夫が死んだ時、彼女はしきたりの喪に満足せず、死者と一緒に、夫が憩うことになっていた地下の墓に這入ると主張した。彼女は食物を拒絶して其処に五日間居た。全国は彼女の徳行で鳴り響いた。其のうちに数人の盗賊が墓の近くで磔刑に処せられた。そして屍の番をしている一兵士は其の中で例の妻が夫の屍により添うて歎き悲しんでいる墓からもれて来る明りを見つけた。彼は好奇心に引きずられて墓を調べた。彼が悲歎にくれて泣く衰弱した彼女を見つけた時、彼は人生の無情について語って彼女を慰めようと努力したが、それは彼女を怒らす許りだった。併し兵士は彼女の侍女を幸いにも説きつけて二人は糧食を分けあった。遂に侍女は彼女を説きつけ、間もなく三人は食いかつ飲んだ。我々は食欲が満足された結果を熟知しておる。そして墓の戸は閉ざされてしまった……。二、三日して兵士が屍を見に来た時、其の一つは彼の怠慢に乗じて盗賊の親戚の者にもちさられていた。彼はそれで自殺しようとした。が彼は其の寡婦に妨げられた。其の寡婦は生きた兵士を救う為に死んだ夫を十字架にかけることを思いついたのであった……

これは古い冗談であるとしても夫の死後間もなく―屢々葬式に於いて知り合った人と―結婚することによって自らを慰める喪中の寡婦が如実に描写されている。―其の限りにおいてそれは女性の現在あるものに対する道徳的皮相性、浮気心、感傷性といった心理的欠点を嘲った狂文なのである。このように女性憎悪は漸次圧倒的に普及し、やがては他民族へも影響して行くのである。そしてそれは光芒燦然たるペリクレス時代に如何に発展したか―私達はその叙述に移らねばならない。

――未完

註

（1） H・C・アンダーセン『即興詩人』（森鷗外訳）第二章『隧道・ちご』

（2） Havelock Ellis, *The Sex in Civilization*, Chap. I.

（3） Alexander F. Shand, *The Foundations of Character*, p. 58.

（4） Arth Schopenhauer, *Neue paralipomena*（Reclams Universal-Bibliothek, Nr. 3131～35）S. 210.

（5） モルガンの所謂『蒙昧時代』に於いては人類が女性一般なる概念を得ることが出来たかどうかは疑問である。それ故私は蒙昧時代には触れないこととした。

（6） 総ての原始民族の間では男女の脳の重量も容積も、文明社会の其等程異っていない。また肉体上の力や技術の点でも男子に劣ってない。エリスはそうした多くの例を*"Man and Woman"*（1894）にあげている。特に亜弗利加《アフリカ》西部に住む Dahome 族の女兵の如きは男子に比して甚だしく兇暴かつ獰猛である（坪井正五郎著『婦人と小児』六十四頁以下）。

（7） F. August Pebel, *Die Frau und der Sozialismus*, 1909. Teil I. Kap. II.

（8） F. Engels, *Der Ursprung der Familie, des Privateigenthums und des Staats*, 1884. Kap. II.

（9） F. A. Bebel, Teil I Kap. I.

（10） 『オデュッセイア』第四書。

（11） 此の物語の詳細は児童百科大辞典第二十五巻『文藝篇Ⅲ』第一篇第二章第一節にある。

（12） F. A. Wright, *Feminism in Greek Literature from Homer to Aristotle*, London, 1923. p. 32

（13） K. A. Wieth-Knudsen, *Feminism; A Sociological Study of the Woman Question from Ancient Times to the Present Day*. trans. by A. G. Chater, London 1928. p. 178.

（14） Wieth-Knudsen, op. cit., p. p. 180～181.

メガロン

一

メガロン（μέγαρον, τό, μέγαρα, τά）は古代建築史上ユニークな存在であるのみならず、欧州文明の黎明期に於けるダニューブ地方を中心とする民族移動を指示する表識として歴史的意義を持つ。これは元来ダニューブ地方の初期新石器時代農民特有の建築構想を起点とするものと思惟されるのであるが、其の各地への移動によって最も広汎な普及と数多くの変種が生じたのである。

其の起源に就いては是を北欧のものとするシュックハルト[1]（C. Schuchhardt）及び彼の追従者等の説が破棄された今日でも多少の難点をなしとしない。総じて型式は用途に著しく制約さるるがゆえに、型式の簡単なものに於いては其の類似性は両者間の必然性の存在の証拠と必ずしもならぬ許りか、編年的関係をも闡明せぬは自明のことである。加之、編年的関係が推定された場合にも、他の発見物（Fund）のこれを証せざる限り、型式学的類似性を以って両者間の必然性の存在を決定することは妥当でない。殊にメガロンの研究のようにプランに拠ってのみされる場合は伴出する両者の Fund を比較して周到な研究を試みねばならぬのである。[2]

メガロンの祖型—即ち原始形態はダニューブ第一期の最古期に当たる渦状紋土器（Spiralmäan-derkeramik）文化圏に現れている。言を用いるまでもなく此の文化に属する家の型式は三つあるのであるが、其の第三型式に該当する玄関附の家は正にメガロンの祖型をなすものである。クロイツナッハに近いザルムスハイム（Sarmsheim bei

Kreuznach）に於いて発見された第三型式の家の主室は殆ど四角で、両側壁は三本の頑丈な柱で支えられ、一方の側壁は延びて玄関を造り、やや後述のエレースト（Erösd）のメガロンに類似しておる。(3) グロスガルタッハ（Grossgartach）で発見された家もほぼ同様な構成である。けれども此の渦状紋土器を製作した農民が如何なる人種であるかは未だ明確な決定をみない。セルヂ（G. Sergi）はヴォルムス（Worms）発見の人骨を地中海人種と認定したが、(4) シュリッツ（A. Schliz）は其の農民を北方人種の一分枝と見た。今日彼等が生物学的に非純粋であったことは諸学者の等しく認める処であるが、それから推しても彼等がアルプス及び地中海両人種の混血民族であったことは可能であるように見える。

　原始農業の彼等には未だ土地に対する強い執着がなかった上に、恐らく冬季にのみ使用された彼等の竪穴住居は何処でも容易に営まれた。こうしてダニューブ第一期の末葉に到って土地が漸く狭隘をつげるに至るや、彼等は徐々に大移動を開始した。彼等はモラヴィヤ地方から白耳義《ベルギー》、ブランデンブルグ、下シレジヤ或いはバヴァリヤの方へ移動した。これは渦状紋土器文化の特徴である下地などのない丸底の壺や靴型石斧や海菊の化石等々の分布によって証し得るであろう。

図1　ブーフの聚落趾

　彼等の一派は東瑞西《スイス》や南独逸《ドイツ》に定住し、多少は土地の所謂中石文化系の固有文化と縄紋土器文化の影響を受けて一種の文化を造った。一九一九年にチュービンゲンの原史学会によって発掘されたフェーダー（Feder）湖のアイヒビュール（Aichbül）の遺跡は其の代表的なものであろう(5)（本稿末図版2の1）。この文化が先にも触れたように縄紋土器（北方人種）の民族的影響を蒙ったとはライネルト[6]の強調する所ではあるが、それは理論上可能であるに留まり、実際はこの文化はダニューブ第二期と著しく類似しておるのである。アイヒビュールの第一層の家は蘆葦の茂った岸辺に杭で拵えられた敷台上に建てられ、これには二つの型式が識別されるのであって、一はメガロン型の家である。その入口は屋根がなく玄関と四角の主室には頑丈な柱で支えられた切妻屋根がかかっている。家全体の大いさは（三十五）×五ｍで炉は玄関が主室に設けられておる。これと同時代の家は同じフェーダー湖のリートシャッヘン（Riedschachen）遺跡にも発見されているが、其の最も典型的なものは図2のHaus 1である。

ライネルトがアイヒビュール文化が北方人の影響に拠る理由の一つとしてメガロンを掲げたことは容易に許容し得ることである。何故かならばそうした構想は、縄紋土器文化に所属する高塚に於いて発見されていたからである。即ちヘッセンのメルズンゲン郡のハルドルフ（Haldorf in Kr. Melsungen）の高塚にブレーメル（W. Bremer）は一つの屋状墳の土台を発見したのである[7]。幅一・六五ｍ、長さ一・七ｍであるから住居ではなくて、屋状墳であることは言うまでもない（図4）。其れは丸太を水平に積み重ねた小屋で、丸い柱に支えられた差掛風の平たい玄関と四角の主室を持つ。そして炉はマインスドルフ（Meinsdorf）の例の如く入口の外に在るは図示した通りである。けれども縄紋土器の編年が確定しないこと、アイヒビュール遺跡には其の影響が希薄であること、そしてメガロンの祖型は其れよりずっと古いザルムスハイムに

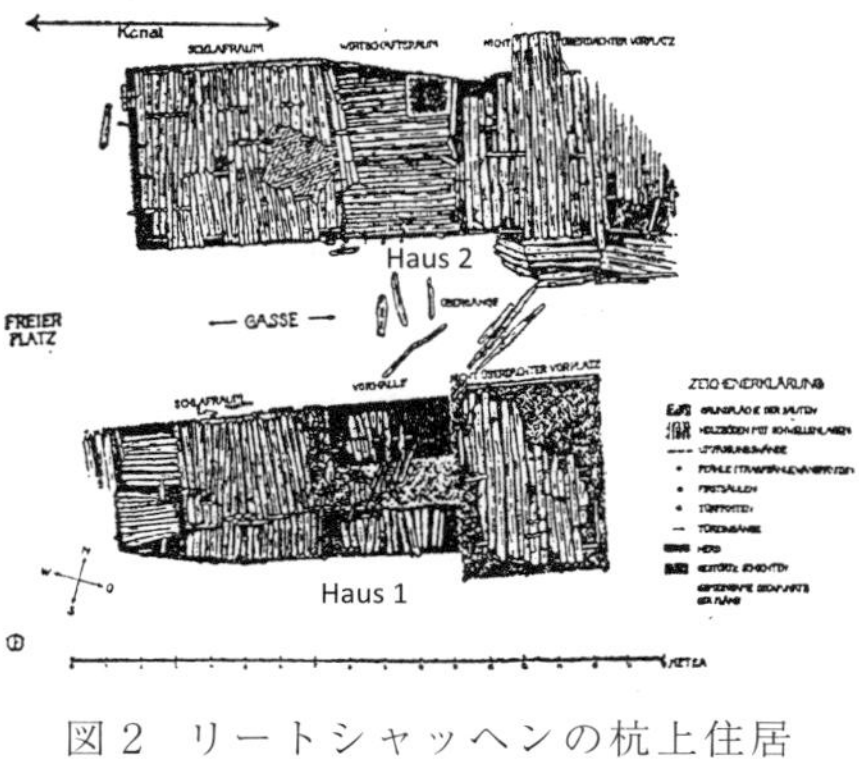

図２　リートシャッヘンの杭上住居
（R. R. Schmidtに拠る）

発見され、アイヒビュール第一層が非常にダニューブ的であることを等からしてハルドルフの屋状墳を祖型とすることは不可能である。無論吾々は屋状墳より推して当時其処では其れに類似した住居が営まれていたであろうことを否定しようとはしないが、ただ其れだけでアイヒビュール等と連関せしむることはいささか牽強附会の誘を免れえぬであろうと思う。

ダニューブ文化の進展の形跡は更にトランシルヴァニアから黒土地方へかけて見出される。尤もエレースト、ククテニ（Cucuteni）、トリポリエ（Tripolie）等の彩絵土器の起源が何処にあるかは多くの議論のあることであろうが、ともかく其等の文化がダニューブ文化とかなり密接な関係のあることはいなめない。エレーストをとってみても靴型石斧の発見されたことや其の彩絵土器がトルドス（Tardos）のダニューブ系遺跡出土のそれと酷似しているうえに、Spiralmäanderkeramik の特徴である渦状紋や線紋が豊富に取入れられてる事実は、叙上の連関を裏書して余りあるであろう。

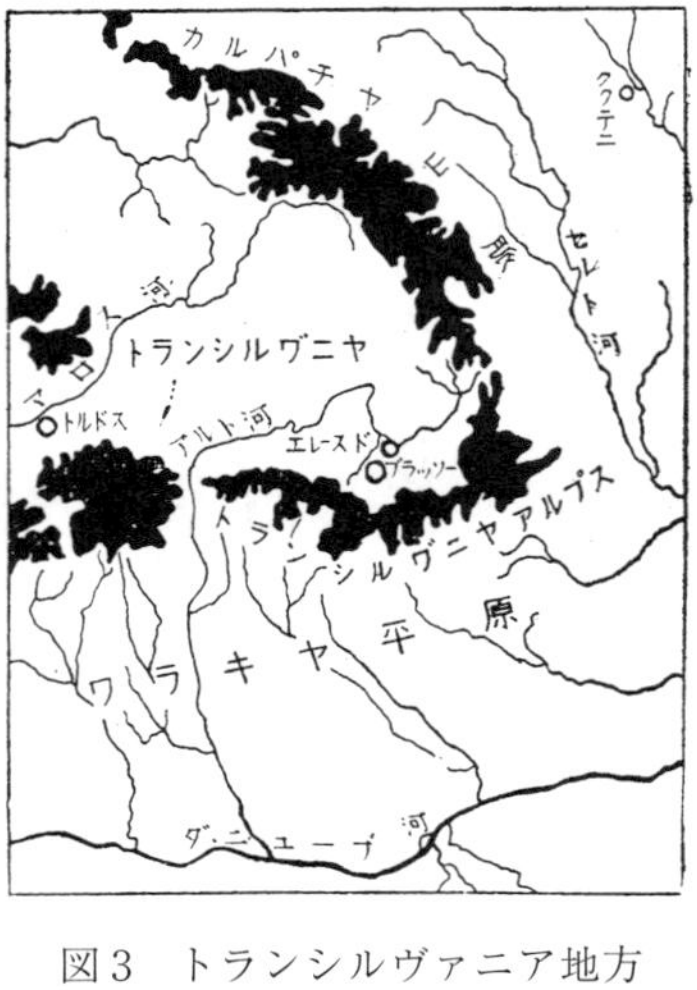

図3　トランシルヴァニア地方

エレーストはアルト河（Alt）上流の広い渓谷の、河に沿うて発達した黄土の台地上に幾多の同系の遺跡と伍して位置し、ブラッソーの東北数kmの地点に当たる。一九一〇年ブラッソー博物館の故ラスツロ（Ferencz László）は此の遺跡の発掘を試み、相重なった三つの住居地を認定した。(8) 彼は第二層に於いて本稿末の図版1の4に示すようなメガロン型の二軒の家を発見した。輪廓は矩形で、玄関と主室の床は玄関のそれより約二十三cm程高い。床は粘土を踏んで造られ、壁は泥で塗り均し、垂直の柱で支えられた枝編細工で拵えられている。屋根は多分切妻屋根であったらしく、其の際玄関の中央の三本の強固な木柱や仕切壁や背部の壁はしっかりと棟木を支えたに違いなかろう。屋根に覆われた面積は一軒の方は、八・一五×五・五mであり、他は六・六×六・四mであった。玄関及び主室には各々小石と粘土で拵えられた炉（図版1の4のH）があるが、それは後に壁の一部と共に彩色された。この型式がエレースト第二層時代に普遍的であったかどうかは不明であるとしても、そうした型式が存在した事実は他の発見物と共にダニューブ文化の少からぬ影響を物語るものである。

フェーダー湖を中心として盛に採用されたメガロン型の家は青銅器時代の中欧、北欧に広く普及したと思われる。尤も其等がアイヒビュール第一層のメガロンから直接に発達したのではないことは無論のことで、其の中間形式は例えば洪牙利《ハンガリー》の銅器時代の遺跡等に屢々見出される。これを以ってしても新石末から金属器時代へかけてメガロンが一般化した事が分かるのである。青銅器時代のメガロンの好例は洪牙利《ハンガリー》のトーシェック（Tószeg）及びレーブス郡のハーゼンフェルデ、伯林《ベルリン》郊外のブーフ（Buch）のそれであろう。

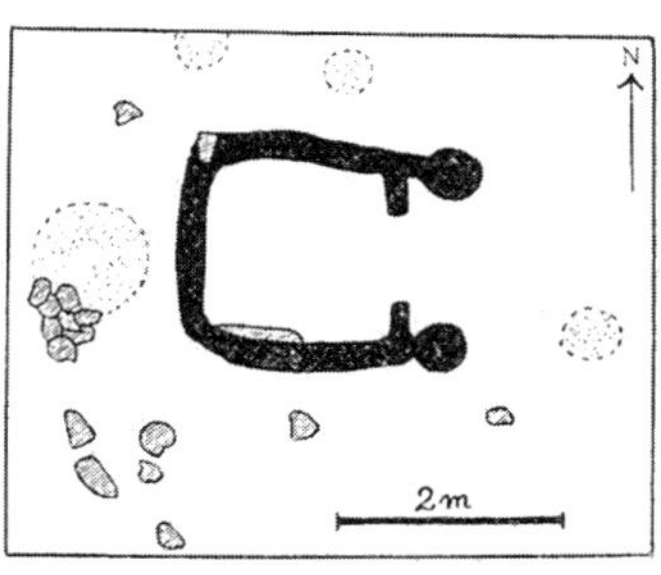

図４　ハルドルフの屋状墳

トーシェックは、同時代同文化の一群の遺跡と共にタイス河の中流の西即ちショルノク（Szolnok）の近くにある。トーシェックAには銅器時代のメガロン型の家があるが、初期青銅器時代に当たるトーシェックBの家は、テラマーラである。[9] 其の特徴とする処は側壁が平行してないことや隅がまるいことである。床は乾草などを敷いた上に粘土を踏み固めたものらしい。此の種のテラマーラ―併し伊太利亜《イタリア》の其れとは別であろう―はトーシェックCや其の他の遺跡（Szihalom, Tiszafüred 等）にも発見されるのであるが、等しくダニューブ文化の確実な形跡が看取される。

マルク博物館はキーケブッシュ（A. KIEKEBUSCH）と協力して一九〇八年にはハーゼンフェルデを、一九一〇年にはブーフを発掘し、両処に後期青銅器時代の集落を発見した。其等の家にはメガロンの構成をもったのが多数発見された。[10] 総べて玄関と主室とを備えただけの簡単なものであるが柱の配置の如きは余程後述のミケーネ式メガロンに近づいて来たように思われる。特筆すべきは隅角が直角を中心として不定であることや側壁は平行を常とするも例外があることである。図版1の6、7はハーゼンフェルデのGrundriss ⅡとⅢであるが、両者は二十歩許りしか離れていないにも拘らず方向が逆である。面白いことにはⅡには百十八個、Ⅲには九十五個の小石が入っていた。ブーフのGrundriss 87 は Grundriss Ⅱ（特に20、21に注意）と比較してみると著しい近似が感ぜられるのである。

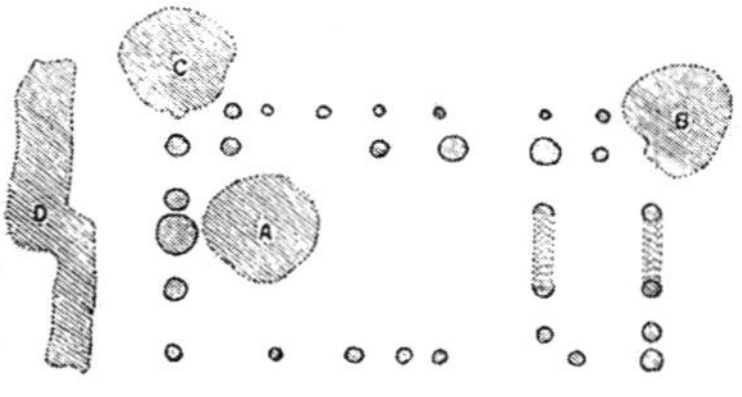

図５　Buch : Grundriss Ⅰ A.（KIEKEBUSCH）に拠る

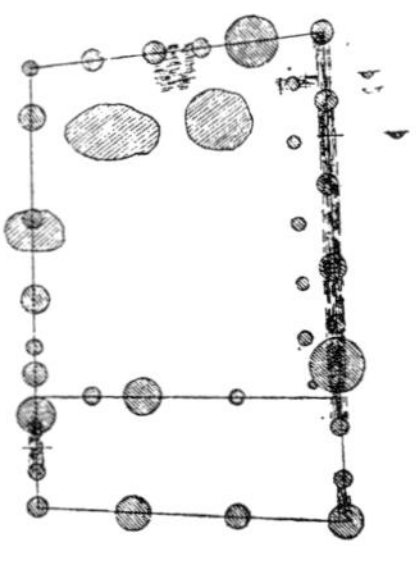
図６　Buch : Grundriss 87

吾々は少し先を急ぎ中西欧の鉄器時代のメガロンはこれを一瞥するにとどめたい。ハルシュタット期の代表的なメガロンはバイエルンのアペッツホーフェン（Appetshofen）に発見された杭上家屋であって、図7によってるが如く二つの小さな玄関を前後にもち、主室には小石よりなる炉をもっていた。[11] ラ・テーヌ期のメガロンは在来の伝統に古典的な影響の加わったもので、其の代表的な遺跡は佛蘭西《フランス》のブーヴレー山（Beuvray）に在る古のエドゥエ人（Häduer）の首都ビブラクテ（Bibracte）である[12]（図8）。中世に入ってからも独逸《ドイツ》の一般の住家は常にメガロン的であった。

中欧西欧北欧に於けるメガロンの発達の概要は大体叙上の如きものであるが、吾々は再びダニューブ文化に遡って如何にしてメガロンなる建築構想が発生したかを考える必要があろう。この際吾々はザルムスハイム以前のメガロン若くは其の原型が発見されておらぬ処からして、型式学的法則に従って理論的に推察せねばならない。即ち初めにはヴィンシヤ第二層（Vinča II）の竪穴住居のように□状の矩形の家があったと思われる。次いで其れは風が直接に部屋に入らぬよう側壁が伸びて⊐状になったと思惟されよう。ザルムスハイムのはこの⊐状家屋の一変種と見られる。⊐状から⊐状への発達は怪しむに足りない。炉の如きも初めはハルドルフの屋状壙に見られるように戸外に設けられるようなこともあり、家はただ冬の間寝室及び貯蔵室として使用されたと思われる。そしてやや時代を経て室内を拡張し、屋根を煙りが抜けよいように改良してから総べて炉は家内に設けられたものであろう。それ故にメガロンは新石器時代初頭の矩形の家が、ダニューブ第一期の初めに其の地で特殊化されたものと考えられるのである。

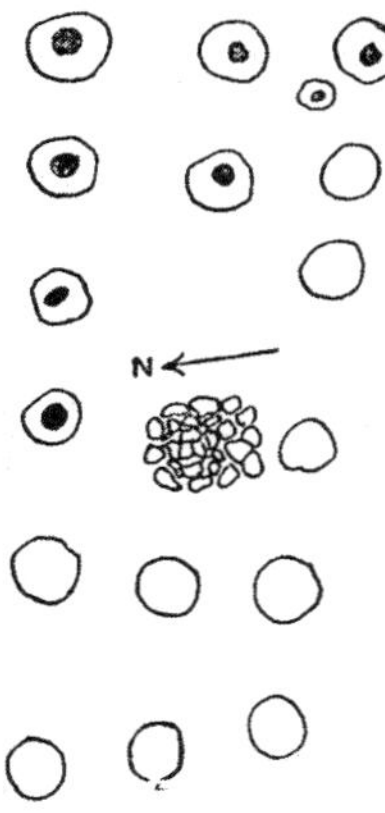

図７　アッペッツホーフェンのメガロン

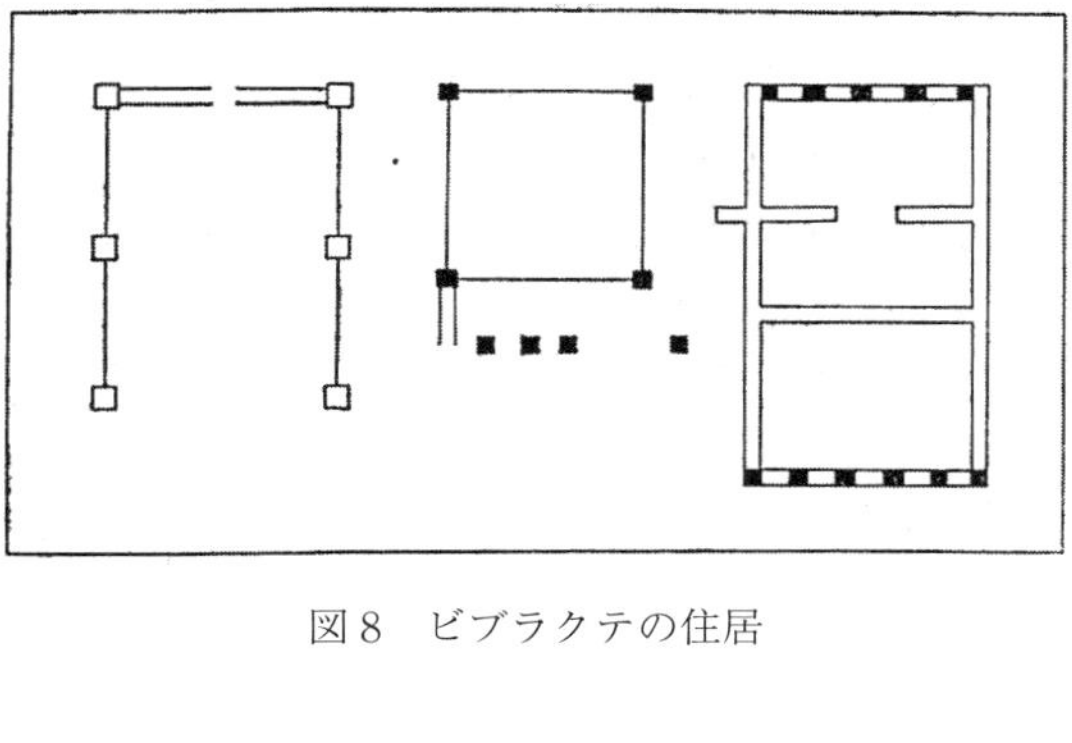

図８　ビブラクテの住居

二

メガロンの文化史的意義はエーゲ海文明の圏内に於いて其の重要性を獲得した。此等の地方でメガロンが最初に現れたのはトロヤ（*Τροια*）第二市とディミニ（*Διμηνι*）、セスクロ（*Σέσκλο*）である。吾々は此等のメガロンと後期のミケーネ式メガロンとを叙述する前に、此等が如何なる繋索を以って中欧のメガロンと関係を結ぶかに就いて考察し、更に是に纏る異説にまで論及したい。

トロヤの第一、第二市はアナトリヤ文明の中心として歴史的意義を有するのみならず、また中欧及び古代東方との関係に於いて独特の地位を占めておる。中欧との連関は第一市に於いて—例えば其の高足附鉢が典型的なダニューブ第二期の型と同様である如く—感知されるのであるが、彼我の関係は第二市に於いて強く感じられる。ヴィンシヤ第一層発見の顔壺が、たとい両者の関係が不確かであろうと、第二市に豊富に見出されていること、チャイルドが明察したように、第二市発見の金属器の確実な倣製品である二つの把手のある壺が洪牙利《ハンガリー》やチシャ（Tisza）、遠くはシレジヤ、チュルギアなどに出土すること、明確に第二市を経過した銅製の二重螺線の装飾ある短剣がアード近隣のショルヴァス（Csorvas）で発見されたこと、第二市の特徴をなす螺線状耳環がオーンエチッツ期のボヘミヤに普遍的であること、或いは第二市の耳附杯がプラーグ附近で見出されたこと等々—吾々はなお幾多の例を掲げ得るであろう。また南露文化の著しい特徴をなす闘斧が、Schatz L にあったことや、ドニエープル流域に往々見られる鶴嘴状の有孔斧が発見されておることは南露文化の影響を指示するものである。[13]

ダニューブ流域及び南露との関係は、新石器時代のテッサリィに於いても夙に看取される。無論、この新石器文化は本質的に其等の地方と結びつけ得ないにしても、テッサリィの新石器時代人が靴型石斧を使用し、ダニューブ、ウクライナの農民のように母神を信仰し、ダニューブ第二期に平行する模造の祭壇を造ったことは、何等かの関係を表示するものでなければならない。テッサリィ第二期の文化は第一期と趣を異にし、非常に中欧・南露的である。人々はメガロン型の家に住み、エレーストに於けるが如く、彼等の住居に畳壁を廻らした。人々はまたエレーストの様に懸垂式の小像や家畜像を造り、金や銅を使用し、また黒土地方から齎されたらしいパン用小麦（Triticum vulgare）を栽培した。またククテニやエレーストの彩絵土器に類似するディミニ式土器の存在やトロヤ地方、ブルガリヤ、チュリギア、丁抹《デンマーク》、東普魯西《プロシア》に普遍的な耳環の発見の如きは文化的並びに民族的影響の証拠である。東ブルガリヤやトラキアの渓谷に出土する一連の遺物は侵入民族が如何なる道程を以ってトランシルヴァニヤから北部希臘に来たったかを示すに充分であろう。

テッサリィに於けるメガロンの出現が民族移動に依るものとすれば、トロヤ第二市のそれは何に期待すべきであろうか。吾々はトロヤが近東及びエーゲ海地方と中欧・東欧との金属取引の重心であった事実、従って其の土器の形態が驚く程夥しいように各地の影響を受けておることを認容するとしても、其れを以って直ぐ民族移動を考えることは出来ない。けれども、元来建築様式は器具のように、単なる文化的影響によって採用されることは稀であるという経験的事実は、メガロンの推移を以って民族移動の実在性を可能とするのである。この意味に於いてメガロンはクリートに於ける中央に炉のある間口の広い小屋を起源とするというマッケンジィ（D. Mackenzie）の説[14]やメガロンの亜細亜《アジア》的関係の可能性を暗示するウェース（A. J. B. Wace）の諸説[15]などが如何に薄弱なる根拠に立脚しているかが釈然とするのである。

トロヤ第二市の中央には城主と彼の配下の住居であったらしく思われる幾多の家の廃墟がある。其等は総べて第二市の第三期に所属するものであるが、其等の中央の四軒は明らかなメガロンである。此等のメガロンは煉瓦と角材よりなる台座の上に建てられ、各々は大きな殆ど一kgもある銅釘で結合されておる。最大のメガロン即ちシュリーマンの所謂 Tempel A を取ってみれば、土台の高さは二・五mである。台座の土台は石灰石や砂岩が用いられ、其の上の煉瓦の大いさは長さ六十七cm、幅四十五cm、高さ十二cm、である。木の角材は礎盤の石の上に六基ずつ並べて立てられておるが、Tempel Aでは一基の幅が約二十五cmであるから、台座の幅は約百五十cmである。Tempel Aの主室の中央には直径四m、高さ七cmの炉が設けられてあった。屋根は切妻風な白い鞍のような形をし、恐らくはスレートで葺かれていたものである。初めシュリーマンが此等のうちの二軒のメガロンを発見した時、彼は此等を以って神祠なりと思惟した。[16]

——Diese beiden Grossen Gebäude der zweiten, der verbrannten Stadt, sind wahrscheinlich Tempel: wir schliessen dies erstens aus ihrer Grundrissform, weil sie nur ein Gemach in der Breite haben; zweitens aus ihrer zu den andern Banten verhältnissmässing bedeutenden Mauerstärke; drittens aus dem Umstande, dass sie parallel nebeneinader stehen und nur durch einen 50 cm breiten Corridor voreinander entfernt sind, denn wenn dies Wohnhäuser wären, so würden sie wahrscheinlich eine Mauer haben, die bei alten Tempeln noch niemals vorgekommen ist.

其故に彼は炉趾を以って祭壇の土台或いは神像の壇と解したのであった。[17] ミハエリス[18]が言ったように希臘《ギリシア》では前一千年代になって初めて家屋のように囲まれた神祠が出現したのであるからシュリーマンの見解が正鵠を得てないことは明かである。加之《しかのみならず》、彼の理由には数々の欠陥がある。例えば壁が共通でないということは孰れか一方が幾らか後に建築された場合には理由とはならぬであろう。然も建築の二、三年の差は、特殊の場合の外は考古学の立証し得ない所なのである。其の上、メガロンが四軒発見されている今日、此等を総べて神祠と見ることは不可能である。彼の謬見は気軽に許容され得るにせよ、此等を以って神祠とする見解は却けられるべきである。

ディミニのアクロポリスは、長さ百十m、幅九十mで一九〇三年にツォンタスによって発掘された。[19] テッサリィ第二期に所属するメガロンは二軒発見されているが、此等はツォンタスによってA、Bと区別された（図版1の

3）。先ずAを見るに三号室は幅六・三五m、長さ四・二一〜五・五m、四号室即ち主室の幅はほぼ三号室と同様で、長さは三・二一〜四・五mである。壁の厚さは平均六十cmで、床は小石で舗装されておる。二、三号室には各、二基の木柱があり、後者のそれは丸い炉の傍にある。四号室にある半円の窪みをツォンタスは窯と考えている。[20] またツォンタスは其の左側の扁平な石板でほぼ六角につくられた場処を果物の貯蔵所と考えておるが、其の場所が果たして同時代のものであるかは疑問であるし、[21] よし同時代のものであっても、直ちに貯蔵所としてよいかどうかは問題であろう。メガロンBの破損は甚だしい。構成はAと大差がないけれども、炉は仕切壁に倚って二十六号室の側に設けられてるし、二十六号室に通ずるドアは仕切壁の末端に設置されている。此等のメガロンは、第二期の極く初めに建てられたものという。

　ディミニのようなメガロンはそれより先きセスクロで発見されている。セスクロは一九〇一年から翌年へかけてツォンタスによって発掘され、其の第二期にはメガロンが使用されたことが判明した（図版1の5）。尤も矩形の家は第一期のセスクロでも発見されておるが、第二期のそれは第一期の矩形の家とは本質的な相違がありそうに思われる。このメガロンもツォンタスに拠れば第二期の極く初期に建築されたものである。玄関Nr.1は舗装されず、其処には二基の支柱があり、其処から一・四二mの戸口を通って第二号室へ入る。其の床は小石を敷きつめた上に赤ばんだ粘土を敷きかためたものである。この部屋は、凡そ四角で、八・二五×八・五mの広さである。現在一・三mの高さに残る壁の厚さは六十cm程である。三基の円柱は中央に立てられ、珍しくも矩形の炉は壁の近くに据えられていた。其処から厚さ九十cmのある壁を横切って第三号室へ入る。先ず気付くことは半円の粘土を以って、但し末端は石板を以って造られた壇が在ることで、これはディミニの場合と同じように窯と思われる。その背後に見られる横位のメガロンは、前後に玄関をもつことによって特異性をもつ。恐らく大メガロンの所有者の近親の為に後に造られたのであろう。少し下ってテッサリィ第四期に該当するリアノクラジ（Λιανοκλάδι）第三層で発見された住家は一寸変ったメガロン型を呈する。壁の厚さは五十cmで、現在の高さは七十cmである。主室にはほぼ四角の炉があり、玄関からは数個の大甕が発見された。二室を有する西棟は、物置等の為に後に増築されたものと解せられよう。[22] 叙上のメガロンに於いては煙は簡単なキャップによって開閉される、屋根に穿たれた孔より出たものと想像されるのである。

中欧のプリミティヴなメガロンを中欧式と仮称するならば、トロヤ、ディミニ等の過渡的中間的メガロンは原ミケーネ式メガロンと言いうるであろう。其の特徴は単一体若くは単一体的で、単純で、小さく、低いことである。これに反しミケーネ式メガロンは宮殿の主室で、王及び王妃の居間であると同時に公式の大広間なのである。其の代表的なのは、チリンス（Τίρυνς）のそれであるが、今其の大体の構造と各部の名称を掲げて完成せるメガロンの概念をえよう。玄関はこれをαἴθουσαと呼び、其の壁端柱の間には二基の柱がある。其処を入ったディミニの三号、二十七号室に当たる部屋を前室（πρόδομος）と言い、次は主室である。そして主室の中央の円い炉の周囲には柱があるを常とするのである。壁は生煉瓦よりなるが、縦横に繋材が用いられておる。また壁の座台や柱の礎盤には建物を強固にし、湿気を防ぐ為に石灰石が用いられていることは、トロヤ第二市のそれと異ならない。

メガロンは多くの場合日光をよく享受するために東か南を向くを常とする。チリンスの〝男子のメガロン〟は中庭に面し、南に向いている。これは王の居間であっ

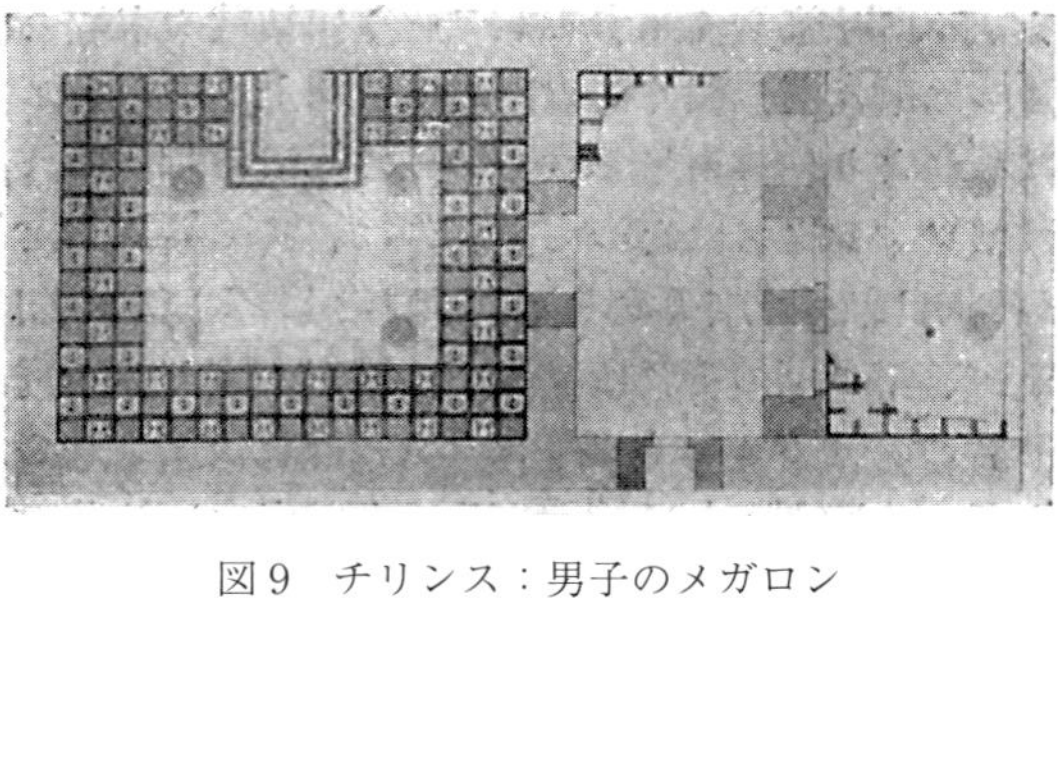

図9　チリンス：男子のメガロン

たことは疑いない。図によって叙述すれば玄関には壁端柱の間に二基の円柱が据えられておる。床は石灰と小石でコンクリート状に固められておるが、北西の一部には縞模様の痕跡が見られる。両側の壁は、三十八cmで壁端よりかなり薄くなっておるのは恐らくそこに羽目板を嵌めたためと思われる。玄関より前室へ入る戸は三個あり、角礫岩製の敷居には各二個の軸穴があるが、これは戸が観音開きであった為であろう。東北隅にはやはり縞模様の跡がある。また左の壁には浴室へ通ずる戸口があった。これから主室へ行く戸口は唯一つで、幅は二m許りである。現存する角礫岩製の敷居には軸穴の如きがないので、戸には壁代めいたものがはられていたと言われる。主室は間口九・八m、奥行十一・八一mで、玄関、前室と同様にコンクリート風にかためてあり、一面に縞模様が刻してあるが、其の地は赤で、縞は青であったらしい。中央には直径三・二七m程の円い炉があり、其の周囲には四基の柱の円い礎盤が残存している。この礎盤は石製で、表面が圏状に鐫られている処よりして、円柱は木材であって是に嵌め込んだものとされる。周りの壁はミケーネ式メガロンの一般例と同様で、現在は四・五七mの高さまで残っておるのである。

　こうしたミケーネ式メガロンはホメロスの詩篇中に数多く現れて来るので、ホメロス式メガロンとも並称される。〝オデュッセイア〟にも柱で囲まれた炉辺で人々が如何に生活したかが克明に描写されておる。[23] またメガロンの描写は同書のアルキノスやオデュセィウスの宮殿に於いて見られよう。〝イリアス〟にもメガロンの描写は尠くない。[24] 例えばヘクトール（῞Εκτωρ）とアンドロマケとの訣別の一節にも詩人は嘆きと殉情とを以ってこう唄っておる。

„εἰ δ' ἄγε μοι, δμωαί, νημερτέα μυθήσασθε.
πῇ ἔβη Ἀνδρομάχη λευκώλενος ἐκ μεγάροιο;

是に於いてメガロンの文化史的意義は最高潮を極めるのである。さて〝男子のメガロン〟の背後の廊下を行くと同様にコートに面した〝婦人のメガロン〟に達する。構造に於いては大差がないが幅が五・四九ｍで、玄関及び炉辺の柱がない等、多少簡略にされており、炉は矩形である。

ミケーネ（*Μυκήνη*）はかのアガメムノン（*Ἀγαμέμνων*）の宮殿であったと称される。けれどもその宮殿はドリーヤ人による破壊が著しいので吾々は辛うじて其の輪郭を覗うのみである。其のメガロンはチリンスの程精華ではないにしても相当に立派なものである。やはり玄関の壁端柱間には二基の木材の柱が設けられ、周囲に四基の円柱のあることとチリンスと同様である。これと同型式の、併し破損のもっと甚だしいミケーネ式メガロンがアテネのアクロポリスの六世紀頃と思われる古式な神祠の下に発見された。その型式はチリンスのそれと異ならないが、かの女神アテナがとまった〝エレクテウスの壮大な宿〟(25)（*δῦνε δ' Ἐρεχθῆος πυκινὸν δόμον*）はこれではないかという伝説的な興味がある。

ミケーネ式メガロンは多分アケーヤ人によって採用拡張されたものと思われる。(26) これはアケーヤ人とテッサリとの密接な関係に徴しても無理のない推理であろう。けれどもミノア後期になってアケーヤ人の勢力が漸時各地へ伸展するや、メガロンも同時に伝播した。前にも指摘したように此れは文化的影響と言うよりも政治的影響に依るらしい。

クリート島に就いて見ればメガロンは既にパライカストロ（*Παλαικάστρο*）の住家に取り入れられておる。或家ではメガロンは四・九ｍ四方の一室で中央には四基の柱があり、其の中に四角の炉があったらしい。屋根は切妻風から陸屋根になった観がある。此等は玄関と主室或いは玄関、前室、主室の構造を破り、寧ろ所謂メガロンとクリートの家の伝統との中間を行っているようである。(27) 其等は多分L.M.I以降のものであろうが、其の所謂メガロンとの関係に就いての意見は独断に陥るを避ける為述べまい。(28) ただフェストス（Phaistos）及び其れと密接な関係

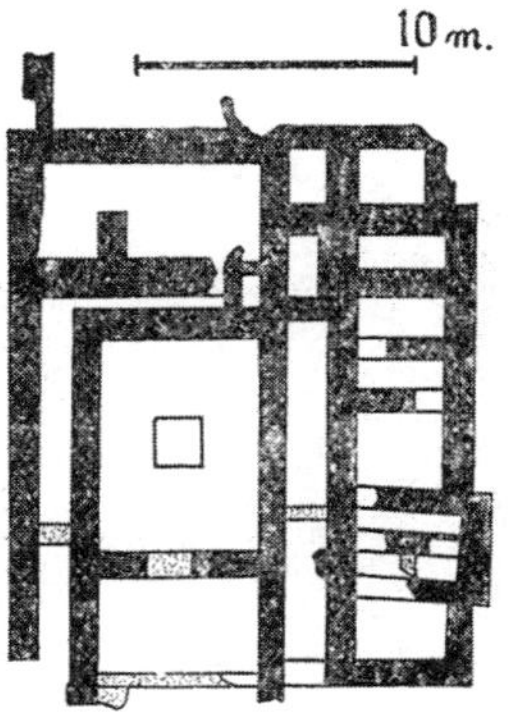

図10　フィラコピ第三市の宮殿のメガロン

のあるアーギヤ・トリアダ（Hagia Triada）がL. M. Ⅲに灰燼に帰した後に両処に建られたメガロンは純然たるミケーネ式メガロンであって、[29]これはアケーヤ人の侵入の明瞭な証拠である。尤も炉が見えないのは暖いクリートでは其れを必要としない為であろう。更にメガロンの好例はメロス島のフィラコピ第三市（*Φυλακωπή*）—L. M. Ⅲに平行する—に於いて看取し得る。尤も夙に第二市の住宅にはセスクロの小メガロンのような型式が採用されていたのであるが、其れがフィラコピ的に完成されたのは第三市に於いてである。図10は第三市の宮殿であって、メガロンは南面して中庭に向い、玄関からは一つの戸口によって主室へ通ずるようになっておる。間口はほぼ六mで、主室の中央には矩形の炉が設けられておる。[30]

総べてこうしたことはアケーヤ人の政治的伸展の表識でなければならぬ。彼等が征服した土地に宮殿を建てるに際し多少土地の建築様式を取り入れて自国の宮殿様式を用いた事実は、容易に受け入られることであろう。エーゲ海文化圏内に於けるメガロンの広汎な分布はアケーヤ人の政治的伸展に負うことが頗る大きいのである。

三

然らばメガロンは古典時代の希臘《ギリシア》に於いて如何に継承され、かつ如何様に発展したであろうか。吾々はミケーネ式メガロンとドリーヤ式神殿の連関に於いて再びメガロンの重要性の認容を要請される。前世紀に於いてはこの連関は未だ闡《せん》明されず、コリニョンの如きもドリーヤ式神殿を以って、

"C'est l'ordre national des Doriens, et cette race lui a imprimé les caractéres de sévérité, de force et de puissance qui sont propres à son génie."

と説明したのであった。(31)

併し吾々は如何なる物をでも何等の束縛なしに自由に創造し得るものではない。人間が歴史的に規定されておる限り、吾々が意識するとせざるとを問わず、吾々の製作は進化の法則に支配され、或形から或形へと漸進的に推移するを余儀なくされておる。希臘《ギリシア》人の優越せる建築的技倆を以ってしてもドリーヤ式神殿の如きを無制約的に創造することは企て及ばぬことであった。かくして吾々はミケーネ式メガロンとドリーヤ式神殿の濫觴《らんしょう》との関係の課題に逢着する。

ドリーヤ式神殿が本来木造建築であったことは特別の叙述を要せずして明かであろうが、是はオリンピア（*Ὀλυμπία*）に於ける発掘に基づく処が多い。(32)一八七五年より八〇年にかけてオリンピアの神域アルチス（*Ἄλτις*）は独逸《ドイツ》の手によって発掘され、ドリーヤ式神殿として今日に遺る最古のものとされるヘラ祠（*Ἡραιον*）が発見された。これは長さ五十m、幅二十mの台座の上に建られた周柱堂で、六柱式に所属し、左右両側の柱は各々十六基ある。内陣は大変細長く、正面には玄関を、背後には *ὀπισθόδομος* を有し、この意味に於いては両向拝式であって、プランの上では全くドリーヤ式である（図11）。けれども神祠の部材に至っては形状構造に於いて非常に不規則、不統一である。例えば柱の如きも直径が一・〇二～一・二九m

図11　ヘラ祠平面略図

で、溝彫は数と形に於いて不統一であり、また或ものは単体であり、或ものは鼓筒の大いさが不定な上に継ぎ方が様々なのである。加之《しかのみならず》、柱頭の如きも十八個中十二個は其の様式を異にしている。後二世紀のパウサニアスは〝希臘巡歴記〟のヘラ祠の条下に於いてオピストドモスに在る二基の柱の内の一基[33]は樫で出来ていたことを告げておる。デェルペルト（W. DÖRPFELD）は此処に注目し、これは初めミケーネ式メガロンのように木造であったが、其の朽廃するに従って漸時、各時代の様式の石柱を以って置き換えた由を結論した。ドリーヤ式神殿の方石積の最下列が上部の諸列の二倍あることや壁端柱が少し張りだしてあること等は其れが元来木造で、生煉瓦の構造であった事実を示すに外ならぬ。加之、ヘラ祠の内陣の入口が縁取されることや玄関の壁端柱が木材であったことは、其れがメガロンの伝統を享受してる歴然たる証拠であらねばならない。

　茲に於いて吾々はヘラ祠のプランと部材が著しくミケーネ式メガロンに近似しておる事実を認めざるを得ないであろう。尤もヘラ祠は其の構造に於いて拡張され、複雑化されておるけれども、メガロンとの結合を否定せしむる如き何等の状態をも呈してないのである。然らばミケーネ式メガロンは直接にヘラ祠に連結したものであろうか、或いは段階式に推移したものであろうか。ペロット[34]（PERROT）等の学者は前説を主張するものであるが、吾々は寧ろ後説を提唱するルシャット[35]（LECHAT）の所説に賛同したい。何故かなればデェルペルトはヘラ祠の建設を前十一世紀とするけれども、一般の学者は十世紀乃至七世紀とするゆえに、其処に進歩に充分な余裕が認められるからであり、また如何にヘラ祠がミケーネ式メガロンに近接していようともメガロンから周柱にして両向拝式のヘラ祠へ突如飛躍したとは考えられぬからである。後の理由はデェルペルトの建設年代を承認した際と雖も依然として成立しえよう。併し吾々は其の過渡的形態を―年代的に見て―発見していない。これは中間形態が木造で小さかったこと、従ってヘラ祠のように後世の手入がなかった為に煙滅に帰したこと、位置がオリンピアの如き繁華な処でなかった為に未発見であろうと言うことからしても可能ではあるまいか。其の上、ミケーネ式メガロンと殆ど同様な *Ναίς ἐν παραστάσι* 形式の小祠や宝庫がオリンピアやデルフォイ（*Δελφοί*）の神域に数多く見出されることや、初期ドリーヤ式神殿の円柱が埃及《エジプト》の中王国時代の神殿と何等かの関係があるとする所説は、上述の段階説を支持するを惜まないであろう。

けれども何が故神祠はメガロンの形式を採用せねばならなかったのであろうか。是は吾が上代に就いて観ても明かである。即ち大和民族が原始的な礼拝形式たる神籬や磐境から脱し始めて、最初に屋代（神社）を創置した時、其の制の不明な最古の大神神社は知らず、次に古い日隅宮即ち出雲大社は其の制全く御所と同様であったのである。(36) また埃及の神殿―就中第十八王朝以降の神殿が如何に宮殿を模して造営されたかは述べるまでもない。古代に於ける住家の神祠及び墳墓に対する関係は尽きざる興味がある。従ってドリーヤ人が其の神祠の建立に際し、アケーヤ人の王の住居たるメガロンの形式を採用したことは怪しむに足らぬであろう。希臘《ギリシア》の神殿は神の住居であり、儀式は主に屋外で行われた。故に純然たるMonumentalbanとして外観のプラスチックに端正な形態をもつこと即ち、この建築に於ける構成技法と表現様式との関係から生ずる合目的性に従ってメガロンは発展せねばならなかった。即ちメガロン型の神祠は拡張され、更に二つのメガロンが背中合せに結合されて両向拝式の神祠となった。然も今や其れは独立的な建物となった結果、左右両側の壁の単調さを隠す為に周柱が案出せられるようになったのである。ヘラ祠の如き形式がどのように発展したかは本稿の圏外に属するので吾々は説述を差控えよう。ただ吾々は此の形式が希臘の西部植民地―例えばシラクサ、ポシドニアー―に於いて承継され、遂に本土に伝わってアテネの崇高なパルテノン（*Παρθενών*）に高揚され、更にビザンチンの教会にまで変形されたことを附記するにとどめよう。

註

（1）C. SCHUCHHARDT, *Die Römerschanze bei Patsdam* (Prähistorische Zeitschrift I, S. 209～238）の特にS. 23 4ff. なお此処にも中欧式メガロンが発見されている。

（2）同じ目的の為に形態は非常に類似することがある。然も何等文化的、民族的関係が無いことが屢々ある。メガロンのプランをG. BUSCHAN, *Vergleichende Völkerkunde* I, Abb. 107の家と比較されたい。石鏃が世界を通じて殆ど同一なのは目的に規定されてる為であることは言うまでもあるまい。

（3）この詳細はF. BEHN, *Beiträge zur Urgeschichte des Hauses.*（P. Z. XI～XII. S. 70～101）S. 73参照。

（4）イタリアの人類学者セルヂの頭蓋骨測定は他の学者と異っている上に、彼は多くの人骨を地中海人種とする癖があるから彼の見解は注意して吟味せねばならぬ。なお旧石末からアルプス、地中海両人種の混血が行われていたことはオフネット（Off. net）を引合いに出さずとも明瞭であろう。

（5）フェーダー湖附近の地図は『考古学講座』第14巻〝欧州新石器時代〟の第54図に在る。

（6）HANS REINERTH, *Chronologie der jüngen Steinzeit Süddeutschlands,* 1924, S. 28, 57. 但し筆者はこれを見てない。此の見解の批評はV. CHILDE, *The Danube in Prehistary,* 1929, p. 167. 参照。総じて本節は前掲書や*Reallexikon der Vorgeschichte* XIVのS. 216 ff. 及びPrähistorische Zeitschriftの諸論文に負う所が多い。

（7）*Reallexikon der Vargeschichte* V, S. 170 ff., B. MEISSNERの論述に拠る。

（8）ラスツロの報告は“*La station primitive de Erösd, 1914*”等があるが筆者は未だ見てない。この叙述はCHILDE, op. cit., pp. 98～99に拠った。

（9）CHILDE, op. cit., fig. 144.

（10）A. KIEKEBUSCH, *Die Ausgrabung eines bronzezeitlischen Dorfes bei Buch in der Nähe von Berlin*（P. Z. III. S. 287～300).

（11）ERNST FRICKHINGER-NÄRDLINGEN, *Ein Pfostenhaus der frühen Hallstattzeit auf dem Spitzberg bei Appetshofen.*（P. Z. VII. S. 68～73).

（12）ビブラクテのプランはJ. DÉCHELETTE, *Manuel d'Archéologie préhistorique, celtique et gallo-romaine,* 1914. II, fig. 395.

（13）中欧・南露との関係に就いてはCHILDE, op. cit, p. 92, p. 132等々及び同氏*The Dawn of European Civilization,* 1927. p. 53参照。なおトロヤと古代東方との関係はCHILDEの諸書の外、H. FRANKFORT, *Archaeology and the Sumerian Problem,* p. 53参照。

（14）D. MACKENZIE, *Cretan Palaces and the Aegean Civilization*（*Annual of the British School at Athens,* XIV, pp. 343～422), p. 378.

（15）*The Cambridge Ancient History* I, 1924, p. 613.

（16） H. SCHLIEMMAN, *Troja*, 1884, S. 83.
（17） SCHLIEMMAN, S. 90.
（18） A. MICHAELIS, *En Jahrhundert kunstarchäologischen Entdeckungen*, 1908, S. 214. 同濱田先生訳本三八一頁。
（19） ツォンタスのディミニ、セスクロの調査報告は、*Χοῦστος Τσούντας, Αἱ προϊστορικαὶ ἀκροπόλεις Διμηνίου*, 1908（略号 Δ—Σ）があるが、未読。両処の記事は WACE and THOMPSON, *Prehistoric Thessaly*, 1912 に拠る所が多い。
（20） Δ—Σ, p. 54.
（21） WACE and THOMPSON, op. cit., p. 81.
（22） WACE and THOMPSON, op. cit., p. 188 参照。
（23） *"Ομηρου, 'Οδυσσεία*, Z. 304 以下、*"Ομηρου, 'Οδυσσεία*, Z. 305～307. 本文は下記の通り。
ἡ δ᾽ ἧσται ἐπ᾽ ἐσχάρῃ ἐν πυρὸς αὐγῇ, ἠλάκατα στρωφῶσ᾽ ἁλιπόρφυρα, θαῦμα ἰδέσθαι, κίονι κεκλιμένη· δμῳαὶ δέ οἱ εἵατ᾽ ὄπισθεν.
（24） 同右、*'Ιλιαδος*, Z. 376～377.
（25） 同右、*'Οδησσειας*, H. 81.
（26） この詳細は G. GLOTZ, *La Civilisation Égéenne*, 1923, p. 146 参照。
（27） パライカストロのメガロンに関しては *Annual of the British School at Athene*. IX（1902～1903）p. 287 及び pl. VII 参照。
（28） ミノア中期のパライカストロの住家の主室の中央に四基の柱を立てて灯火を吊した風が見られるが、これはギリシア本土の慣習である。両者の交渉は古くからあったと思われる。
（29） H. R. HALL, *Aegean Archaeology*, 1914. pl. X～2 及び同氏 *The Civilization of Greece in the Bronze Age*, 1928. fig. 133 参照。
（30） フィラコピ宮殿のメガロンに就いては *Annual of the British School of Athens*, V. の pl. I 及び D. MACKENZIE の報告参照。
（31） MAXIME CALLIGNON, *Manuel d' Achéologie grecque*, 1831, p. 46.
（32） 以下の記述は、MICHAELIS, S. 322 ff.（濱田先生訳本五三二頁以下）及び沢木四方吉氏『西洋美術史研究』上巻三二六頁以下に負う処が多い。……（註文）……なおヘラ祠の詳細は *Ausgrabung zu Olimpia* III の解説や G. PERROT et CH. CHIPIEZ, *Histoire de l'art dans l'antiquité*（Paris, 1898）, VII p. 362 を参照せられたい。
（33） "*ἐν δὲ τῷ ὀπισθοδόμῳ δρυὸς ὁ ἕτερος τῶν κιόνων ἐστί*"（*Παυσανιου* : *Περιήγησεως 'Ελλάδος, E*´）〔The Lceb Classical Library : Pausanias, 1926. 5. 16. 1〕.
（34） PERROT et CHIPIEZ, *Histoire de l'antiquité*, VII, p. 370.
（35） HENRI LECHAT, Le *Temple Grec*, 1902, p. 23.
（36） 〝又汝応住天日隅宮者、今当供造、即以千尋栲縄結為百八十紐、其造宮之制者、柱則高大、板則広厚〟〔神代紀下の一書〕

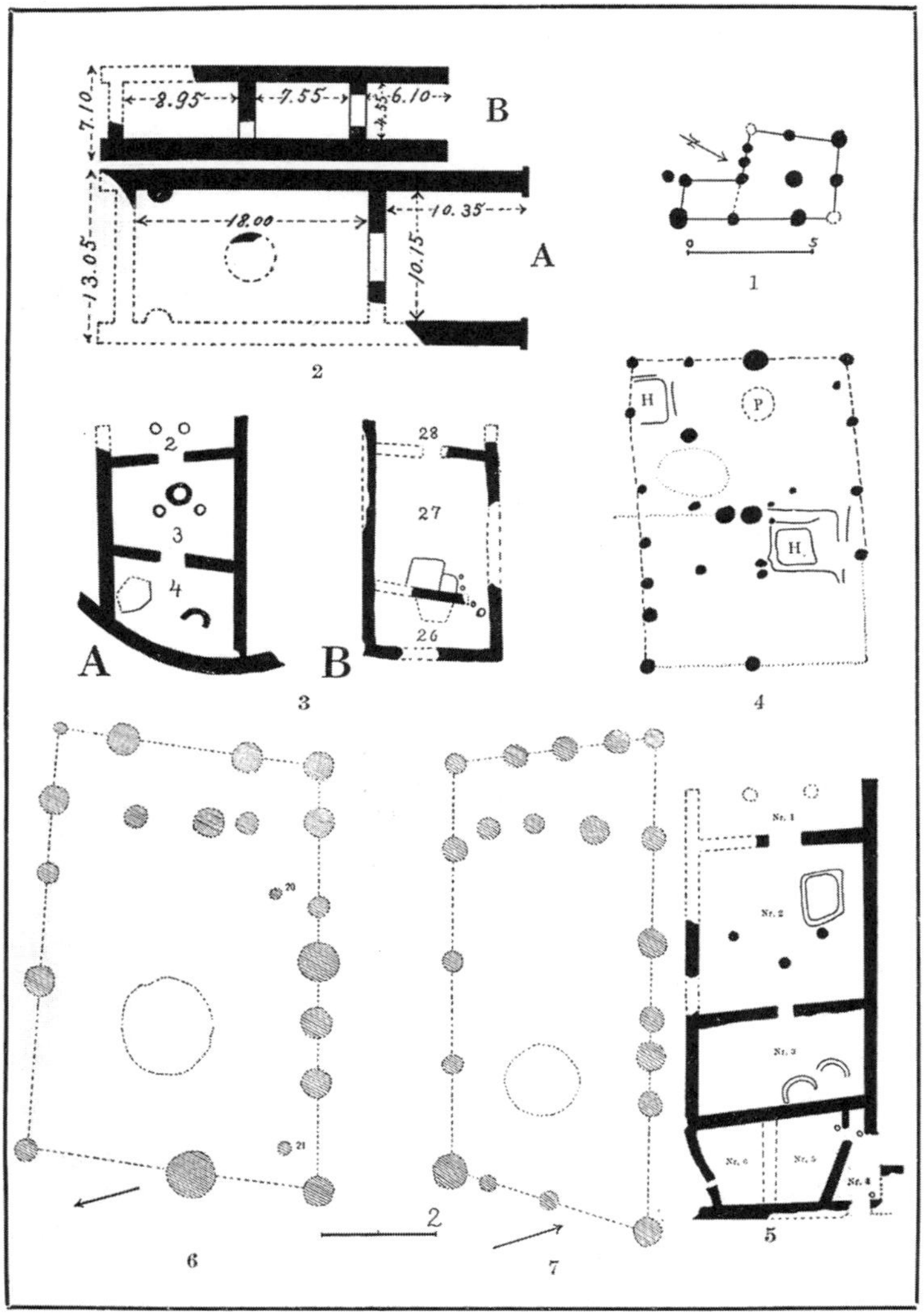

図版1

1　ザルムスハイムのメガロン　2　トロヤのメガロン　3　ディミニのメガロン
4　エレーストのメガロン　5　セスクロのメガロン　6　Hasenfelde Grundriss II
7　Hasenfelde Grundriss III

図版 2-1　ハーゼンフェルデ

図版 2-2　ヘライオンの東南部
Ausgrabung zu Olimpia, III に拠る

附記

本稿はメガロンに関する素描である。勿論事実に即せねばならぬ考古学にとって、机上で然も手元の貧しい文献を頼りとして研究を試みることは不可能であり、また称揚すべきことでもないが、自分の読書の整理をし、併せてギリシア建築史に興味をもたれる方々の、ささやかな参考に供する為に素描を企てることは宥されてもよいであろう。ただ入試を目前にしていることとて広く文献を渉猟し、私なりに落ちついて深く考える余裕がなく、為に未定稿として出すの余儀なきに至ったのを遺憾に思う。メガロンの原始形態に就いてはまだまだ疑念があるし、またミケーネ式メガロンの叙述は、アテネの英国学会の年報等に拠ってもっと書きたかったが、生憎熟読するを得なかった等の不満足もあるが、それはまた機を見て発表したい。末尾ながら参考文献の閲覧の便を賜うた大山柏公、八幡一郎氏、江上波夫氏及び京都帝大考古学教室に厚く御礼申し上げる。

（昭和九年〔一九三四〕）

〔解　題〕

角田文衞の軌跡

山田邦和

一

角田文衞は自らの人生を顧みて、『京の朝晴れ』になぞらえていた。[1] すなわち、朝起きた時にはさわやかに晴れていたのに、昼間に近づくにしたがって次第に雲行きが怪しくなり、やがては土砂降りの悪天候となる。自分はそうした波瀾万丈の人生を歩んできたのだ、というのである。

本巻は、そうした角田の生涯をたどることができる著作を組み合わせることによって構成した。第一部は角田の『自叙伝』、『角田文衞　年譜』、『古代学協会の沿革』、『角田史学の構想』である。これまでも角田は自分の人生を回顧した数々のエッセイを書き記してきた。それらは、古稀を自祝して編んだ『京の朝晴れ』、傘寿の時の『京の夕映え』、そして米寿の『薄暮の京』という著書に集成されている。[2] この三書は角田の人生の一断片を切り取った記録として大変有益なものではあるが、そこに収められたエッセイはいずれも短文であり、角田の生涯の全体像をとらえたものにはなっていない。そうしたことを意識したのか、角田自身も自叙伝を書くことを思いつき、少しずつ作業を進めた。これは平成十七年（二〇〇六）にはいちおうの完成を見たのであるが、角田の在世中には公表の機会を逸していた。今回の採録にあたってこの内容を点検したのであるが、口述筆記という性質上から、角田自身の記憶違いと思われる部分や記述の重複も存在していたため、『年譜』を初めとする諸資料とつきあわせて誤りをできるだけ正すことにした。もちろん今となってはすべての誤りを修正できるわけではないが、なんとかこれを公刊することができる形にまで持ってくることができたことに安堵している。

『年譜』は、角田自身が永年にわたって一冊のノートにまとめていた記録である。その内容は実に微に入り細に入っており、歴史学者としての角田が自らについての記録もおろそかにしていなかったことに驚嘆するばかりである。ここには角田の生誕から幼年時代についての内容も含まれているから、これだけは角田自身の記憶によるものではなく、父母の遺した手記などによって再構成したものであろう。一歳の八月に『この頃に至って大いに匍匐《ほふく》を始めた』とか、二歳の九月に『この月の初めから断乳した』などという記事を大真面目で記載しているところなど、まさに角田の面目躍如というべきであって、読んでいるこちらまで思わず微笑んでしまわざるをえない。なお、角田自筆の『年譜』は、平成七年三月の記事が最後となっている。そこで、この年以降の事項については、『角田文衞博士年譜』[3]を初めとするいくつかの資料によって補った。

角田が育成してきた古代学協会は、平成十三年（二〇〇一）に創立五十周年を迎えた。角田はこれを機会に『古代学協会五〇年史』と呼べる書物をまとめようとし、その総論として口述筆記したのが『古代学協会の沿革』である。文章化には寺升初代（当時、古代学研究所嘱託）があたった。ところが、さまざまな事情から『五〇年史』の公刊は実現せず、それは結局、角田没後の平成二十三年に新たに編集し直されて『古代学協会六〇年史』[4]として刊行されたのであった。これはもちろん古代学協会という公的機関の歩みの叙述なのであるが、古代学協会そのものが角田が育んできたものであり、壮年期以降の角田の歩みはまさに協会と共にあったことを考えると、これは角田の公的生活の記録といってもさしつかえないであろう。『自叙伝』と『古代学協会の歩み』の内容は相互に重複するところも多いけれども、このふたつを併読することによって角田の生涯をより深く理解することができると考える。なお、この『古代学協会の歩み』は、『古代学協会六〇年史』に掲載された時には、当時の協会の総務兼経理担当理事の判断により、削除されていたり、表現がぼかされた部分があった。今回はその部分を角田の原稿通りに復しておいた。

二

第一部を通読すると、少年時代の角田が置かれていた恵まれた環境に驚嘆せざるをえない。なにせ、祖父は貴族院議員も勤めた福島県随一の金満家であり、角田はその家で永く待望されていた男子として生を受けたのである。生家には使用人だけでも七十人を数えたとか、小学生の時に引っ越した仙台の家は広さが八百坪（約二千六百平方メートル）もあり、その庭はそのまま縄文時代の遺跡（土樋遺跡）であってそこで土器や石器の採集にいそしむことができたなど(5)というエピソードは、多くの人にとってはほとんど信じ難いほどのスケールの大きさであろう。一方で、こうした大家に生まれた人間は、金銭的には何不自由ない生活を送ることができる反面、家の事情に縛られて自分の本当に行きたかった道を閉ざされるという宿命を負ってしまうことがある。現に、角田の父は家の莫大な財産の管理の責任を担ったために、自分の本当の希望とは違った方向に進まざるをえなかった。しかし、角田の父は自分の果たせなかった学究としての夢を息子に託し、その結果として角田はまったく何の制約も受けずに好きな学問に没頭することができたのである。後の大学院生の時代、角田は『国分寺の研究』の編纂に力を注いだのであるが、利益の見込めないこうした純粋な学術書の刊行にはどの出版社も尻込みした。その時、角田の父はこの本の出版費用にとポンと一万円を出してくれ、これによって『国分寺の研究』は上下二巻の大冊として日の目をみることができたのであるが、当時の一万円というのは整った家を一軒購入してまだ充分にお釣りがくるほどの大金であった。

第三部『初期論文』には、角田の若き日の論考を集めた。角田は早くも中学校や（旧制）高等学校の生徒であった頃から、すでに学術的な著作をあらわしている。東北の雄藩であった『伊達』氏の訓み方が通常言われているような『ダテ』ではなく、『イダテ』であることを伊達政宗のローマ字署名等から論証した『伊達の読方の史的一考察』。所属していた成城高等学校に『地歴館』が建設されたことを契機として、地域の考古学的研究の意義を論じた『郷土史前学の研究に就いて』。『Misogynie（女性憎悪）』という変わった視点から女性史論を展開した『近代に於ける女性憎悪の潮流』。これらはいずれも、角田の学問的な早熟さをあらわすものといえよう。中でも重要なのは、ヨーロッパの研究論文を渉猟しつつ、古代ギリシアにおいて特異な発展を遂げた広間を持つ建築の展開に挑んだ『メガロン』。そして、紙数の関係で本書に収録することはかなわなかったけれども、旧石器時代からオリエント文明までの西洋古代史の歩みをあとづけた『西洋通史　第一編史前史、第二編古代史〜第一古代東方諸国』[6]である。もちろん、これらはまだまだ未成熟の習作ではあった。しかし私たちはこれらの論考から、いよいよこれから古代史研究の大海原に漕ぎ出そうとしている若武者の気負いと、ほとばしるような学問への熱情、さらには年齢に似合わない老成さまでも感じとることができるのである。

なお、少年時代の角田はなかなかの文学青年であり、在籍していた成城高等学校では文芸部に属し、その機関誌である『城』の編集・刊行を主導するとともに、そこにいくつもの小説を発表している。その文体は当時の青年特有の衒学的なきらいがないでもないけれども、若き日に誰もが持つ希望と夢、そして悩みと不安が交錯しており、なかなかに興味深い読み物となっている。本巻にはこれらの小説類も収録したかったのであるが、紙数の限界によって果たせなかった。他日を期したい。

その後も、学生時代の角田はまったく幸福だった。ありあまるほどの財産を持った恵まれた家庭環境、歴史学と考古学への飽くことなき情熱、卓越した外国語の才。そして、年来の希望であった京都帝国大学の史学科に進み、尊敬する濱田耕作（青陵）教授のもとで研鑽を積むことができたのである。もっとも、家から送られてくる多額の仕送りのほとんどを調査研究と書籍購入に費やしてしまい、月末になると大学の小使室のお茶をすすって空っ腹を押さえていたなどというエピソード[7]は、いかにも角田らしい。濱田も角田に目をかけ、自分が日伊交換教授としてイタリアに赴くときには角田を同道することにしていたし、濱田はいずれは角田を自分の後継者にするつもりであったとさえ伝えられているのである。

三

順風満帆に見えた角田の人生であったが、次第に暗雲が漂いはじめた。その最も大きな転機は、恩師・濱田耕作が京都帝国大学総長となって考古学教室の実務から離れ、その結果として、角田と反りの合わなかった助教授の梅原末治が考古学教室の実権を握ったところにある。さらに濱田は、昭和十三年（一九三八）に発覚した『清野事件』[8]の心労によって体調を悪化させ、ついには五十七歳の若さでこの世を去ってしまい、角田は悲嘆にくれたのであった。角田はその後、濱田の後任の総長となった羽田亨の配慮によってイタリアに留学することができ、そこで自らの学問を確固たるものとすることができたのであるが、帰朝した後には梅原の圧迫に耐えかね、一時は京都帝国大学を去ろうとさえ思い詰めたという。

さらに、戦争の激化にともなって角田も徴兵の義務に服さざるをえず、満洲に送られた。昭和二十年（一九四五）八月のソ連の参戦によって満ソ国境は激戦の坩堝となり、角田はその中で何度も死を覚悟せざるをえなかった。日本の降伏によって戦闘が停止されたのもつかのま、帰国できるという期待は大きく裏切られ、角田はソ連の手によってシベリアに送られて虜囚の憂き目をみたのであった。このあたりの艱難辛苦は、第一部の『自叙伝』や『京の朝晴れ』所収の『狂瀾の時代』(9)に詳しく述懐されている。

昭和二十三年（一九四八）七月、角田はやっと帰国が許されて京都に帰り着くことができたのであるが、敗戦後の混乱期でもあり、なかなか落ち着いて研究生活に戻れるということはなかったようである。事実、角田の下鴨の邸宅（敷地面積五百坪）も、その過半をアメリカの進駐軍によって接収されており、角田はようやくその一室を書斎にすることができたばかりであった。

帰国の翌年の昭和二十四年（一九四九）、角田は大阪市立大学教授の山根徳太郎の誘いに応じ、同大学法文学部助教授に就任した（昭和二十八年、教授に昇進）。角田は母校である京都大学（昭和二十二年に京都帝国大学から改称）の教官になって濱田の衣鉢を継ぎたいという願望を抱いていたのであろうが、同大学の考古学教室には梅原末治（昭和十四年より同大学教授）が君臨している以上、それは見果てぬ夢にすぎなかった。そこで角田は、新しい歴史学の創出という大望を大阪市立大学に託し、この新天地に赴いたのであった。

大都市の公立大学の教官という地位は、世間的に見るとかなり恵まれたものであろう。しかし、大阪市立大学での日々もまた、角田を幸福にすることはなかった。同大学の現実の壁は厚く、考古学と文献史学を両輪とする真の歴史学を展開させるという角田の期待は脆くも打ち砕かれたのである。さらに、その後の角田は同大学において学内政治的なさまざまなトラブルに巻き込まれ、ついには教授でありながら教授会出席の権利を停止されるという屈辱に甘んじざるをえなかった。そのあたりの事情は本書の『自叙伝』で初めて明らかにされている。

こうした場合、普通の大学教員であれば他の大学に転出する道を探るか、それとも自分の不満を押し殺しつつひたすらに隠忍自重の日々を送るかのどちらであろう。しかし、角田の思考はそんな常識をはるかに突き抜けていた。角田は所属する大学への絶望をバネとしながら、自らの夢を実現するための理想の研究機関を自分自身の手によって創り上げるという破天荒な試みを実行に移したのである。それが、古代学協会、勧学院大学、平安博物館、そして古代学研究所だったのである。第二部の『理想の研究機関の構想』には、こうした研究機関の創設にかかわる資料を集成した[10]。それらはそれぞれの機関名で出されたものであるが、実質上の執筆にあたったのが角田であったことは疑いないから、改めて角田の著作として本書に収録することに問題はないであろう。

この中でも特に注目されるのは、勧学院大学（当初の仮称は歴史大学）創設計画であろう。歴史学に特化した大学を新たに創りあげようというのである。実はこの計画は実現の一歩手前まで進みながらも種々の事情によって結局は実を結ぶことはなかった。角田にとってもこれは苦い挫折の経験であったようであり、その後の角田はこの大学の創設計画についてほとんど語らなくなってしまう。したがって、勧学院大学計画についてのまとまった資料が公になるのは、本書が初めてのことであると思う。

勧学院大学の校地としては、京都府乙訓郡長岡町（現・長岡京市）の京都府営の長岡競馬場の跡地の三万六千坪（約十二万㎡）が考えられていた。当初計画では歴史学部と人文学部の二学部体制であったが、後には文学部を中心として経済学部、商学部などを配した総合大学に発展させることが想定されていたようである。建物配置の構想図を見るならば、旧競馬場のトラックを利用した広大な運動場を中心として、数多くの建物が並んでいる。運動場の一角にわざわざ『厩舎』が配されているのは、単なる学生の課外活動としての馬術クラブの施設なのではなかろう。日本の歴史の中で乗馬が持っている比重の重さを考えるならば、角田はこうしたものもまた日本史研究の実践のひとつとして考えていたのではないかと思う。さらに注目されるのは、勧学院大学の中に『付属博物館』および付属の『古代学研究所』の建物が描かれていることである。後の平安博物館や古代学研究所の構想の淵源はこんなところにあったのである。

勧学院大学の構想は決して絵空事ではなかった。学長予定者としては、日本文化史の権威として知られ、角田自身も尊敬措くあたわなかった西田直二郎の名が挙げられており、これは当時の新聞にも大々的に報道されていた（本誌三一七頁挿図）。財界の大物が多数参加した発起人会はすでに成立していたし、彼らの紹介によって有力企業に奉加帳が回され、角田自身もそれらの会社を駆け巡って新大学設立に協力を求めた。その結果として、寄附金もかなりの額が集まったようである。大学予定地は地権者が入り組んでいたが、その過半を所有する京都府を除けば、民間の地権者からは同意と資金の双方が得られていた。古代学協会に遺された角田の遺品の中には、勧学院大学の学科構成および教員予定者を記した覚書も存在している。教員予定者の各人について、果たしてどこまで本人の同意が取り付けられていたのかを確認することができないため、これは本書には収録を見合わせたのであるが、そこには京都のみならず東京や全国に及ぶ学界の権威者から、将来を嘱望された若手研究者までが網羅されている。また、角田自身も教授のひとりとして名を連ねていることは当然である。歴史学部には日本史学、西方史学、東方史学、オリエント史学の四講座が置かれることになっており、そこだけでも教授、助教授、講師、助手の総数は六十人、さらに無給の副手を入れると九十三人という多数が配置されている。そして、人文学部を含めた全体では実に、教員二〇五名（そのうち副手が六十六名）を有する一大大学の姿が構想されているのである。

角田が精魂を傾けた勧学院大学であったが、これはついに日の目をみることができなかった。『自叙伝』によると、この最大の原因は予定地の大半を所有している京都府が、ついに土地の譲渡に同意しなかったことによるという。これには、当時『革新知事』と呼ばれて京都府に君臨していた蜷川虎三の意向が大きく働いていたらしい。結果、勧学院大学の予定地とされていた長岡競馬場の跡地の大部分は京都府立乙訓高等学校となり、残余の部分は住宅地となっている。私はこの地を訪れると、ありし日の角田が力を注いだ壮大な夢の跡を偲べるような気がするのである。

なお、京都における勧学院大学創設が行き詰まっても、角田は大学設立を諦めきれず、昭和三十四年（一九五九）には神奈川県藤沢市辻堂の旧米軍演習地、同三十七年には埼玉県入間郡日高町（現、日高市）大字旭ヶ丘の旧陸軍練習飛行場に土地を求めようとした。しかし結局は、これらの計画もうまくはいかず、勧学院大学は挫折へと追い込まれたのである。

四

勧学院大学の頓挫は、角田に大きな痛手を与えた。その後しばらくは、角田は協力者への謝罪と出資者への資金返還に奔走せざるをえなかったのである。しかしそれは、角田の持つ理想の研究機関創設への思いのすべてを打ち砕くものではなかった。折りしも、京都市中京区三条高倉に存在していた日本銀行京都支店が河原町二条に移転し、旧地に残された赤煉瓦造の建物が空き家となっていた。これを知った角田は、この建物を譲り受けて『平安博物館』と名づける研究博物館を創設することを思いつくのである。客観的に見るならばこれは勧学院大学以上に無謀な計画だったのであるが、角田の情熱はついにそれを実現してしまう。

私は、子供時代に初めて平安博物館を訪れた時のことを思い出す。重厚な赤煉瓦の建物は、少年だった私を威圧するようにそびえ立っていた。そもそも、当時の京都の人々にとって『博物館』というと京都国立博物館を指すのが常識だった。しかし、平安博物館の玄関をくぐると、そこに展開されていた世界は、京都国立博物館とはまったく異なっていたものだった。それは、京都国立博物館が本質的には日本の古典美術のための博物館だったのに対して、平安博物館は当時としてはまったく珍しい真性の『歴史博物館』だったことによる。平安博物館の展示は、第一室『始原時代の世界』、第二室『平安京遷都前の山背』、第三室『平安京』、中央ホール『平安宮内裏清涼殿復元模型』、第四室『紫女の部屋』からなっていた。そこには、文献史料や考古学の遺物といった実物資料はもちろんのこと、写真パネル、複製資料、復元模型といったあらゆる手段を駆使して、歴史の実像を再現しようとしていたのである。特に圧巻だったのは、中央ホールの平安宮内裏清涼殿の『弘徽殿の上の御局《みつぼね》』の実物大復元模型であった。現代の日本の博物館であれば展示に実物大の復元模型を使うというのは決して珍しくない。しかし、昭和四十年代という早い段階で、博物館において歴史上の建物を実大で復元しようというのは、まさに驚嘆すべき先進性だったのである。

さらに、角田の方針により、平安博物館には日本最初の『研究博物館』という基本的性格が与えられた。そもそも、博物館とは研究の場でもあるというのは当然なのであるが、実際上の博物館の運営では、どうしても展示を初めとする普及・教育活動が主軸に置かれてしまい、学芸員はそうした業務に時間をとられて研究に力を裂けないという事態に陥ることがしばしばなのである。博物館を真に研究の場としていくためには、設置者の確固たる信念と、研究活動を具現化するための巧妙なシステムの構築が求められるのであるが、角田はそれを平安博物館において実現した。その象徴は、平安博物館の専門的職員を通常の博物館のような『学芸員』ではなく『研究員』とし、彼らには大学の教員と同様の教授・助教授・講師（専任講師）・助手・副手という職階を与えたことであった。そして、講師以上の研究員については、博物館以外の場所での研修をおこなうことが許可されていた。この措置によって、平安博物館の上級研究員はその時々の担当業務さえ着実に遂行しているならば、あとは勤務場所に縛られることなく、自己の裁量で自由に研究を進めることができることになったのである。平安博物館は通常の博物館とはまったく異なっており、その実態は展示施設を附設した研究所ともいうべきものであった。これこそが、角田の抱いていた情念の具現化だったのである。

　もちろん、博物館の運営にかかる多額の資金を調達することは容易ではなく、その責務の大部分は角田の双肩にかかっていた。しかし角田はそうした困難をものともせず、連日のように企業を回って古代学の研究の意義を説き、寄附金を募ったのである。角田の終生の理解者のひとりに、角田と同郷の福島県の出身であり、ワコール株式会社の創業者であった塚本幸一がいる。塚本は常々『角田先生は寄附金を集めにきても、「お金をください」などということは言わない。ただただ自分が率いている研究事業の重要性を熱っぽく説き聞かせるだけだ。そのうち、それを聞いているこっちのほうが、なんだかお金を出さないと悪いような気になってしまうから不思議だ』、と笑いながら語っていた。平安博物館の経営は、こうした角田のひたむきな努力があってこそはじめて成立し得たのである。

　平安博物館という理想の武器を得た角田は、ここを拠点としてさまざまな研究事業を立案し、実行していく。角田は平安博物館の館長であるとともに事実上のオーナーであり、もはや角田は誰に遠慮する必要もなかったのである。角田が新しい研究事業を命じるたびに、平安博物館の研究員や事務職員は『また館長のわがままが始まった』と愚痴りながらも、懸命に新たな任務に取り組んだ。そうせざるをえなかった。たとえば、エジプトにおける発掘調査に乗り出したことなどは、客観的にみるならば一民間研究機関にとってはまったく身の丈に過ぎた試みであったといわざるをえないのであるが、角田の治下の平安博物館はこうした大事業にさえ果敢に挑戦したのである。『平安時代史事典』の編纂にしても、当初計画ではコンパクトな事典のはずだったのが、角田の手にかかると企画はどんどんと拡大し、最終的には三千ページに近い巨冊へと膨れ上がった。編纂開始から刊行まで実に二十五年の歳月をかけたのであるから、妥協しない理想追求の姿には感動のほかはない。平安博物館やその後継機関である古代学研究所が挙げた成果は、角田の独裁なくしてはありえなかったといわねばなるまい。時には、矢継ぎ早やの新たな指示に音を上げた部下が、恐る恐る角田に『でも先生、そんな事業についての予算はないのですが……』などと諫言を試みることがあった。そうした時、角田は異論を許さない厳しい口調でこう言い渡した。『あなたにお金の心配をしてもらおうなどとは思っていません！　お金は私が集めます！　あなたはただ「良いもの」を作ることだけに専念していなさい！』。

五

ところが、昭和五十年〜五十三年（一九七五〜七八）頃にかけて角田は平安博物館を京都府に移管することを検討し始めた。『自叙伝』によるとこの最大の原因は、国指定の重要文化財となっている平安博物館の建物の保全にかかる経済的負担にあったとされている。ただ、角田にとって平安博物館こそは自分の夢を実現しうる理想の武器なのだったから、それを自ら積極的に手離すというのはなんとも不可解なのである。このあたり、角田の真意を推し量ることはなかなかに難しいのであるが、ひとつだけ確かなことは、角田は、平安博物館を京都府へ移管したからといって、自らの理想を放棄することは毛頭考えていなかったということである。角田にとって、京都府に創らせる新博物館は平安博物館の理念を引き継いだ『研究博物館』しかありえなかったのである。

しかし、事態は角田が期待した通りには進んではいかなかった。京都府は平安博物館の移管を受け入れた上で、それを核とした新しい博物館、すなわち京都文化博物館を建設することとしたのであるが、かといってその新博物館に対して『研究博物館』という性格を与えるという意図は持ってはいなかった。これは角田に深い失望を与えたのである。

だが、ここで角田はまたもやその本領を発揮する。理想の研究機関の創出を京都府に頼ろうとしたことが誤りだったとすると、もはやそれに拘泥することはない。他人が当てにならないのならば、自分でやればいいだけだ。そして角田は、改めて古代学協会の附設機関として古代学研究所を創設し、自らその所長兼教授に就任するのである。最晩年の角田は、古代学研究所を指揮して数々のプロジェクトを成し遂げていく。その最大の成果は、イタリア・ポンペイの都市遺跡における十三年におよぶ考古学的調査であろう。(11) 民間の一研究機関が異国の地においてかくも大きな成果を成し遂げたことに私たちは畏敬の念を覚えずにはおれないのであるが、これもまた角田の情熱あってのことであった。

六

第一部に収録した『角田史学の構想』は、昭和五十八年に『私の歴史学』と題して『古代文化』誌に発表されたものであり、(12) 角田自身が自分の学問の全容を余すことなく語った点で貴重である。本稿はその後も『京の朝晴れ』を初めとするいくつかの書物に再録されているし、平成十七年にこれが『古代学の展開』(13) に掲載されるにあたって、角田自身の判断によって改題されている。ただ、これはもともと口述筆記によって書かれたという由来から、文献註が省略されており、その点では使用に不便なところがあった。また、昭和五十八年以降の角田の業績が盛り込まれていないのは当然である。そこで、今回の収録にあたっては補註を加えることによって、そのあたりを補うことにした。こうした作業を加えたことによって、角田の学問の全体像をより深く理解することが可能となったのではないかと思う。紙数の制限から本書には角田の著作目録を掲載することができなかったが、それについては『角田文衞博士著作目録』(14)を参照していただきたい。

角田が生涯にわたって挙げてきた研究業績を通覧してみるならば、改めてその広大さに驚かざるをえない。(15)角田は考古学と文献史学を統合した『古代学』を提唱し続けてきたのであるが、それを単なる理念に終わらせることなく、このふたつの学問を自由自在に操った。さらに、その守備範囲は時代的には古代の全てを網羅し、地理的には世界の全土におよんでいた。かつて私はインターネットの掲示板を眺めていて、『ギリシア・ローマの考古学をやっている角田文衞という人と、紫式部の研究をやっている角田文衞という人がいますが、これは同一人物なのでしょうか?』という質問に出会って驚いたことがある。さらにこれに対して、『はい、そのふたりは同姓同名の別人です』という『回答』を書き込んでいる人がいて、私は思わず吹き出しそうになった。『角田』はともかくとして『文衞』というのは相当珍しい部類に入る名前であろうし、そうそう同姓同名が存在するはずはないのであるが、角田の研究範囲の広大さはこうした誤解さえ生んでしまうほどだったのである。しかし、もし角田にこのようなことを尋ねてみたとしても、彼はおそらく微笑んでこう答えるだけだっただろう。『私は「古代史」の研究を続けてきたというにすぎません。旧石器文化もギリシア・ローマも日本の平安時代も、古代史の一部分であることに変わりはありません。また、遺跡・遺物も文献も、古代史を研究するための材料という点では何の違いもないはずです』。

七

角田は平成十三年（二〇〇一）に米寿、同十五年には九十歳の賀を迎えたのであるが、その頃から、さすがの角田も肉体の衰えを実感するようになっていった。短期の入退院を繰り返すようになり、また視力の衰えによって本を読んだり原稿を書いたりすることが次第にできなくなっていったのである。この状態では古代学協会の事業遂行そのものにも差し障りがあることを痛感した角田は、九十四歳を迎えた平成十九年六月二十六日に古代学協会の理事長を勇退、名誉会長となったのであった。

この最晩年にいたっても、角田がなおも新しい論文執筆に挑んでいたことは驚き以外のなにものでもない。角田は枡目を大きくした特製の原稿用紙に顔をこすりつけるようにしながら一文字一文字を丁寧に埋めていき、ついには絶筆となった論文『ヴァフィオの墳丘墓とその遺宝』(16)を完成させたのである。ギリシアのヴァフィオ墳丘墓は、大学生の時の角田が京都帝国大学の濱田耕作のゼミにおいて発表したことのある思い出深いテーマだった。最晩年の角田は、若き日の研究課題に立ち返ることによって、自分の研究人生にひとつのけじめをつけようとしていたのかもしれない。

角田は古稀の時に出版した『京の朝晴れ』で『京都では、朝晴れの日の夕方は、静かで美しい夕映えに終わることが多い。しかし学問と研究事業の鬼のような私には、そうした美芳な夕暮れは到底恵まれぬことであろう』、傘寿の時の『京の夕映え』では『傘寿に及んだ今も、（中略）美しい夕映えなどは望まれない。わずかに西空の一隅が茜色に染まっているが、これが私の残涯の象徴なのであろう』と述べている。しかしその後に米寿を迎えた時に角田は、自祝のエッセイ集を『薄暮の京』と名づけた。『学問の鬼』を自称してきた角田も、自分の人生が黄昏を迎えつつあったことを自覚したこの時にいたって、穏やかな心持ちの中で自分の人生を回顧する澄み切った心境に到達していたのであろう。

私が最後に角田に会ったのは、平成二十年（二〇〇八）四月九日のことであった。角田はすっかり小さくなった身体を自宅のベッドに横たえていた。その時にはもう視力も聴力もかなり衰えていたので、会話もなかなかやりづらかった。しかし、角田のつぶやきを聞き取ろうと顔を近づけた私の耳に、驚くような言葉が聞こえてきた。角田は、そこのところだけはっきりと、『私には、まだまだやりたいことがあるのです』と言ったのである。その時、私の眼には、人生の終盤の時期にいたっても研究意欲を失うことがなかった角田の姿が急に大きくなったように映ったのであった。

同年五月十二日、病院より自宅に帰った角田はそのまま静養に入ったのであったが、同月十四日夜半に思いがけずも急性呼吸器不全をおこし、二十三時五十九分、そのまま不帰の客となった。享年九十五歳。角田の葬儀は、同年五月十九日に公益社の京都南ブライトホール（京都市南区）においておこなわれた。戒名は『教導院考誉紫雲文備居士』。なお、政府は我が国の学界への角田の貢献を讃え、六月十日付けで天皇の名のもとに角田を従四位に叙している。六月二十八日、角田の遺骨は嵯峨鳥居本の化野念仏寺に納められた。同寺の墓地には、角田が自らの寿墓として準備していた見事な五輪石塔が建っており、角田はここで永遠の眠りについている。

角田の人生は確かに波瀾万丈であった。角田は、時には無謀とも思われる冒険にも乗り出したし、その中で他人との軋轢を生むこともあった。しかしそれらはすべて、自分が信じる学問の理想を追い求め続けた結果だったのである。そうした道をただひたすらに邁進してきた角田の人生は、まさに光彩陸離たる生涯だったといわねばなるまい。

註

（1）角田文衛『京の朝晴れ』（東京、昭和五十八年）。

（2）『京の朝晴れ』（註1前掲書）。角田文衛『京の夕映え』（東京、平成五年）。角田文衛『薄暮の京』（東京、平成十三年）。

（3）『角田文衛博士年譜』（『古代文化』第六十巻第四号掲載、京都、平成二十一年）。

（4）古代学協会編『古代学協会六〇年史』（京都、平成二十三年）。

（5）角田文衛『私と古代学』（註1前掲書『京の朝晴れ』所収）。

（6）角田文衛『西洋通史　第一編史前史、第二編古代史～第一古代東方諸国』（小原国芳編『児童大百科事典』第十七巻『歴史編二　西洋通史・東洋通史』所収、東京、昭和九年）。後、角田文衛『西洋古代史（一九三四年）』と改題して、『古代文化』第六十五巻第四号～第六十七巻第二号（京都、平成二十六年～二十七年）に復刻。

（7）註5に同じ。

（8）濱田の親しい友人でもあった京都帝国大学医学部教授清野謙次が、収集癖が嵩じて寺社から経典や古文書を盗んだ事件。

（9）角田文衛『狂瀾の時代―私の軍隊生活と逃避行―』（註1前掲書『京の朝晴れ』所収）。

（10）ここに含まれる『「古代学」創刊の辞』は、古代学協会の創設宣言にほかならない。

（11）The Paleological Association of Japan, Inc. ed., *POMPEII, Report of the Excavation at Porta CAPUA 1993-2005*, Kyoto, 2010.

（12）角田文衛『私の歴史学』（『古代文化』第三十五巻第四号掲載、京都、昭和五十八年）。

（13）角田文衛『古代学の展開』（東京、平成十七年）。

（14）『角田文衛博士著作目録』（『古代文化』第六十巻第四号掲載、京都、平成二十一年）。

（15）山田邦和『角田文衛博士の古代学』（『古代文化』第六十巻第四号掲載、京都、平成二十一年）。

（16）角田文衛『ヴァフィオの墳丘墓とその遺宝』（『古代文化』第六十巻第二号掲載、京都、平成二十年。本シリーズ第三巻に再録予定）。

初出一覧

第一部　角田文衞の生涯

自叙伝　未公表（口述筆記により、平成十七年三月了）。

角田文衞　年譜　未公表（平成八年以降は、『角田文衞博士年譜』〈『古代文化』第六十巻第四号、京都、古代学協会、平成二十一年〉により増補）。

古代学協会の沿革　財団法人古代学協会編『古代学協会六〇年史』（京都、古代学協会、平成二十三年）。

角田史学の構想　角田文衞『古代学の展開』（東京、山川出版社、平成十七年）。

第二部　理想の研究機関の構想

『古代学』創刊の辞　『古代学』第一巻第一号（京都、古代学協会、昭和二十七年）。

財団法人古代学協会設立の趣旨と沿革　昭和三十二年度『財団法人古代学協会要覧』（大阪、古代学協会、昭和三十二年）。

勧学院大学設立趣意書　『勧学院大学設立趣意書』（京都、学校法人勧学院設立発起人会、昭和三十二年）。

平安博物館設立趣意書　『平安博物館設立趣意書』（京都、古代学協会、昭和四十二年）。

第三部　初期論文

伊達の読方の史的一考察　『城』第六号（東京、成城高等学校文芸部、昭和六年）。

郷土史前学の研究に就いて —地歴館の落成に際して—　『成城学園時報』第二十五号（東京、成城学園、昭和六年）。

近代における女性憎悪の潮流　『城』第十三号（東京、成城高等学校文芸部、昭和八年）。

メガロン　『双曲線』第二号（東京、成城高等学校科学部、昭和九年）。

［著者略歴］

角田 文衞（つのだ・ぶんえい）

大正２年　福島県に出生。

昭和 12 年　京都帝国大学文学部史学科卒業。

昭和 14 〜 17 年　イタリアに留学。

昭和 24 年　大阪市立大学助教授。同 28 年、同大学教授（〜同 42 年）。

昭和 26 年　古代学協会を創立。

昭和 42 年　平安博物館館長兼教授（〜同 63 年）。

昭和 43 年　文学博士（大谷大学）の学位を受ける。

昭和 63 年　古代学研究所所長兼教授（〜平成 18 年）。

平成２年　財団法人 古代学協会理事長（〜同 19 年）

平成 19 年　財団法人 古代学協会名誉会長（〜平成 20 年）

平成 20 年　５月 14 日、逝去（満 95 歳）。従四位に叙せられる。

［責任編集］

山田 邦和（やまだ・くにかず）　公益財団法人 古代学協会参与

同志社女子大学教授（考古学・都市史学専攻）

吉川 真司（よしかわ・しんじ）　公益財団法人 古代学協会参与

京都大学教授（日本古代史専攻）

［編集担当・装幀］

山﨑 千春（やまざき・ちはる）

角田文衞の古代学　４

角田文衞自叙伝

二〇一七年十月三十一日　初版第一刷発行

著　者　角田 文衞

編　者　公益財団法人 古代学協会

発行者　大坪 孝雄

発行所　公益財団法人 古代学協会

京都市中京区三条通高倉西入ル菱屋町四八

電話　〇七五 - 二五二 - 三〇〇〇(代表)

発売所　株式会社 吉川弘文館

東京都文京区本郷七丁目二番八号

郵便番号　一一三 - 〇〇三三

電話　〇三 - 三八一三 - 九一五一（代表）

振替　〇〇一〇〇 - 五 - 二四四

印刷・製本　明文舎印刷株式会社

ISBN：978-4-642-07899-3　C3321

『角田文衞の古代学』全四巻　今後の刊行予定

※内容が一部変更になることがあります。

第一巻　後宮と女性　　2018年3月刊行予定

責任編集：吉川真司・山田邦和

第1部　後宮と斎宮・斎院：
　日本文化と後宮
　後宮の歴史
　後宮の変貌
　日本の後宮 その特殊性
　後白河院の後宮
　斎内親王のことども
　賀茂の斎院をめぐって
第2部　日本史上の女性
　平安時代の女性名
　藤原袁比良
　承香殿の女御
　紫式部の本名
　現在に続く血脈　紫式部
　降姫女王
　皇后・藤原泰子
　崇徳天皇の誕生
　建春門院
　権典侍源仲子
　豊原殿
　高倉寿子
　和宮身替り説を駁す

****

第二巻　王朝の余芳　　2018年10月刊行予定

責任編集：吉川真司・山田邦和

第1部　王朝政治の諸相
　高階家の悲劇
　性と血の蔓で皇室を縛った一族
　古代日本における疾病と政治
　後白河院の世界
　後白河院の近臣
　源平の合戦―治承・文治の内乱をめぐって―
　義経の首塚の発掘調査
　勢観房源智上人と静遍僧都
第2部　平泉の栄光
　平泉と平安京―藤原三代の外交政策―
　遮那王丸はなぜ奥州に下ったか
　白水行―阿弥陀堂のことども―
　北上川
第3部　歴史と遺跡
　勃興期の考古学界―濱田耕作（青陵）の時代―
　日野盆地の古代文化
　―武生市茶臼山古墳群を中心として―
　上代の種子島―日本文化の南限に就いて―
　久邇京と泉河
　東大寺の大仏
　東寺千年
　鳥部野とその周辺
　三條姉小路方面の大火
第4部　史料逍遙
　承和九年十二月十六日付『廣湍秋麻呂水田立券文写』
　「歴代宸記」解題
　「春記」解題
　和田英松先生の偉業

****

第三巻　ヨーロッパ古代史の再構成　　2019年3月刊行予定

責任編集：山田邦和・吉川真司

序章　　ヨーロッパ古代史への視覚
第1部　始原時代・古拙時代のヨーロッパ
　始原時代のヨーロッパ
　ヨーロッパ初期植物生産者の文化
　ヨーロッパ文明の定礎―青銅器時代の文化―
　ハルシュタット文化とラ・テーヌ文化
　ゲルマン・ケルト文化の源流
第2部　古典時代のヨーロッパ
　ヨーロッパ古典文化
　ローマの古典文化
　東ヨーロッパ古代史
　ヨーロッパの古典時代の金石文
　ポンペイの遺跡
　ユリア・ドムナ皇后
第3部　ヨーロッパ周辺文化の問題
　境域を越えたギリシア・ローマ
　ヨーロッパ古典時代後期の地方文化
　北ヨーロッパ古代史

****

第四巻　角田文衞自叙伝　本巻